2016
北京广播影视年鉴
Beijing guangboyingshinianjian

《北京广播影视年鉴》编辑委员会　编

中国广播影视出版社

图书在版编目（CIP）数据

2016北京广播影视年鉴 / 《北京广播影视年鉴》编辑委员会编. -- 北京 : 中国广播影视出版社，2016.12
ISBN 978-7-5043-7827-9

Ⅰ. ①2… Ⅱ. ①北… Ⅲ. ①广播事业－北京－2016－年鉴②电影事业－北京－2016－年鉴③电视事业－北京－2016－年鉴 Ⅳ. ①G229.271-54②J992-54

中国版本图书馆CIP数据核字(2016)第319709号

2016北京广播影视年鉴

（2005年创刊）

《北京广播影视年鉴》编辑委员会 编

责任编辑	王丽丹
装帧设计	一北工作室
出版发行	中国广播影视出版社
电　　话	010-86093580　010-86093583
社　　址	北京市西城区真武庙二条9号
邮　　编	100045
网　　址	www.crtp.com.cn
电子信箱	crtp8@sina.com
经　　销	全国各地新华书店
印　　刷	廊坊市精彩印刷有限公司
开　　本	787毫米×1092毫米　1/16
字　　数	658（千）字
印　　张	32.25
版　　次	2016年12月第1版　2016年12月第1次印刷
书　　号	ISBN 978-7-5043-7827-9
定　　价	128.00元

编　辑　说　明

一、《北京广播影视年鉴》是一部综合性资料工具书和史料文献的大型年刊，由北京市新闻出版广电局主持编纂，北京广播电视台、北京人民广播电台、北京电视台、中国电影博物馆、各区县文化委员会、各区县广电中心等协助编纂。

二、本年鉴全面反映北京市广播影视的基本情况和发展变化，客观记录上一年全市广播影视业各方面的新情况、新变化。特殊事项在前后年份上有所延伸。

三、本年鉴以马克思列宁主义、毛泽东思想、邓小平理论、“三个代表”重要思想、科学发展观为指导，坚持实事求是的编辑方针，贯彻“贴近实际，贴近生活，贴近群众”的宣传原则，为广播影视从业人员、教学科研人员、决策管理人员以及社会各界了解和研究北京市广播影视提供可靠信息。

四、本年鉴自2005年起，每年编印一卷。2016年版为第十二卷，全书共有18个栏目：图片、专项纪事、概况、频率频道、节目栏目、产业发展、新媒体、技术、电影、电视剧、书报刊出版、受众调查、组织机构、获奖作品、典型经验、交流合作、统计、大事记。

五、本年鉴采用规范语体文，行文力求朴实、简洁、通畅，以记述文章体裁为主体。

六、本年鉴计量单位按照1984年2月27日公布的《中华人民共和国法定计量单位》执行。

七、本年鉴统计数字以统计部门公布的为准。统计部门缺遗的数字，以各单位的为准。

八、本年鉴稿件由各单位、各部门确定专人（特约编辑）撰写（特殊约稿除外），经各单位、各部门主要领导审核盖章后提交，最后由年鉴编委会总审。

九、本年鉴的编辑工作得到各撰稿单位、部门及各方面的热情关怀和大力支持，在此深表感谢。

由于水平有限，对本书的疏漏之处与不足，恳请各界批评指正，以利于今后改进。

北京市新闻出版广电局史志办
联系电话：010−65157478　　2016年10月

编 辑 委 员 会

秦　华　北京市新闻出版广电局财务处处长
单志忠　北京市新闻出版广电局人事处处长
姜　威　北京市新闻出版广电局工会专职副主席
刘学文　北京市纪委监察局驻北京市新闻出版广电局纪检组副组长、监查处处长
薛　峰　北京版权保护中心主任
崔玉军　北京计算机软件登记中心主任
陈嘉平　北京市新闻出版局出版物鉴定中心主任
石　丽　北京市新闻出版局老干部服务中心主任
王　志　北京市新闻出版研究中心主任
孙峰虎　北京新闻出版服务中心主任
皮亚明　北京市新闻出版行业特有工种职业技能鉴定站（北京新闻出版版权人力资源服务中心）副主任
王　通　北京市新闻出版干部学校校长
钱富奎　北京市广播电影电视局离退休人员管理中心主任
王　晶　北京市广播电影电视局后勤服务中心主任
郑新梅　北京市广播电影电视局信息中心主任
魏利明　北京市广播电视监测中心主任
韩　浩　北京音像资料馆副馆长、研究中心副主任
智黎明　北京市广播影视作品审查中心主任
黄　培　北京国际影视交流促进中心主任
张常珊　北京广播电视台办公室主任
张　苹　北京人民广播电台媒体资料和版权部主任
李岭涛　北京电视台副台长
赵福明　北京电视台史志办主任
陈　工　北京歌华文化发展集团副总经理
丁颖磊　北京歌华有线电视网络股份有限公司总经理办公室副主任
张　平　北京电视艺术中心有限公司董事长兼总经理
杨　群　北京中北电视艺术中心有限公司董事长
许建海　北京紫禁城影业有限责任公司总经理兼书记
李　浩　北京广播电视报社社长
颜丙利　北京音像公司总经理
郭长征　北京广播电视台服务中心主任
何公明　北京北广传媒数字电视有限公司董事长、总经理兼北京瑞特影音贸易公司总经理
罗晓军　北京北广传媒移动电视有限公司董事长、总经理
刘亚辉　北京北广传媒影视有限公司董事长、总经理
罗艳红　北京北广传媒城市电视有限公司董事长兼总经理
阎伟力　北京北广传媒地铁电视有限公司总经理
蔡恒平　鼎视传媒股份有限公司总经理
裴成虎　北京北广置业有限公司总经理
陈炳岩　北京中广传播有限公司副总经理
王伟东　北京市东城区文化委员会党委副书记、主任
孙劲松　北京市西城区文化委员会主任
高春利　北京市朝阳区文化委员会主任
陈　静　北京市海淀区文化委员会主任
史文彬　北京市丰台区文化委员会书记
杨文钢　北京市石景山区文化委员会书记
常　蓉　北京市门头沟区文化委员会主任
胡淑苹　北京市房山区文化委员会主任
王　健　北京市大兴区文化委员会书记、主任
王立生　北京市通州区文化委员会书记、主任
马朝龙　北京市顺义区文化委员会书记、主任
王文忠　北京市平谷区文化委员会主任
夏占利　北京市怀柔区文化委员会主任
刘全新　北京市昌平区文化委员会书记、主任
李洪仕　北京市密云区文化委员会书记、主任
张　迁　北京市延庆区文化委员会主任
常　宸　北京经济技术开发区社会发展局局长
潘　竞　北京市朝阳区广播电视新闻中心主任
王言敏　北京市海淀区新闻中心书记、主任
何岳飞　北京市丰台区广播电视中心书记、主任
王国强　北京市石景山区广播电视中心主任、副书记
宋　奇　北京市门头沟区广播电视中心书记、主任
路建华　北京市房山区广播电视中心主任、副书记

巴洪栓　北京市大兴区广播电视中心书记、主任

王志刚　北京市通州区广播电视中心书记

宋　森　北京市顺义区广播电视中心书记、主任

龚士宏　北京市平谷区广播电视中心主任

刘　剑　北京市怀柔区广播电视中心主任

刘晓梅　北京市昌平区广播电视中心书记、主任

孙明朝　北京市密云区广播电视中心主任、副书记

郭东亮　北京市延庆区广播电视中心书记、主任

王长田　北京光线传媒股份有限公司法人代表

王中军　华谊兄弟传媒股份有限公司法人、董事长兼首席执行官

刘燕铭　海润影视制作有限公司董事长

尤小刚　北京京都世纪文化发展有限公司董事长

丁　芯　北京鑫宝源影视投资有限公司总经理

李　莉　北京小马奔腾文化传媒股份有限公司董事长

马保华　北京国立常升影视文化传播有限公司总经理

张晓武　北京东王文化发展有限公司董事长

白旭飞　北京东方飞云国际影视股份有限公司总经理

王　辉　大唐辉煌传媒有限公司董事长

吴宏亮　北京唐德国际文化传媒有限公司和北京唐德国际电影文化有限公司法人代表、董事长

郭子琪　四达时代集团副总裁

主编　副主编

主　　编：　卞建国　北京市新闻出版广电局副巡视员

执行主编：　段燕燕　北京音像资料馆副馆长、研究中心副主任

副 主 编：　张常珊　北京广播电视台办公室主任

张　苹　北京人民广播电台媒体资料和版权部主任

赵福明　北京电视台史志办主任

马广胜　原北京市广播电影电视局史志办主任

王廷富　北京市新闻出版广电局史志办高级编辑（特聘）

编辑部编辑与特约编辑

编辑部编辑：　王志坤　北京音像资料馆（研究中心）史志部主任

闫姝行　北京音像资料馆（研究中心）史志部编辑

姚泰和　北京市新闻出版广电局史志办特约编辑

许曼丽　北京市新闻出版广电局史志办编务

刘书峰　北京市新闻出版广电局史志办特约编辑

特约编辑：

夏　超　北京市新闻出版广电局办公室干部

谭轶民　北京市新闻出版广电局政策法规处副处长

刘民武　北京市新闻出版广电局公共服务处（安全监管办公室）综合审批服务处副处长（调研员）

吴　彤　北京市新闻出版广电局规划发展处副调研员

何　薇　北京市新闻出版广电局宣传管理处干部

甄　雯　北京市新闻出版广电局电影处干部

钟立红　北京市新闻出版广电局传媒机构管理处副调研员

孙本秀　北京市新闻出版广电局网络视听节目管理处干部

申国政　北京市新闻出版广电局科技处（三网融合协调处）副调研员

郎志伟　北京市新闻出版广电局人事处干部
程玉生　北京市新闻出版广电局机关党委干部
张景峰　北京市新闻出版广电局工会干部
陈　涛　北京市纪委监察局驻北京市新闻出版广电局纪检组监察处副处级监查员
郑　兵　北京市广播电影电视局离退休人员管理中心副主任
石立坤　北京市广播电影电视局后勤服务中心干部
田杰鹏　北京市广播电影电视局信息中心干部
马　丽　北京市广播电视监测中心综合科科长
檀鲁敏　北京音像资料馆、研究中心干部
陈　文　北京市广播影视作品审查中心干部
姜　瑶　北京国际影视交流促进中心办公室主任
张　莉　北京市广播影视协会干部
孟子晖　北京电影协会
唐　鸿　中国电影博物馆研究部干部
李　剑　北京广播电视台办公室副主任
史博华　北京人民广播电台媒体资料和版权部台史资料科科长
周　静　北京人民广播电台媒体资料和版权部台史资料科副研究馆员
唐晓燕　北京电视台史志办编辑
魏向东　北京电视台史志办编辑
刘　敏　北京紫禁城影业有限责任公司办公室主任
梁一雯　北京歌华文化发展集团党办宣传主管
张　刚　北京歌华有线网络股份有限公司总经理办公室文秘主管
吕　妍　北京电视艺术中心有限公司办公室干部
马晓晨　北京中北电视艺术中心有限公司办公室干部
杨　林　北京广播电视报社办公室干部
郝振林　北京音像公司办公室干部
李　苗　北京瑞特影音贸易公司办公室干部
孙　云　北京广播电视台服务中心办公室干部
郑菁菁　北京北广传媒数字电视有限公司干部
王莹莹　北京北广传媒移动电视有限公司办公室主任
杨兴辰　北京北广传媒影视有限公司办公室主任
张思涵　北京北广传媒城市电视有限公司办公室干部
杨　磊　北京北广传媒地铁电视有限公司办公室主任
吕晓丹　鼎视传媒股份有限公司办公室文秘
彭穗新　北京北广置业有限公司办公室主任
张　宁　北京中广传播有限公司综合部干部
刘晶伟　北京市东城区文化委员会干部
王　莹　北京市西城区文化委员会政策法规科副主任科员
何　晶　北京市朝阳区文化委员会副科长
李广敏　北京市海淀区文化委员会干部
王　蕊　北京市丰台区文化委员会干部
张桂霞　北京市石景山区文化委员会主任科员
张　晨　北京市门头沟区文化委员会干部
白　杨　北京市房山区文化委员会干部
冯丽娟　北京市大兴区文化委员会干部
邱　巍　北京市通州区文化委员会干部
刘岱松　北京市顺义区文化委员会政工科
陈玉玲　北京市平谷区文化委员会科员
郭帅言　北京市怀柔区文化委员会科员
谷瑞亮　北京市昌平区文化委员会办公室主任
高文满　北京市密云县文化委员会文化市场科科长
徐柏枝　北京市延庆县文化委员会市场科科长
杨　阳　北京市经济技术开发区社会发展局干部
邱　阳　北京市朝阳区广播电视新闻中心总编室干部
刘丹丹　北京市海淀区新闻中心办公室干部
张欣悦　北京市丰台区广播电视中心办公室干部
周鸣嫣　北京市石景山区广播电视中心干部
高艳蕊　北京市门头沟区广播电视中心办公室干部
常云鸽　北京市房山区广播电视中心总编室干部
王开余　北京市大兴区广播电视中心内审科科长
张娟娟　北京市通州区广播电视中心办公室主任
彭笑月　北京市顺义区广播电视中心干部
贾晓静　北京市平谷区广播电视中心助理编辑
王艳蕊　北京市昌平区广播电视中心办公室干部
王少南　北京市怀柔区广播电视中心办公室科员
石晓访　北京市密云区广播电视中心总编室主任
谢春娟　北京市延庆区广播电视中心办公室干部
陈雪飞　北京光线传媒股份有限公司
李树峰　华谊兄弟传媒股份有限公司
王存林　海润影视制作有限公司行政部总监
杨　艳　北京京都世纪文化发展有限公司行政助理
戚　萋　北京鑫宝源影视投资有限公司
张　皓　北京国立常升影视文化传播有限公司编辑
于　莉　北京东王文化发展有限公司办公室主任
杨　云　北京小马奔腾壹影视文化发展有限公司
景　颢　北京东方飞云国际影视策划有限公司
张　弢　大唐辉煌传媒有限公司宣传总监
刘　芳　北京唐德国际文化传媒有限公司和北京唐德国际电影文化有限公司
兰简瑶　四达时代集团网站运维专员

2015北京市广播影视数字

机 构

市级广播电台1座，电视台1座，市级数字付费电视、公交移动电视、城市电视、地铁电视、手机电视、网络广播电视等新媒体平台各一个；区县广播电台9座，电视台10座，广播电视站50个；全市持有广播电视节目制作经营许可证机构3848个；网络视听网站123个。

人 员

全市广播影视从业人员5.72万人。

覆 盖

广播综合人口覆盖率100%，电视综合人口覆盖率100%。

网 络

有线广播电视网络干线总长18.96万公里，其中光缆5.55万公里，电缆13.41万公里；网络传输模拟电视节目59套，数字电视节目177套（其中高清27套）、数字广播节目18套。有线广播电视注册用户569.13万户，其中高清交互数字电视用户460万户。

资　产

全市广播影视总资产1609.64亿元，增加值520.96亿元。

创　收

广播影视创收525.12亿元，其中广告收入215.35亿元，电影票房收入31.51亿元。

节　目

全年制作广播节目178853小时，制作电视节目179737小时。

电视剧

全年制作电视剧75部，2878集。

动画片

全年制作动画片12部，390集，4826分钟。

电　影

北京地区全年生产影片291部，放映电影197.98万场。

2015年9月20日（当地时间），北京市新闻出版广电局主办、西京文化传媒（北京）承办的“中国优秀影视剧英国展播季”在英国伦敦举行。正在英国出访的中共中央政治局委员、国务院副总理刘延东出席“展播季”开幕式并致辞。

2015年10月21日，中共中央政治局委员、中央书记处书记、中央宣传部部长刘奇葆（前左二）到北京紫禁城影业有限责任公司考察调研。

2015年4月16日，中共中央宣传部副部长、国家新闻出版广电总局局长蔡赴朝（前右二）在中共北京市委常委、副市长陈刚（前右一）和中共北京市委常委、宣传部部长李伟（前左一）的陪同下，看望参加第五届北京国际电影节开幕式的梅葆玖（前左二）等老艺术家。

2015年12月4日（当地时间），中共中央宣传部副部长、国务院新闻办公室主任蒋建国（前排中）到北京民营企业——四达时代南非子公司参观座谈后与中外人员合影。

2015年6月1日，文化部部长雒树刚（中）在中共北京市委常委、宣传部部长李伟（前右一）的陪同下到北京民营企业——四达时代集团调研，四达时代集团总裁庞新星介绍情况。

2015年7月30日，中共北京市委副书记、北京市市长王安顺（中）慰问申办2022年冬奥会北京电视台前方报道记者团队。

2015年1月26日，北京市人大常委会主任杜德印（右一）看望和慰问参加北京市人大、政协“两会”报道的媒体记者。

2015年1月25日，北京市政协主席吉林（前右二）看望和慰问参加北京市人大、政协“两会”报道的媒体记者。

2015年6月1日，中共中央宣传部副部长孙志军（前左二）在中共北京市委常委、宣传部部长李伟（前左一）的陪同下到北京歌华有线电视网络股份有限公司调研。

2015年6月1日，北京歌华有线电视网络股份有限公司国学诵读和在线作文辅导教育服务应用在青岛全国教育信息化应用展览会参展，教育部副部长刘利民（中）参与体验并听取工作汇报。

2015年12月18日，中央纪委驻国家新闻出版广电总局纪检组组长、国家新闻出版广电总局党组成员李秋芳在北京市新闻出版广电系统贯彻落实“一规一约”动员部署会上讲话。

2015年9月28日，中共北京市委常委、宣传部部长李伟（前右三）和中共北京市委常委、组织部部长姜志刚（前右二）到北京歌华有线电视网络股份有限公司调研。

2015年2月15日，中共北京市委常委、宣传部部长李伟（前右二）在副部长严力强（前右一）的陪同下到北京电视台看望新闻采编播和技术工作人员。

2015年9月22日，中共北京市委常委、宣传部部长李伟（前右二）到中国电影博物馆调研，并参观《冒着敌人的炮火，前进！》——纪念中国人民抗日战争暨世界反法西斯战争胜利70周年中国电影专题展览。

2015年9月22日(当地时间)，北京市副市长林克庆（中）、中国驻南非大使田学军（左）、南非豪登省省长办公室新闻通讯副总司长塔博 · 马赛贝在南非约翰内斯堡出席“南非中国年——北京周”活动之一“2015北京影视剧非洲展播季”启动仪式。

2015年12月17日，北京市副市长王宁（中）到北京电视台调研，并听取新闻直播和安全播出等情况汇报。

（领导关怀图片：由北京市广播影视相关单位提供）

2015年4月15日，北京市新闻出版广电局党组书记、局长李春良向第五届北京国际电影节“天坛奖”国际评奖委员会评委罗伯特·马克·卡门赠送肖像画。

2015年1月29日，北京市新闻出版广电局党组成员、副局长王野霏在中国网络正版音乐促进联盟成立大会发言。

2015年10月20日，北京市新闻出版广电局党组成员、驻局纪检组长戴维在全局党风廉政建设工作会上部署党风廉政建设工作。

2015年9月18日(当地时间)，北京市新闻出版广电局副局长杨培丽（右二）与驻坦桑尼亚大使吕友清（左二）、坦桑尼亚国家电视台总裁姆沙纳（右一）、四达时代集团副总裁郭子琪（左一）在坦桑尼亚达累斯萨拉姆出席“2015北京影视剧非洲展播季”新闻发布会。

2015年9月12日，北京市新闻出版广电局党组成员、副局长王霞在北京市优秀网络视听节目征集评选总结表彰大会上致辞。

2015年11月7日（当地时间），北京市新闻出版广电局党组成员、副局长韩昱（左二）率团赴墨西哥考察并与该国国立自治大学电影资料馆馆长交流。

2015年4月20日，北京市新闻出版广电局副巡视员卞建国出席第五届北京国际电影节“合一影业之夜”活动。

2015年4月21日，北京市新闻出版广电局副巡视员张苏参加第五届北京国际电影节微电影发展趋势论坛之“共享·展望·微电影创作研讨及行业交流会”。

2015年3月19日，北京市新闻出版广电局副巡视员赵志勇在第五届北京国际电影节新闻发布会上发言。

2015年4月17日，北京市新闻出版广电局副巡视员董明在第五届北京国际电影节“注目未来”开幕式上致辞。

2015年9月20日（当地时间），由北京市新闻出版广电局主办、西京文化传媒承办的“中国优秀影视剧英国展播季”系列活动在英国伦敦举行，图为代表团成员与英方进行学术交流。

2015年3月19日，北京市新闻出版广电局举行第五届北京国际电影节新闻发布会 。

2015年4月28日至7月1日，中共北京市委宣传部、北京市新闻出版广电局联合举办马克思主义新闻观培训班，共举办8期、每期3天、900多人参加。

2015年10月22日，北京市新闻出版广电局举办“2015年新闻单位驻京机构法规培训班”。

2015年12月8日，北京市新闻出版广电局启动数字编辑专业职称评定。

2015年10月20日至22日，2015秋季北京电视节目交易会举办。

行业管理

2015年10月21日，北京市新闻出版广电局副局长杨培丽、王霞、韩昱带领局政策法规处、宣管处、电影处、科技处工作人员赴四达时代集团调研。

2015年4月14日（当地时间），北京市新闻出版广电局组织28家影视公司在法国（戛纳）春季国际电视节上举办“北京影视传递中国梦，弘扬中国优秀传统文化”主题活动。

2015年11月4日(当地时间)，北京市新闻出版广电局组织7家北京电影代表团参加美国电影交易市场交易活动，并进行北京之夜——北京国际电影节暨北京电影推介会筹备工作。

2015年6月6日(当地时间)，在加拿大班芙市第36届班芙国际媒体节上，由北京市新闻出版广电局主办、北京海润影业有限公司承办“北京日”活动，图为北京代表团与加拿大电影节官员合影。

2015年10月24日，北京市新闻出版广电局组织年度北京地区播音员主持人、编辑记者资格考试，2900多人参加，图为考试现场。

2015年9月22日，北京市新闻出版广电局主办“北京市优秀网络视听节目征集评选总结表彰大会”举行，71部作品获奖，10家网站获优秀组织推荐单位。

2015年6月12日，北京市新闻出版广电局召开网络视听节目评选通气会暨网络视听行业发展研讨会。

2015年6月2日，北京市新闻出版广电局召开广播电视公益广告专项资金扶持项目评审会议。

2015年9月22日至9月24日，北京市新闻出版广电局举办全市播出机构广播电视广告管理培训班。

2015年11月18日，北京市广播影视协会科技委召开北京地区广播影视技术研发与设备制造研讨会，近50家企业参加。

2015年3月26日，北京市新闻出版广电局召开2015年北京市整治非法卫星电视接收设施工作会议。

2015年3月至5月，北京市广播影视协会开展“2014年度北京市优秀广播电视节目评选”活动，共评选出优秀作品149件。

2015年10月30日，北京市新闻出版广电局召开网站建设工作座谈会。

2015年7月17日，北京市新闻出版广电局召开北京地区《北京志·广播电视志》编纂工作会议。

2015年4月29日，北京市广播影视作品审查中心被北京市委、北京市政府授予“北京市模范集体”。

（行业管理图片：由北京市新闻出版广电局及直属单位提供）

第五届北京国际电影节成功举办

由国家新闻出版广电总局、北京市人民政府主办，国家新闻出版广电总局电影局、北京市新闻出版广电局（北京市版权局）和北京市怀柔区人民政府承办的第五届北京国际电影节，于2015年4月16日至23日在京成功举办。

本届电影节秉承“共享资源，共赢未来”的宗旨，坚持“大师、大众、大市场”的活动特色，组织了“天坛奖”评奖、开幕式、北京展映、北京策划·主题论坛、电影市场、电影嘉年华、闭幕式暨颁奖典礼七大主体活动，以及“注目未来”、华语电影新焦点、电影音乐会等相关活动，共计270多项。来自50多个国家和地区的340多家电影机构、1.4万余名嘉宾和业界人士参加电影节各项活动。

↑ 第五届北京国际电影节开闭幕式场地—北京雁栖湖国际会展中心外景。

↑ 2015年4月16日，“天坛奖”评委会主席吕克贝松在开幕式上致辞。

↑ 2015年4月16日，开幕式“向老艺术家们致敬” 环节。

↑ 2015年4月16日，国际电影节主席团和影业代表亮相开幕红毯。

北京国际电影节

2015年4月17日，中外电影合作论坛在北京饭店·北京宫举办。

2015年4月21日，电影市场签约仪式在中华世纪坛举办。

2015年4月23日，马布里携《纽约人在北京》剧组主创亮相闭幕式红毯。

2015年4月23日，墨西哥影片《暮年困境》获“天坛奖”最佳影片奖，图为剧组主创在闭幕式暨颁奖典礼上领奖。

2015年4月15日，在怀柔雁栖湖景区举行“星光大道电影嘉年华”活动。

（电影节图片：由北京国际影视交流促进中心提供）

BMN
北京广播电视台

2015年11月30日，北京广播电视台召开全台领导干部大会，宣布主要领导任职。

2015年11月30日，在北京广播电视台领导干部大会上，宣布北京市新闻出版广电局党组书记、局长李春良任北京广播电视台党委书记、台长兼北京电视台党委书记、台长。

2015年11月30日，在北京广播电视台领导干部大会上，宣布原北京广播电视台党委书记刘志远任北京歌华传媒集团有限责任公司党委书记、董事长。

2015年11月30日，在北京广播电视台领导干部大会上，宣布原北京广播电视台台长、北京电视台台长赵多佳退休。

2015年10月12至14日，北京广播电视台常务副台长兼北京电台台长席伟航在本台承办的“2015北京·台湾广播发展与合作交流会”上致辞。

2015年3月27日，北京广播电视台纪委书记王伟在“2015年度北京广播电视台节（栏）目创新奖颁奖仪式”上为获奖者颁奖。

2015年2月6日，北京广播电视台副台长、北京歌华有线董事长郭章鹏在歌华有线公司2015年工作会议上讲话。

2015年8月5日，北京广播电视台副台长苏仁先在北京广播电视报读者艺术团成立暨纪念中国人民抗日战争暨世界反法西斯战争胜利70周年演出上致辞。

2015年6月30日，北京广播电视台副台长窦晓东在本台举办的“三严三实”学习班上发言。

2015年1月23日，北京歌华文化发展集团党委书记、董事长王建琪与鹏博士集团战略合作签约仪式上签字。

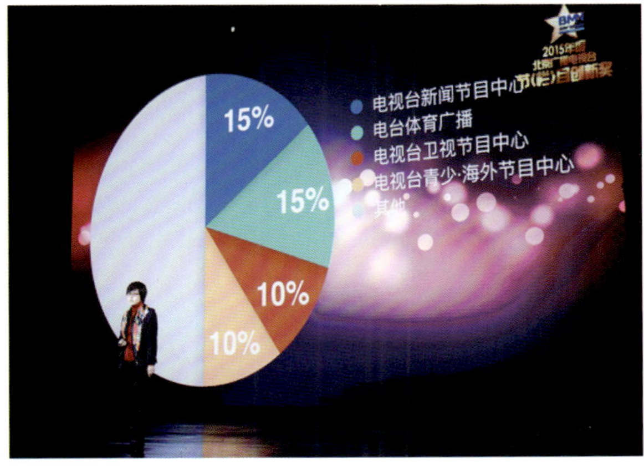

2015年度北京广播电视台节（栏）目创新奖获奖图表。

2015年12月28日，中共北京市委宣传部、首都文明办主办，北京广播电视台承办的“2015北京榜样”颁奖典礼举行。

“2015北京榜样——善满京城”宣传画。

2015年3月27日，2014年度北京广播电视台节（栏）目创新奖颁奖仪式举行。

2015年11月11日，2015年度北京广播电视台节（栏）目创新奖颁奖仪式举行。

2015年5月19日，北京广播电视台13名主持人被聘为北京市第26届农民文化艺术节文化志愿者。

↑ 2015年7月1日，北京紫禁城影业公司、八一电影制片厂、中影公司、中联华盟联合出品的电影《百团大战》在北京举行热血来袭发布会。

↑ 2015年8月24日，原北京电视艺术中心1995年摄制的12集电视连续剧《血色童心》获俄罗斯卫国战争奖，图为原剧组和相关人员在颁奖仪式上合影。

↑ 2015年12月22日，首届北京广播电视报社全民健身公益活动表彰大会举行。

↑ 2015年6月24日，北京广播电视台媒体播控中心正式启用。

↑ 2015年7月23日，北京北广传媒数字电视公司与英国未来电视CEO进行多屏互动业务交流。

↑ 2015年11月26日，北京广播电视台工会举办首届职工数独比赛。

（市级广电综合图片：由北京广播电视台及直属单位提供）

广播

RBC 北京人民广播电台

2015年，北京人民广播电台开办有新闻、城市、故事、体育、音乐、文艺、交通、外语、爱家、动听调频10套开路广播及古典音乐、教学、长书、戏曲曲艺、欢乐时光、怀旧金曲等6套有线调频广播，数字音频广播（DAB）试验播出13套音频广播、1个数据服务频道，在北京有线电视网数字平台上播出16套有线数字广播节目和1个动感音乐数字电视频道。每天播音314小时，总发射功率228.5千瓦，成为以广播为主、多媒体联动的综合性传播机构。节目采编、制作、传输实现数字化，并在美国、加拿大、澳大利亚、新西兰、新加坡、韩国等6个国家的10个华语电台播出。

2015年3月10日、11日、12日，《对话京津冀》特别节目在北京、天津、河北新闻广播同步直播三省市出席全国“两会”的人大代表、政协委员建言献策。图为参加直播的嘉宾、主持人和工作人员合影。

2015年5月12日，中国广播电影电视社会组织联合会（原中国广播电视协会）会长张海涛（中）、副会长张丕民（左）等一行到北京电台调研，北京电台台长席伟航陪同。

2015年10月13日，北京广播公司参与北广文资投资基金第一次合伙人会议。北京市委宣传部副部长张淼（左四），北京电台台长席伟航（左三）、常务副台长陈晓红（右五）出席。

2015年4月2日，北京电台总编辑王秋在“北京广播电台2014年度获奖听众交流会”上致辞。

2015年9月3日，北京电台直播演播室现场直播天安门广场“9·3”大阅兵盛况。

2015年7月27日，北京市发改委主任卢彦（右一）在北京城市服务管理广播“市民对话一把手”节目中解读 “疏解北京非首都功能”。

2015年8月26日至30日，北京电台新闻、故事、交通、文艺、爱家、外语6个专业广播在第十三届“北京国际图书节”搭建直播间，共进行10场、约8小时的现场直播。

2015年5月10日，北京电台纪念中国人民抗日战争暨世界反法西斯战争胜利70周年大型采访报道《让历史告诉未来》启动，图为记者在广州淞沪抗日阵亡将士陵园采访蔡廷锴将军长孙蔡醒民。

2015年5月18日，北京电台第10套频率青年广播正式开播，对外呼号“北京人民广播电台动听调频Metro Radio FM94.5”，发射功率10千瓦，全天24小时滚动播出。

2015年6月20日，北京交通广播采取与新媒体同步直播实时 “专题路况”。

2015年8月9日，北京电台主办的《我的冬奥梦》北京（张家口）青少年英语大赛颁奖典礼在清华大礼堂隆重举行。

2015年6月26日，中国广播电影电视社会组织联合会和北京电台联合主办的第八届“赢在创意”全球华语广播大赛颁奖典礼在北京广播大厦举行。

2015年11月14日，北京电台主办、北京市老龄工作委员会支持的第二届“银发达人秀”评选活动在2015北京国际老龄产业博览会举行。

2015年2月4日，“2015年北京人民广播电台·十六区县新闻报道合作交流会”举行，并对2014年度各区县送评的新闻节目进行评选。

2015年2月15日、16日，北京电台春节特别节目分别推出3小时的“暖洋洋”和“喜洋洋”专场。

2015年10月12至14日，北京电台承办的“2015北京·台湾广播发展与合作交流会”在京举行。

市 级 广 电

2015年2月13日，北京电台精神文明建设“五个一”工程奖表彰座谈会举行。

2015年4月2日，北京电台2014年度获奖听众交流会在广播大厦举行。

2015年9月24日，北京电台2016年节目评标会在广播大厦举行。

2015年2月11日，北京电台2015年节目团队签约仪式在北京电台十层会议室举行。

2015年6月18日，北京华育助学基金会·北京广电公益慈善专项基金签约仪式在北京广播大厦举行。

2015年12月3日，北京电台联合中央电台、国际电台等20多家广播媒体在成都召开全国广播音频版权联盟筹备会，研讨联盟成立及运营事宜。

（市级广电广播图片：由北京人民广播电台提供）

BTV
Beijing Television

2015年8月17日，北京电视台与湖北、杭州、辽宁广播电视台联合摄制的纪念中国人民抗日战争暨世界反法西斯战争胜利70周年特别节目——12集大型纪录片《钢铁记忆》在北京电视台举行开播仪式。

2015年，北京电视台开办BTV北京卫视、BTV新闻、BTV文艺、BTV科教、BTV影视、BTV财经、BTV体育、BTV生活、BTV青年、BTV卡酷少儿、BTV纪实等15个频道，播出12套节目，其中10个标清频道、4个高清频道和1个外宣频道，每天播出时间260个小时。北京卫视、卡酷少儿频道、纪实频道实现上星播出。北京卫视已在全国31个省会及直辖市网落地，地级城市落地100%，同时实现全国95%以上的区县级城市落地，覆盖总人口约10.74亿。开办移动客户端、IPTV、BRTN网站等新媒体，形成多媒体互补的传播格局。

2015年9月3日，北京电视台12个频道并机推出《永远的丰碑》大型直播特别报道（含并机直播央视《纪念中国抗日战争暨世界反法西斯战争胜利70周年大会》），图为记者和演播室直播天安门广场“9·3”大阅兵盛况。

2015年10月17日，北京电视台创拍的大型系列纪录片《长征》启动仪式在江西省于都县举行。

2015年11月5日，北京广播电视台台长兼北京电视台台长赵多佳在“京视文化产业双创基地”和“京视文化产业人才培训基地”落成典礼上致辞。

2015年6月3日，北京电视台举行大型电视探访活动《非常丝路·千年穿越》启动仪式。

2015年1月，北京电视台在北京会议中心设立演播室，全方位报道北京市人大、政协两会情况。

2015年3月5日，北京电视台推出《身边的雷锋，传承的力量》新闻专栏。

2015年9月21日，北京电视台和西藏电视台联合制作的大型系列片《西藏》在北京卫视、西藏电视台同步播出。

2015年8月25日起，北京电视台推出连续10天的《养生堂——革命老区巡讲》特别节目。

2015年11月14日，北京电视台第三届“观众喜爱的主持人”大型评选活动揭晓，栗坤、春妮、阿龙、聂一菁、曹一楠、悦悦、高燕、李向显、桑朝晖、王业获“观众喜爱的十佳主持人”称号。

↑ 2015年2月17日，北京电视台《2015 BTV环球春晚》播出现场。

↑ 2015年6月23日，北京电视台主办的第十九届京张心连心大型文艺演出在张家口市怀来举行。

↑ 2015年6月16日，北京电视台与青海广播电视台共同举办“2015青海国际水与生命音乐之旅音乐会”在青海贵德举行。

↑ 2015年12月22日， 北京电视台举办的“同在蓝天下——2015年第七届北京影响力颁奖晚会”举行。

↑ 2015年2月17日，北京电视台《生活2015》母亲水窖晚会播出现场。

↑ 2015年3月3日起，北京电视台文艺频道正式24小时播出，成为第6个24小时播出的频道。图为11月12日举办的“文艺青年e起来”活动启动。

市级广电

2015年6月1日，北京电视台少儿节目《我家有明星》第三季的启动。

2015年11月11日，北京电视台与西城区什刹海街道联合制作的人文纪录片《拾说什刹海》开播仪式举行。

2015年11月8日，北京电视台推出北京旅游美食季重点项目《上菜》节目播出。

2015年9月6日，北京电视台记者采访获得2015年女排世界杯冠军的中国女排队员。

2015年5月24日，北京电视台转播2015赛季中国乒乓球超级联赛现场。

2015年1月10日至31日，北京电视台报道组对在澳大利亚举行的亚洲杯足球赛进行全面报道。

（市级广电电视图片：由北京电视台提供）

北京北广传媒数字电视有限公司

Beijing All Media and Culture Digital TV Co.,Ltd

数字电视开播付费电视频道11套、音频广播频道2套。其中《四海钓鱼》《优优宝贝》《新娱乐》《车迷》《环球旅游》《考试在线》面向全国和《京视剧场》《爱家购物》《动感音乐》《弈坛春秋》《置业》面向北京地区播出。

搭建具备6路高清码流（约18套节目）、6路标清码流（约60套节目）全国性数字电视节目集成平台，集中上星传输7套高清卫视、35套标清付费频道，并远端加密2套高清和2套标清卫视频道。

运营《北京之窗》数据服务，以多路视频轮播+图文查询的播出方式，为市民提供政务公开、公共服务和生活消费服务等信息。

联合北京市福彩中心开办“公益北京”系列节目。

通过歌华有线网络上载播出数字电视频道及有线广播节目信息186套。

2015年1月29日，数字电视公司一行赴广东电视台房产频道学习交流。

2015年6月6日，数字电视公司与通州区北苑新华联锦园社区共同主办2015“幸福彩虹”爱心社区行数字电视“公益北京”活动。

2015年11月24日，数字电视公司录制《真情手递手——憨福儿有爱更温暖》节目人员合影。

2015年10月14日，数字电视公司承办北京市慈善基金会、北京市慈善协会“爱心汇聚京城，慈善活动暨微信筹款启动仪式”。

2015年11月20日至22日，移动电视公司承办中国电视大会移动电视高峰论坛暨2015年移动电视年会在北京举行。

移动电视每天播出17小时
公交车载终端屏幕2.4万块

2015年，北京北广传媒移动电视有限公司加大节目建设力度，播出《整点播报》《体育新闻》《法治进行时》《今天提示》《畅行北京》《演艺罗盘》《百姓就业》《饭饭团》《悠悠团》《宝宝团》《96310纪事》《秀逗爱生活》等节目栏目20多个。

运用大数据技术手段和微信平台尝试“刮刮乐”等活动。举办“超级早餐团”“清凉送爽”等公益活动共54场次。

全年安全播出14855小时，实现安全播出“零”事故目标；单频网新前端系统正式启用；启动32英寸显示屏安装工作，已为600辆公交新车安装900块显示屏。

2015年4月15日至6月，移动电视公司举办7周36场“超级早餐团”公益活动。

2015年5月30日，移动电视公司举办“公益心行动”，走进中国盲文图书馆，与盲人小朋友欢度“六一”儿童节。

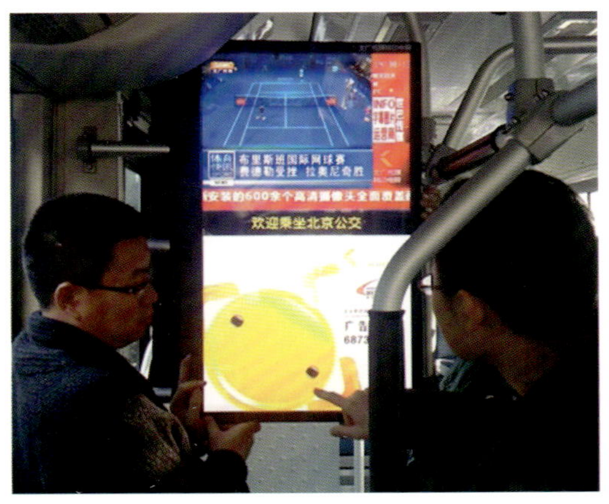

2015年11月，移动电视公司正式启动32英寸显示屏安装工作，实现移动电视“大屏化”。

CityTV 城市电视

↑ 2015年1月27日，城市电视公司召开工作会议，优化组织架构，将技术部与工程部合并为技术部，成立企划部与客户服务部。

城市电视每天播出15小时
楼宇电视终端屏幕6117块
LED大屏幕联播电视7处7块

2015年，北京北广传媒城市电视有限公司加大节目建设力度，播出《城市播报》《体育新闻》《实时财经》《环球财讯》《百姓就业》《96310城管纪事》《演艺罗盘》《剧情推动力》《光影大视界》《每日文娱播报》《中国梦365个故事》《非常幽默》等节目栏目20多个。

开展系列品牌宣传推广活动，共推出“2·14全城视爱·爱上大屏”“元宵射虎·猜灯谜，猜对我送礼”“七夕活动”“7·31全城直击申冬奥”“文博会大屏互动”等10余项。

加强技术创新，提升楼宇终端和大屏联播网系统的稳定性，全年安全播出“零”事故目标。

↑ 2015年1月，城市电视公司举办讲述“十年·相伴”企业文化主题活动。

↑ 2015年3月5日，城市电视公司大小屏联播网全程直播全国人大、政协两会召开情况。

↑ 2015年5月21日，城市电视公司荣获“中国十大户外综合媒体”称号，“世贸天阶LED大屏”被推为“北京地标户外媒体”，图为获奖奖牌。

2015年2月24日，地铁电视公司召开第二届董事会第三次会议。

地铁电视每天播出18.5小时
地铁电视终端屏幕2.63万块

2015年，北京北广传媒地铁电视有限公司继续加大节目建设力度，播出《新闻地铁报（一、二、三）》《路况播报》《全国两会快讯》《十分开心》《环球影讯》《剧情推动力》《微电影》《评影不离》《潮流现场》《教育新闻》《身边好学校》《军情解码》《美食0换乘》《美丽俏佳人》《小羊肖恩》《生活一点通》《开心速递》《时尚前沿》《星光隧道》《空气质量播报》等节目栏目20多个。

完成新线纳入播控中心相关播出传输设备的采购、系统和链路调整方案的研究和制定工作，为新线纳入后开通新节目做好硬件准备。

2015年3月5日，地铁电视全程直播全国人大、政协两会召开情况。

2015年11月27日，地铁电视公司获得中国品牌媒体百强最具品牌传播力户外新媒体奖牌。

2015年8月27日，地铁电视公司参展第24届北京国际广播电影电视设备展展台。

2015年11月27日，地铁电视公司总经理阎伟力获得中国品牌媒体经营人物奖牌。

TOP V
鼎视传媒

2015年3月26日，鼎视传媒股份有限公司参展第23届中国国际广播电视信息网络展览会展台，重点展出 “云鼎网——云视频交易服务平台”项目。

2015年，鼎视传媒股份有限公司巩固节目落地区域，共集成26套数字付费电视频道、11套高标清卫视节目、8套购物节目。付费频道销售业务直接签约网络公司263家，总用户14700.5万户。

传输《四海钓鱼》《收藏天下》《证券资讯》《央广健康》《时代家居》《时代美食》《时代出行》《时代风尚》《职业指南》《家庭理财》《车迷》《新娱乐》《环球旅游》《人物》《考试在线》《快乐宠物》《优优宝贝》《财富天下》《家政》《电子体育》《数码时代》《中国气象》《百姓健康》《音像世界》《美食天府》《幼儿教育》26个数字付费标清频道。为《快乐购物》《央广购物》《优购物》《时尚购物》《风尚购物》《家有购物》《家家购物》《环球购物》8个购物频道提供集成传输及发行服务。传输北京卫视、湖南卫视、深圳卫视、广东卫视、黑龙江卫视、山东卫视、湖北卫视、北京纪实高清、辽宁高清、三沙卫视、厦门卫视11套数字高标清卫视节目。

为期三天的展会中，山西、湖南、江西、黑龙江、辽宁、天津、广西、福建、海南、甘肃、贵州等10余家省级广电网及50家地、市、县级广电网客户参观鼎视展示项目。

鼎视传媒股份有限公司负责人与业界人员交流洽谈经营项目。

北京中广传播手机电视广告专页。

北京中广传播有限公司
China Broadcasting BeiJing Co.,Ltd

2015年，北京中广传播有限公司继续加强对CMMB手机电视CCTV-1、CCTV-5、CCTV-新闻、北京卫视、晴彩电影、晴彩北京、中央人民广播电台、中国国际广播电台视听节目的传送工作，每天保持播出18小时。开办的《晴彩北京》频道，是北京地区手持电视的第一个自办频道，开设有《晴彩城事》《晴彩文艺》《天天体育》等21个核心栏目。年内，继续推进节目内容优化和栏目改版，增强实时播报热点资讯，同时加大其他频道节目的传送，在网用户累积115622户。

北京中广传播有限公司业务楼。

北京中广传播业务宣传彩页。

北京网络广播电视台
Beijing Radio & Television Network

2015年，北京网络广播电视台形成“1个品牌 + 4个平台 + 12个产品项目组”的工作机制，各项新媒体业务快速发展：BRTN网站排名继续直线上升，保持省级网络台前列；北京IPTV升级，优化产品应用，用户超过50万；“BTV大媒体客户端”完成7个版本迭代升级，下载量接近130万次；微平台矩阵粉丝超过3000万；研发应用“视频地图”和“微信电视”矩阵等创新产品；北京电视台在全国率先实现春节晚会录像阶段同步进行网络直播。

↑ 2015年12月25日，北京网络广播电视台播出《北京议事厅》特别节目——《两会“议”起来》。

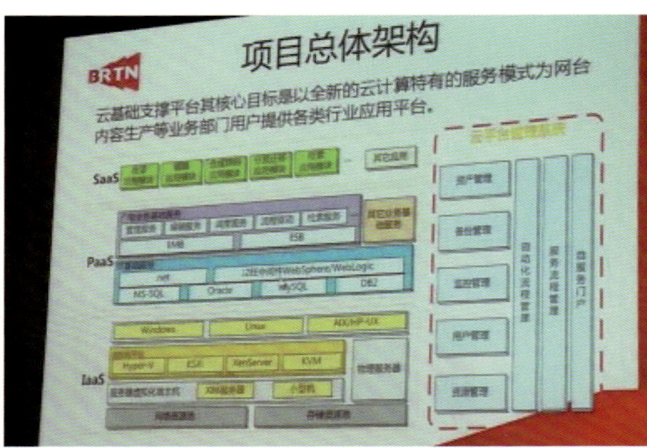

↑ 北京网络广播电视台（BRTN）云基础支撑平台项目总体架构图。

↑ 北京网络广播电视台BRTN业务楼。

↑ 北京网络广播电视台高清演播厅播出设备。

↑ 2015年1月29日，北京网络广播电视台与同行联合打造在互联网上人人都能够参与的春节晚会。

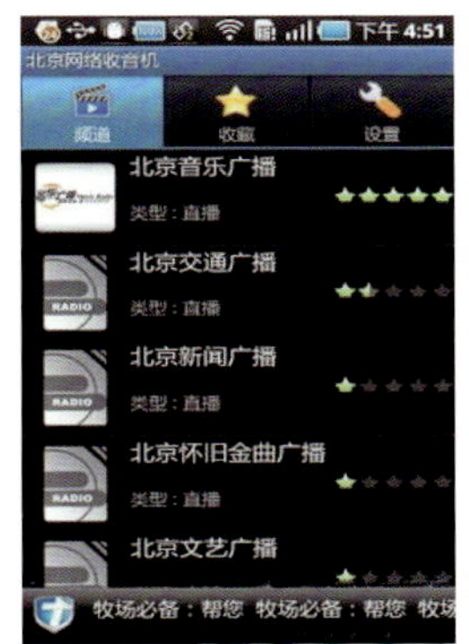

北京广播电台网络收音机截图。

2015年，北京人民广播电台新媒体业态与传统广播媒体广泛结合取得新进展：北京广播网配合台内重要节目和品牌活动，制作播出“广播过大年”“非遗时光”“主持人评选”“抗日战争胜利70周年”“赢在创意”“广播新声代”大型报道专题6个；研发新媒体微信平台应用，设立“微信小店”；向中国移动“和阅读”平台推送听书作品；体育广播利用微信平台为听友提供体育资讯、实时赛事转播；“听听FM”音频平台聚合自媒体播客和有声读物等大量内容，有新闻、音乐、脱口秀、相声小品等近30个频道。

北京体育广播微信平台为听友提供体育资讯、实时赛事转播。

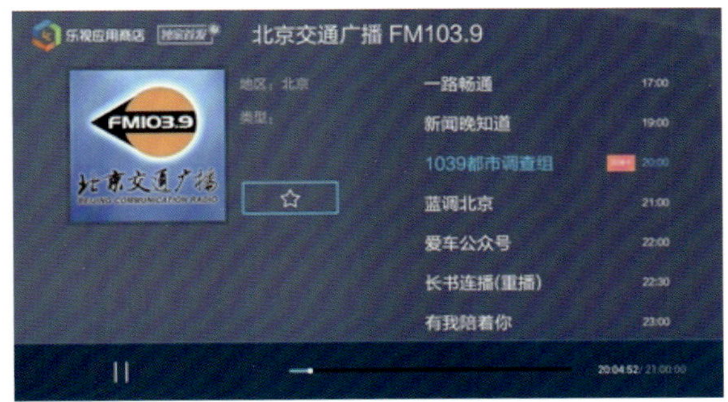

2015年北京电台“听听FM” 登陆乐视应用商店。

北京广播网制作播出“非遗时光”大型系列报道。

（市级广电新媒体图片：由北京广播电视台直属单位提供）

2015年2月6日，北京歌华有线电视网络股份有限公司(简称“歌华有线公司”)召开2015年工作会议，总结部署年度工作。

2015年，歌华有线电视注册用户569.13万户（其中高清交互数字电视用户460万户），集团数据业务超过2.7万线，个人宽带用户41.5万户，歌华飞视用户33.5万户。有线网络总长18.96万公里，其中光缆干线5.55万余公里、电缆干线13.41万公里。除总前端机房外，有一级传输机房15个、二级传输机房200余个、小区接入机房上千个，双向网络超过520万户，已形成覆盖全市16个区县，可承载视频、语音、数据的超大型信息化基础网络。网内传输模拟电视节目59套，数字电视节目177套（其中高清电视节目27套）、数字广播节目18套和多种交互数字电视应用服务。

2015年5月26日，歌华有线公司召开歌华电视4K融合一体机新闻发布会，推进产业链融合。

2015年6月25日，歌华有线公司与燕山石化公司签署《燕山石化有线电视网络高清交互数字化框架协议》。

2015年6月15日，歌华有线公司召开“GAME+融合开创未来”电视游戏产业联盟筹备会。来自上海、天津、重庆、杭州等近30省市有线网及百度、阿里巴巴、盛大游戏等15家游戏公司参加。

网 络 传 输

2015年10月23日，歌华有线公司与中国广播电视网络有限公司联合全国30余家省市网络公司，在京发起成立中国广电大数据联盟。

2015年8月21日，歌华有线公司与北京市教委、拉萨市教育局、拉萨市广播电视台在拉萨市共同签署《国学诵读进拉萨教育合作框架协议》。

2015年5月28日，歌华有线公司高清交互平台“纪念抗战胜利70周年专区”启动仪式在史家胡同小学举行。

2015年1月30日，国学诵读公共文化服务项目上线启动仪式在朝阳区实验小学举行。

2015年6月26日，歌华有线公司牵头召开电视院线控股有限公司筹备会，来自重庆、广东等17家确定出资的有线电视网络公司参会。

2015年5月14日，新华网总裁舒斌、联创教育集团董事长路行到歌华有线公司考察调研。

2015年2月5日，人民日报副总编辑阎晓明到歌华有线公司考察调研。

2015年3月9日，上海广播电视台、上海文化广播影视集团有限公司总裁王建军，百视通新媒体股份有限公司总裁凌钢一行到歌华有线公司考察调研。

2015年8月6日，北京市卫生和计划生育委员会主任方来英到歌华有线公司考察调研。

2015年3月5日，北京市经济和信息化委员会主任张伯旭一行到歌华有线公司考察调研。

网 络 传 输

↑ 2015年，歌华有线公司推出“纪念世界反法西斯战争暨中国人民抗日战争胜利70周年”专区。

↑ 歌华有线公司推出的“1+云游戏”上线付费运营页面。

↑ 歌华有线公司推出的中国电视院线上线付费运营页面。

↑ 2015年，歌华有线公司推出“国学诵读”公共文化服务项目。

↑ 歌华有线公司推出的电视院线238元会员年卡海报。

↑ 歌华有线公司推出的家庭宽带业务宣传页。

↑ 歌华有线公司推出的家庭宽带业务宣传页。

（网络传输图片：由北京歌华有线电视网络股份有限公司提供）

2015年9月1日，由中共北京市委宣传部指导、中国电影博物馆主办的《冒着敌人的炮火，前进！》——纪念中国人民抗日战争暨世界反法西斯战争胜利70周年中国电影专题展览举行。

2015年，全年服务观众43.2万人，其中，馆内业务活动130场，馆外业务活动43场，团队945个，专场54场；接待青少年8.85万人次，青少年团队442个，青少年活动61场；举办展映活动放映电影3894场，观影13.06万人；讲解1961场，服务2.32万人，观众参与展厅互动项目1.11万人次，刻制光盘1952张；举办临时展览21个；全年有效会员4739人。

2015年4月23日，中国电影家协会主办、中国电影博物馆承办的纪念中国电影诞生110周年电影藏品展（暨）中国电影家协会电影收藏工作委员会成立大会召开。

2015年5月13日（当地时间），北京市人民政府新闻办公室、中国电影博物馆和俄罗斯联邦文化部、俄罗斯国立东方博物馆联合主办的“中国电影国际巡展——纪念中国电影110周年赴俄展”在俄罗斯国民经济成就展览中心举行。图为部分工作人员合影。

2015年10月20日，中国电影博物馆与北京市外事办公室联合主办法国电影周。

2015年10月24日，中国电影博物馆举办“电影的历史与未来——纪念中国电影诞生110周年”学术活动，约400人参加。

2015年10月24日，“电影的历史与未来——纪念中国电影诞生110周年”学术活动中举办方领导与特邀17位老艺术家和嘉宾合影。

2015年10月18日，著名电影导演吴天明铜像捐赠暨揭幕仪式在中国电影博物馆举行。中国电影博物馆党委书记陈志强（右四）出席揭幕仪式并接收捐赠。

2015年2月6日，中国电影博物馆举办的“影博·影人专题展三：在大海里航行——于洋和他的‘电影之家’”展览开幕。

2015年12月13日，中国电影博物馆举办的“影博·影人专题展：尹光中造型艺术作品展”开幕。

2015年10月29日，中国电影博物馆以“光影强国梦”为主题参展第十届中国北京国际文化创意产业博览会。

2015年4月22日，中国电影博物馆承办的第五届北京国际电影节主论坛项目“探寻电影之美高峰论坛——剪辑的力量”开幕。

2015年1月10日，中国电影博物馆举办 “中国电影诞生110周年概览”讲座。

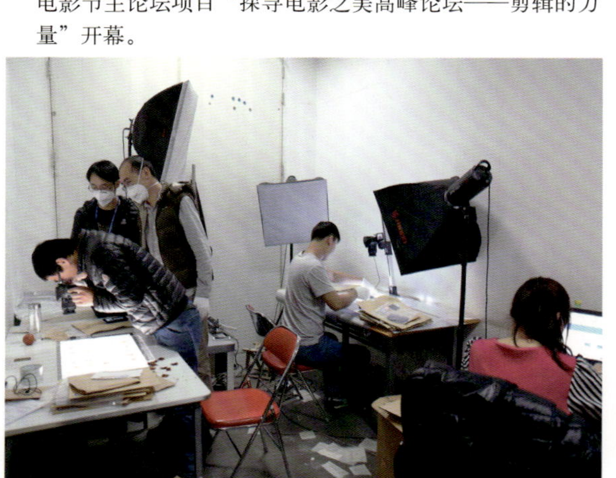

2015年4月，中国电影博物馆进行第一次全国可移动文物普查工作。

2015年7月1日，中国电影博物馆“观红色电影忆抗战岁月”电影展映活动在中国人民抗日战争纪念雕塑园广场举行，首映电影《七七事变》。

2015年12月20日，中国电影博物馆举办“2015中国电影博物馆之夜”活动。

2015年8月6日，中国电影博物馆主办的“少年儿童电影才艺展示活动暨第六届少年儿童电影配音大赛”颁奖仪式举行。

2015年1月24日，中国电影博物馆举办“光影知识乐园·家庭日：看我七十二变——神奇的电影化妆”活动。

2015年8月17日至19日，中国电影博物馆与崔各庄乡、京旺家园社区联合举办“党员服务在社区电影文化送温馨”露天电影招待专场活动。

2015年9月16日，中国电影博物馆在马南里社区举办“经典电影大家看，影博电影社区行”活动。

（影视场馆图片：由中国电影博物馆提供）

2015年，北京歌华文化发展集团重点打造中华世纪坛世界艺术中心、歌华大厦创意设计服务中心（DSC）和天竺文化保税园文化贸易中心三个产业平台，形成三个平台的联动机制。以重大品牌性项目带动资源聚集，挖掘市场盈利模式。打造北京国际电影节电影要素市场；让北京国际设计周成为大众创业的支点；首推“专题摄影展推介平台”；推出北京国际设计周的首届北京国际设计贸易等。建立各类市场化模式，聚集文化服务供应商资源，构建歌华文化平台服务体系。

2015年9月26日，北京歌华文化发展集团承办的北京国际设计周在中华世纪坛开幕。

2015年9月23日至30日，北京歌华文化发展集团承办的2015北京国际设计贸易交易会举办。

2015年8月25日，中国国家档案局和俄罗斯联邦档案署共同举办的《中苏联合抗击法西斯胜利70周年档案展》在中华世纪坛开幕。

2015年4月17日至20日，北京歌华文化发展集团承办的第五届北京国际电影节电影市场在中华世纪坛举办。

歌华文化

2015年10月24日至11月1日，由北京歌华文化发展集团承办的“北京国际摄影周2015”举办。

2015年7月7日，北京市宣传系统在中华世纪坛举行“铭记历史、缅怀先烈、珍爱和平、开创未来”为主题的纪念抗日战争暨世界反法西斯战争胜利70周年团员集体宣誓活动。

2015年5月29日，中华世纪坛爱国主义教育基地办公室联合北京育鸿学校举行 “珍爱和平 圆梦中华”少先队主题队日暨入队仪式。

2015年7月13日至8月25日，由中华世纪坛艺术馆主办的2015北京节拍“中华世纪坛暑期艺术之旅”举办。

2015年4月5日，由首都精神文明办公室、海淀区主办，中华世纪坛爱国主义教育基地办公室承办的“缅怀先烈 圆梦中华”——2015首都各界群众清明纪念活动举办。

2015年9月24日，北京歌华文化发展集团所属歌华创意设计服务中心正式开业。

2015年11月20日，中华出版促进会汉字文化推广专业委员会和中华世纪坛艺术馆主办的“书写汉字，文化传薪”中华世纪坛汉字体验馆正式运营。

2015年9月27日，首都精神文明建设委员会办公室等单位主办，中华世纪坛艺术馆等承办的第七届北京“诗意中国——中华世纪坛中秋国际原创诗会”举行。

2015年7月13日，北京奥运城市发展促进会、中央新闻纪录电影制片厂（集团）、电影卫星频道节目制作中心主办，北京歌华文化发展集团承办的第十一届北京国际体育电影周开幕。

2015年4月30日，中华世纪坛艺术馆等单位主办的“奥地利百年绘画展1860−1960”在中华世纪坛世界艺术馆开幕。

歌 华 文 化

2015年5月26日，北京歌华文化发展集团子公司北京国际文化艺术保护中心与陕西省文物保护研究院签署《战略合作协议》。

2015年4月2日，“让我陪你一起跑”2015 全球关爱自闭症儿童“点亮蓝色”公益行动在中华世纪坛启动。

2015年5月5日至5月15日，文化部与哥伦比亚等国驻华大使馆以及巴拿马—中国贸易发展办事处共同主办，北京歌华文化发展集团承办的2015“相约北京”第三届拉美艺术季之“美美与共——拉美当代艺术展”举办。

2015年11月7日至8日，北京歌华文化发展集团主办的2015北京创客盛会举办。

2015年8月17日至11月22日，中华世纪坛首演剧场·2015原创舞台剧优秀剧目秋演季举办。图为开幕剧《螺丝在拧紧》剧照。

（歌华文化图片：由北京歌华文化发展集团提供）

2015年7月21日，朝阳区委常委、宣传部长刘军胜(前)到区广播电视新闻中心调研。

2015年7月10日，朝阳区广播电视新闻中心录制区艺术家文化志愿者服务队成立仪式节目。

2015年7月17日，朝阳区广播电视新闻中心领导组织召开朝阳报业务会，研究策划深度报道选题。

2015年8月31日，朝阳区广播电视新闻中心《对话成长》栏目录制现场。

2015年8月20日，朝阳广播电视新闻中心记者完成采访任务后合影。

2015年3月3日，海淀区新闻中心继续开展“走转改”活动，图为记者深入一线采访。

2015年9月3日，海淀区新闻中心记者走基层采访之——“哪里有新闻，哪里就有我”。

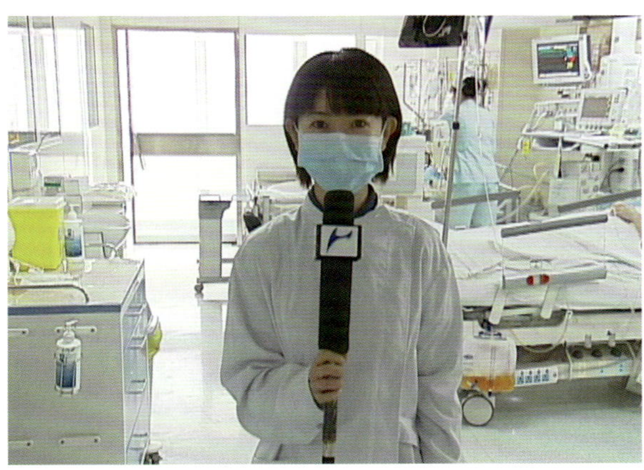

2015年10月23日，海淀区新闻中心记者走基层采访之——“医务人员重症监护暖人心”。

2015年10月22日，海淀区新闻中心记者与法官“零距离”现场采访。

2015年10月22日，海淀区新闻中心记者走基层担当引导员。

2015年3月，海淀区新闻中心开展“敬业八小时做好今日事”实践活动，图为员工记录“今日事”。

2015年3月16日，丰台区广播电视中心报道组进行区人大、政协“两会”现场播报。

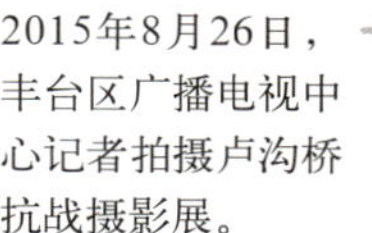

2015年8月26日，丰台区广播电视中心记者拍摄卢沟桥抗战摄影展。

2015年9月20日，丰台区广播电视中心报道组进行“2015北京国际铁人三项赛” 现场播报。

2015年6月20日，丰台区广播电视中心记者拍摄园博园 “彩色跑”活动，助力北京申办2022年冬奥会。

2015年3月4日，丰台区广播电视中心技术人员为确保安全播出检查播出机房技术设备状况。

2015年4月8日，丰台区广播电视中心技术人员进行户外大屏日常维修检测。

2015年2月1日，石景山区广播电视中心录制2014年度“感动石景山年度人物”颁奖典礼节目。

2015年3月11日，石景山区广播电视中心录制《情系英烈，春暖清明》第八届北京清明诗会节目。

2015年7月25日，石景山区广播电视中心承办中央人民广播电台第四届“夏青杯”朗诵大赛暨第三届“放飞梦想”北京诗歌朗诵大赛。

2015年8月，石景山区广播电视中心赴山西拍摄《自古英雄出少年》专题片。

2015年11月8日，石景山区广播电视中心录制第十六届记者节特别节目。

2015年11月6日，石景山区广播电视中心组织召开高清网络化建设工程相关项目招标会。

↑《门头沟新闻》每天19：34播出，每次15分钟。图为2015年《门头沟新闻》在播出。

2015年7月19日，门头沟区广播电视中心新闻记者冒雨拍摄降雨情况。→

↑ 2015年1月22日，门头沟区广播电视中心举办新闻记者业务培训。

↑ 2015年6月4日，门头沟区广播电视中心记者下基层采访。

↑ 2015年1月30日，门头沟区广播电视中心记者、主持人走基层，与市民座谈。

↑ 2015年3月27日，延庆县广播电视中心一行到门头沟区广播电视中心交流学习。

2015年2月17日（春节前夕），房山区委书记刘伟（前左）到区广播电视中心看望慰问广电员工。

2015年11月29日，房山电视台记者在区“两会”期间采访人大代表和政协委员。

2015年2月8日，房山电视台录制《我行我秀》栏目并开播。

2015年3月，房山人民广播电台直播节目《汇生活》开播。

2015年3月，房山人民广播电台直播节目《新城故事》开播。

2015年，房山区广播电视中心高清节目制作系统建成并投入使用。

↑ 2015年3月5日（元宵节），大兴区委书记、北京经济技术开发区工委书记李长友（左一）到区广播电视中心看望慰问广电员工。

↑ 2015年2月11日，大兴区广播电视中心记者开展“同饮丹江水，心系水源区”公益活动。

↑ 2015年10月31日，大兴人民广播电台、香港一带一路国际文化传媒集团、台湾正声电台联合举办的公益行活动启动。

↑ 2015年7月14日，大兴区第七小学学生走进区广播电视中心演播室，观摩节目制作流程，体验播音主持艺术。

↑ 2015年11月5日，大兴区红领巾通讯社小记者团（站）实践基地揭牌仪式在区广播电视中心举行。

↑ 2015年5月19日，歌手陈振云（右二）、加红（右一）做客大兴人民广播电台并参与主持互动节目。

《通州新闻》每天19：30播出，每次10分钟。图为2015年《通州新闻》在播出。

2015年7月15日，通州电视台主办的“通州不会忘记——纪念中国人民抗日战争胜利70周年专题系列报道”启动。

2015年5月，通州电视台将《周末大舞台》创新改版《百姓大秀场》栏目，丰富电视节目。

2015年7月24日，通州电视台记者拍摄北京行政副中心工程建设情况。

2015年6月18日，通州区广播电视中心召开多屏融合移动资讯采集课题研讨会。

2015年2月16日，通州区文明办向通州区广播电视中心赠送锦旗。

↑ 2015年3月18日，顺义区委宣传部部长霍光锋(左二)到顺义区广播电视中心调研。

↑ 2015年5月11日，北京市劳动模范顺义区赵全营镇北郎中农民企业家陈林坐客直播间。

↑ 2015年6月11日，顺义区广播电视中心全新打造一档生活服务类栏目——“生活帮”制作完成。图为中心组织样片审看会。

↑ 2015年9月26日，顺义人民广播电台第三届听众节晚会在顺义区工人文化宫举办。

↑ 2015年7月，顺义区广播电视中心记者拍摄路政工人冒高温修路。

↑ 2015年9月，顺义区广播电视中心记者在五彩浅山国家健身步道拍摄《我的故事--画里浅山》节目。

2015年5月6日，平谷区委书记张吉福（前）到区广播电视中心调研并参观摄影作品展。

2015年3月19日，平谷区委常委、宣传部长王红艳（中）到区广播电视中心调研。

《平谷新闻》每天19：33播出，每次15分钟。图为2015年《平谷新闻》播出画面。

平谷区广播电视中心《热点进行时》电视栏目全新改版，突出解答民众关切问题。

2015年7月18日至年底，平谷区广播电视中心推出首档少儿节目——《快乐宝贝》，全年播出12期。

2015年10月21日，平谷区广播电视中心举行记者培训会。

2015年5月8日，怀柔区广播电视中心召开2015年度工作会。

《怀柔新闻》每天19：35播出，每次15分钟。图为2015年《怀柔新闻》在播出。

2015年3月19日，怀柔区广播电视中心召开2015年度新闻宣传工作研讨会。

2015年10月15日，怀柔区广播电视中心与中国传媒大学南广学院举行教学基地签约仪式。

2015年5月8日，怀柔区广播电视中心举办索尼蓝光摄像机培训班。

2015年5月20日，怀柔区广播电视中心高清电视播控机房改造工程竣工。

2015年，昌平区广播电视播控中心全面建成，拥有现代化的广播电视直播间和600平方米演播厅、260平米访谈演播厅以及60平米新闻演播厅。

2015年1月6日，昌平区广播电视中心记者报道“中共昌平区委四届八次会议”。

2015年12月1日，昌平人民广播电台首档直播节目《乐享时光》试播。

2015年3月14日，昌平区广播电视中心记者报道“第三届北京农业嘉年华”。

河南省栾川县宣传系统领导一行到昌平区广播电视中心参观交流。

2015年，昌平区广播电视中心现代化的播控机房投入使用。

2015年2月15日，密云县委书记汪先永（左二)到县广播电视中心调研。

《密云新闻》每天19：35播出，每次15分钟。图为2015年《密云新闻》在播出。

2015年5月23日，密云县委宣传部、密云县广播电视中心、密云县文委等主办的“2015电视歌手大赛初赛”举行。

2015年4月21日，密云县广播电视中心召开媒体运营制度启动会。

2015年11月10日，密云县广播电视中心召开重点工程系列报道策划与制作观摩交流会。

2015年8月26日，密云县广播电视中心召开安全生产、安全播出部署会。

区县广电

延庆县广播电视中心重点电视栏目《百姓大舞台》每天18：20播出，时长10分钟。

延庆县广播电视中心重点广播栏目《今日农村》每周二、周五18：10首播，时长18分钟。图为栏目组在研讨业务。

2015年7月31日，延庆县广播电视中心主持人在八达岭长城脚下主持“申办冬季奥运会庆祝活动”。

2015年6月27日，第五届北京国际自行车骑游大会期间，延庆县广播电视中心记者与北京交通广播记者研讨采访事宜。

2015年8月6日，延庆县广播电视中心推出行走妫川系列报道“爸爸去哪儿暑期版”。

2015年11月15日，延庆县广播电视中心举办首届主持人大赛。

（区县广电图片：由各区县广电单位提供）

↑ 工夫影业、华谊兄弟、群像传媒、摩天轮文化传媒、腾讯视频、合一影业等联合出品的影片《少年班》海报。

↑ 北京新力量、华谊兄弟、南京大道行知文化传媒等联合出品的影片《坏蛋必须死》海报。

↑ 华谊兄弟、路画影视、幸福蓝海、合一影业等联合出品的影片《命中注定》海报。

↑ 耀莱影视、华谊兄弟、上海电影集团、耀莱文娱等联合出品的影片《天将雄师》海报。

↑ 华谊兄弟、十全十美娱乐传媒等联合出品的影片《大喜临门》海报。

华谊兄弟、新圣堂等联合出品的影片《前任2：备胎反击战》海报。

华谊兄弟、安乐影片、大众点评网、幸福蓝海影视、合一影业联合出品，北京剧角映画联合发行的影片《三城记》海报。

华谊兄弟、东阳向上影业、北京一响天开、霍尔果斯春天融和等联合出品的影片《老炮儿》海报。

华谊兄弟、源合圣影视、映艺娱乐联合出品的影片《失孤》海报。

八一电影制片厂、中影公司、北京紫禁城影业公司、北京中联华盟文化传媒等联合出品的影片《百团大战》海报。

博纳影业集团、华夏电影、蓝色星空影业等联合出品的的影片《湄公河行动》海报。

重庆电影集团、北京东方一处国际文化传媒、八一电影制片厂等联合出品的影片《开罗宣言》海报。

北京紫禁城影业公司、兴扬电影、银都机构、二十一世纪威克、盛唐时代、北京中金源、西安紫禁城影视、中传立方等联合出品的影片《对风说爱你》海报。

中共北京市委宣传部、北京市新闻出版广电局、北京电视艺术中心有限公司、北京小马奔腾文化传媒等联合出品的影片《北京时间》 海报。

北京海润影业、安乐电影、银河映像等联合出品影片《华丽上班族》海报。

北京海润影业有限公司、中共云南省委宣传部、求是影视中心、云南润视荣光影业公司等联合出品的影片《独龙之子高德荣》剧照。

2015年10月2日，北京海润影业有限公司在韩国釜山国际电影节期间举办“海润之夜”活动，图为海润董事长刘燕铭（中）致辞。

北京海润影业、浙江横店影视、力加太阳文化传播（北京）等联合出品影片《情况不妙》主创合影。

光线影业投资发行，天津橙子映像传媒出品的影片《恶棍天使》海报。

大盛国际传媒、光线影业、威秀电影、华纳兄弟、东申童画、深圳吴氏影视等联合出品的影片《钟馗伏魔：雪妖魔灵》海报。

中影寰亚、天下一电影、光线影业、邵氏兄弟等联合出品的影片《冲上云霄》海报。

光线影业、江苏译林影视等联合出品的影片《左耳》海报。

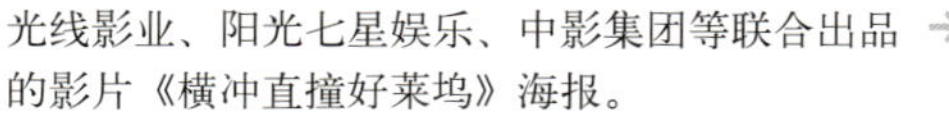

光线影业、阳光七星娱乐、中影集团等联合出品的影片《横冲直撞好莱坞》海报。

上海淘米动画、光线影业、爱奇艺等联合出品的影片《赛尔号大电影5雷神崛起》海报。

光线影业、华视影视、世纪长龙影视、广州弘光电影、电影频道、新视界等联合出品的影片《新步步惊心》海报。

光线影业投资，上海腾讯影业、江苏广播电视集团、北京微影时代等联合出品的动画影片《洛克王国4：出发巨人谷》海报。

北京真乐道文化、光线影业等联合出品的影片《港囧》海报。

光线影业投资，新线索电影、嘉行传媒、青春光线、望月人（韩国）等联合出品的影片《我是证人》海报。

光线影业、蓝莓国际等联合出品的影片《陪安东尼度过漫长岁月》海报。

光线影业投资，欢瑞世纪、嘉行传媒等联合出品的影片《怦然星动》海报。

万达影业、华谊兄弟、光线传媒等联合出品的影片《鬼吹灯·寻龙诀》海报。

北京中北电视艺术中心有限公司出品的30集电视剧《走进幸福》剧照。

公安部宣传局、大连市公安局、北京京默影视传媒、内蒙古京默影视传媒等联合出品的30集电视剧《穿警服的那些女孩儿》海报。

北京世纪乐成文化传媒有限公司、阿里山文化传播等联合出品的34集电视剧《寻找北极光》海报。

北京若水彤云影视文化传媒、同德共创国际文化传媒（北京）有限责任公司出品的30集电视剧《幸福的季节》海报。

北京荣信达影视艺术有限公司、北京盛唐时代文化传播等联合出品的40集电视剧《亿万继承人》剧照。

电视剧

北京文投、北青传媒、森林影画、众悦天成、华世纪等联合出品的44集电视剧《巨浪》海报。

优酷土豆、完美环球、完美蓬瑞、儒意欣欣等联合出品的30集电视剧《咱们相爱吧》海报。

中国电视剧制作中心、皇氏御嘉影视、龙腾艺都(北京)影视、北京九玖文化传媒、上海亚洲电视、北京信通传之媒等联合出品的30集《红色护卫》剧照。

北京嘉映影业、海宁聚光灯影业、北京演盛国际等联合出品的45集电视剧《酸甜苦辣小夫妻》剧照。

北京百创文化传媒、上海银润广告传媒、北京博视环宇文化传媒、北京电视艺术中心有限公司、北京瓯越文化传媒等联合出品的30集电视剧《铁血军歌》海报。

北京博纳时代影视传媒中心出品，国家民委、北京文联、北京卫视推出的60集电视剧《牛街往事》，被确定为北京市文化精品工程重点项目。

中国国际电视总公司、艺照天下影视传媒、北京幸福影视、北京华盖映月影视等联合出品的43集电视剧《傻柱》海报。

北京金盛信马影视、SMG尚世影业等联合出品的36集刑侦剧《刑警队长》海报。

北京电视艺术中心有限公司、海军政治部电视艺术中心等联合摄制的15集电视剧《家国纪事》（原名《刘少奇故事续集》）剧照。该剧2015年12月26日在中央电视台播出。

北京国立常升影视、浙江常升影视、华策影业（天津）、公安部金盾影视等联合出品的36集电视剧《爱的追踪》海报。

电视剧

北广传媒影视公司等出品的32集电视剧《复婚前规则》海报。

北广传媒影视公司，众悦天成文化等联合出品的25集电视剧《忘情歌》海报。

北京东方飞云国际影视公司等出品的50集电视剧《新边城浪子》海报。

北京东王文化、湖北广播电视台、湖北长江华晟影视、北京华晟泰通传媒、北京兴源和利广告等联合出品的30集电视剧《领养》海报。

↑ 北京小马奔腾、万达影视等联合出品的29集电视剧《翻手为云覆手雨》剧照。

↑ 北京京都世纪、浙江京都世纪等出品的30集电视剧《青梅那个竹马》海报。

↑ 长春电影制片厂、华彬集团、北京小马奔腾、北京世纪伙伴等联合出品的48集电视剧《少帅》剧照。

↑ 北京小马奔腾等出品的29集电视剧《黄金大劫案》剧照。

↑ 北京京都世纪、浙江京都世纪等出品的40集电视剧《反恐特战队Ⅱ——猎影》海报。

← 北京海润影视制作有限公司出品的30集电视剧《暗战》海报。

北京海润影视制作有限公司、电广传媒、凤凰传奇影业联合出品的50集电视剧《怒放》海报。→

北京海润影视制作有限公司、寰亚时代影视、北京风雷动文化传媒联合出品的46集电视剧《致单身男女》海报。→

↑ 北京海润影视制作有限公司出品的45集电视剧《我叫苗金花》海报。

北京海润影视制作有限公司、北京风雷动文化传媒、指点影业（北京）、德丰天润国际影视、北京中青映画影视、北京小马奔腾联合出品的50集电视剧《秘密的背后》海报。

北京海润影视制作有限公司、海宁月亮开花影视出品的30集电视剧《胭脂》海报。

北京华荣兄弟文化传媒、北京蓝图时空影视传媒发行的32集电视剧《港媳嫁到》海报。

唐德国际影视等出品39集电视剧《拥抱星星的月亮》剧照。

北京海润影视制作有限公司、海宁君为天作影业出品的41集电视剧《猎人》剧照。

公安部宣传局、北京市公安局、大唐辉煌传媒、中艺博悦传媒等联合出品的44集电视剧《警犬与警花》海报。

大唐辉煌传媒出品的34集电视剧《幸福我们在路上》海报。

大唐辉煌传媒出品的36集电视剧《欢天喜地过大年》海报。

大唐辉煌传媒出品的36集电视剧《藏宝图》海报。

↑ 大唐辉煌传媒出品的42集电视剧《守婚如玉》海报。

↑ 2015年10月22日，由中国广播影视出版社和广电影视联盟联合主办，大唐辉煌传媒有限公司协办的“法制题材电视剧创作研讨会”举行。

↑ 唐德国际影视投资，国爱传媒、金天地影视等联合出品的46集电视剧《义道》海报。

↑ 唐德国际影视投资，上海鼎石影视等联合出品的35集电视剧《政委》海报。

↑ 唐德国际影视投资，上海鼎石影业、广西广电影视传媒等联合出品的42集电视剧《结婚为什么》海报。

（影视艺术图片：由北京市影视制作相关单位提供）

2015年6月11日，中共北京市新闻出版广电局机关委员会和机关纪委（两局合并后）召开首届选举大会，图为大会主席台现场。

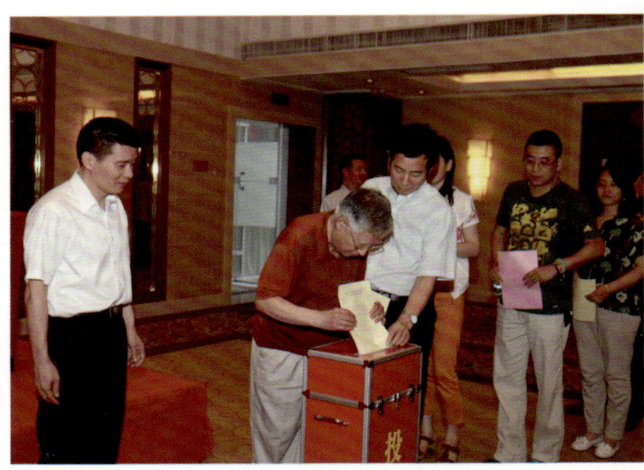

2015年6月11日，中共北京市新闻出版广电局机关委员会和机关纪委召开选举大会。

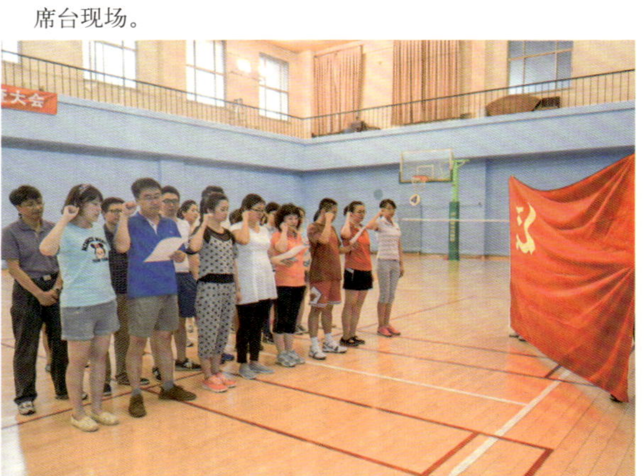

2015年8月28日，北京国际影视交流促进中心党支部开展重温入党誓词活动。

2015年11月3日，北京市广播电影电视局信息中心党支部组织党员参观双清别墅。

2015年6月，北京市广播电影电视局后勤服务中心党支部开展“三严三实”专题教育学习活动。

2015年9月18日，北京市广播电视监测中心党支部开展党日活动。

队伍建设

2015年6月26日，北京广播电视台召开纪念中国共产党建党94周年暨表彰会活动。

2015年7月10日，北京广播电视台组织党员参观抗战纪念展览。

2015年6月13日，北京广播电视台组织开展2015年入党积极分子培训活动。

2015年6月18日，北京广播电视台开展“讲述抗战故事，传承革命精神”大型主题活动。

2015年8月4日，北京广播电视台开展“三严三实”专题教育学习活动。

2015年11月13日，北京广播电视台开展“我们的价值观”和“京华英雄”百姓宣讲活动。

↑ 2015年7月24日，北京电台举办反腐倡廉形势报告会。

↑ 2015年10月1日，北京电台组织员工参观新疆自治区成立60周年成就展。

↑ 2015年5月15日，北京电台团委开展以“飞扬青春”为主题的团日活动。

↑ 2015年6月25日，北京电视台组织党员和入党积极分子到解放军三军仪仗队开展“我是党员我宣誓”主题教育活动。

↑ 2015年7月，北京电视台举办新闻类播音员培训班。

↑ 2015年5月14日，北京电视台举办综艺类节目主编、责编培训班。

队伍建设

2015年6月28日，北京歌华文化发展集团召开纪念中国共产党建党94周年表彰大会。

2015年3月24日，北京广播公司召开2015年工作会暨第一届职工代表大会第三次会议。

2015年6月25日，北京广播电视报社开展“三严三实”专题教育学习活动。

2015年7月2日，北京瑞特影音贸易公司开展党员志愿者服务活动。

2015年8月14日，北京北广传媒数字电视有限公司组织党员和入党积极分子参观中国人民抗日战争纪念馆。

2015年11月6日，北京北广传媒地铁电视有限公司召开发展新党员会。

↑ 2015年10月16日，海淀区新闻中心第三党支部赴北京新文化运动纪念馆开展党日活动。

↑ 2015年5月12日，石景山区广播电视中心召开内部控制工作培训会。

↑ 2015年月1月22日，门头沟区广播电视中心举办新闻记者业务培训班。

↑ 2015年6月30日，大兴区广播电视中心组织记者编辑到抗战名将纪念馆参观。

↑ 2015年7月28日，通州区广播电视中心组织员工参观“严明纪律、廉洁履职；反腐倡廉教育展”。

↑ 2015年9月14日，顺义人民广播电台组织全体党员进行党风廉政教育学习。

队伍建设

2015年10月21日，平谷区广播电视中心举办记者培训。

2015年11月6日，房山区广播电视中心召开第十六个记者节工作会。

2015年5月11日，怀柔区广播电视中心召开党的群众路线教育实践活动整改落实情况通报会。

2015年3月10日，昌平区广播电视中心召开2015年度工作任务暨党风廉政建设工作会。

2015年4月7日，密云县广播电视中心召开2015党建工作会议。

2015年6月30日，延庆县广播电视中心组织党员和入党积极分子上党课。

（队伍建设图片：由市、区县广电系统相关单位提供）

2015年8月4日，北京市新闻出版广电局机关党委组织开展宣讲比赛。

2015年4月10日，北京市广电局后勤服务中心组织职工在延庆绿化基地开展植树活动。

2015年9月18日，北京市广播电视监测中心举行消防演练。

2015年6月25日，北京市广电局后勤服务中心组织职工进行消防演练。

2015年11月，北京广播电视台参加全国新闻界围棋比赛，获得团体赛第六名、个人赛第一名的成绩。

2015年2月10日，北京北广传媒城市电视有限公司到共建的顺义太阳村进行新春慰问。

文体活动

2015年6月6日，北京电视台举行2015年职工乒乓球团体赛。

2015年9月25日，北京北广传媒数字电视有限公司参加北京广播电视台2015年职工文艺汇演。

2015年9月，北京广播电视台服务中心参加北京广播电视台2015年职工文艺汇演。

2015年4月，北京广播电视报社夺得北京广播电视台第四届职工兵乓球比赛团体第三名。

2015年9月25日，北京北广传媒地铁电视有限公司参加北京广播电视台2015年职工文艺汇演。

2015年9月，北京瑞特影音贸易公司参加北京广播电视台2015年职工文艺汇演。

2015年12月4日，朝阳区广播电视新闻中心职工在年会上表演文艺节目。

2015年5月30日，石景山区广播电视中心职工参加农商行杯篮球比赛。

2015年6月16日，顺义人民广播电台举行退休人员欢送会。

2015年5月12日，怀柔区广播电视中心举行“参观新农村”健步走活动。

2015年4月20日，昌平区广播电视中心举行“春天里”长走活动。

2015年5月4日，密云县广播电视中心与县财政局举行羽毛球联谊赛。

（文体活动图片：由市、区县广电系统相关单位提供）

目 录

专项纪事

概 况

频率频道

节目栏目

产业发展

新媒体

技　术

电　影

电视剧

书报刊出版

受众调查

组织机构

获奖作品

典型经验

交流合作

统　计

大事记

专项纪事

第五届北京国际电影节举办

第五届北京国际电影节于2015年4月16日至23日在北京举办。本届电影节秉承“共享资源，共赢未来”活动宗旨，倡导“天人合一，美美与共”核心价值理念，坚持“大师、大众、大市场”风格特色，精心组织了相关活动。本届电影节实现“六个新突破”，即在活动规模、活动质量、大众参与程度、活动效益、中外合作以及节展传播力和影响力等方面取得全面突破。电影节评奖权威性、影片质量、嘉宾星光度、论坛专业性、市场交易额、品牌影响力较上届大幅提升。50余个国家和地区的340余家电影机构、1.4万余名嘉宾和业界人士参加电影节各项活动，来自境内外350余家媒体的1500余名记者参与电影节报道，群众直接参与超百万人次。

一是开幕式隆重华美，开幕影片全球首映。本届电影节于4月16日晚在怀柔北京雁栖湖国际会展中心拉开帷幕。开幕式以“光影礼赞”为主题，回顾电影历史，缅怀电影人物，重温电影金曲，隆重推介“天坛奖”入围影片，唱响电影节主题曲，致敬世界电影诞生120周年、中国电影诞生110周年。国家新闻出版广电总局局长蔡赴朝、美国好莱坞演员阿诺德·施瓦辛格、本届“天坛奖”国际评委会主席吕克·贝松分别致辞，“天坛奖”评委会成员集体亮相，北京市市长王安顺宣布开幕。相关领导，国际知名电影节主席，驻华使节，电影人和电影机构负责人，电影市场、电影论坛嘉宾代表，以及媒体界嘉宾和群众近2000人出席。开幕影片《十日谈》在东方剧院举行全球首映礼。

二是“天坛奖”评奖权威公正，国际首映影片参赛踊跃。本届电影节共有来自90个国家和地区的930部影片报名参赛“天坛奖”主竞赛单元，其中国际影片808部，国内影片122部，影片数量、质量较上届明显提高。评奖严格遵循公平公正原则，15部影片入围，其中13部海外影片均为国际首映。由国际著名导演吕克·贝松领衔“天坛奖”国际评委会，在集中观看、充分讨论基础上，遵照国际惯例和规则，全程贯穿“天人合一，美美与共”核心价值理念，投票产生本届“天坛奖”10大奖项。

三是展映单元类别丰富，展映影片受到热捧。共有来自103个国家和地区的1524部影片报名参加北京展映，其中境外影片1341部、境内影片183部，从中遴选360部优秀影片展映。展映活动在北京23家商业影院、艺术影院和8所高校进行，共设置19个单元，放映800余场次，观影人数达21万余人次，总票房近800万元，超上届票房总收入三倍多。新增“影评人推荐”、荣誉放映、“经典京剧电影”单元。举办评委会主席作品回顾展和波兰、日本、韩国、印度等12场国际影展，组织新片发布会、媒体见面会、影迷见面会、首映式等近60场，首次举办展映影片海报展。网络售票出现抢购潮，许多热门影片一票难求。

四是论坛话题前沿、专业，演讲嘉宾精英荟萃。中外电影合作论坛围绕“国际合拍的新趋势”“新语境下跨文化电影合作”等主题进行研讨，剖析案例，共谋中外电影全方位合作前景。国际影业集团高峰论坛围绕数字时代电影技术与艺术融合问题全方位解读，交流经验，推动电影技术与艺术的结合。探寻电影之美高峰论坛展现剪辑艺术魅力，传播剪辑技术，找寻剪辑人才培养规律。让·雅克·阿诺、汤姆·德桑托、阿曼达·内维尔等中外著名电影人参与研讨。

五是市场展商覆盖电影全产业链，规模、质量再上新台阶。本届电影市场共吸引来自25个国家和地区的注册展商275家，同比增长11%，其中国际展商140家，占比51%，再次超国内展商数。实现签约项目36个，签约总额138.45亿元，同比增长32%，巩固了亚洲第一电影市场地位。签约项目涵盖电影产业链各个环节，其中投资制作44.95亿元；影视院线、影视基地、文化地产项目43.5亿元；电影基金项目累计签约额50亿元。

六是电影嘉年华打造光影盛会，服务大众、服务行业。本届电影嘉年华活动场地呈“一主三分多点”布局，在怀柔雁栖湖景区设主会场，在杨宋影视城、顶秀美泉小镇、燕城古街设分会场，在全市31家展映影院及周边组织嘉年华系列子活动，确保最广泛的群众参与。打造星空嘉年华、视觉嘉年华、娱乐嘉年华、体验嘉年华四大主题活动，组织20余项电影娱乐活动，内容互为补充、各有特色，营造浓厚电影节日氛围，打造全民光影盛会。明星见面会、新片发布会搭建电影人和大众交流互动平台，服务电影产业，全方位助推怀柔影视示范区建设。

七是开闭幕红毯星光熠熠，闭幕式暨颁奖典礼畅想电影梦想。本届电影节开闭幕红毯大腕云集，国际知名电影节主席和总监、“天坛奖”15部入围影片主创、阿诺德·施瓦辛格等国际著名影人，梅葆玖、成龙、冯小刚等近800位知名影人、行业代表踏上红毯。《赤道》《北京时间》《巴黎假期》《逆转之日》等多个剧组助阵电影节。闭幕式以“光影汇聚，梦想交融”为主题，宣布本届电影节成果，现场揭晓“天坛奖”奖项。

八是除七大主体活动浓墨重彩外，相关活动同样异彩纷呈。“注目未来”单元旨在发现电影新人、激发电影活力，鼓励电影原创；“纪录单元”把握国际影展潮流，开设纪录片联合展台，尝试纪录片创意、提案和作品交易；“经典京剧电影”单元展现国粹风采，集中展映《龙凤呈祥》《霸王别姬》等5部经典京剧电影，弘扬民族传统文化；“华语电影新焦点”单元聚焦“互联网+”电影；“微电影单元”紧贴新媒体发展态势，精选最新优秀微电影集中展映；“电影音乐会”围绕纪念电影诞辰、世界反法西斯战争胜利主题，奏响经典乐章。“国际电影特效论坛”邀请好莱坞电影特效大师深度对话，举办电影特效公开课，建立电影特效大师俱乐部。“IWC万国表电影人之夜”广邀中外杰出影人齐聚一堂，共话电影梦想。

本届电影节累计举办活动270项，同比增长145%。50余个国家和地区的电影人、340余家中外电影机构、1.4万余名中外嘉宾和业界人士参加电影节各项活动，279家境内媒体1297名记者、71家境外媒体202名记者参与电影节报道，群众直接参与超百万人次。

集聚大师、致敬大师、培养未来大师，彰显国际化水准和专业品位；吸引大众、服务大众、引领大众电影文化消费，体现品牌影响力和惠民主张；构建大市场体系、深化大市场运作、发挥大市场功能，展示市场活力和行业认可度。北京国际电影节始终将“大师、大众、大市场”这一风格特色作为区别于其他国际电影节的重要标志。经过五年发展逐渐走向成熟的北京国际电影节，以其令人瞩目的成绩，巩固亚洲第一电影市场地位，业已成为中外电影交流合作的优质平台、推动中国电影“走出去”的知名品牌、首都乃至国家的重要文化名片。

（北京国际影视交流促进中心）

李伟同志前往四川雅安慰问《长征》摄制组

2015年12月19日至20日，市委常委、宣传部部长李伟利用周末时间前往四川雅安，慰问正在那里采访、拍摄大型系列片《长征》的北京电视台摄制组全体成员，鼓励这支平均年龄只有26岁的年轻团队不畏艰难、发扬长征精神，潜心创作出超越以往同类题材的优秀纪录片作品。市委副秘书长、宣传部副部长严力强，市新闻出版广电局党组书记、局长，北京电视台党委书记、台长李春良，副总编辑徐滔等随同前往。

为纪念长征胜利80周年，北京电视台《档案》栏目将于2016年10月推出10集大型系列纪录片《长征》。2015年10月17日，《长征》摄制组在红军长征出发地江西省于都县举行了庄严的拍摄启动仪式和誓师大会。此后，《长征》摄制组开始了重走长征之路的前期采访、调研和拍摄工作，旨在沿途搜集珍贵的历史档案和鲜为人知的红军故事，探访红军留下的历史遗迹和红军历史的见证者，记录红军长征途径之地今昔的对比变化，弘扬长征精神并诠释长征在新时代的伟大意义。从2015年10月15日离开北京开始，摄制组已经行进8000公里，跨越了江西、湖南、广东、广西、贵州、云南、四川七省和自治区。到过于都、瑞金、新丰、汝城、道县、全州、兴安、龙胜、遵义（娄山关、桐梓、苟坝、仁怀、习水、土城）、贵阳、昆明、大理、禄劝、雅安20个市县，93个乡、镇、村进行拍摄，采访了近百位长征亲历者及他们的后人和当地文史专家。

12月19日下午，李伟一行到达成都后，不畏严寒和舟车劳顿，直接从机场马不停蹄地赶往雅安上里古镇，慰问正在那里拍摄的《长征》摄制组成员。上里古镇是四川历史文化名镇，著名的红色之地，镇里至今尚存有红军石刻标语70余幅。这些石刻标语见证着80年前的军民鱼水情深，以及80年来长征精神的代代传承。

摄制组结束在上里古镇的拍摄后，李伟一行与他们进行了座谈。四川省政府副省长、雅安市委书记叶壮，四川省委宣传部副部长赵明仁，四川省雅安市委副书记、政法委书记张燕飞等参加。座谈会上，《长征》摄制组年轻的编导们充满深情地讲述了此次采访、调研和拍摄的经历和感受。《长征》纪录片执行总导演、总撰稿吴志勇说："如果现在的年轻人知道在80年前，同样有一群年轻人，在用他们的青春、热血和生命做一件改变中国、改变人类文明进程的事业，我相信现在的年轻人会被影响。长征的路很长，英雄的故事讲不完。我们，愿成为长征故事的讲述者和长征精神的传承者！"李伟对《长征》摄制组寄予厚望并提出更高的要求："长征是伟大的实践，爬雪山、过草地、坝子口、乌江天险……这些都是大家很熟悉的。最重要的是通过这些事件，把长征的魂写出来。正如一本书叫《中国共产党为什么行》，就是要告诉大家我们的先辈为什么要长征，如何通过长征走向成熟，为什么旧社会一定要推翻，为什么没有共产党就没有新中国！"

12月20日上午，李伟一行参观了四川建川博物馆的抗战博物馆。建川博物馆共设有5个抗战系列展馆，展出文物3万多件。壮士广场、"日军侵华罪行馆"等，每一处展馆、每一件抗战文物都记录着动人悲壮的故事。这些抗战文物以无可辩驳的史实和铁的证据，揭露了日本侵略者的侵华罪行和伪满政府、汪伪政权的奴颜卑骨；更以饱满的爱国热情讴歌了中华儿女抗击侵略者的伟大壮举，它再一次证明，中国人民以自己的鲜血和生命为世界反法西斯斗争的胜利作出了历史性贡献。

四川省委副书记、宣传部部长尹力与李伟一行就《长征》的拍摄及两地宣传系统更深入长远的合作进行了充分沟通交流。

（北京电视台）

西藏自治区党委宣传部肯定大型系列纪录片《西藏》

2015年9月，西藏自治区党委宣传部《西藏宣传思想文化工作简报》第60期以《呈现真实历史　解读热点问题　大型系列纪录片〈西藏〉播出反响热烈》为题发表文章，肯定大型系列纪录片《西藏》。

文章指出，为庆祝西藏自治区成立50周年，由北京市委宣传部和西藏自治区党委宣传部联合摄制，北京电视台、西藏电视台制作的六集大型系列纪录片《西藏》，于2015年9月5日起在北京卫视和西藏卫视同步播出。该片播出后，受到区内外媒体的密切关注和观众的广泛好评。

该片分三部六集，从自古以来西藏是祖国不可分割的一部分、历代达赖喇嘛转世、西藏和平解放和民主改革等三个方面，系统清晰、深入浅出地讲解历史事实和历史真相，针锋相对地驳斥十四世达赖分裂集团的各种舆论，帮助人们进一步认清西藏的主权归属、人权进步和活佛转世制度的历史定制和宗教仪轨。

大型系列纪录片《西藏》自2014年立项以来，短短十个月时间，创作团队查阅了近千万字的专业著作，遍访国内数十位权威藏学、历史专家，在北京、西藏两地举办数轮专题研讨会，先后组织主创人员三次赴西藏进行前期采访，形成了扎实、准确的纪录片创作脚本。在拍摄过程中，摄制组克服高原缺氧的困难，投入上百人的精英制作团队及大量高性能专业设备，在我区进行了为期40余天的外景拍摄，行程达38000公里。创作团队克服各种困难，找寻历史遗迹、采访历史亲历者，查阅第一手资料。在制作过程中，不仅使用了近千分钟珍贵影像资料、上百份绝密文献档案、数十件国宝级精品文物，还运用了虚拟植入技术、三维特效技术，使庞杂深奥的历史，在节目中变得通俗易懂，直观生动。

《西藏》播出后，引起了国内媒体的密切关注和专家学者的一致好评。《北京日报》《北京晚报》《西藏日报》《京华时报》《法制晚报》《西藏商报》《拉萨晚报》等主流平面媒体在重要版面的重点位置，对《西藏》播出相关情况进行了较大篇幅的报道。人民网、新华网、中国网络电视台、新浪、腾讯、搜狐、网易、凤凰、千龙网、中华网、中国青年网等主流网站和地方门户网站都在重点位置对《西藏》进行了关注与报道。

许多观众认为，纪录片《西藏》是继《伟大的贡献》之后，北京卫视《档案》栏目奉献的又一年度巨作。该片注重历史、注重细节，引用历史资料翔实，解读深刻准确，画面震撼、制作精良，集思想性、政治性、艺术性、观赏性于一体。该片的拍摄，对于维护祖国统一和民族团结，引导社会各界更加全面、真实、客观地认识和了解西藏具有重要的现实意义和深远的历史意义。

（北京电视台）

市新闻出版广电局加强网上引进境外影视剧管理工作

加强网上境外影视剧播出管理是2015年网络视听节目管理工作的重中之重。为做好此项工作，市新闻出版广电局认真落实国家新闻出版广电总局的要求，按照“总量调控、内容审核、发放许可、统一登记”的原则，多措并举，全力推进。

一是加强组织领导。成立了网上境外影视剧管理工作领导小组，由局长任组长，主管副局长任副组长，局网管处和局影视作品审查中心有关工作人员为成员，切实加强对相关工作的组织领导。

二是明确部门职责分工。局网管处负责此项工作的各项统筹、组织协调、审核发证、日常监管、违规处理等工作；局影视作品审查中心负责网上境外影视剧内容审核工作，确保分工明确，职责清晰。

三是健全机制，细化流程。制定了网上引进境外影视剧行政许可工作流程，明确审查工作程序、环节和时限，明确了部门工作人员分工和业务流程。

四是组建100多人的专家审核队伍。其中既有长期从事宣传管理、内容审查、影视制作和网络视听节目管理等相关工作人员；又有长期从事影视教学研究、创作、评论和翻译等方面的专家学者。通过召开研讨会和评议会等方式，重点选取不同题材的境外影视剧，组织专家进行节目预审，积极摸索网上境外剧内容审核的有效方法。

五是做好网站人员培训。组织相关工作人员认真学习管理文件，熟悉系统操作流程，掌握岗位要求和注意事项。对10家具有网上境外影视剧引进资质的网站进行了业务培训，指导网站做好引进规划申报、内容审核及登记备案工作。

六是按时保质完成网上境外剧计划申报、材料审核、引进计划调整、内容审核工作。北京市共有10家持证网站具备引进网上境外影视剧资质，可引进片目总数为2601集。全年共接收并审核各网站报审材料212部975集，其中电视剧55部661集，电影157部314集；内容审核156部共682集，其中电视剧39部448集，电影117部234集；审核通过并发放许可证89部407集，其中电视剧24部277集，电影65部130集；审核没通过23部103集，其中电视剧4部65集，电影19部38集。

七是加强日常监管，对部分网站私播未经审核发证的境外影视剧行为及时制止。安排监看力量，对网站境外影视剧情况进行重点监看，对3家网站违规传播境外影视剧的行为进行了诫勉谈话和通报批评，清理UGC用户上传境外影视剧528部，13462集，有序规范网上境外影视剧传播秩序。

八是积极与行政许可审批部门一起协调总局和市编办有关部门将网上境外剧计划申报和内容审核工作纳入行政许可事项，同时按照局行政审批大厅集体迁至六里桥办公区要求，做好网上引进境外影视剧受理工作的调整和完善。

通过以上工作，进一步规范了网上境外影视剧的传播秩序，加强了网上境外影视剧内容审核工作，防止了色情低俗、政治有害和血腥暴力内容的传播。同时，鼓励符合条件的互联网视听节目服务网站引进播出内容健康、制作精良、弘扬真善美的境外影视剧，不断满足广大网民日益增长的精神文化需求。

（北京市新闻出版广电局网管处）

北京市广播电视公益广告专项资金扶持项目设立并圆满完成评审工作

根据国家新闻出版广电总局关于广播电视公益广告扶持项目的工作部署和市委、市政府领导的批示要求，市新闻出版广电局将《北京市广播电视公益广告专项资金扶持项目》列入2015年重点工作，预算项目，撰写了《北京市广播电视公益广告专项资金扶持项目可行性研究报告》，制定《北京市新闻出版广电局广播电视公益广告扶持项目评审办法（试行）》，并经市财政局批准获得700万元专项经费设立“北京市广播电视公益广告扶持项目”。在此基础上，对北京地区机构和个人制作播出的广播电视公益广告进行评审，对评出的优秀公益广告作品和传播机构给予专项资金补助。

按照公益广告扶持项目评审办法设立的广播电视公益广告扶持项目评审委员会，经过初评、复审、局长办公会议最后审定、结果公示等环节开展了首届北京市广播电视公益广告专项扶持项目的评审活动。从收集到的北京市2014—2015年度制作播出的广播电视公益广告项目，最终评定广播电视公益广告专项资金扶持项目64项，其中，广播作品一类3个、二类5个、三类11个；电视作品一类3个、二类5个、三类20个；传播机构一类3个、二类5个、三类9个。700万元专项扶持资金全部发放到位，并要求专款专用。

此外，还按照国家新闻出版广电总局的文件要求，完成了参加全国公益广告优秀传播机构和优秀公益广告作品的初评和报送工作。从获得北京市广播电视公益广告专项资金扶持的广播电视公益广告作品和传播机构中，择优推荐广播类优秀作品8个、电视类优秀作品8个、优秀传播机构3个，参与国家新闻出版广电总局组织的广播电视公益广告专项资金扶持项目评审。经国家新闻出版广电总局广播电视公益广告扶持项目评审委员会的终审，北京市获得扶持项目共11个，其中，广播一类、二类、三类、优秀类各1个；电视二类2个、优秀类1个；播出机构二类1个；纪念抗战胜利专项作品广播类2个，电视类1个。共获得扶持资金68万元。

（北京市新闻出版广电局传媒处）

高质量制作《北京榜样》系列广播剧

2015年2月8日北京电台节目制作中心完成新闻广播委托制作的10集系列广播剧《北京榜样》。接到《北京榜样》广播剧制作任务后，节目制作中心从剧本创作到演员选择，再到后期制作，都精心策划精心制作。

一、组建富有实力的创作班底，打造高质量的剧本

为完成10集系列广播剧《北京榜样》的剧本创作，节目制作中心特别外邀了经验丰富的知名编剧组成创作班子，严格要求创作人员对每一位榜样人物面对面地采访，与新闻广播当时完成相关人物报道的记者求证，反复修改剧本。因为“北京榜样”人物都是来自普通百姓的平凡人物，他们的事迹可能就是数十年如一日做着一件看似平凡实则伟大的事情，而不会跌宕起伏，充满故事性。系列广播剧要反映的是真实的人，真实的事，不能编撰拔高和虚构情节。在平凡的生活中挖掘闪光点，保证榜样人物的真实再现，又赋予广播剧的可听性，这对剧本创作的要求非常高。

二、力邀著名演员、顶尖配音演员出演，保证广播剧的演播质量，提高“北京榜样”以及广播剧在大众当中的认知度

在演员的选择上，节目制作中心从接到任务时就想到要通过邀请几位在听众观众中具有一定知名度的演员来出演，提高“北京榜样”在大众当中的认知度，加强广播剧的影响力。

通过努力，创作组邀请到冯远征、杨立新等知名演员来出演角色。他们不讲条件，不讲报酬，不顾辛劳，牺牲周末时间来录制，他们本身就是演艺界的“榜样人物”。

著名演员冯远征在录制广播剧《北京榜样》

在10集系列广播剧《北京榜样》中出演榜样以及剧中人物的还包括齐克建、姜广涛、张凯、王秋明、林兰、严燕生、田洪涛、李文玲、邹赫威等配音界的顶尖演员，堪称豪华演播团队。

三、设计指导榜样人物亲身出演，真实呈现榜样的存在和感染力

在选择演员方面，特别策划邀请了具有一定表现能力的榜样人物本人来出演，在保证艺术水平的前提下，让听众可以更加真实地感受到榜样的存在。如《心目影院的创始人——王伟力》这一集，就是由王伟力本人出演角色，通过前期的积极沟通以及录音现场的认真指导，王伟力的表现成为剧中的一个亮点。

四、严谨的后期制作，用丰富真实的声音提升表现力

由节目制作中心的4位专业录音师组成后期制作班子，包括曾经录制过荣获“五个一工程”奖广播剧的张校茵和3位年轻的录音师董珂、孟孟、马笑宇，他们在机房排班爆满的情况下，利用周末和晚上的时间，精心进行后期的设计和制作。每一段音乐的使用，每一个细微音响音效的加入，都经过反复的推敲、制作、审听、修改，力争用声音真实再现榜样人物的生活工作场景，创造立体丰满的声音表现效果，为广播剧锦上添花。

在10集系列广播剧《北京榜样》的创作过程中，“北京榜样”评选活动的主办方新闻广播的领导和同事给予许多帮助，为剧情需要提供必要的素材，为剧本修改提出宝贵意见。

节目制作中心的主持人们也积极地投身这部歌颂“北京榜样”的广播剧的录制工作中，比如白杰、张帆、尚远、殷超、庄兵、孙涛、宋杨、湘麓等，只要需要，毫无推辞。他们虽然在大牌云集的表演中不出演主角，但是都召之即来，表演认真出色。

2015年春节期间，由节目制作中心制作的10集系列广播剧《北京榜样》和新闻广播制作的《2014北京榜样》10集系列广播一同安排播出。

（北京电台）

北京电台全力做好申冬奥报道

为迎接国际奥委会评估团对北京和张家口申办2022年冬奥会进行实地评估考察，北京电台新闻广播3月初推出系列冬奥人物报道，涉及高山滑雪、滑冰、冰壶、冰球等运动项目，起到宣传预热效果。体育广播着力介绍冬季运动项目知识、冰雪运动体验、北京和崇礼迎接申奥所做的充分准备，并派出专门记者在评估团考察期间跟踪报道。3月23日国际奥委会评估团抵京，新闻广播第一时间在《整点快报》中播发消息，并在《北京新闻》予以报道。体育广播在《体育新世界》第一时间播发消息。在评估团考察期间，北京电台新闻广播、体育广播在《整点快报》《新闻2015》《北京新闻》《体育新闻》《体育新世界》等多档新闻节目中，对评估考察活动进行滚动报道，同时结合奥运场馆赛后利用、申冬奥助力京津冀一体化发展等深度报道，为申冬奥宣传造势。

7月31日，国际奥委会在吉隆坡投票选出2022年冬奥会的举办城市。北京电台成立专门领导小组，总编辑任组长，举全台之力分三个阶段进行宣传报道。

在“申办静默期”，北京电台以稳妥适度为报道总基调，严格做好配合申办报道工作，通过连线报道、人物访谈、录音报道、评论等多种形式，点面结合，为申冬奥冲刺阶段加油助威，对舆论进行引导。新闻广播《新闻天天谈》邀请全国第一个滑雪冠军单兆鉴做客直播间，畅谈雪上运动的发展、变化以及申冬奥将会为群众体育运动及冰雪产业发展带来的契机。《北京新闻》开辟专栏，以人物自述形式展现申冬奥将给体育运动、体育产业、全民健身、京津冀协同发展等方面带来的影响。全天12档《整点快报》推出“申冬奥前瞻”，加强动态消息的播发。体育广播7月2日至7月31日在每个整点推出“申冬奥举办城市倒计时揭晓”专栏，采访30位冬季运动奥运冠军和体育明星，每天播出16次。《体育新世界》每天早、中、晚三大板块“助力申冬奥”。外语广播承办的“我的冬奥梦——北京、张家口青少年英语大赛”决赛举行，65名选手在现场展示了自己的冬奥梦主题微视频。大赛历时四个月，覆盖北京及张家口近300所中小学校。音乐广播在此次申冬奥工作中负责申冬奥歌曲的征集、评选、宣传工作，邀请国内百余位知名词曲作家参与，通过九个月的征集、评选工作，最终推选出10首北京申办冬奥会优秀音乐作品。

关于投票日的宣传，北京电台精心准备成功或失败两手方案，有的放矢，有条不紊。提前引导群众冷静看待结果。7月31日当天，北京电台新闻、交通、体育三大频率均推出大时段特别直播节目，形成强大的报道规模和冲击力。充分展示举办冬奥会对中国普及冰雪运动、满足群众文化体育需求的重要性以及对京津冀协同发展的意义。

新闻广播当天特别推出1个半小时的《冰雪五环、聚焦冬奥——2022年冬奥会举办城市揭晓》特别节目，邀请奥运圣火登顶珠峰的陈建奇和奥林匹克研究中心特约访问学者罗青两位重量级嘉宾，对北京申冬奥代表团向国际奥委会的陈述以及冬奥会主办城市揭晓过程进行深入解读。当天，新闻广播派出多路记者分赴延庆、水立方等地开展现场报道。在京张携手、京津冀协同发展的大背景下，特别节目还多次连线张家口电台的记者，共同为申奥加油助威。体育广播全天策划特别直播节目“同心汇五环，冬奥加速度”，将特派吉隆坡记者的报道与后方记者及专家的分析进行整合，记录了北京-张家口获得2022冬奥会举办权的历史时刻。全天四个重点时段分工明确，早间节目侧重各方的助威和关键环节的回顾；午间时段重点实时报道北京代表团的陈述、新闻发布会以及广大听众对申冬奥的支持与鼓励；下午时段邀请北京市体育局副局长王艳霞、新华社资深体育记者江红，高频次连线前方记者，陪伴北京市民共同见证了北京申冬奥成功的历史时刻；晚间时段邀请市体育局青少处处长颜纳新等嘉宾，将申冬奥成功的喜悦引申至京津冀协同发展及如何引导青少年参与冰雪运动等内容。迅速制作庆贺片花，全天滚动播出。体育广播还与马来西亚华人助威团建立联络，丰富了节目内容。体育广播微信号图、文、声音并茂，每天编发记者林苑的前方报道，相关信息的阅读人数累计超过1.8万人次。申奥成功后，新媒体小组赶制“点赞”微信，三天累计获得37.6万人次的支持。交通广播《一路畅通》设置特别节目“申冬奥，我这样加油”，邀请叶乔波为直播嘉宾，使用背景音响、记者连线、微信互动等多种呈现方式，表达申办成功的喜悦。

国际奥委会主席巴赫宣读举办城市结果时，北京电台记者分别从吉隆坡、鸟巢、世贸天阶发回报道。此外，还连线河北电台、上海五星体育等多位记者们，真实反映了普通民众的喜悦之情。各频率直播节目也第一时间插播了申办成功消息。

申办成功后，北京电台按照要求热度不减，突出宣传北京成为既举办夏奥会又举办冬奥会的城市，突出宣传在京津冀协同发展的大背景下，举办冬奥会有利于促进京津冀携手发展，有利于实现中国梦。

（北京电台）

北京电台推出2015年《对话京津冀》特别节目

2015年3月10日至12日，北京电台新闻广播、天津电台新闻广播、河北电台新闻广播共同推出特别节目2015年《对话京津冀》。

2014年初，党中央提出京津冀协同发展战略决策。从中央的顶层设计、统筹规划，到京津冀三地的沟通落实，京津冀协同发展已经走向实践，取得一定的成绩。为展示京津冀协同发展的成果，深化京津冀协同发展迈向新目标、取得新成绩营造良好的舆论氛围，北京电台新闻广播联合天津、河北新闻广播在2014年全国“两会”期间推出《对话京津冀》节目的基础上，又推出特别节目2015年《对话京津冀》。

2015年《对话京津冀》特别节目，邀请三省市出席全国“两会”的人大代表、政协委员走进直播间，围绕京津冀协同发展中的交通一体化、生态保护和产业转移升级等领域如何实现实质性突破展开对话交流、建言献策。直播中，穿插近20篇三地广播记者生动鲜活的录音报道，以及贴近百姓诉求、直通政府工作思路的典型经验。三地听众通过电台的短信、微信、微博等方式参与节目互动，提出了对深化京津冀协同发展的期盼和建议、意见，反响热烈。

在节目进行期间，北京电台总编辑王秋、副总编陈晓海和三台新闻广播负责人深入交流，表示三台这样的合作直播要作为一个长期项目，每年在全国“两会”期间推出。

2015年《对话京津冀》的主持人由北京新闻广播朱秦、天津新闻广播张颖、河北新闻广播齐晓彬担任。第一期的主题是“互联互通，京津冀新融合”，邀请国家发改委综合运输研究所城市交通研究室主任程世东，全国人大代表、天津市规划局副局长霍兵，全国人大代表、廊坊民间商会副会长李怀，重点关注京津冀协同发展框架内，三地在交通、医疗领域实现互联互通的具体举措和未来的方向。第二期节目的主题是“共同呼吸，京津冀新环境”，邀请北京市环保局大气处处长于建华，全国人大代表、天津市环保局原总工程师包景岭，全国政协委员、河北农业大学资源与环境科学院院长许皞，重点关注京津冀在环境保护方面采取的措施和下一步如何统一步骤、共同治理的解决方案。

第三期节目的主题是“合作共赢，京津冀新发展”，邀请全国人大代表、北京市科委主任闫傲霜，全国人大代表、天津士力集团董事长闫希军，全国人大代表、廊坊市政协副主席王求学，重点关注京津冀三地产业如何优势互补，区域产业结构如何调整升级问题。

这次《对话京津冀》特别直播节目也成为新闻热点，受到三地电台、电视台、报纸的关注和报道。

（北京电台）

北京电台发起“科学环保，有问必答”公益活动

2015年4月22日，北京人民广播电台与北京科普发展中心共同发起“科学环保，有问必答”2015共建“绿色北京”全媒体互动传播公益活动。活动历时150多天，北京电台新闻、交通、文艺、外语四个专业广播发挥优势不间断播出，通过广播以及在官方微博、微信、百度百科共同搭建的网络平台，百万北京市民对话百位环保专家，5000多个环保问题有问必答，引发了全民环保的热潮。

6月5日“世界环境日”当天，以“环保创新 有问必答”为主题，在北京林业大学举办不插电音乐会，用歌声助力环保，并在现场组建了4支由记者、专家、学校、企业、环保组织等参与的环保创新探寻团。7月中旬至9月初，北京电台总编辑王秋，副总编辑陈晓海、李秀磊，台长助理李捷分别带领4支探寻团，带着群众最关注的问题和创新线索走向全国各地的环保企业，从生态环境、生态农业、垃圾回收处理、节能环保四个方向开展探寻活动。探寻团行程12480公里，走进北京、天津、山东、陕西、江苏、浙江、江西、广东八个省市，走访企业12家，就环保新技术、新思路、新项目深度探访，最终完成4项环保创新探寻报告。9月22日“世界无车日”，“科学环保，有问必答”大型主题活动在北京石油化工学院体育馆举行“环保创新”探寻成果发布会，揭晓了生态环境、生态农业、垃圾回收处理、节能环保四路探寻团的探寻成果。

活动期间，北京电台制作64期“有问必答”科普小专题在北京新闻广播、交通广播、文艺广播、外语广播播出，累计播出256次。收官仪式后，还完成了四项环保创新探寻报告，编制了《科学环保100问》环保科普手册。

本次活动得到光明网、人民网、央视网、新浪、优酷、土豆、爱奇艺、《京华时报》《北京晨报》《北京青年报》等几十余家网站及纸媒的关注和大力支持。

（北京电台）

动听调频Metro Radio FM94.5正式开播

北京电台第十套频率青年广播于2015年5月18日正式开播。早晨7点，第一档直播节目主持人Mr.Q呼出“北京人民广播电台动听调频Metro Radio”的呼号，标志着京城上空又

增加了一套发射功率10千瓦的广播频率，这也是北京电台第七套开路调频广播频率。

《动听频道》举办“945街区”活动

动听调频Metro Radio FM94.5定位于北京国际都市频率，通过全天24小时滚动播出欧美流行音乐和时尚都市资讯，吸引喜欢新变化、追求新鲜事物、向往时尚生活的青年人。动听调频将基于多终端交互，发展内容资源的新媒体化和产业化，并提出“More Than Music”的口号。

自北京电台台长席伟航上任伊始提出申办新的大调频这一战略构想后，到2015年5月18日动听调频正式开播，全台上下都为此付出了巨大的努力。特别是技术中心克服困难，在2014年12月31日获得了《国家新闻出版广电总局关于同意北京广播电视台开办青年广播的批复》。在台领导的关心和指导下，在各部门的大力配合下，动听调频各项筹备工作顺利进行，于2015年4月16日开始试播。

动听调频Metro Radio FM94.5是类型化音乐电台，以Hot AC为音乐类型定位，使用国际最先进的数字广播自动化RCS Zetta播出系统，全天24小时不间断播出深受目标人群喜爱的欧美流行音乐。试播以来，动听调频已经推出微博和微信公众号，每天推送频率宣传、音乐资讯等内容。

（北京电台）

北京电台“两会”报道亮点多

北京电台2015年北京市“两会”宣传报道1月20日正式拉开帷幕，带队领导副总编辑陈晓海、李秀磊和全体上会编辑记者、技术人员、工作人员50多人参加“两会”报道。据统计，2015年北京市“两会”期间，北京电台新闻广播、交通广播和北京广播网、“听听FM”播发“两会”相关录音报道、文字消息、新闻专题、口播、现场连线366篇，比去年“两会”报道数量增加了66%，其中仅1月22日就发稿28篇，创“两会”单日发稿新纪录。此外，北京电台2015年还开设“两会”专栏12个，完成直播访谈28场，现场转播3场；移动收听客户端“听听FM”分别对人大、政协开幕式和“两会”开放团组讨论会进行了13场音频现场转播，并开设了7个“两会”专题报道板块，制作相关音频新闻报道2364条，总时长约10007分钟，约合167个小时；发布“两会”相关内容微博46条，微博阅读量达42万次；微信推送微专题6期共13篇；微直播1场，发送内容总计17篇，图片12张，阅读量13,3163次。

2015年“两会”报道有以下突出亮点：首先，开辟《两会双行线》《会上会下》《我在现场》等专栏，全方位报道“两会”声音，抓细节、抓现场、抓典型音响，以细腻的笔触报道代表的履职过程，会上会下联动，会上发现问题，会下带着问题深入进行走转改报道，完整展现新闻脉络。其次，北京市主要领导分组审议发言使用同期声效果好。再次，“听听FM”首次通过手机客户端全程音频直播“两会”，引发关注效应，第一时间一网打尽报纸、网站“两会”动态新闻。第四，首次在“两会”利用E1光纤传输技术，摆脱了对ISDN传输手段的依赖，使节目传输的稳定性和声音的质量都得到大幅度提高。第五，市环保局、市交通委、市住建委、市教委和市卫计委5位市委办局“一把手”第一时间现场权威解读政府工作报告，与市民开展互动交流，听取和收集市民的意见建议。

“两会”期间，市人大常委会主任杜德印、政协主席吉林和市委宣传部部长李伟到“两会直通车”直播间看望北京电台人大报道组成员。杜德印主任还饶有兴致地听了两段“听听FM”的人大报道录音。听完介绍，杜德印对电台新媒体参与和创新“两会”报道形式的做法表示了肯定。

（北京电台）

北京卫视《档案》九一八特别节目主题深刻警醒世人

2015年是“九一八事变”84周年。9月17日晚22：35，北京卫视《档案》播出九一八特别节目“正义审判”。节目梳理抗日战争胜利后国际国内军事法庭对军国主义、帝国主义、法西斯的审判，通过对审判过程和细节的展现警醒世人不忘历史，不忘革命先辈。

全面展示审判过程，主题深刻，警醒世人。从1931年“九一八事变”开始，日本侵略中国长达14年之久，中国军民以不屈不挠的抵抗付出了3500万同胞的牺牲后，终于换来全民族抗战的最后胜利。日本的投降标志着世界反法西斯战争的全面胜利而告终，战犯受到历史的惩罚。“正义审判”主要展现的就是国际组织追究战争责任，审判战犯罪责的全过程。节目展现了多个正义审判，其中重点表现了东京审判、南京国防部军事法庭审判和中华人民共和国最高人民法院特别军事法庭审判，既讲述了各国军事法庭对法西斯战犯的审判，也展现了中国法官代表团为让日本军国主义战犯得到应有的惩罚而付出的努力，以及因为当时复杂的国际形势使一些战犯逃过历史审判而留下的很多遗憾。节目利用历史资料影像放映和场景模拟相结合的方式对这些正义审判进行了详细生动的呈现，向观众传达出深刻的主题：战后国际秩序是世界反法西斯的正义力量浴血奋战的重要成果，是人类社会文明发展的重要保障，一个忘掉历史的民族是没有希望的民族，同时战后的正义审判也让世人了解并铭记中华民族是从怎样的苦难中走过来的，要铭记革命先辈，维护战后新秩序，重申建立在正义审判上的国际秩序不容任何人变更和颠覆。

深入挖掘审判细节，内容丰富，讲述生动。节目善于挖掘细节，通过对审判过程中一些细节和故事的详尽呈现让观众自己感知和判断。如在远东国际军事法庭审判中，法庭正式开庭审讯的第一天，接受审判的日本军国主义战犯就上演一幕丑剧。在下午的审判开庭时，日本甲级战犯大川周明击打东条英机，妄图通过“装疯卖傻”的表演以逃脱惩罚。节目放大这个细节，进而将焦点放在打人者大川周明身上，细数他的罪行和丑态。在中华人民共和国最高人民法院特别军事法庭设立在沈阳的特别军事法庭审判中，对一些罪行比较轻悔过比较好的战犯从宽处理，全部战犯对所有指控罪行供认不讳，无一人否认罪行，无一人要求赦免，相反无一人例外的痛哭下跪，一些日本战犯请求以死谢罪，同时画面播放记录了这些场景的影像资料，利用影像本身的力量让观众有一个更直观的感受，声画结合印证外国记者的著名评论：“这是不可思议的一幕，在抚顺，中国人创造了奇迹。”再如被释放的一些战犯回到日本后自发组织致力于中日和平友好的“中国归还者联络会”，他们还向抚顺战犯管理所集资打造了“谢罪碑”，碑面上用中日两国文字镌刻着中日两国永不再战的心声，昔日的战犯为自己的罪行立碑忏悔，这在全世界是绝无仅有的。节目通过这些细节将一幕幕场景生动地展现在观众面前，带领观众回顾历史，有很强的教育意义。

（北京电视台）

北京电视台开辟多种平台直播三元桥大修

2015年11月13日至15日，北京电视台开辟多种平台对万众瞩目的三元桥大修工程进行了全程直播报道。

一、多屏直播，展现新闻直播新样态

北京电视台新闻频道、北京网络电视台、水滴直播平台、北京电视台和BTV新闻频道的官方微信平台等多平台，用多种方式快速全面地为观众传递了新闻信息。

多节目紧密配合，为观众还原换修工程全貌。从13日清晨开始，新闻频道《北京您早》《直播北京》《北京新闻》《特别关注》等多个节目就对三元桥大修工程的准备工作进行了报道，如换桥工程如何开展，运用到哪些新型技术手段，准备工作进展如何等，为当日23点正式开始的三元桥大修工程宣传造势。在长达43小时的三元桥整体置换施工进行中，BTV新闻频道的多个节目也在随时追踪工程进展，实时连线现场记者了解相关情况。通过多个节目的紧密配合，让观众随时可以了解到三元桥大修工程的有关内容。

双平台全程实时直播，为观众打造视觉盛宴。此次直播最大的亮点就是北京网络电视台和水滴直播双平台对三元桥大修工程进行了全程实时直播报道，与全国网友一起见证了三元桥“旧桥换新桥”的整个过程。北京电视台在三元桥周围多个位置架设360智能摄像机（也称小水滴）对三元桥大修工程进行全程拍摄，全景还原工程运作的全貌。网友不仅足不出户就可以了解到工程情况，看到“旧桥换新桥”的壮观场面，还可以自主选择机位挑选自己最喜欢的角度进行观看。

专题页面即时推送，让观众随时随地掌握新闻动态。三元桥换修工程的实施，既是我国先进生产力的体现，也寄托着许多老北京人深厚的感情，是一项万众瞩目的大事。而BTV新闻频道微信公共号设置的“直击三元桥大修”专题页面，即时推送相关内容，回应公众的关切，尤其为一些不方便看视频直播的观众提供便利。在专题页里，观众可以看文字报道，也可以看图片和短视频，或者点击观看实时直播视频。众多内容使观众完全可以根据网络情况自主选择要接收的信息，随时随地掌握新闻动态。

二、台网联动，打造新闻直播新模式

一方面，北京电视台通过多平台的紧密配合对三元桥大修工程进行实时直播，尽可能全面地为观众提供现场信息。如当三元桥大修工程工期面临延期时，网络平台上已经出现了相关讨论，但由于水滴直播平台的限制，记者并不能出境为观众解释工期延期的原因，紧接着北京新闻频道的《直播北京》晚间版节目，就通过现场连线记者和对专家采访等方式为观众解答了疑惑，实现“台网联动”，同时也弥补了网络直播平台深度不足的缺陷。另一方面，由于一些观众并不能实时关注三元桥大修的整个工程进展，因此北京电视台将直播中的一些精华内容进行再剪辑通过电视平台向观众呈现，如BTV新闻频道以延时摄影的方式，用33秒还原长达43小时的三元桥大修全过程，充分发挥不同传播平台的优势特点。

三、实时话题讨论，让观众成为新闻直播新亮点

多屏互动，使得观众可以利用多个平台充分参与到此次“直击三元桥大修”的报道中。观众不仅可以通过北京网络电视台网页，北京新闻频道微信公众平台以及水滴直播平台进行留言讨论；BTV新闻频道微信公众号专题页面还主动设计话题“说说你对三元桥的记忆和印象”来引导观众进行讨论。BTV新闻频道《特别关注》节目更将讨论搬到电视荧屏中，进行题为“三元桥服务31年　市民怀旧纷纷留念”的相关报道，到施工现场去聆听北京市民的声音，提升观众的参与感。在全媒体时代，让公众更多地参与到新闻内容的生产中已是一种不可阻挡的趋势。在本次“直击三元桥大修”的直播报道中，很多观众彻夜守候观看换桥过程，而观众的讨论也成为直播的一大看点，他们在直播平台中边看边聊，或抒发感慨，或表达观点，或探讨问题，让直播平台热闹非凡。

除此之外，本次“直击三元桥大修”直播报道对新技术的使用也令人称赞。除了利用360智能摄像机对工程现场进行全景实时拍摄之外，大疆无人机的使用也为观众带来了更加立体的视觉体验，较好地体现了北京电视台的新闻直播报道水平。

（北京电视台）

“扶老人何以成为难题”节目崇尚社会公德

2015年12月6日，北京电视台《有话就说》栏目抓住“扶老人何以成为难题”这一具有社会普遍意义的问题，以“路遇摔倒老人该不该出手相助”为切入点，从多起扶助

老人的事件中分析当下社会在“扶助老人”这一现象中所折射出的道德观念、信任危机以及法律的不完善。整期节目在讨论中传递出了讲法治、崇尚道德、弘扬正气的社会正能量，引导了正确的社会价值观。

选题贴近生活，有社会价值。本期节目选择的辩题“扶老人何以成为难题”，是当下社会经常发生的热点话题。邀请的嘉宾和评论员既有媒体人、专栏作家、法律专家，也有不同年龄层的百姓，还邀请了一部分在“扶老人”纠纷案件中的当事人和家属。在节目中，评论员提出的媒体恶性引导、法律维权成本过高、社会信用体系的缺位都是当下社会多种矛盾中存在的问题，对此类问题的评论和陈述也在如今多向性的媒体观点中呈现。牢牢把握住社会的主流价值观念，疏导社会负面情绪，化解疑惑，提供解决方案，是媒体应承担的社会责任。

讨论深入具体，以理服人。节目定位准确，条理清晰，层次分明，从多个层面讨论了扶老助老中存在的问题和解决方案，兼具现实应用价值和法理思考价值。

节目首先以实际案例“父亲摔倒，近一小时无人搀扶”为由发起讨论：路遇老人摔倒扶不扶？在场观众的意见一定程度上反映了在“扶与不扶”之间的顾虑，随后评论员展开评论：在不扶背后，并非单一的人心冷漠和道德滑坡，还有诸多的现实考虑。节目第二个部分，探讨了在扶老人如果被讹诈时如何证明自己“是好人”。通过实际案例、现场试验，观众讨论，阐释在“扶老人”过程中取证的难度，这也就更加考验着人与人之间的信任关系，节目也对此提出了建议性的解决方案。第三个部分，编导站在“扶老人”的好人角度设置环节，以“碰瓷”案例来提出问题：“遇到碰瓷的怎么解决？”先后通过法律专家、保险行业从业者等多个角度提出维权方案，这样的深入讨论和反复强调，宣扬这样一种价值观：“不要因为怕遇上事就不敢扶，要勇于做好事，用正确的方式去扶助老人，即使被讹也有维权方式”，宣扬这样的价值观会给观众带来积极正面的心理暗示。节目的结尾更是以“勇于承担责任的‘肇事者’得到受害老人谅解”的案例来强化正确的社会观念：作为社会公民，要积极承担法律责任，遵循优良的道德观念，共同建立良好的社会风尚。

观点积极具有前瞻性。节目中提出的诸多观点都具有思辨性和前瞻性，尤其是评论员和法律专家提出的观点：“加强老人的社会保障建设”，“完善立法，让好人不再顾虑，让坏人有所顾忌”。这与当下的国家完善社会保障体系和“依法治国”的基本方略相符合，起到了非常好的舆论引导作用。

（北京电视台）

北京卫视特别节目“毛泽东遗物的故事”呈现三大亮点

2015年10月1日，北京卫视《档案》播出特别节目“毛泽东遗物的故事”，有三大亮点：

一是揭示开国领袖的内心世界，引发观众共鸣。节目中介绍：毛泽东将毛岸英生前穿过的衣物整整齐齐地放在柜子里，精心收藏起来。通过这个故事，揭示了毛泽东内心深处对儿子的深深眷恋和怀念，刻画了一个不同于以往的毛泽东的慈父形象，能够引发观众共鸣。

二是真实生动，感染力强。节目采访了毛泽东的生活管理员吴连登、毛泽东的女儿李讷、毛泽东的儿媳刘松林、毛泽东的孙子毛新宇、毛泽东的卫士组长李家骥，他们讲述一些鲜为人知的故事。这样的表现手法极大地增强了节目的真实感。同时，这些人物所讲述的故事很生动，感染力很强。例如，毛泽东的儿媳讲述的毛泽东的儿子们在雨中玩耍并将毛泽东的皮鞋弄坏的故事，就很生动鲜活。毛泽东的卫士组长李家骥讲述的毛泽东在听到儿子牺牲的消息后，“又拿烟，又把烟掐灭，回过头又点烟”的细节很让人动容。

三是教育意义和纪念价值很强。节目中，展现毛泽东为中国人民的解放事业所进行的无私奋斗，杨开慧、毛岸英为革命所做出的巨大牺牲，都可以起到弘扬伟大爱国主义精神的作用，而本期节目在国庆期间播出，很具有教育意义和纪念价值。节目中，毛泽东要求儿子“穿旧的，吃差的，干累的”，毛泽东亲眼目睹自己的女儿狼吞虎咽，都体现出他的严谨的艰苦朴素的作风，对于今天的领导干部有很强的教育和警示意义。

（北京电视台）

北京电视台推出大型直播报道《永远的丰碑》

北京电视台于2015年9月3日7:00—18:00推出《永远的丰碑》——中国人民抗日战争暨世界反法西斯战争胜利70周年阅兵直播报道。此次直播在要求高、时间紧、资源少的条件下，直播团队与军方密切合作，攻坚克难，科学筹划，对当天的纪念活动做全方位的展现，整个直播做到历史与现实的结合、人物与装备的结合、外场与演播室的结合，最终呈现出一台立意深刻、新闻性强、内容丰富、节奏紧凑、形式新颖的大型直播报道。不仅观众好评如潮，还开创北京电视台历史上多个第一，即：第一次全台12个频道同步直播，彰显北京电视台传播声势；第一次在天安门广场和阅兵训练基地设立十几个直播点，彰显北京电视台报道实力；第一次全媒体互动使全台微博矩阵覆盖1.5亿人次，阅读量接近3000万次，开创了北京电视台新媒体发展的历史纪录。

直播报道立意高远。此次直播以习近平总书记提出的“铭记历史、缅怀先烈、珍视和平、展望未来”为指导思想，邀请总参作战部某少将担任直播内容设计总顾问，通过追忆抗战岁月，展现中华民族不屈不挠的抗战精神，突出报道中国共产党在抗日战争中的中流砥柱作用；通过采访参阅官兵的训练故事和邀请参阅官兵走进直播演播室，展现当代中国军人“有灵魂、有本事、有血性、有品德”的精神风采；通过采访+虚拟植入表现形式，展现我国自主研制生产的武器装备的先进性和国防力量的发展壮大，为裁军30万，调整我国国防战略做好了充分铺垫和解读。

前期准备充分扎实。此次直播，核心资源最为关键。为争取到9月3日当天北京电视台在天安门广场的报道权，新闻中心和市委宣传部新闻处进行了多次充分沟通，在为数不多的北京市属媒体报道资格证件中，为北京电视台争取到了18个，分别在天安门东西两侧临时观礼台，旗杆东西两侧临时观礼台，南池子、建国门、复兴门、南口阅兵训练基地等多处核心点位，覆盖当天受阅部队集结、出发、途经、受阅、返回等各个环节。与此同时，直播团队先后与总政宣传部、总参作战部、总参外事办、总参新闻局等深度合作，拿到了进入南口阅兵训练基地、外国方队训练基地、军乐团合唱团训练基地、华北某机场空军训练基地、华北某海军训练基地的采访权，可以说，大部分核心资源牢牢地握到了手里。

由于此次受阅的装备一直处于保密状态，不让任何媒体接近，直播团队又与中国航空集团、中国兵器装备集团、中国兵器工业集团、北方工业公司、中国船舶重工等装备研发、生产集团接洽，搜集装备相关文字资料、视频画面等，充分做到报道准确清晰、内容翔实全面，为报道和直播打下坚实的基础。

报道内容宏大生动。直播之前，在《北京新闻》播出13集《永远的丰碑·铭记》，直播团队与八路军研究会、新四军研究会、市委党史研究室等部门合作，以抗战老战士、抗日英烈子女和抗日名将后人讲述的方式，以全新的视角带观众了解抗日历史。周恩来总理的侄女周秉德、陈毅元帅之子陈昊苏、陈赓大将之子陈知建、萧克上将之子萧星华、邓华上将之子邓欣和邓穗都参与了报道，而抗日老战士张舞原讲述的沁源围困战、魏国运讲述的平型关伏击战、赵征讲述的抗战爱情故事、恽前程和储渭讲述的新四军抗战故事、苏萌回忆的与白求恩相识的故事等报道让观众更加深刻地了解了70多年前的那段不平凡的历史，口述历史让观众了解烽火壮烈的抗战岁月，唤起国民的爱国情怀和珍视和平的主题思想，同时，为“9·3”《永远的丰碑》大型直播报道做深入的铺垫和预告。

《永远的丰碑》大型直播全长11个小时，全天结构分为“阅兵倒计时”“阅兵实况”“中流砥柱”“强军之路”“兴军之魂”“英雄凯旋”等六个章节。内容充分饱满，及时快速生动全面地展现阅兵前的各项准备工作，受阅部队状态，观礼嘉宾期待，北京城的喜庆热烈，盛大阅兵现场，邀请新四军老战士盛林、开国大将陈赓将军的儿子陈知建及多位军事专家解读等等。

此外，新闻节目中心还在9月2日、3日和4日的晚间时段推出《永远的丰碑》直播报道，邀请评论员、军事专家和抗战老战士都进演播室，展现大阅兵的亮点和期待，阐述大阅兵对提振民族自信以及维护世界和平的深远意义。

展现形式新颖多样。为体现直播的现代感和呈现的丰富性，直播团队先后观摩了俄罗斯的胜利日阅兵，借鉴法国、英国的阅兵转播资料，并多次前往中国抗日战争纪念馆进行学习、沟通，将当下媒体传播中最先进的电视技术运用到直播当中。

利用有限空间设计演播室舞美。在演播室舞美的设计上，充分借鉴舞台剧舞美元素、影视剧舞美元素和展览元素，运用多种手段营造抗战氛围。在访谈区的设计上，充分利用有限的空间，营造立体访谈感，在前景位置上设计了白桦树、在后景位置上设计了抗战元素视频屏幕、在空中悬挂了抗战伤亡大数据，从视觉效果上确保了直播的丰富、饱满。

大量运用先进电视技术手段。此次直播大量运用虚拟植入技术，从体量上看此次直播的虚拟成分超过了以往历次BTV大直播。在录播部分，为展现此次阅兵最大的亮点——受阅武器，直播团队与虚拟植入团队密切配合，先后制作了99A主战坦克、歼-15（飞鲨）战机、红旗-9防空导弹等22个虚拟场景，为保证视觉效果直播团队将录制地点安排在大剧院，从灯光效果，机位设计、三维效果上确保最佳。

快编精彩回放。全天11个小时的大直播，对于大阅兵直播实况的分解、解读、快编呈现更是必不可少。为此直播报道组提前策划，增派人手，分工合作。一方面收录阅兵转播信号，与此同时投入大量快编人员进行分类整合，确保第一时间将不同主题、不同功能的快编视频条目发送演播室，供直播使用。直播结束后，据初步统计，内编组共编辑阅兵视频条目68条，每条视频都以画中画、口插画、MV的形式予以播出，丰富了访谈环节的视觉性；增强了访谈话题的针对性；提升了整体直播的时效性。

全媒体互动效果显著。“9·3”阅兵直播，直播报道组与新媒体中心强强联合，充分借助BTV直播的影响力在网友中不断发展的有利态势，推出阅兵大数据解读、阅兵小水滴全景呈现、网友微博、微信互动等环节，截至直播当天15点30分，全台微博矩阵覆盖1.5亿人次，阅读量接近3000万次，通过北京台微信电视浏览信息并参与互动接近30万人次，留言和评论达到10万条左右，开创了BTV新媒体的历史纪录。

（北京电视台）

北京电视台抗战宣传报道浓墨重彩

为纪念抗战胜利70周年，北京电视台把抗战胜利70周年宣传报道列入全台2015年重点工作。赵多佳台长确定“国家题材、北京概念”的宣传报道基调，各频道围绕重要纪念日、重要活动积极策划，特别是抓住9月3日大阅兵的历史机遇进行战役性宣传报道，推出了《永远的丰碑》大型直播以及《伟大的贡献》《钢铁记忆》等大型纪录片，各频道还配合播出抗战主题的专题节目、系列报道、影视剧、宣传片等，在全国省级电视媒体中把“北京概念”做足，体现首善媒体致敬历史的责任担当。

一、推出大型直播报道，彰显首善媒体大美品质

早在4月5日清明节期间，由北京电视台发起并联合上海电视台等多家电视媒体推出的“永远的丰碑——纪念抗战胜利70周年”大型直播报道在新闻频道播出，报道全国范围内举行的缅怀抗战先烈的公祭仪式，体现了首都电视台的作用。

9月3日阅兵日的直播报道将抗战胜利70周年宣传报道活动推向高潮。9月3日7:00-18:00，北京电视台作为在天安门阅兵活动核心区设置直播点的唯一一家地方电视媒体，以《永远的丰碑》为主旋律，充分调动各种资源，科学策划，精细实施，搭建起一张涵盖阅兵探秘、装备解读、抗战故事、气象交通等诸多信息的全方位直播网络，全方位、多角度地展现了纪念活动的全貌，实现历史与现实的结合，人物与装备的结合，外场与演播室的结合，彰显北京电视台的传播声势和报道实力。全台15个频道首次全部并机直播。

北京电视台阅兵直播报道充分发挥了地缘优势，突出“北京视角”，形成与中央媒体“同质异构”、“联动互补”的报道格局，得到社会各界的好评。

二、播出大型系列纪录片专题片，追忆往昔峥嵘岁月

北京电视台通过播出大型系列纪录片、专题片，发挥“影像”的力量，弘扬抗战精神。

8月24日至9月1日，北京卫视播出大型系列纪录片《伟大的贡献》。该片展现和解读在14年艰苦卓绝的抗战历程中，中国共产党发挥的砥柱中流作用。总局的阅评员认为，《伟大的贡献》呈现出尊重历史真实、虚实巧妙结合、立足宏观视野、注重历史细节等几大亮点，“大大提高历史题材纪录片的艺术性和可看性”，“不失为奉献给抗战胜利70周年的一部精品力作”。

北京卫视、新闻频道从2015年1月1日起并机播出历史文献纪录片《抗战史上的今天》，介绍发生在当天的抗战重大事件和抗战故事；青年频道推出12集大型纪录片《钢铁记忆》，视角独特，紧扣中国共产党在全民族抗战中的中流砥柱作用，突出中国抗日战场的世界反法西斯战争东方主战场作用；财经频道推出5集电视专题片《财富故事抗战特别节目——见证》，紧密结合频道特点，以民间集藏的抗战文物为触点，展现中国人民为战争胜利付出的巨大代价和作出的伟大贡献。

三、各栏目推出系列报道，淋漓尽致讲述抗战

北京电视台全频道共同出击，推出系列报道，展现中国人民波澜壮阔的抗战历程。

北京卫视和新闻频道以《北京新闻》为主阵地，联合《北京您早》《特别关注》《直播北京》《晚间新闻报道》等各档新闻栏目，推出“京华英雄”、“伟大胜利历史贡献”主题展览、“永远的丰碑·铭记”、“永远的丰碑·解读胜利密码”、“旧京密档”等系列报道，多角度展现抗战历史。在大阅兵来临之际，各档新闻栏目又推出“探访阅兵训练基地”、“北京市保障阅兵”等系列报道，发掘了大量独家新闻，体现了首都媒体的大局意识。

其他各频道以多个栏目为平台，结合自身定位，推出丰富多彩的纪念抗战胜利70周年专题报道。财经频道推出《理财》系列节目《穿越战火的纪念》；生活频道推出《我们的纪念日——纪念抗战胜利70周年》《单骑送铁证》系列报道，有力烘托了纪念抗战胜利的舆论氛围。

四、各频道启动特别编排，浓墨重彩话“胜利”

此次抗战宣传报道可谓一场持久战，为打好这场“战役”，各频道积极策划抗战题材特别节目。

北京卫视《养生堂》栏目组历时67天，走过全国五大革命老区，推出了连续10天的《养生堂——革命老区巡讲》特别节目；文艺频道从4月开始，统筹安排10个栏目，分阶段策划播出了200余期特别节目，累计时长达到2300分钟以上；自4月以来，科教频道《法治进行时》等法治节目围绕纪念活动报道了近百条新闻，内容涉及抗战老兵的故事等；财经频道《首都经济报道》自8月17日开始，逐渐预热播出关于“纪念抗战胜利70周年”新闻报道，直至9月5日共播出新闻类25条，人物专访类10条；青年频道以《书香北京》《谁在说》《北京客》等多个栏目为平台，推出丰富多彩的人物访谈特别节目；新闻频道《锐观察》栏目从8月15日开始到9月2日，开辟“还原历史真实”专题访谈节目，还原当年抗战真相；纪实频道整合频道及行业资源，精心策划，首播播出了38小时、近60集纪实作品。

此外，各频道在9月3日前后还启动特别编排。

9月1日至5日期间，北京卫视大体量播出了抗日战争及反法西斯战争题材精品纪录片，其中包括《砥柱中流——伟大的敌后抗战》《伟大的贡献》《从空前觉醒到伟大复兴》等特别节目，纪念抗战胜利70周年。

9月3日，青年频道《军情解码》栏目突破常规播出时间，将当晚50分钟节目延展为时长2小时的特别节目，推出题为“铭记这一刻——聚焦胜利日大阅兵”的特别节目，围绕当天上午举行的盛大阅兵式展开报道。

在9月3日前后，文艺频道安排多档栏目进行了集中主题宣传。如《每日文娱播报》播出的三期“光荣岁月——纪念抗战胜利70周年特别节目”，带领观众重温那段风云激荡的抗战岁月。

9月2日至4日，全台所有频道进行了特别安排。9月3日当天，全台15个频道并机直播《永远的丰碑》大型直播特别报道（含并机直播央视《纪念中国抗日战争暨世界反法西斯战争胜利70周年大会》），10个频道并机直播《纪念中国人民抗日战争暨世界反法西斯战争胜利70周年文艺晚会》。

五、展播抗战影视剧及动画片，激发群众爱国热情

北京电视台安排播出大量经典的抗战题材影视剧，以群众喜闻乐见的方式传播红色文化，弘扬爱国主义精神。

7月份以来，影视频道等7个频道安排播出大量抗战题材电视剧。截至9月5日，共安排首播剧11部452集，重播剧18部728集，其中包括《罗龙镇女人》《异镇》《秀才遇到兵》等爱国主义电视剧和电影。卡酷少儿频道从8月份开始，推出主题板块“热血英雄篇”。

7月20日至10月11日期间，各频道每天循环播出抗战歌曲30首，回顾抗战的历史，显示了共产党领导下的文艺战线对抗战的贡献。

六、推出抗战题材宣传片，传承民族精神根脉

北京电视台积极策划制作相关系列公益广告和宣传口号，制作播出抗战题材的公益广告和宣传片共23部，制作播出抗战胜利纪念活动口号10条，在全频道高频次播出。其中8月20日起至9月5日共播出公益宣传片和口号共5600余条/次，黄金时段播出约980余条/次，实现了传播效果最大化。

七、构建台网联动互动空间，推动网民关注抗战纪念

北京电视台创新性地融入新媒体元素，在丰富报道内容的同时，构建起台网联动的互动空间，赋予观众亲切的仪式参与感。

BRTN北京网络广播电视台推出大型专题报道和网络直播报道活动，在网络平台同步直播《永远的丰碑》，采用边直播边碎片的方式，对直播中所有关键节点和重点内容进行实时的碎片化拆条，共计拆条100多条，总时长564分钟。

精心制作IPTV专题及专题大阅兵节目。9月3日，推出“九三”大阅兵系列专题，依托阅兵直播的碎片化视频，在阅兵直播结束后1个半小时内上线。

开通微博、微信两大平台丰富互动方式，观众可以通过微博、微信等新媒体渠道与节目互动，发送拍摄的图片、视频，讲述自己有关抗战的所思所想。北京电视台官方微博大阅兵微直播总阅读量超过3000万次，总转发量近8万次，覆盖人群达到1.5亿左右；通过北京电视台官方微信观看直播、参与话题圈留言和评论、阅读微信的总人数接近100万人次，各类留言、评论等超过25万条；通过IPTV观看直播的人数超过120万人次。

（北京电视台）

2015卡酷少儿动画春晚创“三个第一”

《2015BTV卡酷少儿动画春晚》2月14日至17日在北京电视台卡酷少儿卫视播出，以孩子的视角和思维方式打造四场形态各异的主题晚会，成为只能在卡酷看到的春晚风景。四场卡酷动画春晚创下三个第一：全国34个城市4+收视率在所有省级卫视同时段排名第一；全龄受众范围，四场晚会平均收视份额1.36%，位居动画春晚开播八年以来收视纪录第一；在4岁至14岁核心受众中，《歌舞美丽夜》北京地区收视份额高达31.3%，全国34城市收视份额9.82%，创下少儿观众的最高收视纪录。

新形态探索，创意出奇。2015卡酷少儿动画春晚以“吉羊送吉祥”为核心，打造四场不同形态的晚会：《动物奇幻夜》首次将全球最大的实景马戏表演呈现到电视荧屏；《歌舞美丽夜》则为喜羊羊、猪猪侠、植物大战僵尸这些孩子们喜欢的动画和游戏角色，打造全新的动画主题歌舞剧；《综艺洋气夜》结合综艺娱乐元素，明星和小朋友搭档演出；国内首部全三维动画春晚《吉羊盛典》，全宇宙的卡通形象齐集北京过年。马戏表演、明星综艺、音乐舞台剧和电视动画，动画春晚创意出奇，展现出多元普适的形态，和传统春晚节目形成区隔，不仅孩子爱看，成人观众也能在其中找到自己喜爱的内容。

正能量主题，阳光朝气。晚会节目的选取贴合小观众熟悉的作品和旋律，《综艺洋气夜》中，好声音李文琦表演少年先锋队队歌“时刻准备着”，新加坡歌手黄义达演唱了热门动画片《戚继光》的英雄爱国歌曲《啸烽烟》，歌手刘惜君表演的则是代表勇敢和突破的《冰雪奇缘》。综艺明星经过动画春晚的“改造”变成孩子们的同龄人，展现出青春朝气、蓬勃向上的一面。《歌舞美丽夜》中，喜羊羊和灰太狼经过互相了解握手言和，植物大战僵尸中的向日葵和队友携手克服重重磨难来到动画春晚。情节幽默、具有剧情冲突的故事让孩子们享受快乐，其中蕴含的道理让孩子们体会到勤劳、勇敢、团结的价值。

原创新内容，亮点纷呈。三维动画《吉羊盛典》对北京的地标建筑进行大胆改造，古代春节祭天的场所变成绚丽动感的舞台，启发孩子们的想象力。动画人物集体向全国小观众送出吉祥祝福，契合“吉羊送吉祥”的主题，表达出春节最传统的团聚意味。形式上，全三维制作的动画春晚，全球最大的实景式马戏，都是电视荧屏首次实现的创新。可以说，作为一个专门做给孩子看的晚会，动画春晚不仅满足观众需求，还更进一步地为观众启发了需求。

《戚继光》点睛，筑梦家国。最后一场《吉羊盛典》中，经典动画片中的爸爸妈妈们集合演出“妈妈咪呀”“爸爸去哪儿”，展现出小家庭的团圆喜庆，而2014年大热荧屏的英雄戚继光则以平民偶像的身份上台开讲，描述家国之思。从平民百姓到热血英雄，从小家的团聚到家国的梦想，卡酷少儿用动画的无限想象和独特的视听语言展现出孩子易于接受的中国梦。戚家军歌舞节目《舞至巅峰》《啸烽烟》《男儿当自强》，表现出铮铮中华儿女的浩然正气。“英雄男神”戚继光“戚家讲坛”热血讲述，用充满未来感的科技手段讲解戚家枪、鸳鸯阵，从少儿偶像的角度表达了对国家富强、人民幸福的理想追求。

标志元素植入，打造品牌。不管是真人综艺还是原创动画，卡酷主持人、频道独有的动画形象都承担重要角色，成为卡酷春晚的辨识标志。在编排上，卡酷春晚躲开各台春晚的亮相高峰，在除夕前连续四天，每天同一频道、同一时间规整播出，形成了内容和放送的有效配合，不仅是晚会，强档动画片的全天排播也对春晚收视形成顺流，整体感觉流畅通汇，一脉相承，发挥了编播效应的最大化，完成了完整的传播效果，显示出规模化的品牌效应，在孩子们心中形成了很高的知名度和黏合度。

（北京电视台）

北京电视台科教频道推出春节特别节目“祥和过大年　欢乐送健康”

从腊月二十九至大年初七，北京电视台科教频道整合频道资源，突破时段限制，围绕“法治中国和谐社会”“喜庆洋洋送健康”“笑声中的记忆”三大主题，打造祥和春节。

中国法治梦，和谐过大年。科教频道《法治进行时》栏目盘点2014年北京在建设法治中国进程中有重要意义的事件，与北京110指挥中心、北京市高级人民法院合作，对一系列百姓关注的侵财、伤害、吸贩毒案件进行主题式跟踪报道，展现相关案件的最新进展和公、检、法执法人员的感人故事。《第三调解室》以家和万事兴为主旨，以回访的形式展现各个家庭在经历了调解之后的幸福生活，提倡积极的价值观，倡导和谐的生活，追求公平争议，坚持依法调解，提倡理性宽容。《法治中国60’》制作特别节目“法治·档案”。该节目以国内大案、要案为故事原型，以悬疑推理剧的编剧结构，制作节目台本；利用插叙和倒叙等叙事方式讲述故事；以物证和推理作为环节推动点，再现大案、要案的故事发展和侦破过程。通过解密档案中的历史秘密，探寻解读各种历史人物和事件的缘由脉络，告诉观众一个又一个惊人事件和传奇背后的真实故事，传播法治思想，追踪历史真相。

春晚黄金档，欢乐过大年。春节期间科教频道打破时段限制，从20:00起打造晚间欢乐强档（时长200—300分钟）。《记忆2015》制作春节特别节目“笑声中的记忆”，通过那些带有时代烙印、充满生活气息的相声、小品、贺岁电影、情景喜剧，一起回顾我们在笑声中的记忆。同时在该时段播出BTV2015年主春晚、2015年环球春晚，让观众在喜庆欢乐的气氛中过大年。

科学吃美食，健康过大年。《健康北京》结合《您吃对了吗》特别制作50分钟的“喜气洋洋送健康——春节特别节目”，在活泼轻松的氛围中告诉大家如何吃的科学营养、远离疾病、永葆健康，健康就从吃中来。

另外，科教频道征集百姓自己拿手菜，制作系列短片“团圆饭——我的拿手菜”，春节期间在科教频道循环播出。

（北京电视台）

歌华有线公司完成33亿元融资项目

2015年，北京歌华有线电视网络股份有限公司完成了第四次大规模融资，通过向特定对象非公开发行方式融资33亿元，用于新媒体优质版权内容平台建设和全媒体云聚合服务平台升级及应用拓展项目。同时，通过定向增发，公司引入中国电影股份有限公司、上海东方明珠新媒体股份有限公司、中信证券股份有限公司等8家战略投资者，获得产业发展资金，完善产业布局，并助力公司全面深化“一网两平台”发展战略，加快新媒体业务发展，推动战略转型和跨越式发展，全力探索打造具有强大实力和传播力、公信力、影响力的新型媒体集团。

一、项目实施进程及具体内容

3月6日，北京歌华有线电视网络股份有限公司通过了关于非公开发行A股股票的相关议案。

4月24日，公司召开2014年度股东大会，审议通过本次非公开发行股票方案的相关议案，将通过向特定对象非公开发行方式（定向增发方式）融资33亿元，用于新媒体优质版权内容平台建设和全媒体云聚合服务平台升级及应用拓展项目。

11月5日，公司取得中国证监会《关于核准北京歌华有线电视网络股份有限公司非公开发行股票的批复》（证监许可［2015］2475号），核准公司非公开发行不超过223,425,858股新股。

12月8日，新股发行登记完成。

本次非公开发行股票募集资金总额预计不超过33亿元，扣除发行费用后将全部用于优质版权内容平台建设项目和云服务平台升级及应用拓展项目，其中，优质版权内容平台建设项目总投资19亿元，云服务平台升级及应用拓展项目总投资14亿元。

发行定价基准日为2015年第五届董事会第十三次会议决议公告日，发行价格为定价基准日前二十个交易日公司股票均价的90%（定价基准日前20个交易日股票交易均价=定价基准日前20个交易日股票交易总额/定价基准日前20个交易日股票交易总量），即发行价格为14.95元/股。由于公司于2015年6月实施完毕2014年度利润分配方案，每10股派发现金红利1.8元（含税），本次非公开发行股票的价格由14.95元/股调整为14.77元/股。

本次非公开发行的股票数量为不超过223,425,858股，发行对象共9名，其认购股数、认购金额具体如下表：

序号	发行对象	认购股数（股）	认购金额（万元）
1	北京北广传媒投资发展中心	33,852,403	499,999,992.31
2	北京广播公司	10,155,721	149,999,999.17
3	金砖丝路投资（深圳）合伙企业（有限合伙）	40,622,884	599,999,996.68
4	中国电影股份有限公司	13,540,961	199,999,993.97
5	上海东方明珠新媒体股份有限公司	20,311,442	299,999,998.34
6	中信建投证券股份有限公司	44,008,122	649,999,961.94

续 表

序号	发行对象	认购股数（股）	认购金额（万元）
7	中信证券股份有限公司	33,852,403	499,999,992.31
8	新湖中宝股份有限公司	20,311,442	299,999,998.34
9	江西省广播电视网络传输有限公司	6,770,480	99,999,989.60
合计		223,425,858	3,299,999,922.66

二、项目建设内容

（一）优质版权内容平台建设

优质版权内容平台建设项目是歌华有线公司落实新媒体业务发展战略的重要举措，此次融资项目的19亿元用于电影、电视剧、动漫、网络剧、综艺节目、新媒体短片等优质海外内容版权的集成和购买，促进高清交互数字电视平台、电视院线、互联网电视、手机电视和其他新媒体业务的发展及全媒体版权分销。目标是为加快公司由单一有线电视传输商向全业务综合服务提供商、由传统媒介向新型媒体的战略转型步伐，提升公司优质版权内容产品的核心竞争力，建立差异化的内容服务特色，拓展新媒体用户。

（二）云服务平台升级及应用拓展

歌华有线公司自2013年启动了云平台项目建设，2014年11月,云平台一期建设完成并正式上线，2015年完成了对全市460万高清交互机顶盒的全覆盖，实现了对高清交互平台相关功能及业务的支撑。本次募集的14亿元主要用于云服务平台二期的建设,包括全媒体应用聚合云服务平台升级子项目、歌华云游戏平台升级及应用拓展子项目、大数据分析系统升级子项目等。

（北京歌华有线电视网络股份有限公司）

歌华有线公司发起成立“中国广电大数据联盟”

10月23日，北京歌华有线电视网络股份有限公司与中国广播电视网络有限公司（以下简称“国网公司”）联合全国30余家省市有线电视网络公司，在京共同发起成立“中国广电大数据联盟”，全国各省市有线电视网络公司、业内专家等共300余人参加联盟成立仪式，并围绕“中国广电大数据”产业化运营及未来发展、大数据深度挖掘等进行深入研讨。

联盟以全国超过4000万双向数字电视用户的收视数据为基础，共同搭建全国广电大数据平台并建设收视数据调查分析机构，实现数据共享、联合发布，努力构建科学准确、客观公正、导向正确的收视评价体系，打造全国收视调查市场健康发展新格局，探索大数据助力电视+与智慧广电发展新方向。联盟将成立中国广电大数据运营公司并搭建“中国广电大数据共享平台”，实现数据共享与交换，形成大数据产品体系。同时，运营公司将联合互联网企业和传统数据公司，实现多屏收视数据共享，打造全媒体节目收视综合评价体系。

面向政府机构提供专业、权威的舆情监控服务，参与政府舆情监测，为政府部门提供专业化的舆情宣传效果评价、舆情导向、舆情影响力度、舆情动态等各个维度数据分析服务。面向电视台、节目制作单位等专业媒体机构，通过提供节目全时段收视数据，促进建立科学合理的节目评价体系，为电视台节目布局、节目设置、节目调整、节目策划编排等提供参考，帮助电视台和节目制作商提高节目品质，强化节目创新，提高核心竞争力。面向有线电视用户，依托大数据采集，分析电视用户使用偏好，为用户提供个性化的智能电视收视服务，打造电视用户的收视指南，使用户及时了解并观看喜爱的节目。面向有线网络公司，提供用户个性化收视和消费行为数据，解决电视播出（包括直播和点播）与观众互动的问题，并在互动过程中增强电视的表现能力、资讯能力和反馈能力。面对广告商，通过广告刊播情况统计分析，为广告主提供电视媒体广告曝光量、点击量、转化率等相关数据信息，以便广告主更有效地调整广告投放策略；基于专业的数据挖掘技术使高清交互平台广告投放更为精准。

（北京歌华有线电视网络股份有限公司）

以北京国际设计周为抓手 歌华集团建设平台型国有文化企业

自2009年启动以来，北京国际设计周（以下简称“设计周”）已成为全球优秀设计思想、设计资源的汇聚平台，设计交易和投资的经纪平台，设计与教育、科技、文化、工业、旅游等产业融合发展的转化平台，设计师、设计企业、设计机构成长的孵化平台，在提高北京乃至全国文化创意和设计服务的发展水平方面发挥了重要作用。特别是2015年经“全国清理和规范庆典研讨会论坛活动工作领导小组”报请党中央、国务院批准，设计周作为首都重要的年度国际性文化活动，将由文化部和北京市政府长期联合主办。

2015北京国际设计周于9月26日至10月7日在京成功举办，歌华集团作为设计周主要承办机构，在本届设计周组织操作模式上大胆创新，改变往届设计周大型国际创意设计会展活动模式，以各板块主体活动实施为抓手，充分利用中华世纪坛世界艺术中心、歌华大厦创意设计服务中心、天竺文化保税园文化贸易中心三大物理产业平台，以设计服务、设计会展、设计贸易三个示范平台建设为核心，深化打造歌华集团平台型国有大型文化企业。

发展设计产业，形成设计市场，离不开三个关键环节：一是为设计师、设计机构以及企业的创意设计研发提供专业服务；二是设计产品、设计理念的展示、交流；三是设计产品的贸易。歌华集团在2015北京国际设计周实施过程中，始终围绕这三方面的工作进行了一系列的探索，积累了丰富的经验，初步建成了设计服务、设计会展和设计贸易三大示范平台。

北京国际设计周通过设计大奖、设计之旅等活动板块，为国内设计师、设计企业、设计机构提供了多层次的项目、人才培养、孵化、成果展示及转化应用助推体系，并通过与国际设计周（节）组织、全球设计之都城市的合作，为国外创意设计机构、跨国公司、设计师个人、设计工作室提供项目在京落地服务。2015设计周期间，歌华国际创意设计服务中心（Design Service Center，简称“DSC”）正式开业，标志着设计服务示范平台的建成。设计服务平台旨在为创意设计与相关产业提供政策咨询、设计孵化、设计管理、金融创投以及专业设备、软件、技术等全方位的线上线下系统服务。

每届北京国际设计周都会组织超过300项设计展览、论坛、年会、洽商等活动，发展至2015北京国际设计周，活动已超过420项，构建了从展会策划、组织实施、宣传推广到会务接待等一体化会展服务体系，逐渐建成我国规模最大、最具影响力的设计会展示范平台。设计会展平台为创意设计与相关产业聚集信息、技术，展示、交流全球最新设计作品和设计理念，推动并形成首都设计会展经济。

北京国际设计周通过组织设计交易、设计贸易活动，推动设计与文化、商业领域的融合发展。今年，首届北京国际设计贸易交易会的举行，标志着设计贸易示范平台的建成。设计贸易平台致力于为全球设计产品提供推介、交易及进出口贸易服务，带动创意设计与相关产业的终端消费，拉动文化贸易投资增长，形成世界设计新品发布中心、亚洲设计贸易中心和国家设计定制中心。

歌华集团立足首都文化创意产业发展布局，优化产业平台发展布局，加快推进建设，通过设计服务、设计会展、设计贸易三个示范平台将进入常态化运营，初步形成了线上线下永不落幕的设计周，同时集团通过三个平台各自的服务商聚集，逐步构建物业基础服务、运营商服务、项目投融资服务、市场营销服务和实验创新服务，研究分析各平台服务商需求，通过与入驻服务商互动，共同参与平台建设；同时根据平台定位建立服务供应链。从2015北京国际设计周开始，设计周与歌华集团平台型文化企业的建设将日趋完善，完善设计产业价值链，增强设计产业的渗透力、辐射力和带动力，发挥设计产业在推动经济提质增效中的独特价值和功能，树立北京文化创意和设计服务在全国的示范和引领作用，促进歌华集团平台型国有大型文化企业的建设发展。

（北京歌华文化集团）

昌平人民广播电台《乐享时光》实现直播

“听众朋友您好，欢迎收听昌平人民广播电台首档直播节目《乐享时光》。”2015年12月1日上午10点整，随着节目主持人的一句问候，调频103.1昌平人民广播电台首档直播节目正式启动，填补了昌平地区广播直播节目的空白，也开启了昌平地区广播电视直播节目的新纪元。中央电视台、北京电视台、中央人民广播电台、北京人民广播电台、凤凰卫视等多家媒体的知名主播纷纷发来语音祝贺，为这档直播节目的开播增添光彩。

新媒体时代的到来，对于传统媒体来说，毫无疑问受到前所未有的冲击，尤其是对于传统的广播行业，广播的特点、优势、受众群体、受众收听习惯和喜好等都发生了很大变化，在直播节目也已经进入常态化的今天，开启昌平电台首档直播节目，节目的内容定位显得尤其重要，它在区县广播电台资源有限的情况下，既要达到宣传的目的，又要尽可能地满足受众多元化的收听需求。为此，昌平人民广播电台直播组成员多次召开策划会议，分析了大量国内广播节目的成功案例，逐渐探索出适合昌平地区百姓收听需求的直播节目策划方案。

《乐享时光》寓意分享快乐的时光，是一档时尚轻松的话题聊天类节目。节目将社会效益放在第一位，立足于昌平地区百姓的实际生活，以服务昌平百姓为宗旨，总体分为三个板块：气象服务信息、本地最新资讯、精彩音乐分享。

《乐享时光》节目开播之后陆续收到听众肯定的反馈，尤其是在昌平地区司机群体中，起初抱着好奇心态听听看的人，很多都逐渐成了节目的忠实听众。这其中，尤其受到好评的是话题聊天板块，每天的话题都与昌平地区百姓的生活相关，能够引起听众的共鸣。

（昌平区广电中心）

延庆电视台推出大型抗战专题《我们的抗战》

2015年，在纪念中国人民抗日战争暨世界反法西斯战争胜利70周年这一重大的历史时刻，延庆区广播电视中心从年初开始着手策划纪念抗战胜利特别节目，从7月5日开始，推出了《我们的抗战》6集大型抗战专题节目——《妫川浴血》《惨案铁骨》《血色青春》《我上战场》《英雄儿女》《铭记历史》，全面、真实地再现了延庆抗战历史，热情讴歌延庆人民的抗战精神。

《我们的抗战》6集大型纪念抗战胜利专题节目，筹备、拍摄、制作历时多半年时间，节目组翻阅了大量文史资料，多次走访延庆区民政、档案、史志、平北抗战纪念馆、大庄科乡革命老区等部门和革命遗址所在地，抢救性地采访、拍摄抗战老兵近70人，走访知情人士30多人，并深入到重庆市渝中区、河北省廊坊市、河北怀来、赤城等地，采访抗战老英雄赵子明、刘双合等，拍摄、搜集了许多珍贵的抗战资料。在专题节目策划过程中，也经历没有方向、无从下手的种种困惑，采访、拍摄、制作的过程也远比想象得更困难些。其实也是在一次又一次的不断自我否定中，一点一点理清了思路。以点带面，用事实说话，全面真实再现七十年前那段不能忘却的血泪历史，而在那段血泪历史中，节目的重点展现的是延庆人民不畏强敌、浴血奋战、团结一心的抗战精神。区史志办的李景岩副主任说，完全从人的精神的角度反映延庆抗战历史的，这在延庆应该算是第一次。

《我们的抗战》拍摄、制作以来，摄制组拍摄素材带80多盘，录制时长达3200多分钟，收集整理视频资料1500多分钟。这个专题节目播出总时长超过170分钟。

节目播出后受到延庆区党史办、区平北抗日纪念馆、区民政局、区档案局、区教委等部门有关研究人员和相关专家的充分肯定，党史办、平北抗日纪念馆、民政局、档案局等部门把该节目作为历史资料进行留存，一些学校还把节目作为开学第一课的教材。《我们的抗战》特别节目得到延庆区委宣传部领导的表扬，并通过宣传部向各个单位下发节目光盘，用于抗战主题教育宣传。

（延庆区广电中心）

概况

北京市广播影视概况

一、基本情况

2015年，北京市拥有广播电视台11座，其中市级1座，区县级10座；广播电视站50个；拥有数字付费、公交移动、城市电视、移动电视、手机电视、户外大屏幕电视，以及DAB、RBC数字广播等多个新媒体平台。

全市共有广播影视节目制作经营机构3848家，信息网络传播视听节目持证机构123家。广电行业从业人员5.72万人。创作生产电视剧75部2878集，电影291部，电视动画片12部4826分钟。经营创收达525.12亿元，同比增长22.97%，其中广告创收215.35亿元，同比增长22.78%；电影票房收入31.51亿元，同比增长38.1%。资产总额1609.64亿元，同比增长47.85%。

北京人民广播电台办有17套无线广播和有线数字广播节目，日播出362.5小时；移动多媒体广播（DAB）播出17套广播节目和12套电视节目；北京电视台办有12套电视节目，其中4套为无线、8套为有线，日播出268.56小时；办有移动电视节目1套，日播出17小时，终端屏幕2.4万块；办有城市电视节目1套，日播出15小时，终端屏幕6117块；办有地铁电视节目1套，日播出18.5小时，终端屏幕2.63万块；办有数字电视付费频道11套，每个频道每日24小时循环播出；付费频道在全国落地销售区域263个，比2015年增加25个，数字电视用户数14700.5万户。广播电视有线传输网集成数字电视节目177套、数字广播节目18套。有线网络总长18.96万公里，其中光缆干线5.55万公里、电缆干线13.41万公里；有线电视注册用户数569.13万户，其中：高清交互数字电视用户460万户。电影院线23条，电影院182家，银幕1050块，IMAX巨幕14块，座位17.34万个。全年电影放映197.98万场，观影7164.21万人次。

二、宣传报道

北京市广播电视全媒体深入宣传党的十八大以来各项方针政策，高举旗帜，在加强重大主题、弘扬社会主义核心价值观、创新融合报道方式、焦点热点引导、社会公益新闻等方面的宣传报道，取得新的成绩。一是重大主题宣传全面深入，形成声势。全面、深入宣传十八届三中、四中、五中全会精神和习近平总书记系列重要讲话精神，继续围绕党和国家的重大活动、重要会议、重大纪念日和市委市政府的中心工作，精心策划选题，开设专题节目，推出深度报道。如系列节目“新常态，新亮点”“行进京华大地讲述北京故事”“聚焦京津冀”，包括大型跨国电视探访活动《非常丝路·千年穿越》，深度探访“一带一路”沿线国家和地区等，展现经济社会发展新常态和改革开放重要成就。围绕“纪念世界反法西斯战争暨中国人民抗日战争胜利70周年”，推出大型直播《永远的丰碑》和大型纪录片《伟大的贡献》、系列专题片《见证》及音视频专题“让历史告诉未来”等进行持续报道。二是弘扬社会主义核心价值观，唱响主旋律。推出“新北京广播故事”，推进“2015北京榜样”评选及宣传推介活动，承办学雷锋志愿服务活动“传承的力量”，以“拍客”形式创新新闻专栏“幸福绽放”，制作播出《中国梦365个故事》、专题片《中国故事——中华文明5000年》《窗口·海外中国文化中心》等，全方位多层次地开展社会主义核心价值观、“中国梦”的宣传报道。三是创新融合报道方式，增强传播效果。在全国和北京市“两会”报道中引入“互联网大数据+虚拟演播室”形式，推出新媒体栏目《代表委员朋友圈》。围绕南水北调工程、“中国高速铁路巡礼”、田径世锦赛及京交会、农业嘉年华、三元桥大修工程等重点工程和重要活动，完成38场大型直播。申冬奥大型全媒体直播《通向2022》，电视观众平均同时保有700万人次，新媒体覆盖人群达1.27亿人次。四是焦点热点把握得当，引导有效。“市民对话一把手”广播栏目推出“政府篇”“年中对话”“医院篇”等访谈节目继续获得较高受众率，形成系列品牌。“听民意，解民忧”“一辨真伪”“微言大义”等电视新闻、评论专栏，有效搭建沟通桥梁，放大正面声音。五是加大公益新闻报道。广播方面推出“北京人物榜”“人物故事”，播出“热心助公益，环保我先行”《身边雷锋，传承的力量》，举办“广播三下乡，年货送农家”活动；电视方面开展“牵手蓝天”“美丽乡村，筑梦有我”“带本书给家乡的孩子们”等十余项大型公益活动，参与人数逾千万。策划推出《行·动北京——2015世界无车日直播特别节目》，全媒体同步直播。“爱等你回家”获北京国际广告节创意金奖，“见义勇为”“善待老人”获北京市专项扶持项目奖。

三、艺术创作

艺术创作上继续坚持精品战略，题材上探索多样化风格。同时开拓创新，引进市场机制，努力实现基地化、规模化、规范化生产。

广播电视节目创新创优方面。各频率频道文艺精品生产丰收，全年制作《听见阳光》《北京榜样》等广播剧5部；以“和美北京中国梦”为主题的“春节晚会”收视、微博、微信三项数据列省级卫视首位，“京张心连心”“中秋晚会”等20余档大型晚会及活动，以及《伟大的贡献》《钢铁记忆》《西藏》等多部大型纪录片、专题片获得较高收视率；中国梦主题动画片《戚继光》得到习近平总书记等中央领导的批示肯定，并在全国50余家省级卫视和动画少儿频道展播。

电视剧创作生产方面。全市电视剧产量75部2878集、动画片12部390集4826分钟。其中有抗战主题的《巨浪》《铁血军歌》，纪念红军长征主题的《红色护卫》，艰苦奋斗主题的《平凡的世界》，当代美好生活主题的《咱们相爱吧》《酸甜苦辣小夫妻》，人民警察生活及奉献精神的《刑警队长》《警犬与警花》，北京文化特色的《牛街往事》《傻柱》等；动画片《快乐东西》《西游记的故事》《欢乐北极星》和纪录片《喜马拉雅天梯》《纽带》等。

电影创作生产方面。全市电影产量291部，票房31.51亿元。其中《开罗宣言》《百团大战》等10部影片入选纪念中国人民抗日战争暨世界反法西斯战争胜利70周年重点影片。献礼影片《百团大战》取得4.2亿元票房。动作影片《寻龙诀》、喜剧影片《港囧》、贺岁档影片《老炮儿》《道士下山》等创票房新高；还有励志影片《华丽上班族》、寻子情影片《失孤》、喜剧爱情影片《命中注定》等有较高的上座率。

网络视听节目创作生产方面。组织网络剧、微电影、网络节目的展播和优秀作品征集评选活动，促进创作生产。年内共评选出71部优秀作品，其中原创网络剧6部、原创网络电影长片5部、原创网络电影短片15部、原创网台联动视听节目10部。《匆匆那年》等12个项目荣获总局优秀原创网络视听作品奖。

四、事业产业发展

事业建设方面。完善公共文化体系建设，继续推进高清交互数字电视推广工作，新增高清交互用户40万户，达460万户，全市有线电视用户累计569.13万户。开展郊区6

个台站转播中央广播电视节目地面数字化工程设计，加强转播站、行政村发射站及媒资共享平台运行维护管理，完成9个乡镇163个行政村有线广播建设。推进广播电视科技发展，全行业数字化发展迅速，“三网融合”成果初现。完成全市IPTV集成播控平台建设，实现与IPTV集成播控总平台和传输网络对接，直播频道扩到110路，用户达55.42万户。“歌华云平台”全网升级，实现对高清交互平台相关功能及云游戏、云飞视、国学诵读等云业务支撑。新媒体与传统媒体融合发展，户外媒体节目制播中心启动运行，实现移动电视、城市电视、地铁电视节目制播系统统一运行管理。完成广播直播机房改造，各专业广播均实现数字化、网络化、标准化，都市频率“动听调频FM94.5”正式开播。电视广泛应用4G直播、360（小水滴）摄像头新技术，提高直播内容的时效性和可视性，全年完成3D节目制作100小时、送播167小时。加大五环路以外影院建设扶持力度，落实差别化多厅影院补贴3510万元。特色影院建设增加3家，平均上座率36%，高于商业电影平均上座率。公益电影累计放映17.79万场，观影人次801.7万。

产业发展方面。面向市场，多元化产业经营取得新进展。截至年底，全市广播电视节目制作持证机构有3848家，信息网络传播视听节目持证机构有123家，电影院线23条、电影院182家、银幕1050块（IMAX巨幕14块），人均银幕数位居全国第一。全市广播影视收入525.12亿元，其中电影票房收入31.51亿元。主要情况：

2015年春秋季两季北京电视节目交易会参展电视剧均突破600部。特别是秋季交易会参展664部26782集电视剧、18部862集动画片，以及44部12849集纪录片、电视栏目，创下历届之最，成为中国电视节目规模化的交易市场之一。成立北京国际电影节有限公司，推进电影节市场化运作。第五届北京国际电影节举办七大主体270项活动，实现“活动规模、活动质量、大众参与程度、活动效益、中外合作以及节展传播力和影响力”六个新突破，电影市场签约项目36个，签约总额138.45亿元，同比增长32%。由北京歌华有线牵头成立的“中国电视院线”运营公司，以及与中国广播电视网络有限公司共同发起成立的“中国广电大数据联盟”，打造专业化联合运营实体。“中国电视院线”已在22个省市落地，覆盖总用户2000万户；“中国广电大数据联盟”以4000万双向数字电视用户的收视数据为基础，搭建“中国广电大数据共享平台”。云鼎网一期业务平台正式投入运营，可供交易视频节目33069小时。中国（怀柔）影视产业示范区正式揭牌，核心区以国家中影数字制作基地为中心，规划5.6平方公里，已集聚中影、星美、华谊、博纳等400余家影视龙头企业和项目，累计接待剧组289个，拍摄制作影视作品1800部。

五、“走出去”工程

围绕国家“欢乐春节”活动和“一带一路”战略，参加国外影视节展及相关活动10余次，展出一批优秀影视作品。其中举办戛纳电视节“北京日”、加拿大班芙国际媒体节“北京日”、北京电影节与纪实频道慕尼黑邀约会、影视剧英国展播季、影视剧非洲展播季、洛杉矶“北京之夜”等八项品牌活动，有效地提升北京广播影视业的国际影响力。特别是“中国优秀影视剧英国展播季”在普罗派乐卫视黄金时间段展播《亲爱的》《催眠大师》等20余部影视剧，在美国洛杉矶电影交易市场举行“北京之夜”推介会上展映《狼图腾》《失恋33天》等7部影片，北京影视剧非洲展播季展播400集电视剧、17部电影，对外传播效果突出。电视剧《血色童心》荣获卫国战争纪念奖章、《我的二哥二嫂》在中美电影节上荣获“评委会金天使奖”。广播电视节目继续讲好中国故事，利用各个平台、渠道开展对外播出，取得良好效果。如北京外语广播与澳大利亚堪培拉首都双语台建立新闻交流渠道，《今日北京》节目9月起在澳播出；韩国京畿电台也与北京外语广播合作推出旅游资讯节目；“新北京广播故事”多篇稿件通过中国国际广播电台在海外播出。电视节目继续以长城平台、加拿大城市电视台、黄河台、美国纽约中文卫视、美国中文电视英语频道对外播出中国节目8000小时以上。继续与美国中文电视英语频道合作，编译优秀品牌节目面向纽约观众播出。

六、行政管理

重点梳理行政管理职能，开展24项非行政许可事项清理，审批事项精简为39项。印发《新闻出版广播影视版权相关法规文件汇编》《行政许可工作手册》等，优化行政审批，全年累计受理各类业务709377件。建设广播电视节目制作经营机构监管系统。起草《北京市全面提升公益电影放映服务能力和品质的方案》，修订《北京电影公益放映供片办法》，建立放映监控平台，升级放映系统，提升片源质量。制定《北京市优秀网络视听节目和网络服务单位奖励资金管理办法》（试行），规范互联网电视发展和网络剧、微电影等网络视听节目传播秩序，清理政治有害以及淫秽色情暴力网络视听节目67534条。建立网上境外影视剧审核机制，新媒体业态健康发展。加强公益广告日常播出监管，建立公益广告奖励扶持机制。完成“9・3”阅兵庆典天安门广场大屏幕和阅兵训练场大屏幕、抗战老兵驻地有线电视、世界田径锦标赛境外卫星电视等服务保障工作。加大广播电视监测力度，确保安全播出。出台《北京市新闻出版广电行业安全生产工作制度》，制定安全责任制实施办法，行业安全管理常抓不懈。查处非法广播电台窝点22处。

（北京市新闻出版广电局、北京广播电视台）

北京市新闻出版广电局概况

北京市新闻出版广电局成立于2014年1月，是在原北京市新闻出版局和原北京市广播电影电视局合并的基础上进行组建，为北京市人民政府直属机构，加挂北京市版权局牌子，负责北京市新闻出版、广播电影电视和著作权管理工作。

截至2015年，北京地区登记在册报刊3168种、图书出版单位238家、印刷企业1744家、发行单位6339家、广播电视节目制作持证机构3848家、网络视听节目持证机构123家、电影院线23条、影院182家、银幕1050块，各项数据均位于全国前列。

2015年主要工作：

一、宣传监管

坚持政治家办报办刊办台，增强从业人员阵地意识、责任意识，3000余人次参加马克思主义新闻观轮训；结合十八届五中全会、全国及北京市两会、申冬奥成功、“9・3”阅兵以及京津冀协同发展等重大宣传任务，整合传统媒体和新媒体优势，唱响主旋律、弘扬正能量；严格报刊出版物日常审读，坚持广播电视内容收听收看，对58个广播电视频道320档栏目700余套节目实施24小时监看，编发各类审看报告735期，确保新闻宣传舆论导向正确；建立网络影视剧审核机制，审核境外剧112部510集，网络自制剧358部4399集，占全国60%以上；有效推动新媒体健康规范发展，建设报刊管理综合服务平台、网络出版监管平台、广播电视节目制作经营机构监管系统，依托信息技术不断提升监管水平；开展“清源”“净网”“护苗”、非法境外电视网络接收设备整治、非法出版物收缴、非法电台查处等专项行动，收缴非法出版物51721张，清理有害网络视听节目67534条，查处非法电台36处44个频率，约谈企业40家，处理12家违规单位，取消3家业务资质，文化传播市场得到净化。

二、精品生产

抓好题材规划引导，推出一批精品力作，电视剧《巨浪》《铁血军歌》《平凡的世界》、电影《北京时间》等现实题材剧目反响良好；献礼作品《百团大战》取得4.2亿元票房，社会效益、经济效益俱佳；《战争启示录》等6部图书和《开罗宣言》等10部影片入选纪念抗战胜利70周年重点图书和影片；《神奇科学》等3种图书、《红色家书》等36种音像电子出版物入选向全国青少年推荐的百种优秀图书和电子出版物；《京华时报》等7家市属报刊入选全国百强期刊。完善扶持政策，扶持出版物131部，影视作品104部，资金近1.5亿元。推进品牌建设，开展好书宣传推荐、网络文学推优、优秀网络视听节目评选、广播电视公益广告评选等活动，品牌示范效应明显，优秀产品层层迭出；完善优秀出版物和广播电视节目评价机制，通过多种媒体形式定期向社会宣传介绍优秀出版物和广播影视作品。全年生产图书9850部、电视剧75部2878集、电影291部，电视动画片12部4826分钟。

三、产业升级

出台《北京市实体书店扶持资金管理办法》《北京市出版业“走出去”奖励扶持专项资金管理办法》《北京国家数字出版基地运营管理办法》《北京市国家机关使用正版软件管理办法》等文件。创新体制机制，北京华语联合出版有限责任公司成为首家获得对外专项出版权的混合所有制企业，出版体制改革取得突破性进展。支持园区建设，中国（怀柔）影视产业示范区正式揭牌，北京国家数字出版基地完成先导区建设，中国北京出版创意产业园区、星光影视园入选首批市级文化创意产业示范园区。促进传统媒体升级，北京日报报业集团等4家单位入选传统出版单位数字化转型示范单位，歌华有线中国电视院线联盟成立并在9个省市落地，歌华传媒集团和北京新媒体集团组建成立。激发产业活力，全年新闻出版创收规模以上企业661亿元，广播影视创收673亿元，其中电影票房31.51亿元，同比增长38%，居全国城市票房之首，票房前20的国产影片中有北京生产的13部，占65%；票房10亿以上的5部影片中有北京4部，占80%。游戏出版物产值357亿，占全国三分之一；128家企业获绿色印刷资质、70家企业获网络游戏出版资质，均为全国第一。

四、公共服务

坚持政府主导、社会参与、共建共享、改革创新原则，形成以农村电影放映、全民阅读、广播电视覆盖、区级节目扶持四大工程为主要内容富有行业特色的公共文化服务体系。第五届书香中国·北京阅读季历时半年，期间作家、读者、出版发行机构等持续活跃在阅读季舞台，共同策划3000多场阅读活动，1000多万人次参与其中；北京大学生阅读联盟、北京阅读新媒体联盟等阅读组织成立，为全民阅读注入新的力量，在全国范围内具有示范意义。建立阅读指数发布机制，年人均读书9.49本，综合阅读率达91%，居全国领先水平。开展郊区6个台站转播中央广播电视节目地面数字化工程设计，加强转播站、行政村发射站及媒资共享平台运行维护管理，完成9个乡镇163个行政村有线广播建设，三年高清交互用户推广任务圆满完成，高清交互电视用户达到460万户。公益电影放映17.79万场，观影人次801.7万；起草《全面提升公益电影放映服务能力和品质的方案》，探索农村电影放映市场化改革；落实多厅影院建设补贴政策，采取差别化支持政策，加大五环路以外影院建设扶持力度，引导影院建设合理布局和均衡发展，对20家符合资助条件的新建影院给予3510万元的资金扶持。搭建各区与市属媒体节目交流和人才培训平台，组织基层一线业务人员到北京电台、北京电视台观摩学习，共计80余人次参与交流培训。全年63项行政审批事项办理21.7万件，电影备案占全国总量40%，电视剧占30%，网络剧占60%，作品自愿登记占44.5%，软件著作权登记占22%。

五、版权保护

深入开展版权普法，增强公众版权保护意识。制定《北京市国家机关使用正版软件管理办法》，推进全市300家市属国有企业软件正版化工作，签署《关于云盘版权保护的共同声明》，推动版权保护立法。有序开展版权登记，北京地区作品自愿登记601014件，版权引进8578项，计算机软件著作权登记63898件。加强版权执法监管，对大型、综合性网站版权使用情况进行跟踪监测，围绕年度热播电视剧、综艺节目、热门电影、音乐作品的著作权保护实行主动监管。落实重大案件监测取证工作，联合相关部门建立快速反应机制，为打击网络侵权盗版提供有力支持，努力规范版权市场秩序，营造良好市场环境。

六、走出去工程

推进“实施文化走出去工程”，借助国外节展，宣传推介北京题材作品。《习近平时代》登上美国亚马逊领袖图书销售排行榜第三名，《中国梦》英文版成为美国本土销量最大的中国图书，年版权输出达4461种。组织多家企业参与美国书展、E3游戏展、戛纳电视节、班芙国际媒体节。20余部优秀影视剧在“中国优秀影视剧英国展播季”普罗派乐卫视黄金时间段展播，400集电视剧17部电影北京影视剧非洲展播季展播。发挥国内平台优势，扩大产品交流交易。第五届北京国际电影节举办七大主体270项活动，实现活动规模质量、大众参与程度、中外合作等六大突破，达成交易额138.45亿元，巩固亚洲第一电影市场地位。北京书市30余万种中外图书、音像制品和电子出版物参展，销售4080万元。第十三届北京国际图书节首次与北京国际图书博览会同时同地举办，来自82个国家和地区的2302家出版机构参展，展销图书50余万种，参观人数51万人次，国际化水平取得实质性突破；2015年春秋两季北京电视节目交易会参展电视剧均突破600部，共吸引国内外电视节目制作机构及相关产业机构近350家约1800人，为历史之最。

七、队伍建设

新一届中共北京市新闻出版广电局机关委员会认真落实“一岗双责”，有效发挥基层党组织的战斗堡垒和党员的先锋模范作用。局直属机关工会组建完成，有效发挥党联系职工群众的桥梁纽带作用。人才建设扎实推进，完善教育培训管理办法，强化新闻采编播人员理想信念教育，市属出版行业1000余人参加马克思主义新闻观培训。举办第三届北京地区新闻出版广电行业人才招聘会和出版物发行员鉴定考试，新闻出版系列职称评审、数字编辑职业资格职称考试、广播电视编辑记者、播音员主持人考试等工作积极推进。作风建设不断加强，落实党风廉政建设主体责任和监督责任，深入开展“三严三实”专题教育和“为官不为、为官乱为”专项整治。制定《北京市新闻出版广电局关于严肃纪律加强大型活动和广告经营管理的意见》，落实新闻出版广播影视从业人员“一规一约”，加强纪律教育和规矩约束。针对重大资金项目建设，建立由第三方对招标文件进行审查的风险防控机制，反腐倡廉教育、监督、惩处各项工作扎实推进。

（北京市新闻出版广电局办公室）

北京市新闻出版广电局直属机关工会概况

北京市新闻出版广电局直属机关工会成立于2015年7月，是在原北京市新闻出版局和原北京市广播电影电视局合并后的基础上进行组建。

主要职责：代表和反映局直属机关职工的意愿和要求；对局直属机关工会工作实行宏观指导和分类指导；参与涉及局直属机关职工切身利益的有关政策、法规的制定；对工会的重要活动进行协调；为基层工会提供理论政策、法律咨询和信息服务；维护职工和工会组织的合法权益。

一、组织建设

北京市新闻出版局和北京市广播电影电视局合并后，于2015年7月29日正式组建成立北京市新闻出版广电局直属机关工会，并按照新建工会相关程序组织召开工会第一次会员代表大会，选举产生北京市新闻出版广电局直属机关工会第一届委员会、经费审查委员会，成立第一届工会委员会女职工委员会，建立健全各级工会组织。

二、业务培训

组织学习宣传中央关于党的群团工作会议精神，重点安排工会组织两委委员和工会小组长、负责人进行《工会法》《工会章程》“1+15”文件的学习，以增强工会干部知法、守规、维权的能力。同时，通过在全体会员中开展《百题知识问答》活动，推进新时期工会工作“开好局、起好步”。践行“三严三实”要求，加强工会干部队伍建设和作风建设，发挥工会的桥梁纽带作用。推进工会工作法治化建设，确保职工维权工作。

三、服务工作

根据两局原制度规定不统一、不完善等问题，制定印发《北京市新闻出版广电局直属机关工会关于做好困难职工慰问补助的暂行规定》。开展节日“送温暖”慰问活动，在元旦春节和中秋国庆节前夕按规定发放适当慰问品。全年对生病住院的15名职工以不同形式进行慰问、看望，对有亲属去世的14名职工在第一时间送去抚恤金2万余元。针对局对外服务大厅一线职工搬迁任务重、工作环境温度偏低等实际，工会专门拿出1万余元资金进行看望慰问。做好劳模评选申报和服务保障工作，推选上报的赵红仕同志和北京广播影视作品审查中心分别荣获“北京市先进工作者”和“模范集体”荣誉称号。完成上级工会组织的劳模休疗和体检活动。做好在职职工互助保障计划工作，为到期需要重新续保和新入会职工487人次办理互助保障计划险种，涉及保费近2万元。开展向会员送生日祝福活动。

四、文体活动

制定印发《职工文体活动兴趣小组实施细则（试行）》，筹划设置9个兴趣小组开展各项文娱体育活动。开通快乐职工之家、女工之家、工会服务和九个兴趣小组微信群，把相关信息及时传递到每个会员。鼓励会员报名参加北京市和国家新闻出版广电总局组织的球类、棋类比赛，全年共参加各类比赛近30场次。参加的“2015北京市直机关第三届乙组羽毛球比赛”获得第三名的优异成绩，北京市总工会第十届职工文化艺术节中2人荣获优秀奖。开展群众性健步健体活动，组织全体干部职工在奥林匹克森林公园健步、绳毽比赛。协商相关单位在庆祝国际三八妇女节和传统佳节到来之际，积极为女职工购买养生健体图书，为全体会员开展电影观影活动，全年放映电影30余场次。筹备建设高效能职工之家工作。做好2015年度《工人日报》《劳动午报》和《工会博览》等工会报刊订阅发放工作。

（北京市新闻出版广电局直属机关工会）

北京市广播电影电视局后勤服务中心概况

北京市广播电影电视局后勤服务中心成立于2006年8月，前身为北京市广播电视局机关后勤服务部。

2015年主要工作：

一、综合服务

完成全局固定资产清查盘点和账实核对工作，配合局财务处在财政局资产管理库中完成局本级固定资产动态管理库平移，完成局办公设备购置及分配。在朝阳社保中心建立局社保新账户，为局属事业单位变更银行账户。为全局干部职工办理变更定点医疗机构、医保增员减员、手工报销等医保事项近百人次。组织完成全局近500人的年度体检工作。完成“新闻出版大厦二期地下车库自流平”“完善规划车辆出入口及路面”等5个项目招投标及施工建设，对大厦各项公共设备设施及时检测维修。此外，还承担全局办公用品管理、办公设备维修、大宗印刷、职工就餐卡管理、外聘人员工资管理、朝内办公区会议室音响设备管理等工作。

二、房管房改

审核支付局办公区及宿舍区2015年度物业管理协议和费用。在市房改办住房补贴数据库中完成局住房补贴登记号变更及增员工作。审核发放局机关及统发事业单位无房老职工2015年度住房补贴，完成2014年10月至2015年12月住房补贴额增项预算上报工作。启动新闻出版大厦一期电梯更换升级改造项目。

三、安全保卫

落实安全巡查，排查隐患。6月和11月分别组织全局消防安全培训，组织物业、食堂员工和后勤干部职工等重点安防单位，进行灭火操作演练和防汛演练。为全局新入职人员、临时人员办理工作证和临时出入证。

四、车辆管理

全年顺利完成各类用车保障任务，无重大责任事故，无酒后驾驶等严重违法行为，荣获得西城区交通安全委员会授予的先进单位称号。完成车改工作，封存公车45辆，封存比例达67%。

五、其他工作

为配合市行政副中心规划建设，做好市属委办局搬迁前的摸底调查工作，完成局现有办公用房和特殊需求用房数据填报工作。完成在职公务员和原广电纳入统发事业单位2014年至2015年的追加预算和2016年度养老保险预算工作。按新政策完成局职工2015年度物业采暖补贴发放工作。完成朝内办公区职工就餐管理实施办法及委托管理工作。

（北京市广播电影电视局后勤服务中心）

北京市广播电影电视局信息中心概况

北京市广播电影电视局信息中心成立于2007年1月18日。主要职责：承担本市有线电视、共用天线以及地面接收卫星电视节目新建工程的检验检测工作，负责本系统信息化建设工作，承担局机关电子政务、网络运行的技术保障工作。

2015年主要工作：

一、内网建设

推进内网建设（综合业务服务平台），达到支撑建外和朝内两个主要办公区的公文流转、行政办事等工作需求。截至11月底，平台办理文件3257件（其中发文975件，收文2182件，呈批件100件），发布各类信息332条。完善各项子系统功能，设计开发合同审查子系统，整合局内部财务系统、印刷产业和报刊服务等三个重要业务子系统，促进无纸化办公。优化行政审批系统办理流程，为配合位于六里桥的市政务服务中心审批业务平台的建设，进行三轮技术修改，并数次前往实地进行系统联调，陆续完成局行政审批系统和网上政务大厅的接口改造。改造综合平台短信通知系统，接入首都之窗短信业务平台，签订《专用短信通道租用协议》，加强一对一的服务监督，确保短信发送成功率，做好基础服务保障。推进“人事档案管理系统”和“数字编辑管理系统”的建设，建立数字化、规范化的人事档案系统，满足职工个体精细管理的需要。

二、网站运维

增强网站技术防护手段。根据北京市网信办印发的《中国人民抗日战争胜利暨世界反法西斯战争胜利70周年纪念活动网络安全保障工作方案》的要求，在局网站服务器上分别安装“网页防篡改软件”和“安全加固软件”，部署“政府网站综合防护系统”，全年进行设备巡检工作达40余次，阅兵期间针对中塔机房托管服务器增加巡检10余次。

全员保障网站安全运行。从8月20日至9月5日，每日保障2名维护人员对建外办公区机房实行24小时不间断值守，每天进行4次机房设备巡查，并且每隔1小时查看政府网站各页面的运行状态。

完成网站普查和安全测评工作。按照《国务院办公厅关于开展第一次全国政府网站普查的通知》要求，完成局网站基础信息的填报，以及后续的安全防护整改工作。做好一年一次网站安全测评工作，建立安全台账，不断地提高局网站的防护能力。

完成网站“职权信息”栏目建设。根据北京市政府关于信息公开工作的要求，按照统一的技术标准和内容格式，快速汇总栏目内容，设计、测试页面效果，确保栏目按时上线公开。

召开政府网站工作联席会。9月，组织局机关各处室、各事业单位、北京新影联影业公司、北京动画协会、北京电台、北京电视台等单位召开2015年局网站工作联席会，围绕网站安全管理和服务栏目共建等工作进行探讨，不断完善局政府网站建设和管理。

三、课题研究

深入广电业务的6个处室和三家事业单位进行调研，逐步掌握局大数据应用的具体需求。前往北京市国土资源局和北京市旅游委，了解不同行业大数据平台的应用特点和成熟经验，为搭建“广播影视系统大数据平台”，提供基础和依据。为确保课题调研成果的科学性和可行性，组织两轮专家评审，反复论证，从政策背景、业务需求、技术方案、实施环境等方面提出合理化建议，并进一步探讨广电行业大数据的发展方向和策略。

四、队伍建设

组织全体党员学习《中国共产党廉洁自律准则》和《中国共产党纪律处分条例》，开展主题党日活动，参观香山双清别墅，重温入党誓词。加强政治和业务素质职工教育，组织职工观看党风廉政警示和保密工作教育片，参加局内各类学习和培训。严格执行局财务的各项规定，做好廉政风险辨识和防控，强化“三严三实”学习活动成果。

（北京市广播电影电视局信息中心）

北京市广播电视监测中心概况

北京市广播电视监测中心成立于2006年，前身为北京广播电视技术监测台。加挂北京市广播电影电视局信息网络视听节目监管中心和北京市广播电视安全播出调度中心的牌子。

2015年主要工作：

一、监测工作

对全市19套（172路）广播节目信号实时监测，共计137万8千频时；对全市108套（1143路）电视节目信号实时监测，共计916万2千频时；监测到广播、电视播出及传输异态411频次，其中重大事故2起，及时提醒停播事故单位17次；通过预警信息发布平台收发预警信息606条，8112人次接收。

二、监管工作

加强宾馆饭店视频点播监管，安排人员每日对各宾馆饭店视频点播监管系统运行情况进行测试，并对《VOD点播监督管理系统》功能进行完善。会同局网管处组织召开2015年度宾馆饭店视频点播业务监管工作会议。加强安全播出应急演练，组织区县文委及14个区县广电中心开展无线广播电视信号干扰应急处置演练，进一步熟练掌握场强仪、800M集群电话等专业设备操作使用技能，增强对广播电视安全播出突发事件的应急处置能力。

三、查处非法广播

配合北京市新闻出版广电局科技处、传媒处和北京市无线电管理局、北京市文化执法总队，开展非法调频广播查处工作，共监测到约40个疑似非法调频广播并对节目内容进行收听。外出查找非法调频广播信号源14次，拆除非法调频广播设备28套，清除28个非法广播频率。

四、工程验收

审查有线电视网络工程验收申报材料，全年受理报验项目80个，共验收新建商品住宅小区有线电视网络工程115个项目，楼盘1261栋，光工作站数量362个，放大器数量1519个，用户数量102351户，用户终端数量212582个，现场测试终端数量3019个，其中有3个有线电视工程验收不合格，责成其整改。

五、运维保障

贯彻落实安全管理和安全生产工作，加强安全教育和培训工作。完善系统维护工作制度，定期巡检、及时处置，责任部门每月提交系统运行维护报告。定期进行系统内视频会议系统终端联调、试通，每月巡检维护预警信息发布系统，及时消除安全隐患。按照《北京市新闻出版广播影视行业2015年“安全生产月”活动方案》，分阶段落实警示教育、隐患排查、应急演练等相关工作，确保安全保障工作落实到人。全年共外出进行远端设备故障处理30余次，确保远端监测设备稳定运行。

六、制度建设

再次通过ISO9001质量管理体系认证。推进《公共广播信号监测系统》《信息网络视听节目取证系统》《高清及鼎视平台电视监测系统》项目建设，对“监测系统运行维护”“高清及鼎视平台电视监测系统扩容”项目可行性进行论证。

七、培训交流

组织参加各类学习培训168人次，进一步提高人员业务水平与技术能力。赴外省市广电部门开展行业交流座谈及监测技术调研学习，进行业务技术交流，学习和借鉴优秀经验，改进和完善相关业务工作。

八、队伍建设

调整、完善绩效考核方案，修订《岗位绩效考评表》，规范执行各项人事管理制度，每月开展绩效考评工作，提高工作效率。完成年度人员绩效考核及民主测评、综合科及网管科正科级岗位试用期满考核、专业技术九级（1人）、十级（2人）、十一级（1人）岗位竞聘、1名部队转业干部的接收工作。将廉政风险防范管理与ISO9001质量管理体系紧密结合，制定“三重一大”制度实施办法。规范执行《有线广播电视网络工程验收》《监测系统运行维护费》（共八包）项目的采购立项及公开招标工作，确保在执行项目招标等采取有效的廉政风险防范措施。加强党员队伍建设，定期召开支部、支委会议，完成党支部委员改选。年内，中心荣获首都精神文明建设委员会授予的“首都文明单位”称号。

（北京市广播电视监测中心）

北京音像资料馆
（北京广播电影电视研究中心）

北京音像资料馆成立于1987年12月，2008年9月加挂“北京广播电视研究中心”的牌子，2009年9月“北京广播电视研究中心”更名为“北京广播电影电视研究中心”。

自1987年至2015年以来，共译制200余部国外影视资料片。与全国各广播影视音像系统交换影片300余部。收有150余部“50年公共版权”范畴的电影作品。近年来还特别收藏具有北京历史文化特色的老北京影像资料和专题片《这里是北京》155集，共7000余分钟。收集制作并收藏1995年至2005年北京广播电影电视精品荟萃《声屏华彩》，共约3000小时。拥有2套线性编辑设备，1套数字录音设备，3套数字摄像设备，1套数字照相设备，1套光盘自动检索设备，1套媒资管理设备。存储各种载体的音像资料3万余部集、7万余盘、册。其中，录像资料1.5万余部集，录音带1.5万余盘。

2015年主要工作：

一、研究工作

完成10期《北京广播影视决策参考》月刊编发工作，年底另制成合订本。完成《北京广播影视发展研究文集（2014）》的编辑出版和发放工作，文集共60篇文章48万字，优选编辑来自北京市新闻出版广电局、北京广播电视台、中国电影博物馆和区县广电中心的优秀研究成果及重大课题。开展同业交流活动，赴局相关处室、北京电视台、视听网站、节目制作机构等单位进行调研，做好“影视剧弘扬传统文化研究”课题的调研和撰写工作。

二、资料工作

开展老旧音像资料修复工作，共修复、上载节目620余盘，制作光盘500余盘，约38400多分钟。制订10至20位离退休老同志 “口述历史”项目，并于11月启动采访拍摄工作。

三、史志年鉴

全力推进《北京志·广播电视志》二轮修志工作，正式组建编写组，完成试写稿近60万字，约占全书内容总量的80%。高质量完成2015《北京广播影视年鉴》18个栏目、65万字和96幅图片的编辑和出版工作。圆满完成2015《中国广播电视年鉴》供稿任务，再次为北京市新闻出版广电局获得先进单位称号。

四、队伍建设

完成领导班子、各部（室）负责人及各工作岗位年度述职、考核，评出5名优秀工作者。建立规范标准、覆盖全面、运行顺畅、执行到位、效果明显、特征突出的内部控制体系，形成《北京音像资料馆内部控制手册》，成为17个局属单位首个建立该制度的单位。

五、行政后勤

组织开展职工系列文体比赛活动。通过各项年检及审计工作。完成上报事业单位基本情况（人事、职能、社保、财务等方面）调查报表和人事信息更新。完成工会预决算和审计、部门决算、服务业统计年报、广播电视统计年报统计上报工作，以及做好元旦春节等各大节日的相关工作。

（北京音像资料馆/北京广播电影电视研究中心）

北京市广播影视作品审查中心概况

北京市广播影视作品审查中心成立于2006年，由原北京市电视节目供片中心改建而成。主要职责：承担组织北京地区新出品及引进的广播影视节目内容的审查、复审的相关工作，收集、加工、整理广播影视作品各类信息以及有关公益性宣传资料片，建立和维护影视作品数据档案库。另外，承担北京市广播影视协会秘书处日常工作，北京地区广播电视编辑记者、播音员主持人资格考试和影视节展选片等任务。

2015年主要工作：

一、作品审查统计

全年组织初审国产影片291部，复审115部次；审查电影剧本889部次；审查单一国家和地区在京展映影片59部。组织初审国产电视剧98部3755集，动画片16部451集，引进广播电视节目8部，复审167部次；审查电视剧备案公示554部，电视剧剧本24部次；检查片方落实广电总局对上星剧修改意见多部。组织初审网上境外电影117部，网上境外电视剧35部（相当于国产电视剧长度429集），复审57部次。

二、送审作品特点

国产电影：所审影片中故事电影占审查影片总数的93.2%,继续占据主导地位；国产影片审查数量较2014年同期增长9%；电影剧本审查数量较2014年同期增长48.3%；艺术水准一般、及格线上下的影片占多数。影片《破风》《滚蛋吧 肿瘤君》《喜马拉雅天梯》为艺术评分较高的3部作品。

国产电视剧：所审电视剧有如下特点：行业剧制作渐入佳境；抗战雷剧减少，大情怀剧增多；家斗戏减少，关注情感、生活、婚姻这些精神上困扰的剧目增多；“长篇剧”较2014年略有减少；上星剧复审工作常态化。

本年度推荐优秀电视剧5部：《港媳嫁到》《酸甜苦辣小夫妻》《刑警队长》《拥抱星星的月亮》《胜算》；推荐优秀动画片1部：《中华美德故事》。

网上境外影视剧：新开展的网上境外

影视剧内容审核工作，与以往国产影视剧审查有明显不同，数量多，申报集中，背景复杂，语种众多，题材繁杂，时效性强，解读把握难度大。在所审影片中艺术评分8分（优秀）以上的占60%，境外电视剧8分以上的占52%，整体制作水平和观赏性较高。

三、影视剧存在问题

所审国产剧存在问题：历史事件把握不当；当代题材缺乏生活质感；过多展示社会阴暗面和低俗言行；民族、宗教情节处理不妥；正不压邪、善恶比例失衡；人性削减政治；渲染恩怨情仇及鬼神作法；近代革命题材过度娱乐化等。境外剧存在问题：涉及国家政治体制和意识形态内容表现失当，甚至有恶意攻击现象；涉及国际关系、军事外交，尤其是涉及第三国内容表现偏颇；民族习俗、宗教信仰表现有误；涉性、同性内容广泛存在，宣扬血腥暴力尺度大等。

上述问题已提交局主管部门和制作机构在创作新剧或引进影视剧时引以为戒。

四、审查工作措施

国产电影、电视剧和网上引进剧审查量均创历史新高。数量多，碰到的问题也多，情况复杂。为在受理期内保质保量地完成审查任务，在原有60余名审查员基础上又择优补充50余名，通过集中培训、以老带新、以审代训和总结例会等方式提高审查员的政策水平和把关能力；根据不同题材科学优化审委结构，先后约请审查员约3500人次，组织召开565场专题审查讨论会，梳理、审核、打印904份综合意见，收集2588份个人意见，输入审查数据库并整理档案近千套。

五、服务保障工作

加强党风廉政建设和职工队伍思想政治教育，不断提高审查管理水平、业务水平和服务水平，较好地完成党务、财务、人事、文秘、机要、安保、工会、行政后勤等工作，为审查业务的正常开展提供保障。年内，审查中心被中共北京市委、北京市人民政府授予“北京市模范集体”称号，一人当选“第五届北京十佳电影工作者”。

（北京市广播影视作品审查中心）

北京国际影视交流促进中心概况

北京国际影视交流促进中心成立于2012年2月2日。主要职责：受北京市新闻出版广电局委托，承担北京国际电影节筹备、举办的具体组织、协调工作，承担北京市影视文化对外交流与合作的具体工作。

2015年主要工作：

一、承办电影节

第五届北京国际电影节2015年4月16日至23日举办。电影节坚持“大师、大众、大市场”风格特色，组织“天坛奖”评奖、开幕式、北京展映、北京策划·主题论坛、北京电影市场、电影嘉年华、闭幕式暨颁奖典礼七大主体活动，以及“注目未来”、纪录、“经典京剧电影”“华语电影新焦点”、微电影五个单元及电影音乐会等相关活动，累计活动内容270项。50余个国家和地区的340余家电影机构、1.4万余名嘉宾和业界人士参加电影节各项活动，来自境内外350余家媒体的1500余名记者参与电影节报道，群众直接参与超百万人次。实现“活动规模、活动质量、大众参与程度、活动效益、中外合作以及节展传播力和影响力”六个新突破。评选出“天坛奖”十大奖项，《狼图腾》等影片、主创获奖；在全市23家影院、学术机构和8所高等院校，展映中外电影佳作360部、800余场次；主题论坛聚焦产业前沿，让·雅克·阿诺、汤姆·德桑托、阿曼达·内维尔、达伦·阿伦诺夫斯基、迪伦·提契诺、杰夫·伯克、黄建新、徐克、唐季礼、孙周、林民杰、廖庆松、周黎明等中外著名电影人参与研讨；电影市场签约项目36个，签约总额138.45亿元，同比增长32%。

二、电影节收尾工作

组织召开总结会。经统计，电影节共收集、整理文件800余份，合同160余份，实物资料60余份，电子文档5000余份。共向国内外各机构、个人发送感谢信200余封。完成数据核实、项目验收、资金结算、资金审计、评审，以及电影节画册编辑、舆情收集、评估、赞助商回报总结、发放荣誉证书和赞助款入账等工作。

三、探索市场化机制

以新成立的北京国际电影节有限公司作为市场运营开发主体，重点探索与企业合作模式，发挥在招商融资、品牌推广、商业开发等方面的专业优势方面做了新的尝试。特别是开拓赞助合作新渠道，与各招商代理广泛合作，最大限度地挖掘北京国际电影节的品牌资源，为以后的合作探索路径，积累了经验。

四、电影节海外推广

组团出访法国戛纳国际电影节、瑞士洛迦诺国际电影节、上海国际电影节、多伦多电影节、马塔布拉塔国际电影节、丝绸之路电影节、韩国釜山电影节、中国（杭州）国际微电影展，巩固海内外推介效果，加强与各电影节的沟通交流。出访期间，与六个电影节组委会、相关机构和个人会面，为第六届北京国际电影节邀请优秀影片和业内知名嘉宾打下基础，为中外电影合作搭建平台。其中，在戛纳国际电影节、多伦多电影节、釜山电影节举办推介会，华沙电影节主席史蒂芬·劳丁、美国电影协会中国区总裁冯伟、著名导演菲利普·弥勒、多伦多电影节董事会主席丽萨德·维尔德、多伦多电影节艺术总监卡梅隆·贝利、中国著名导演贾樟柯、釜山电影节主席李庸观、韩国著名导演金基德等中外著名影人，以及来自各大洲的著名导演、制片人，欧美各大电影公司高层，来自北京的多家电影公司代表共百余名电影业界人士分别出席活动。

五、筹备下届电影节工作

制定第六届北京国际电影节总体方案，明确各主体活动内容、承办方。制作项目预算，申请资金。制定电影节章程、选片程序及原则，启动第六届北京国际电影节评奖、展映工作。制定宣传策划方案，启动海报征集工作。完成电影节官网一期建设工作，推进二期开发工作。研究电影节市场运营机制，启动市场开发工作。

六、队伍建设及其他工作

组织党员填写《党员信息登记表》，组织职工学习《党风廉政建设责任制》等相关文件精神，撰写自查报告。配合审计开展内部控制建设工作。修订相关规章制度，并草拟“低级错误处罚管理规定”。完成绩效考核、中级专业技术职务评聘、正科级职务竞聘上岗、社会公开招聘、职工培训等相关工作。

（北京国际影视交流促进中心）

北京市广播影视协会概况

北京市广播影视协会前身为北京市广播电视学会，成立于1987年7月15日。2013年6月25日协会召开第六届会员大会，正式更名为现名称。

2015年主要工作：

一、完善节目评选办法

根据中国新闻奖、中国广播影视大奖、北京新闻奖、北京市广播影视奖的类别设置、评选标准和推选周期及办法，协会继续完善2014年度北京市优秀广播电视节目评选办法。推选工作历时两个月，按照评奖程序和办法，在各会员单位推荐上来的246件作品中，经过组织专家认真审听审看，共评选出优秀作品149件，其中，北京广播电视台103件（含北京人民广播电台45件、北京电视台46件、其他下属机构12件）、各区广播电视中心46件，并完成证书的制作与发放工作。

二、各类奖项推选

经过认真审议，民主讨论，反复挑选比较，按时完成"第二十四届北京新闻奖""第二十五届中国新闻奖""2013–2014年度中国广播影视大奖"和"第九届全国广播影视学术著作评选"的推选工作，组织会员单位参加中广联合会等部门组织的各项会议及活动，其中50件作品获北京新闻奖，3件作品获中国新闻奖，3部著作在第九届全国广播影视学术著作评选中获得奖励，向2013—2014年度中国广播影视大奖推荐广播类作品13件、电视类作品9件。

三、学刊编辑出版

《北京广播影视》配合局中心工作，积极反映北京广播影视行业发展的新热点，以及行业同仁的探索与实践，共刊登各类文章300多篇；广泛组织和及时刊登有关中国梦主题、纪念中国人民抗日战争暨世界反法西斯战争胜利70周年、传统媒体与互联网深度融合等文章；反映协会工作动态；发挥广播影视行业发展交流与展示平台的作用。

纪念中国人民抗日战争暨世界反法西斯战争胜利70周年是贯穿全年报道的主线，编辑部组织相关稿件29篇。为配合第五届北京国际电影节，编辑部全程跟踪报道，重点关注相关论坛动态，刊登消息和理论文章11篇、4万多字。对北京春秋两季电视节目交易会，及时反映进展情况及理论探索成果。新开辟《影视观察》栏目，刊登有关影视剧和动画片创作和市场分析的稿件27篇、约13万字。刊登一线工作者在工作和创作中的探索与实践文章42篇。反映区县广电事业的《走笔京华》栏目进一步加强。

四、参与业务考试

协会在圆满承办多年全国广播电视编辑记者、播音员主持人资格考试北京地区考务和合格证发放等工作的基础上，2015年继续予以全力支持，派专人参加指导现场报名、考前培训、笔试和口试等工作，确保各环节工作的顺利进行，受到局的肯定。

五、完成项目应标

《北京广播影视》是北京市新闻出版广电局的机关内部资料性出版物，也是北京市广播影视协会的内部学术资料。按照北京市财政局和北京市新闻出版广电局相关规定，北京市广播影视协会以单一来源的采购方式采购该项服务，完成编制《北京广播影视》项目应标，最终以85.68万元中标，并完成刊物的印刷定点服务供应商及美术设计的选商工作。

（北京市广播影视协会）

北京电影协会概况

北京电影协会成立于2011年12月13日，是在原北京市电影发行放映协会的基础上进行组建。拥有团体会员281家，下设制片、影院、编导、电影技术、化妆、电影收藏六个专业委员会。

主要职能：宣传、执行相关法律法规和政策；承担政府委托的行业管理职能，承办政府主管部门委托的工作事项；制定行业行为规范，协调行业发展与经营，发挥行业监督与自律作用；开展调查研究，搜集、整理、汇总各种行业信息，为会员提供咨询服务；向政府提出工作建议，促进行业发展和环境改善；举办与本行业相关的活动，组织推荐、表彰和奖励在电影事业发展中有突出贡献的单位和个人；为会员提供业务指导和服务，维护会员合法权益；推动行业内相关标准的制定和普及，做好星级评定、技术级别考核、信息交流、专业培训等工作；组织会员开展对外交流和行业联系。

2015年主要工作：

组织筹备电影金融专业委员会，为会员组织筹划金融方向的服务。主要提供：1.投资机构直接投资于电影项目的服务。2.中间环节金融服务。3.为项目运作提供经济类服务，如财务管理等。组织专业委员会进行学术性研讨会、座谈会，对行业内相关问题进行探讨。向会员单位及时发布、传达相关电影行业政策、指示。辅助北京市新闻出版广电局电影处筹备多项会议。承担北京市电影市场专项治理办公室工作，参加全国治理办公室会议，并制定影院巡检任务。承担首都影院联盟工作任务，对相关资料进行审核、年检。完善协会管理制度，调整规章制度，不断调整工作档案。

（北京电影协会）

中国电影博物馆概况

中国电影博物馆是经国务院批准、国家广电总局和北京市人民政府共同建设的大型公共文化设施，世界上最大的国家级电影专业博物馆，是纪念中国电影诞生100周年的标志性建筑，是爱国主义教育基地和科普教育基地，成立于2005年，2007年2月10日正式对外开放。

2015年，服务观众43.24万人。其中，馆内业务活动130场，馆外业务活动43场，团队945个，专场54场；接待青少年8.85万人次，青少年团队442个，青少年活动61场；举办国际影展法国电影周活动、纪念中国电影诞生100周年、纪念中国人民抗日战争胜利暨世界反法西斯战争胜利70周年等主题展映活动共放映电影3894场，观影人数13.06万人；讲解1961场，服务2.3万人，观众参与展厅互动项目1.11万人次，刻制光盘1952张；举办临时展览21个；有效会员4739人。

一、重点活动

举办形式多样的文化服务活动，举办影博·影人专题展三：在大海里航行——于洋和他的“电影之家”；影博·影人专题展四：尹光中造型艺术作品展；中国电影国际巡展——纪念中国电影诞生110周年赴俄展；第五届北京国际电影节2015年“探寻电影之美高峰论坛——剪辑的力量”活动；“第六届少年儿童电影配音大赛”；“电影的历史与未来——纪念中国电影诞生110周年”馆2015年学术活动；纪念中国人民抗日战争胜利暨世界反法西斯战争胜利70周年《冒着敌人的炮火，前进!》——中国电影专题展览等有特色的公共文化服务品牌活动，受到业界和社会的肯定和好评。

加强对外宣传，邀请接待中央电视台新闻中心《文化十分》、美国哥伦比亚广播公司（CBS）等60余家媒体及相关单位来馆采访、拍摄，报道近200余次；借助政府机构、驻华使馆等多种力量和渠道，加强与国外电影机构、艺术界人士的交流与合作，举办国际电影巡展，参加国际电影节出访团组，完成四批次出访任务；更新网站和新媒体上线内容，发布各类活动新闻、活动报名、影片信息、公告等共计701条，官方新浪微博共发布原创微博499篇，评论140篇，微信公众平台共发布公共信息383篇，微信关注数14875名。完成馆刊《影博·影响》《影博·影音》12期电子化上线、视频转码上线。

举办“电影大讲堂”讲座、交流会17期，邀请16位专家学者和演艺界人士及3位馆内青年研究人员主讲，1492人次参加活动；举办“社会大课堂”活动36期，7234人参加；举办14期进校园活动，参与人数3820人次；提供志愿服务822人次，累计提供服务6576小时；继续打造“影博公益之旅”等活动，举办33期会员新片专场和观摩沙龙活动，吸引参与会员2957余名。

开展第一次全国可移动文物普查工作，完成对2013年底前已征集电影物品的拍照、测量、信息录入、审核等工作；开展抢救性征集和重点藏品征集工作，征集并入账电影物品167件，征集总数已达到15725件套（59375件）；组织学术活动、2014年公益影人推荐结果公布活动等，启动《中国电影110年发展史研究》课题。

二、内部管理

加强内部建设，完善相关制度。制定实施《中国电影博物馆值班主任管理规定》《中国电影博物馆公务接待费管理规定》《中国电影博物馆会议费管理规定》《中国电影博物馆差旅费管理规定》《中国电影博物馆档案归档范围及保管期限表》等文件。

建立预算控制机制，规范预算执行和管理。制定《中国电影博物馆内部控制实施办法》《中国电影博物馆资金使用报批程序规定》，执行预算110个大项、165个小项，使用资金6044万元；编制完成未来三年涉及约1.5亿元资金的初步预算规划。

加强人事工作整改工作。确定内设机构的三定方案，恢复相关内设机构设置，对中层干部进行交流调整，完成全员聘任上岗，完成工资规范整改。

完成电影博物馆数字博物馆（一期）建设，实现各类电影资源、藏品和展览资源、活动资源、研究和学术成果资源等资料的入库、编目、检索和下载等；完成媒资数据库、中国电影博物馆首款APP建设。

整理汇编馆大事记工作，启动馆“十三五”发展思路研究工作，完成2014市宣传系统课题成果《中国电影博物馆文化创意产品的现状及对策研究》，出版12期《影博·影响》馆刊。

三、安全保障

与各级负责人签订一、二级安全责任书，制定下发《对重复性出现安全隐患的处罚办法》和《保安队伍量化管理考核办法》；加强展厅多媒体设备维修维护、暖通、给排水设备维护等工作，全年维修设备故障近600台次；维修馆内办公设备故障700余项，完成通讯系统、售检票系统、公共区域视频系统、卫星电视收录系统等的全年运维工作；排除消防报警主机故障69个，更换、维修部分损坏设备，修复消防报警回路，维修维护图像监控系统设备98台次；完成两次消防安全培训演练。

四、队伍建设

制定《中国电影博物馆关于在处级以上领导干部中开展“三严三实”专题教育的实施方案》，召开“三严三实”专题民主生活会，查摆不严不实的问题；制订并推进

《中国电影博物馆2015年“每周一课时”学习计划》，共完成18次党委中心组学习和40次每周一课时学习，以党支部为单位开展学习《中国共产党发展党员工作细则》活动；馆领导和13个部室负责人签订2015年党风廉政建设责任书，坚持完善相关规定或流程，特别是对涉及“三重一大”内容的制度和流程进行重申和强化；廉政教育专线展共讲解88场，服务人数3860人次；工会改选之后，完善组织。参加市总工会2015年度职工之家示范单位评选活动，获职工之家星级单位；举办“中国电影博物馆工会第一届摄影书法展”。组织工会会员开展秋季爬山活动。

（中国电影博物馆）

北京广播电视台概况

北京广播电视台成立于2010年5月31日，是在原北京北广传媒集团、北京人民广播电台、北京电视台的基础上组建而成的大型传媒机构，是市委、市政府直属事业单位。

2015年主要工作：

一、宣传报道

全面贯彻落实中央和北京市委部署，牢牢把握正确舆论导向，围绕中心、服务大局，精心统筹全媒体平台，以《北京新闻》《市民对话一把手》等重点栏目为依托，以重点专栏、专题为龙头，及时、全面、深入宣传习近平总书记系列讲话精神、中央和北京市委重要会议精神、重大决策部署，展现首都经济社会发展新常态。加强主题宣传策划，创新融合报道方式，构建全媒体报道格局，策划实施《科学环保 · 有问必答》《非常丝路 · 千年穿越》等多项大型公益新闻探访行动，圆满完成京津冀协同发展、申冬奥、纪念反法西斯和抗日战争胜利70周年、走转改等重大主题和活动的宣传报道任务。持续深化“中国梦”社会主义核心价值观等主题宣传，推进“美丽乡村 · 筑梦有我”大型活动，全台128名主持人按照“五个一”承诺走进牵手乡村开展活动，成功举办10场月度主题活动；配合举办“2015北京榜样”活动，广泛宣传先进人物事迹；《中国梦365个故事》完成287部微纪录片摄制；新创作公益宣传片210部。

二、精品生产

调整完善内容生产机制，深挖资源、力推精品。北京电台建立独家内容生产基地，推出《非遗时光》《京华英雄》等44档新节目，制作《听见阳光》《北京榜样》等5部广播剧。北京电视台成功打造《造梦者》《歌手是谁》等5档周末大型季播节目；制作“京张心连心”“中秋晚会”等20余档大型晚会及活动，《伟大的贡献》《钢铁记忆》《西藏》等多部大型纪录片、专题片；以“和美北京中国梦”为主题的北京电视台春晚收视、微博、微信三项数据位列省级卫视首位，中国梦主题动画片《戚继光》得到习近平总书记等中央领导的肯定，并在全国50余家省级卫视和动画少儿频道展播。移动、城市电视等探索与委办局节目定制合作，助推节目品牌建设再升级。完成北京广播电视台节（栏）目创新奖评选，85件作品参选，51件作品入围终评，20件作品获奖。按照创作一批、生产一批、营销一批的原则，主投或参投的《铁道卫士》等7部电视剧正在创作开发；《一起长大》等4部影视剧进入后期制作阶段；《我们家的微幸福生活》等8部电视剧进入发行销售阶段，部分已完成签约；

《我的二哥二嫂》在全国省级卫视、地面频道收视率位于前列。

三、技术保障

强化安全播出传输工作，圆满完成全国和北京市“两会”、“9·3”纪念大会等重要保障期的安全播出传输工作。总台户外媒体节目制播中心启动运行，实现移动电视、城市电视、地铁电视节目制播系统统一运行和管理。北京电台FM94.5正式开播，为近10年来增加的首套发射功率10千瓦的调频广播；完成直播机房改造工程，各专业广播实现数字化、网络化、标准化。北京电视台直播报道广泛应用4G直播、360（小水滴）摄像头等新技术，提高直播内容的时效性和可视性；全年完成3D节目100小时、送播167小时。歌华有线双向网络建设开通40万户，累计超过560万户，高清交互数字电视用户增长40万户，达460万户；“歌华云平台”完成全网升级，实现对高清交互平台相关功能及云游戏、云飞视等业务支撑；依托高清双向数字电视网络和云平台，全面升级改造社区文化站点，首个样板间在东城区北新桥街道社区建设完成。推进移动电视32英寸显示屏系统设备改造工程，终端前装工作取得重大突破。深化台网融合，构建多屏联动互动发布体系，实现全网资源的高效聚合和大数据的可视化呈现，开启微信摇一摇等活动，推动晚会、直播、活动的收（听）视率、网络点击量和用户体验度的提升。自有新媒体平台“听听FM”“听听Radio”“BTV大媒体”客户端下载量和用户量明显提升。

四、经营开发

北京电台节目团队改革有效推动节目与经营深度融合，首批5个创收型团队实现收入3076万元；与10余家出版机构建立合作关系，与90余家广播电台搭建节目发行渠道，全年节目外销项目总额达到50万元。数字电视公司以资本合作方式实现付费频道经营方式转变，改变原收入来源单一、合作关系松散的委托经营方式。

北京电台《北广购物》节目根据用户需求特点，定制开发产品100余种，实现销售额1716.15万元；北京电视台打造“BTV培训中心”品牌，启动建设“京视文化产业双创基地”和“京视文化产业人才培训基地”，开拓职业教育和专业培训新领域。歌华有线组建电视院线控股公司、运营公司，“中国电视院线”已在22个省市落地，覆盖用户数达2000万户；发起成立“中国广电大数据联盟”，以全国4000余万双向数字电视用户收视数据为基础，搭建全国广电大数据平台和收视数据调查分析机构；云鼎网一期业务平台投入运营，可供交易视频节目33069小时；歌华有线与北京广播公司等合作发起成立北广文资基金，认缴出资规模2.5亿元；投资建设智慧云项目（涿州基地），项目占地约62亩；完成33亿元定向增发融资项目，用于新媒体版权内容平台建设和全媒体云服务平台升级及应用拓展；完成可转债转股工作，为再融资项目奠定基础。影视公司完成增资和股改，更名为“北京北广传媒影视股份有限公司”。全台资产总额344.50亿元、同比增长1.90%，实现营业总收入121.79亿元，利润总额17.02亿元、同比增长128.77%，上缴税金8.36亿元。

五、会展转型

以国家对外文化贸易基地（北京）建设运营为主体，辅以举办承办各类文化主题展览展示、公益活动，搭建起文化交流发展平台。基地建设各项工作有序开展，以北京菲利克斯猫动漫文化发展有限公司为代表的17家企业签约入驻；园区内公共服务、结算服务和招商服务等一站式综合服务体系初步形成；北京文保中心、离岸数据中心筹备工作取得实质性进展。着力打造2015北京国际电影节电影市场、北京国际设计周和摄影周等重大品牌性项目，电影市场交易额再创新高，实现签约项目36个，签约总额438.45亿元，同比增长32%；歌华创意设计服务大厦（DSC）开业、2015北京创客盛会和首届北京国际设计贸易交易会相继举办，不断推动设计周从年度文化活动向市场化运营的产业服务平台转化，国际影响力、交易功能、辐射带动作用进一步增强，成为撬动“大众创业、万众创新”的重要支点。进一步发挥中华世纪坛文化艺术和公共文化服务平台作用，先后举办“奥地利百年油画展”、纪念世界反法西斯战争胜利70周年等系列展览。北京电台、北京电视台、广播电视报社、数字电视、移动电视和城市电视围绕环保、民俗、关爱等主题，策划开展“牵手蓝天”“全民健身太极进社区”“绿色北京清凉送爽”等30余项公益活动。参加第24届北京国际广播电影电视展和第10届文博会，展示品牌形象；举办中国数独锦标赛、世界青少年数独锦标赛等数独系列赛事，有力提升广播电视台的知名度。

六、内部管理

完善法人治理结构，严格合同审查，加强对重大经营项目和签约工作的法律指导。完成财务收支审计，确保资金运行安全和各项经济活动健康运行。北京广播电视台机关、移动电视通过ISO9001：2008质量管理体系再认证；北京电台质量管理体系建设求新求变、继续深化。落实《北京广播电视台出入境管理实施办法》，修订《北京广播电视台公文处理实施办法》《北京广播电视台公务接待管理规定》等多项制度，启动《北京广播电视台制度汇编》修订工作。北京电视台制定实施《采购及招投标管理规定（试行）》《专业技术设备和服务采购管理规定（试行）》。推进岗位管理，完善薪酬绩效管理体系；创新专业人才培训方式，有计划、有步骤、有重点组织实施“广播影视教育培训管理”“广播影视新闻采编业务创新与发展”高级研修班等重点培训项目。

七、队伍建设

组织中心组理论集中学习14次，覆盖人员850余人次，提高党员干部政治理论水平和科学发展能力。开展“三严三实”专题教育，做到规定动作不走样，自选动作有特色，深刻查摆问题，深化学习研讨成果。抓好干部选任，全年调整干部60人次；开展处级以上领导干部因私出国（境）证件专项治理、个人重大事项申报、干部人事档案专项审核等工作。推进细化党委主体责任，强化纪委监督责任，完成遵守廉政新规执行情况专项检查自查等工作，加强对广告经营管理等重点领域的廉政风险防范，与中纪委联合制作的廉洁文化公开课《汉字·文明·廉洁》正式登录中纪委监察部网站及手机客户端；与北京市纪委合作开办的《镜鉴》栏目作为全市“三严三实”教育活动教材；以“立足岗位创佳绩，融合发展立新功”为主题，加强基层组织建设；以纪念抗战胜利70周年等重大活动为节点，深化理想信念教育；组织开展十佳员工评选、主题宣讲，以及职工文艺汇演、书画摄影手工艺品比赛等活动，推进志愿服务制度化建设和职工之家建设。

（北京广播电视台办公室）

北京人民广播电台概况

北京人民广播电台成立于1949年2月2日，最初称北平新华广播电台、北平人民广播电台、北平新华广播电台第二台、北京市人民广播电台，1951年3月11日，改为北京人民广播电台，英文缩写为“RBC”。

截至2015年，开办有新闻、城市、故事、体育、音乐、文艺、交通、外语、爱家、动听调频10套开路广播及古典音乐、教学、长书、戏曲曲艺、欢乐时光、怀旧金曲等6套有线调频广播，数字音频广播（DAB）试验播出13套音频广播、1个数据服务频道，在北京有线电视网数字平台上播出16套有线数字广播节目和1个动感音乐数字电视频道。每天播音314小时，总发射功率228.5千瓦，成为以广播为主、多媒体联动的综合性传播机构。节目采编、制作、传输实现数字化，并在美国、加拿大、澳大利亚、新西兰、新加坡、韩国等六个国家的10个华语电台播出。

一、宣传报道

全面贯彻落实中央和北京市委部署，牢牢把握正确舆论导向，围绕中心、服务大局，加强主题报道力度。10个专业广播和新媒体平台围绕重大主题、重要会议、重要活动、节日纪念日、大型赛事、突发事件等展开宣传报道，特别是针对党的十八届四中、五中全会精神和习近平总书记系列重要讲话精神、京津冀协同发展、纪念抗战胜利70周年、走转改、申冬奥五大主题，创新推出“新北京广播故事”、80集专题“让历史告诉未来”、70集“京华英雄”评书、“拥抱京津冀”“同心汇五环，冬奥加速度”特别直播节目，形成声势。全年开展各类重大报道47次，开设专栏120个。

日常报道围绕弘扬社会主义核心价值观，有效推进“2015北京榜样”评选及宣传推介活动；承办学雷锋志愿服务活动“传承的力量”；春节安排“五个一”广播剧展播，清明节突出缅怀先烈，劳动节深入宣传劳动模范，儿童节关注自闭症儿童，重阳节组织敬老活动；各频率通过现场直播、特别节目等手段，全面报道北京田径世锦赛、第十届文博会、北京国际电影节、阅读季、首届童书博览会、北京国际音乐节等文体热点活动。

年度巨制“新北京广播故事”通过中国国际广播电台在海外落地播出；与澳大利亚堪培拉首都双语台建立新闻交流渠道，《今日北京》9月起在澳播出；与韩国京畿广播电台合作推出旅游资讯节目，海外影响力逐年提升。

二、精品工程

创新内容生产方式，启动精品节目工程。建立内容生产基地，推出精品节目《非遗时光》特别节目在新闻、交通、文艺、故事、外语广播及新媒体播出，还开发出版图书和音像产品、适时播出外语版。“市民对话一把手”形成系列品牌，“政府篇”首次推出“年中对话”，聚焦京津冀协同发展主题，播发交通需求与管理等独家热点内容；“医院篇”访谈市属医院一把手，提炼新闻点，制作原创视频并与主流网站合作推广；年末推出16期各区县“卫计委一把手”访谈，讲解增进人民福祉方面的新举措和新亮点。文艺精品节目方面，制作70集大型系列评书《京华英雄》，20集广播剧“北京榜样”和3集广播剧《听见阳光》，以及精品文化专题《北京的故居》等。

三、品牌建设

公益宣传推广方面，播出《身边雷锋，传承的力量》系列节目，开展“热心助公益，环保我先行”主题活动，有80万名听众参与；联合成立“北京华育助学基金会·北京广电公益慈善专项基金”，打造公益品牌；继续举办“广播三下乡　年货送农家”活动，以及主办“善行者”“新一千零一夜”　公益项目。

创新活动策划方面，组织中高招公益讲座12场，开设“银发达人秀”朝阳分会场，突出区域特色；启动“我爱中国节”系列活动，以中国文化传承贯穿全年；青少年英语大赛“我的冬奥梦”覆盖300多所中小学校30万人。

推动成果转化方面，将“广播节目、音

频产品创新大赛”融入第八届“赢在创意全球华语广播大赛”，提高获奖节目转化率；《00圆桌会》等创意相继播出，原创版权节目在听听FM落地；“发现北京”得到市旅游委等行业指导和资金赞助。

引导受众参与方面，“大学生讲故事比赛”首次与新媒体合作，微信公众号粉丝数近一万；“你好，繁星！2015北京露营大会”，总人流超过6000人次；“京都球侠”评选开通便捷的投票渠道；“百字情书”活动以微信、微博等手段展开宣传征集，参与人数超过200万。

四、媒体融合

听听FM平台音频内容涵盖音乐、相声、评书、小说、资讯、情感、脱口秀等26大类、上百个子类的节目，独家自制节目9个，合作节目5个；新推出“听听Radio”客户端；截至年底，听听FM用户达600万。在微信公众号设立“微信小店”，开发微信投票、查询、互动秒杀、摇一摇等服务，全台微信公众号共计75个，粉丝数量达90万人；成立15个新媒体推广团队，将优质广播节目加工成图文、音视频等多种形式，举办丰富多彩的线上活动，向中国移动“和阅读”平台推送听书作品14部，累计上传2520章节，阅读量32.16万次，并取得部分收益分成。各专业广播也都积极与新媒体对接，利用微博、微信发布原创信息，推送精彩节目。

五、技术保障

全台安全播出时长69411小时，现场直播125场次，停播率0秒/百小时，确保各个时期安全播出。推进第10套频率——青年广播开播，发射功率10千瓦。完善节目制播系统，升级重要程序和工作站配置，涉及服务器近300台；完成直播机房改造工程，10个机房全部实现数字化、网络化、标准化。对828千赫/1026千赫和603千赫/927千赫中波天线进行全面维护，对774千赫中波天线进行例行检修，确保节目信号发射安全。建立贴身服务小组，主动巡检、上门沟通、首问负责等方式，使技术服务的响应速度和服务质量都上一个台阶；对全台导播岗位制定整改方案，按计划完成替班导播招聘和岗前培训考核。调整内部工作流程，加强节目技术质量日常监管；推进核心播控平台和直播机房改造。配合北京市文化执法机构查处非法电台广播40余个。

六、产业发展

调整广告经营策略，加强产品和客户开发，全台总收入10.88亿元，其中广告收入8.58亿元，总资产24.45亿元，全年交纳各项税费、财政专户款1.09亿元。成立产业发展部，为项目运营提供支持。完善法人治理结构，出台《北京广播公司董事会议事规则》《北京广播公司子公司委派董事监事管理办法》，提高公司运作效率。创新公司盈利模式，悦库时光公司与全国90多家广播电台搭建节目发行渠道，实现项目收入1030万元。“北广购物”节目开发产品100多种，实现销售额2172.65万元。北广声动公司开展旅游节目制作、旅游广告代理、自驾活动等业务，提升板块盈利空间。翔龙公司舞台剧演出实现收入400万元。《音乐周刊》拓展网络、手机等阅读渠道，年网上阅读量超过600万人次。广播大厦酒店经营收入、利润完成年度预算。实施股权投资基金，北京合音投资中心投资5000万元，完成北广家购、听听FM、喜剧研习社项目投资，推动产业增量发展。北京广播公司出资1亿元入股北广文资歌华基金（占40%股份），形成新的投资链条。

七、内部管理

完成重点课题《用互联网思维重构传统媒体业态》及其他9个专题研究项目，制定《北京电台五年发展规划》。成立产业发展部、品牌传播部，并对相关部门的科室设置进行调整，增强发展新动能。组建节目团队协调办公室，推动节目与经营的深度融合，首批五个创收型团队实现收入3240.06万元，第二批三个团队通过评审。修订《经济管理办法》和《内部会计控制制度》。全年审核版权合同31份、其他类型合同319份，处理版权及其他诉讼法律事务140多件，完成2014年度音乐著作权付费，开展多个注册商标的续展或申请。推进媒资系统著录及台志、年鉴编撰。每周三定为“质量管理工作开放日”，尝试将固定资产清查纳入质量管理目标。全年接待各类来访团组72批、600余人，办理因公出国（境）团组20个、80人次。

八、队伍建设

开展“三严三实”专题教育，启动《党委议事规则》和《处级领导干部选拔任用工作规定（试行）》《处级领导干部考核办法（试行）》的修订，改进和完善广播公司董事会运作机制。制定《党建工作创新实施方案》。贯彻执行《干部选拔任用工作规定（试行）》。修订《廉政风险点分布及防范制度汇总表》。规范职工日常请假和因私出境审批程序。加强人事档案管理，完成41名副处级干部档案的整理查缺、初审、复审，补充处级干部档案材料300余份。加强各级干部能力建设，全台培训5086人次。加强薪酬管理和规范工作，提高对绩效突出人员的奖励。北京电台被评为首都文明单位标兵，并继续保留全国文明单位荣誉称号，获中国新闻奖、广播电影电视节目技术质量奖金鹿奖、广告长城奖黄河奖、北京市先进工作者、北京市优秀新闻工作者等多个奖项。

（北京人民广播电台）

北京电视台概况

北京电视台成立于1979年5月16日，英文缩写“BTV”。开办有BTV北京卫视、BTV新闻、BTV文艺、BTV科教、BTV影视、BTV财经、BTV体育、BTV生活、BTV青年、BTV卡酷少儿、BTV纪实等15个频道，播出12套节目，其中10个标清频道、4个高清频道和1个外宣频道，每天播出时间260个小时。北京卫视、卡酷少儿频道、纪实频道实现“上星”播出。

截至2015年，北京卫视已在全国31个省会及直辖市网落地，地级城市落地100%，同时实现全国95%以上的区县级城市落地，覆盖总人口约10.74亿。开办移动客户端、IPTV、BRTN网站等新媒体，形成多媒体互补的传播格局。

2015年主要工作：

一、宣传报道

重大主题宣传。依托《北京新闻》《北京您早》等栏目，推出“新常态，新亮点”“行进京华大地讲述北京故事”等专栏，展现首都经济社会的新变化新发展。以“拍客”形式创新品牌新闻专栏“幸福绽放”，得到中宣部和北京市委宣传部表扬。联手津冀电视台推出采访报道《京津冀协同发展正当时》，联合西藏电视台推出系列纪录片《西藏》，在央视综合频道黄金时段播出。为文化部摄制专题纪录片《窗口 · 海外中国文化中心》，获海内外人士好评。推进《中国梦365个故事》微纪录片制作，播出287集，以及专题片《中国故事—中华文明5000年》《大西山》的制作。

纪念抗战报道。持续开展“纪念世界反法西斯战争暨中国人民抗日战争胜利70周年”宣传报道。9月3日纪念大会当天，全台12个频道并机推出《永远的丰碑》大型直播。策划推出大型纪录片《伟大的贡献》，获得中宣部和北京市委宣传部领导肯定，以及权威媒体、专家学者的赞扬。联合全国四地电视台推出系列纪录片《钢铁记忆》，以微观“兵器”视角展现抗日战争作为世界反法西斯战争东方主战场的历史地位及贡献。摄制系列专题片《见证》，讲述民间抗战文物收藏者故事。各档新闻栏目策划近10个系列报道，20余档栏目推出特别节目，展播抗战题材影视剧近40部。

焦点热点引导。打造申冬奥全媒体直播《通向2022》。启动为期三年的跨国电视探访活动“非常丝路·千年穿越”。围绕南水北调工程、田径世锦赛及京交会、农业嘉年华、三元桥大修工程等重点工作和重要活动，完成38场大型直播。办好“听民意，解民忧”“一辨真伪”“微言大义”等新闻、评论专栏。

公益新闻行动。策划开展“牵手蓝天”“美丽乡村，筑梦有我”等十余项公益活动，总参与人数逾千万。策划推出《行·动北京——2015世界无车日直播特别节目》。携手八家地面频道举办环保公益行动“文明旅游，袋动中国”。联合国家癌症中心等发起公益活动“为爱益剪”得到社会各界关注与支持。建立微信账号“一起公益吧”。围绕“中国梦”、社会主义核心价值观、传统节日节气等主题推出原创公益广告70余部，播出14万余次。

二、品牌创新

15个频道编播12.4万小时节目、近5000场直播，播发气象预警、节目变动等各类字幕信息20000余条次。

北京卫视：打造《我是演说家》《音乐大师课》等周末季播项目。原创《暖暖的新家》《人生相对论》等栏目实现季播化。北京卫视获“年度最具品牌价值省级卫视”“2015年度两岸四地创新频道四小龙”“2015传媒中国年度十大影响力卫视”等荣誉。**文艺频道：**联手多家地面频道打造《隐藏的歌手》，策划制作“京张心连心”等20余档晚会及活动。**科教频道：**《法治进行时》实现全媒体直播，《法治中国60’》品牌价值实现新跃升，《健康北京》形成规模化运营编播，《记忆2015》呈现特色文化。**影视频道：**播出《铁核桃》等多部高收视剧目。**财经频道：**推出真人秀《众筹梦想2015》，举办首设京津冀协同发展大奖的“北京影响力”评选活动。**体育频道：**完成亚洲杯足球赛、田径世锦赛报道，首次承担田径世锦赛体育展示工作，完成世界杯预选赛、中超、CBA等公共信号制作，举办全国扑克大赛、北京广场舞大赛等活动。**生活频道：**打造《美食地图一探到底》，推出《上菜2》等季播项目，推出人文纪录片《拾说什刹海》。**青年频道：**推出《环球春晚》，制作纪录片《钢铁记忆》。**新闻频道：**做好“十二五”成就报道，推出年终专稿《跨越》；开展多项公益新闻行动，打造《这里是北京》专题。**卡酷少儿频道：**改版升级《闪天下》等栏目，打造“童声飞扬”特别节目和“与星星同行”公益活动。**纪实频道：**推出《航行，我们的故事》等原创作品，《GPS星际大战》获得首笔外汇版权收入。

三、技术保障

完成重点保障期重要直播活动的安全播出，实现文艺频道、纪实频道24小时播出。年停播率0.23秒/百小时，同比下降66%。建成“播出通道技术监控系统”“标清传送系统8+2编码复用系统”。提升技术支撑服务能力，网络节目生产日均首播数量约800条、时长约140小时。媒资节目素材存储总量达105.5万小时。设备资产实现全流程网络化、信息化管理。推进“智慧媒体”项目，以云计算、云存储、大数据为核心，建设适配多样化媒体形态的技术支撑体系；在直播报道中广泛使用4G直播、手机直播、Flyaway卫星回传、360（小水滴）摄像头、ASPERA高速节目交换平台等新技术手段，提高直播内容时效性和可视性；成功播出全国首部杜比5.1环绕声技术电视剧《异镇》；全年完成3D节目的摄制制作100小时、送播167小时，3D版《春节联欢晚会》和《环球春晚》在第四届“中国立体（3D）影视作品奖”评选中获“最佳奖”。

四、台网融合

组建新媒体集团，完成工商注册。建立台内“大编辑部”模式，研发“BTV大编辑部”工具和平台，实现全网资源的高效聚合和大数据可视化。发展四大新媒体平台，BRTN网站完成全台日常节目宣传、大型活动推广、重点新闻报道等。北京IPTV用户突破80万，轮播频道、点播、专题、看吧等点播内容存量47160小时。BTV大媒体APP与用户发起互动活动632个。BTV微信电视矩阵建设完成，聚合各频道、栏目账号122个。组建“羊年春晚”全媒体运营大编辑部，构建多屏联动互动发布体系。在第三届BTV“观众喜爱的主持人”评选中首次建立全媒体投票系统。在申冬奥直播《通向2022》中设立新媒体直播板块。在生活频道探索双屏互动和微商营销，于全国地面频道中率先开启全天候微信摇一摇活动。

五、产业经营

广告经营方面，京视卫星公司挖掘季播节目、品牌节目和剧场资源，吸引冠名、软植、硬广等投放增量。京视电广公司盘整地面广告资源，探索销售分成、代理集群、客户期权等营销模式，打造“北上广深四地联盟”媒体平台。京视体育公司制定“4A分众总点数”销售方式，实现70个广告品牌投放，开拓赛事公共信号制作和体育文化项目等创收渠道。新纪实公司完成纪实频道广告资源梳理和广告系统搭建，开展植入和定制类微纪录片的经营开发。全年广告经营等收入28.85亿元。

其他产业经营方面，北京紫禁城影业公司参与出品的电影《狼图腾》等获良好票房收入，多部电视剧被中央电视台及省级卫视购买播出。京视传媒公司启动建设“京视文化产业双创基地”和“京视文化产业人才培训基地”，增加收入。卡酷传媒公司开拓版权销售、票房分成、衍生周边开发、现场活动宣传等收入取得成效。北视英特维公司完成“中国发展高层论坛2015”经济峰会、丹东国际马拉松赛等国际会议和大型赛事主视频信号制作任务。黄金海岸培训中心有效吸引更多会议团体和散客。北京电视产业发展集团成立物业管理公司，推进下属企业改制、融资工作。截至年底，台属一级企业总资产7.91亿元，其中货币资金3.85亿元，净资产4.73亿元。全年营业总收入33.60亿元。

六、队伍建设

组织好党委中心组学习，抓好“三严三实”民主生活会、组织生活会整改工作，推进“三项学习教育”活动，做好采编人员马克思主义新闻观培训。坚持“能者上、庸者下”选人用人机制，优化中层干部选拔任用程序，规范台属企业领导干部配备选拔工作。创新人力资源管理，出台支撑改革发展的用人标准与考评措施。有效借助多方资源，开拓干部人才培训渠道。完成科级以上干部档案专项审核工作。做好党建工作，完成全台党总支、党支部换届工作，开展“爱党、爱国、爱民”主题教育活动。全面启用“智慧党建”工作平台。开展党风廉政建设责任制贯彻落实情况专项检查，围绕私设“小金库”、违规发放福利、公款旅游、公车私用等问题集中开展监察，加强对关键岗位、重大项目、重点资金使用的审计监督，做到审计全覆盖，加大违规违纪问题查处力度。

（北京电视台）

北京歌华文化发展集团概况

北京歌华文化发展集团成立于1997年12月，是北京市的大型文化机构，通过建设以中华世纪坛为依托的世界艺术中心、以国家对外文化贸易基地(北京)天竺综合保税区文化保税园为依托的文化贸易中心、以歌华大厦为依托的歌华创意设计中心，做大集团资产规模和经营规模；构建创意设计服务、文化内容服务、文化贸易服务、文化金融服务、文化信息服务、文化设施运营服务六大文化服务体系，做强集团文化服务专业力；推动北京国际设计周、北京国际电影节电影市场、北京国际摄影周等品牌项目建设，提升歌华品牌影响力，实现社会效益、经济效益的均衡发展。

2015年主要工作：

一、构建三大产业平台商业运营模式

重点打造中华世纪坛世界艺术中心、歌华大厦创意设计服务中心（DSC）和天竺文化保税园文化贸易中心三个产业平台，初步形成三个平台的联动机制。

国家对外文化贸易基地（北京）运营工作有序开展。完成天竺文化保税园文化贸易中心园区企业集聚区建设收尾、政府审批手续完备和入驻接待服务体系筹备等工作，取得企业集聚区项目销售许可证，首批入驻企业已通过天竺海关及天竺综管委审批程序。基地专门设立对外文化贸易服务中心，组建政务审批、公共商务、基地设施、贸易结算、招商主场服务一站式综合等团队。北京文保中心、离岸数据中心等基地内各服务平台建设筹备工作均取得实质性进展。其中北京文保中心与首都博物馆、陕西文化遗产保护研究院等文保专业机构签订战略合作协议；意贷设备采购项目正式获得意大利政府的官方批准。基地信息中心就离岸数据中心可行性研究已完成相关可研方案。

歌华国际创意设计服务中心（DSC）开业。歌华国际创意设计服务中心（DSC）于2015年10月1日正式开业。作为面向国内外设计师、设计机构、设计创业者的公共服务平台，完成整体服务内容制定，形成涵盖“创意办公”“专业服务”“交流分享”三大线下DSC空间服务板块，以及“活动”“项目”“社群”“信息墙”“空间”五大线上DSC社区服务板块的创意设计服务体系。11月7日至8日DSC开业后举行的首次品牌活动——为期两天的2015北京创客盛会在中华世纪坛成功举办。

推动中华世纪坛世界艺术中心内容资源平台建设。完成中华世纪坛世界艺术中心的规划纲要的编制。成功举办奥地利百年绘画展、国际金属艺术展等品牌性展览项目；以春季、秋季和新年演出季为基础，着力打造世纪坛首演剧场平台。完成易立明和高艳津子两个大师工作室的建立。完成15个剧目30场演出。策划举办“缅怀先烈 圆梦中华——2015世纪坛清明纪念活动”“诗意中国——2015世纪坛中秋国际原创诗会”“中华世纪坛新年活动”“和合家风——中华文明的精华”主题文化展、“镌刻世纪——中华文化先贤新影像展”等文化活动。完善公共文化服务平台建设，丰富公益展示宣教内容，引入“汉字体验馆”，并通过联展馆线对“布里亚特神灵—俄罗斯艺术家达西作品展”“地中海的女人——法国艺术家沃尔蒂作品展”等项目巡展推介。

二、以重大品牌性项目挖掘市场盈利模式

北京国际电影节全面打造电影要素市

场。第五届北京国际电影节电影市场以国家对外文化贸易基地（北京）、中华世纪坛、歌华大厦为主体，分别从影视贸易、影视资源推介和影视创投为视角全面推进。共吸引275家中外展商注册参展，其中国际展商140家，国际展商连续两年超过国内展商，实现签约项目36个，签约总额138.45亿元，比上届增长32%，签约项目涵盖电影产业链各个环节。电影节首次提出“制片中心制”概念。电影市场“项目创投”连续多年实现规模翻番，作品数量达到455个。

北京国际设计周成为“大众创业、万众创新”支点。2015北京国际设计周于9月23日至10月7日期间举办，包括设计贸易、设计服务、智慧城市、经典设计奖、设计之夜、主宾城市和设计之旅七项主体内容，共组织各类设计活动420余项，加入品牌机构超过260家，参展作品与服务项目总量达6万多件套，参观人次不断攀升，覆盖北京8个城区及天津、河北的28个设计园区、创意街区和时尚商圈，共有来自30多个国家的近万名设计师及设计机构代表参与本届设计周活动。2015北京国际设计周改变往届的举办模式，着重推动设计会展、设计服务、设计贸易三个示范平台的建设和运营，通过三大平台联动协作、功能互补，促进创意设计产业链四环节——研发、创作、营销、销售的顺畅衔接，促进经济增长及结构转型。

北京国际摄影周首推“专题摄影展推介平台”。集团承办的“北京国际摄影周2015”在京举办。期间共组织五大板块130余项摄影活动，6万余人现场参与，实现网络曝光量超过3亿，覆盖专业摄影师超过百万。结合中华世纪坛公共文化服务平台的属性，首次推出摄影市场板块，建立以专题摄影展为主要内容的公共文化推广和服务平台，完成31个主题展览推介，促成多个专题摄影展签约合作项目，形成“展示·推介·交流·交易”的市场化模式和线上线下永不落幕的摄影周。

首届北京国际设计贸易推介活动成功举办。首届北京国际设计贸易推介活动在基地举办，围绕“一带一路”的国家文化贸易战略要求，探索搭建中国文化贸易全球推广渠道和平台，为全球设计产品提供推介、交易及进出口贸易服务，带动创意设计与相关产业的终端消费，拉动文化贸易投资增长，形成世界设计新品发布中心、亚洲设计贸易中心和国家设计定制中心。交易会期间，活动现场设立“生活美学体验区”“国际品牌体验区”“美食设计体验区”三大体验区，汇集美国、意大利、日本、韩国、法国、摩洛哥、土耳其、西班牙、东南亚各国等全球数十家知名品牌的万余件设计产品。

三、推进集团各项管理工作稳健发展

遗留问题处理。重点对集团范围内28家公司进行清理，已完成6家公司的股权投资清理；3家公司已完成结项，2家公司已进入清理工作的收尾阶段，17家歇业公司完成三定一明确工作，基本完成年度企业清理目标。处理账务遗留问题58件，清理重大投资类遗留问题9项。国家对外文化贸易基地（北京）一期建设项目（国际文化贸易企业集聚中心）正式取得市住建委、市国土资源局、市规划委、市发展改革委、市经济信息委联合批复，现房销售许可证已于2015年8月正式在北京市住建委网站公示。秦皇岛歌华营地资产确权工作取得关键性进展，完成歌华营地一期、二期土地证办理。

创新模式研究。开展专题研究、研发工作，研究撰写《构建口岸型国际影视节目制作交流服务平台可研方案》《北京国际影视节目制作中心项目建议书》《北京离岸数据中心可行性研究》《北京文化艺术保护中心建设项目建议书》《歌华2020—“十三五”时期歌华集团发展规划》《中华世纪坛世界艺术中心、歌华创意设计中心、歌华文化贸易中心三大平台建设规划》等。

完善内部管理。对企业内部管理模式调整和优化，推进集团扁平化管理，强化集团行政管理部门向业务操作转移，强化干部队伍的服务意识和经营意识。为加强工作执行力，采取以“折子工程”的考核办法，全年共完成折子工程290余条。集团获得“首都文明单位标兵”和“全国文明单位”两项称号。

票据融资工作。挖掘私募票据等传统融资渠道资源，在获得中国银行间市场交易商协会批准后，发行总金额8亿元的五年期银行间债券市场非金融企业融资工具(简称私募票据)。同时拓展海外融资新渠道，以内保外贷方式成功取得3亿元融资金额。

（北京歌华文化发展集团）

北京歌华有线电视网络股份有限公司概况

北京歌华有线电视网络股份有限公司（简称“歌华有线”）于1999年9月成立，授权负责全市有线广播电视网络的建设、经营和管理，从事广播电视节目收转传送、视频点播、网络信息服务、基于有线电视网的互联网接入服务、互联网数据传送增值业务、国内IP电话业务和有线电视广告设计、制作、发布业务等。

“歌华有线”于2001年在上海证券交易所上市（股票代码600037)，是国内有线网络首家上市公司、国内第一批三网融合广电试点企业、北京市第一批文化体制改革试点单位、北京市高新技术企业。2009-2011年连续三年入选全国文化企业30强。2012年被中宣部等四部门评为全国文化体制改革工作先进单位。2014年入选首届首都文化企业30强。

截至2015年，有线电视注册用户569.13万户（其中高清交互数字电视用户460万户），集团数据业务超过2.7万线，个人宽带用户41.5万户，歌华飞视用户33.5万户。有线网络总长18.96万公里，其中光缆干线5.55万余公里、电缆干线13.41万公里。除总前端机房外，有一级传输机房15个、二级传输机房200余个、小区接入机房上千个，双向网络超过520万户，已形成覆盖全市16个区县，可承载视频、语音、数据的超大型信息化基础网络。网内传输模拟电视节目59套，数字电视节目177套（其中高清电视节目27套)、数字广播节目18套和多种交互数字电视应用服务。建成互联网、数据传送、IP电话、数据中心（IDC)、首都文化产业发展投融资平台。推出歌华发布、电视院线、北京数字学校、歌华高清、云游戏等品牌栏目应用和公共事业缴费等便民应用，形成集政府信息平台、文化共享平台、行业应用平台、便民服务平台、用户娱乐平台于一体的高清交互数字电视新媒体。

2015年主要工作：

一、安全传输保障

高度重视安全传输保障工作，实施安全传输工作制度化、常态化,并在年初即组织实施全公司范围从内容到技术，从总前端到分中心机房，从光缆、电缆到管道，从硬件设备到技术体系的全面隐患排查整改工作，有针对性的加强培训和演练,圆满完成“纪念抗战胜利70周年阅兵”“全国两会”及春节、国庆节等重要保障期的安全传输保障工作，获“北京市国家安全工作先进集体”称号。

二、基础网络建设

一是全面启动农村双向网络改造工作，全年开通双向网络40万户，全市累计开通双向网络超过560万户。加快DOCSIS3.0网络升级改造，完成城六区的升级改造工作，城六区最高支持带宽由22兆升至百兆；推进光纤到户相关工作，制定网络演进技术方案。二是综合业务运营支撑系统（iBOSS）建设实现对歌华电视、彩云机顶盒、华和宽带等新业务、新产品的支撑，以及对电视院线业务的支撑；实现全业务预存账户管理功能上线；完成iBOSS与新客服系统的对接；启动网格化信息支撑系统、iBOSS报表等项目的建设工作。三是网管平台完成IT基础平台扩容和综合资源系统平台建设，实现HFC网管系统上线。四是增加电视支付宝和手机支付宝缴费渠道，全年电子缴费渠道收款额突破亿元，网上营业厅、电视营业厅方便用户缴纳各类费用。五是歌华云平台建设完成对全市460万高清交互机顶盒的全覆盖，实现对高清交互平台相关功能及业务的支撑。六是完成新客服系统和语音质检系统上线工作。

三、应对市场竞争

截至2015年年底，有线电视注册用户净增18万户，累计569.13万户；在线缴费用户增长16.8万户，累计485万户；高清交互用户新增40万户，累计460万户；非居民用户数量达10万端，新增2.5万端。家庭宽带业务新增用户10万户，累计41.5万户。宽带业务市场占有率从北京市第五名提升至第三名。进行7次互联网静态出口扩容，内网使用率达到66.8%；完成城区DOCSIS3.0的升级改造，提高网络带宽承载能力和竞争实力，推出55M、110M等高带宽产品；创新开发按天计费、闲时宽带等新产品；与北京电信联合推广“华翼宽带”，用户已超过1.4万户；与北京移动合作，试点推出“华和宽带”。集团数据业务新增专网近1500条；启动建设歌华视联网平台、歌华物联网平台、歌华政企云服务平台、歌华多媒体云服务平台等。终端和付费节目销售高清交互机顶盒2.6万台，标清机顶盒4.1万台，彩云机顶盒711台。联合百视通、创维、海信等公司，创新研发4K融合一体机，累计销售1443台。

四、加快新媒体发展

网内传输模拟电视节目59套，数字电视节目177套（其中高清电视节目27套）、数字广播节目18套和多种交互数字电视应用服务。在线点播节目超过10万小时，其中高清节目4.5万小时。高清交互数字电视点播量近11亿次，日均点播量最高达415万次；“回看”频道增至111套，单日最高点播量达到365万次；“北京数字学校”在空气重污染红色预警期间单日访问量最高达135万次。依托“歌华云平台”上线多个云应用。游戏注册用户突破210万户，累计上线280余款游戏产品。云飞视可跨屏提供高清交互应用，以及推屏、拉屏、多屏、语音遥控等内容。云博物馆已上线国家博物馆和卢沟桥抗战馆专区。电视图书馆已在京、津、渝、甘肃、江苏上线，实现百万图书进千户家庭。国学诵读注册用户23.6万户，诵读作品总访问量达到3330余万次，该项目作为北京市教育援藏项目覆盖拉萨。“中国电视院线”实现产业化、资本化运营，成立电视院线控股公司和运营公司，已在22个省市落地，覆盖用户达2000万户。“中国广电大数据联盟”正式成立。社区文化站升级改造项目正式启动。歌华手机电视通过中国移动业务评审，发展会员约2万户。

五、提升服务质量

“96196”呼入量为1196万人次，平均人工接通率为91.5%。实现客服“在线临时授权功能”，有效减少用户投诉。营业厅服务水平不断提升，增加营业厅产品展示和用户体验环节。服务进社区工作共进入863个社区，覆盖注册用户100万户。成立重要用户保障部，建立专门的服务保障队伍。积极推进网格化营维体系建设，开展三批网格化试点，划分333个网格，覆盖近200万用户。机顶盒使用体验得到改善。

六、加强经营管理

连续九年被评为上市公司治理样板企业。规范采购流程，核减可利用库存，推进集中采购，加大网购力度。绝大部分业务已纳入营改增范围，落实有线电视收视维护费自2014年至2016年的三年免征增值税政策。推进职级体系建设，建立与公司经营效益、员工绩效挂钩的动态薪酬调整机制，制定四大专业序列的岗位评审聘任管理办法，完成部分部门三级岗位的试点评聘工作。外宣工作在媒体发布消息超过2000条。数字媒体公司获得高新技术企业认证。全年经营收入25.68亿元，较上年同期增加1.02亿元，增幅4.14%；实现利润总额6.75亿元，较上年同期增加1.01亿元，同比增长17.60%；实现净利润6.73亿元，较上年同期增加1.04亿元，增幅18.29%；实现营业利润32,128万元，同比增长137.17%。同时，收入结构进一步优化，随着积极拓展三网融合新业务，积极布局新媒体，增值业务收入占比进一步上升，传统有线电视业务收入占比持续下降。

七、推进资本运作

完成33亿元定向增发工作，增加产业资金发展实力。提前一年半完成歌华转债转股工作，16亿可转债成功转股达99.15%。加强对外合作，投资上下游企业和关联行业。投资建设智慧云项目（涿州基地）。增持北广移动电视、影视公司；入股异瀚数码、环球国广；发起设立“北广文资歌华创业投资中心（有限合伙）”。与中影股份签署战略合作协议，参与投资中影集团、北艺中心的影视剧。与视联动力等公司签署战略合作协议。

八、加强队伍建设

深入开展“三严三实”专题教育活动，取得显著成效；认真贯彻民主集中制，“三重一大”事项做到科学决策、民主决策、依法依规决策；扎实推进干部队伍建设，坚持党管干部原则，健全完善干部管理体制，严格执行干部选拔任用程序；不断完善基层组织建设，全年发展新党员21名；加强团组织建设，召开第三次团员代表大会，选举产生新一届团委；严格落实党委主体责任和纪委监督责任。制定《公司2015年党风廉洁从业建设和反腐败工作任务分工》；逐级签订《党风廉洁从业责任书》；严格履行监督责任，强化监督执纪，开展廉政新规贯彻落实情况和党风廉政建设等专项检查。

（北京歌华有线电视网络股份有限公司）

北京电视艺术中心有限公司概况

北京电视艺术中心有限公司原称北京电视艺术中心，成立于1982年9月。2010年8月转企改制，更名为现名称，主要从事影视节目策划、制作、营销等业务。拥有剧本创研中心、导演工作室和编剧工作室，下属公司为北京电视艺术中心音像出版社有限公司。

自1982年至2015年，中心（公司）始终注重坚持正确舆论导向，开拓创新，引进市场机制，努力实现基地化、规模化、规范化生产，共生产电视剧199部3288余集，译制片百余部、千余集以及一批专题片。成功创作《四世同堂》《便衣警察》《渴望》《编辑部的故事》《北京人在纽约》《血色童心》《无悔追踪》《一场风花雪月的事》《贫嘴张大民的幸福生活》《一年又一年》《永不放弃》《结婚十年》《幸福像花儿一样》《亲兄热弟》《金婚》《后宫.甄嬛传》等一大批思想性、艺术性、观赏性相统一，包括一系列社会效益和经济效益双赢的电视剧，多部电视剧荣获“五个一工程奖”“飞天奖”“金鹰奖”“春燕奖”等国家及北京市各类奖项，并取得连获全国大奖的四连冠佳绩。此外，还以参股和输出人才的方式参加北京紫禁城影业公司的创建和运作，《离开雷锋的日子》《红色恋人》《甲方乙方》《不见不散》《没完没了》等作品引起很大反响，2000年由紫禁城出品的、中心承担全部制作费用的电影作品《刮痧》的完成，又是中心成为中国第一家推出电影作品的电视剧制作单位。

2015年，艺术创作上继续坚持精品战略，题材上探索多样化风格，同时组织好剧目的发行与播出（上映）。以“人民大会堂”奠基建成为背景的“温情”电影《北京时间》于12月11日在全国公映；描写中年夫妻婚姻的38集电视剧《婚前协议》在福建、湖北、山东、江苏等6家地面频道播出，并于4月在辽宁卫视首播；讲述北伐战争中两兄弟恩怨情仇的37集电视剧《怒放》于6月在中央电视台一套黄金档首播；纪念反法西斯战争胜利70周年的36集电视剧《第一伞兵队》于8月在中央电视台八套黄金档播出；讲述国家主席刘少奇工作和生活故事的16集电视剧《家国纪事》（原名《刘少奇故事续集》）于12月26日在中央电视台一套播出；正面反映国共两党联合抗日的32集电视连续剧《杀尽豺狼》在北京、上海、浙江、四川、重庆等地面频道播出。

年内发行的电视剧有：40集抗战剧《一个和八个》、39集电视剧《头牌》、现实题材励志剧《一起长大》。储备项目有：反映“北漂”爱情生活的电视剧《我爱北京天安门》、反映新中国成立初期铁路系统对敌斗争的反特剧《铁道卫士》、衍生于老版《渴望》的都市情感剧《新渴望》等主旋律作品正在剧本创作中。

（北京电视艺术中心有限公司）

北京中北电视艺术中心有限公司概况

北京中北电视艺术中心有限公司原称北京中北电视艺术中心，成立于1995年1月。2003年7月转企改制，更名为现名称，主要从事影视节目策划、制作、营销等业务。拥有专业化艺术创作团队和著名演职员签约队伍。

自1995年至2015年，中心（公司）始终注重坚持正确舆论导向，开拓创新，引进市场机制，努力实现基地化、规模化、规范化生产，已生产电视剧60余部1600余集。成功创作了《神州第一街》《不嫁则已》《补天裂》《京都纪事》《太祖秘史》《一生有你》《猎人笔记之谜》《前清秘史》《孝庄秘史》《对手》《内线》《大唐女巡按》《南国有佳人》《内线前传》等一大批思想性、艺术性、观赏性相统一，包括一系列社会效益和经济效益双赢的电视剧，荣获“五个一工程奖”“飞天奖”“金鹰奖”“春燕奖”等国家及北京市各类奖项40余项。

2015年，在电视剧生产业务上，坚持精品战略，并做好剧目的发行与播出。投资拍摄的36集都市轻喜剧《我们家的微幸福生活》于1月31日在中央电视台八套黄金档首播后，取得良好的社会效益和经济效益；下半年对该剧进行第二轮发行工作。推出电视连续剧《虎刺梅》（40集）、《战争与和平》（40集）创拍计划。《虎刺梅》系反映20世纪30年代抗日战争时期的历史传记剧，《战争与和平》系反映20世纪40年代反法西斯战争和50年代抗美援朝时期的近代传奇剧。两部剧均已立项，并启动两剧的开拍、制作工作。在队伍建设上，开展"三严三实"政治教育活动，加强领导班子和党员干部的党性学习，加强马克思主义文艺教育，以推进业务发展，努力打造一流影视产品，做到社会效益和经济效益相统一。

（北京中北电视艺术中心有限公司）

北京广播电视报社概况

北京广播电视报社成立于1988年9月，前身为北京人民广播电台1953年4月创办的《广播周报》，后更名为《北京人民广播电台节目报》，1989年更名为现名称。

1989年1月，实行自办发行，当年发行量从邮局时最高的每期40万份，很快跃升到50万份、60万份和70万份。1990年至1993年每期分别递增到80万份、85万份和90万份。最高单期曾创115万份纪录。1991年，报社被国家新闻出版署、中国报纸行业经营管理协会授予"全国报业经营管理先进集体"称号。1995年，独家承办《北京电视》，1998年由月刊改为周刊。2002年9月，创办《北京广播电视报·人物周刊》。2005年，取得数字电视《置业频道》经营权并正式开播。同年创建北广报刊网。

2015年主要工作：

一、报刊出版

两报一刊继续配合北京人民广播电台、北京电视台以及歌华有线、移动电视等单位做好百姓收视指南、养生保健服务方面的报道，保持评论版的多样性风格。《北京广播电视报》推出影视现象报道《我们需要什么样的动画片》《<甄嬛传>持续热播的秘密》《我们需要什么样的谍战剧》等；节日、时令性报道《八部大块头电视剧伴您跨年》《观众七嘴八舌评说春节荧屏》《我们都是劳动者——访奋战在节目一线的广电人》等；新闻性贴电报道《走在乡村的田野上——BTV主持人牵手美丽乡村纪实》《话北京爱北京——广电节目中的北京情怀》等；老年报道《发现百姓身边好故事》《老年人爱听什么样的广播节目》等。为纪念抗战胜利70周年，推出《BTV"档案"为您讲述伟大的贡献》《声屏共忆抗战岁月》等重点文章。《北京电视》周刊推出热播剧报道《兄弟一辈子"别叫我兄弟"剧里剧外兄弟情》《拍出不平凡活出不平凡"平凡的世界"带来的触动》等，影视圈热点报道《热改编 影视圈到处IP声 让人欢喜让人忧》《译制片还有春天吗》《前进中钱进 五析国产电影为什么这么火》等；对北京电视台节目采访报道《我们要做百姓的透视眼——"生活2015"幕后揭秘》《2015开年戏新栏目谁将打响第一炮》《记者随春妮下乡纪实》等。《人物周刊》在保持可读性强特点的同时，加强版面的多样性；重点选题增加积累与厚度，采访老艺术家，做"五一"劳动节系列报道，取得良好效果。

二、新媒体传播

成立报社新媒体运营中心，报社官方网站、微信、微博顺利发展，微信正式上线。探索互联网、手机资讯客户端内容需求，挖掘报社媒体资讯内容的衍生价值，为北京网络广播电视台、总台官网提供稿件上千篇，涉及评论、花絮、消息及人物采访等多种类型稿件。为北京联通公司沃邮箱提供资讯服务，全年为沃邮箱热点、娱乐、热播、人物、教育、体育、图片、幽默、财经、数码、军事、健康13个板块栏目每天供稿约150篇、图片近300张，文字约15万。沃邮箱有用户1.2亿，活跃用户3000万，日点击量30万余次。

三、经营创收

全年主营业务收入1085万元，完成预算120%。其中广告收入880万元，完成预算131%。传统广告收入在经营总收入中占比40%，与上年相比略有提高，而且该部分经营收入中约有70%来自于版面内容合作收入。在非传统广告经营方面，延续上年“提供优质服务和内容生产价值再挖掘”的经营方针，继续探索各种合作机会，开拓新的经营收入增长点。在控制生产发行成本的情况下，《北京广播电视报》发行290万份，《人物周刊》发行80万份，《北京电视》周刊发行20万份，发行收入205万元，完成全年预算89%，发行规模与发行收入有所下降。扣除计提养老保险、退休人员、内退人员增涨工资等支出，全年实际经营利润46万元。

四、社会活动

利用全民健身太极进社区及读者生活会馆活动平台，以及承办大型歌唱活动，探索经营收入新的增长点。社区太极队组建25个，招收太极队员800余人，组织完成“首届北京广播电视报社全民健身公益活动——太极进社区大型展演活动”、太极爱好者参与“北京广播电视报社全民健身走进武清”活动及“北京广播电视报社全民健身走进桓仁”活动。读者生活会馆通过举办旅游、采摘、过年大集、社区趣味运动会、健康讲座等活动回馈读者，参与人数近两万人。与北京市老年艺术协会联合主办第九届北京市老年合唱及首届京津冀老年合唱大赛，承办第四届“忆之声”音乐会获得成功，取得社会效益和经济效益双重收获。

五、队伍建设

完成党总支换届选举。完成《领导班子对照检查材料》，按时召开党员领导干部民主生活会。完成《领导班子整改方案》，签订《2015年北京广播电视报社党风廉政建设责任书》，制定《2015年北京广播电视报社开展“三严三实”专题教育实施方案》。开展对入党积极分子的培养教育活动。组织系列人员参加北京市、总台、报社及相关单位培训50余次，共计380人次参加各类培训，使报社专业技术人员综合能力有所提高。组织社会公益活动8次，参加人数70余人。全年有9人8篇稿件获省部级奖项。

（北京广播电视报社）

北京音像公司概况

北京音像公司始建于1979年，原称北京市广播电视服务公司。1985年7月，北京市广播电视服务公司与北京音像出版社合并成立北京音像公司。2006年5月，在全国出版行业中率先完成“事转企”体制改革，是具有音像制品出版发行、录音录像、节目复制、境外音像制品引进出版和影视节目制作、电视剧（乙级）拍摄和技术推广服务及专业承包等多种经营范围的国有企业，北京广播电视台的全资子公司。

自1979年至2015年，公司始终以弘扬民族传统文化为宗旨，录制上万小时的包括民族声乐、器乐、戏剧、曲艺、通俗歌曲、外语教学、少儿节目等方面的节目，出版、发行上千品种的音像制品，最早开山之作是——中央电视台的《跟我学》和北京人民广播电台的外语教学节目辅助教学盒式录音带；拍摄《姊妹行》《军魂》《康熙大帝》《中方雇员》等多部电视连续剧以及《成语故事》《星星点灯》《张灯结彩》等电视系列短剧和《雍和宫》《智化寺音乐》《孙中山在北京》《侯宝林》等专题片，其中有些电视剧和专题片还远销海外；多次获得国家及北京市各类奖项，其获奖代表作有《红色乐章》CD套装、《传统相声经典》《侯宝林相声全集》和电视贺岁剧《张灯结彩》等。同时，还引进出版来自于美国、加拿大、法国、俄罗斯、日本、中国香港及台湾等国家和地区的优秀音像制品，在业内逐步形成自己独特的内容风格和良好出版资质。

2015年，经营战略上继续加强内外合作，大力开拓业务。承揽大型企业和机关团体宣传册、宣传盘制作任务；与张艺谋团队印象艺术有限公司合作制作完成《印象平遥》《印象大红袍》等系列产品；主题出版物《红色乐章》《侯宝林相声全集》获北京地区音像出版物专项资金项目补贴；《植被保护公益广告》《影院消防安全公益宣传片》获北京市年度广告专项扶持项目三等奖；与北京音像资料馆开展《馆藏视频资料抢救》旧版修复工作；制作完成中标项目“影视作品翻译”的《刑警队长》《酸甜苦辣小夫妻》电视剧的英文翻译制作；完成东城区2015年《东城资讯》栏目制作，并再次中标该项目；继续承接城市电视视屏工程安装、维修及500平米仓储业务。改革发展工作，关停公司磁带复制生产线，对5名工人进行分流安置；完成公司清产核资工作，清理30多年来的呆坏账。全年经营收入338万元，收支平衡。

（北京音像公司）

北京瑞特影音贸易公司概况

北京瑞特影音贸易公司成立于1993年3月，政府批准并指定的北京地区唯一从事境外卫星电视节目代理业务的机构。主要从事向经批准的机构销售境外（包括香港、澳门）卫星电视节目及解码器，拥有HBO、CNN、STAR-MOVIES、AXN、凤凰电影等34套亚太6号卫星平台上的境外加扰卫星电视节目。

2015年主要工作：

一、服务保障

承担“9月3日大阅兵”活动现场区域接收地面数字电视信号及卫星电视信号的工程实施及配合任务。整个工程涉及勘察设计、设备选型、采购、器材运输、现场施工及整体调试等工作，共敷设线缆5000余米，安装各类天线40余个，安装电视及配套落地支架50余套。完成北京市新闻出版广电局交办的卫星保障任务9项，其中3月底完成2022年冬奥会评估团来华人员接待酒店卫星信号播出系统的保障任务、越南国事访问、俄罗斯访华团、印度总理访华临时接收相关卫星电视节目。8月完成备战世锦赛和外国政要驻地境外卫星保障工作，分别为韩国总统、波黑主席团轮值主席、俄罗斯总统和塔吉克斯坦总统驻地临时接收相关境外卫星电视节目。

二、配合执法

参与由北京市新闻出版广电局、北京市国家安全局、北京市文化市场执法总队等成立的联合检查组先后对9家北京“两会”代表驻地接待单位的境外卫星节目接收情况进行检查，为天健宾馆等临时申办节目单位提供卫星电视节目接收的加急服务，并在两会后为协助相关接待单位完成境外卫星接收许可证手续的办理。邀请50多家北京地区签约收看正版境外卫星电视节目的重要用户，举办“正版境外卫星电视节目宣传活动”。

（北京瑞特影音贸易公司）

北京广播电视台服务中心概况

北京广播电视台服务中心成立于1990年10月，原称北京广播电视服务中心、北京广播影视物业管理中心，2011年更名为现名称。

2015年主要工作：

一、后勤服务

完成北京市新闻出版广电局、北京广播电视台、北京人民广播电台、瑞特公司、歌华有线丰台总部基地、皂君庙办公区等单位的服务管理合同签订和代收代缴水、电、暖费用的收取工作。组织北京市广电系统到延庆绿化基地开展植树活动，完成年度绿化植树任务。完善宿舍区700多户居民的档案核查和居民信息更新工作。检查建外办公楼外墙面积2万多平米，修补、更换外墙砖。汛期前维修宿舍区房屋20多处，防水维修300多平方米。清洗建外办公楼室内外玻璃2次，面积合计4.4万平方米。对建外东、西主楼大厅及楼道地面、安乐林办公楼大厅地面及楼梯台阶进行翻新结晶，面积达800平方米。

二、安全保障

确保各服务区域的供电、消防、通信、空调等系统正常运行，完成全年总台的后勤保障任务，全年实现大型设备运行“零事故”。

三、就餐服务

坚持把健康膳食、科学配餐作为服务重点，不断调剂膳食花样品种，调整膳食结构，提高厨师技术水平，改善五个职工食堂职工就餐需求，全年就餐人数达16余万人次。年内，投入资金重点对安乐林职工食堂就餐环境进行改善，加强技术力量，增加饭菜花色品种，整体服务质量有很大提高，得到办公区各单位的好评。

四、外围服务

完成皂君庙办公区发电对接设施改造，重新铺设电缆。协助北京广播电视台技术部门完成皂君庙办公区发射塔检修及防腐工作。对歌华有线丰台总部基地办公区太阳能热水器进行大修，并在办公楼一层安装汽车充电桩。

五、经营接待

北京声屏苑培训中心转变经营思路，以“安全稳定，多种方式经营”为指导思想，积极开发经营市场，对已老化的设备设施进行修缮改造，提升硬件水平和经营接待能力，全年接待人数8900余人次。

（北京广播电视台服务中心）

北京北广传媒数字电视有限公司概况

北京北广传媒数字电视有限公司成立于2003年7月，由北京北广传媒集团有限公司、北京歌华有线电视网络股份有限公司、北京电视台、北京人民广播电台、北京歌华文化传播中心有限公司共同投资组建，主要从事数字付费电视节目的集成运营。

自2003年至2015年，已开播付费频道11套，其中覆盖全国的6套，覆盖北京的5套，开办数字音频广播2套。其中《四海钓鱼》《优优宝贝》《新娱乐》《车迷》《环球旅游》《考试在线》6套面向全国和《京视剧场》《爱家购物》《动感音乐》《弈坛春秋》《置业》5套面向北京地区播出。搭建具备6路高清码流（约18套节目）、6路标清码流（约60套节目）全国性数字电视节目集成平台，已集中上星传输7套高清卫视、35套标清付费频道，并远端加密2套高清和2套标清卫视频道。运营《北京之窗》数据服务频道，并联合北京市福彩中心开办“公益北京”系列节目。通过歌华有线网络上载播出数字电视频道及有线广播节目信息186套。

2015年主要工作：

一、频道经营

完成《车迷》《环球旅游》2个频道节目制作的公司化运作，与北广互动传媒科技有限公司和东方瀚源投资管理公司共同组建北广车迷传媒有限公司和北广寰旅传媒有限公司，实现频道内容生产的资本化经营合作尝试。部分频道依托互联网转换经营方式，打通“广电+移动互联网+行业资源+用户体验”产业链，形成媒体内容变现的O2O模式。其中全新改版的《车迷》频道与行业协会、汽车企业深度合作，通过腾讯“摇一摇”等跨屏互动技术，实现移动端产品销售服务，并通过赛事组织、自驾游、汽车服务等线下活动聚合用户、反哺节目，形成电视推广加线下营销的新模式。《优优宝贝》《四海钓鱼》频道通过大型活动汇聚用户、积累行业客户资源。《四海钓鱼》频道获得数字付费频道“行业优异频道”奖。完成《新娱乐》《弈坛春秋》和《动感音乐》频道节目改版工作。

二、节目生产

继续与北京市福彩中心合作，从线上走到线下新开办一档反映社区百姓故事的《福到福到》栏目。同时，联合北京市社区服务协会开展20场“爱心社区行”社区公益文化汇演活动，宣传数字电视频道以及“公益北京”节目。与北京市慈善协会、北京市慈善基金会联合举办“爱心汇聚京城”慈善活动暨微信筹款启动活动，与北京大学新闻传播学院举办“2015安平 · 北大公益传播奖”颁奖活动，与北京市民政局和各大基金会合作等活动，增加一批节目的生产与播出。

三、技术开发

建设完成云鼎网——视频交易服务平台节目版权保护系统，并通过专家验收，不仅增加创收渠道，也为未来提供更多技术服务打下基础。为四海钓鱼频道提供硬盘送播服务，有效提高频道的节目播出时效，节省制作成本。全年各类频道共播出404848小时（含代播），达到安全播出无事故。

四、管理工作

建立节目审播和评测体系，健全完善《数字电视公司节目审核及播出管理规定》及《数字电视公司频道质量测评暂行办法》，并定期对频道合作方一线制作人员进行专业培训，解读新广告法等国家政策法规，提高节目制作人员的业务水平。为保护自有品牌所有权，推进自有频道商标注册工作，启动11个数字电视频道的商标注册工作。

五、队伍建设

深入学习宣传贯彻中共第十八届四中、五中全会和习近平总书记系列讲话精神，开展“三严三实”学习教育。开展“走转改”，组织志愿服务队走进社区进行志愿服务，包括响应总台“美丽乡村 筑梦有我”活动安排，走进顺义区南法信镇三家店村和大孙各庄镇东华山村开展公益汇演活动并拍摄反映乡村新变化的MV；参加总台团委组织开展的《我与抗战——讲述抗战故事 · 传承革命精神》大型主题系列活动，并拍摄抗战老兵专题片；联合《福到福到》栏目走进公益人物以及更多的普通人家里，提供志愿服务、记录人物故事。公司被首都精神文明办授予“首都精神文明标兵”称号，公司党支部被北京广播电视台党委评选为“四强党组织”。

（北京北广传媒数字电视有限公司）

北京北广传媒移动电视有限公司概况

北京北广传媒移动电视有限公司成立于2003年8月，由北京北广传媒集团有限公司、北京电视产业发展集团、北京广播公司、北京歌华有线网络电视股份有限公司和北京歌华投资中心有限公司共同投资组建，主要从事公交车等公共交通移动电视的建设、播出和经营管理，呼号为:北京移动电视。

北京移动电视系数字化新媒体，采用世界先进的数字电视技术，利用单频网发射无线数字信号实时接收电视节目。自2003年至2015年，已在中央电视塔、京广中心、名人广场、491发射台、建设“一主三辅”4个数字发射机站，形成有效覆盖北京市区六环内的数字单频网，日覆盖受众超过1300万人次。主要播出节目栏目有《整点播报》《体育新闻》《法治进行时》《今天提示》《畅行北京》《演艺罗盘》《百姓就业》《饭饭团》《悠悠团》《宝宝团》《96310纪事》《秀逗爱生活》等20多个，每天播出17小时，终端屏幕2.4万块。

2015年主要工作：

一、媒体传播

为纪念抗战胜利70周年，集成刊播相关报道逾百条，完成“9・3”纪念大会和文艺晚会等重大活动的实况转播。每天定时转播的《新闻联播》《北京新闻》收到良好的社会传播效果。编辑《京华英雄》《抗战影像志》《百姓文化录》等专题节目46集，主题公益宣传片22条。发挥交通类媒体特点，增加交通服务信息滚动播出。配合市应急办完成三次红色预警发布应急演练。《整点播报》及《今天提示》两档栏目中增加“面对空气重污染时该如何防护”等服务信息。

探索《秀逗爱生活》第二季新合作模式——栏目定制剧，与市福彩、公交驾校等单位展开节目定制合作。运用大数据技术手段和官方微信平台，在微信平台尝试“刮刮乐”等活动。举办“超级早餐团”“清凉送爽”等公益活动共54场次。同时还推出“刮惊喜闹元宵”、《巴斯粉丝节幸运大转盘》和《这一年我们一起成长》等活动，年度刊发微信1180条，原创超过240条，接触受众超过21万人次。“爱心点亮归途——全国移动电视儿童寻亲大型公益活动”在北京、重庆、安徽、长沙、广州、杭州、南京、四川、厦门、济南10地正式上线。自制春节、劳动节等传统节日，以及环保节能、扶残助残等公益广告和活动宣传片31个，刊播次数超过6000次。

《饭饭团第14067期母亲节特别节目》《秀逗爱生活》《同在蓝天下 爱心1+1》荣获北京市广播影视奖。

二、媒体建设

随着北京广播电视台媒体播控中心正式启用，中央电视塔播出新前端系统完成光缆割接，单频网新前端系统正式启用；节目制作、播出工作平稳交割。正式启动32英寸显示屏安装工作，已为600辆公交新车900块显示屏（包括311辆双层车和299辆新车）进行安装。截至12月31日，移动电视终端车辆数为11581辆，分布在544条线路。全年完成终端监测93次，监测车辆9433辆次，显示屏18,866块，监测指标显示月均开机率为97.28%。

三、安全播出

全年移动电视频道安全播出5997小时，城市电视频道安全播出2653小时，地铁电视2个频道各安全播出6205小时，完成本年度安全播出保障任务，实现安全播出“零”事故目标。特别是确保国标、欧标两个单频网的传输安全，完成“全国及北京两会”“纪念抗战胜利70周年庆祝活动”及重要体育赛事转播的安全播出共计135次，累计转播时长89小时。3月份，成立播控中心筹备组，经过系统设备测试联调、工作流程制定、人员岗前培训、信号切割等工作，于6月24日正式启用，单频网前端系统的安全性和稳定性提高。

四、技术研发

围绕公司“一一二二”发展战略，开展项目研发及投资调研工作。新技术开发方面主要包括基于32英寸大屏数据广播系统的改造，使其具有个性化播出特点，满足不同客户的需要。新项目研究方面，广告自助投放项目重点对社区小微用户进行调研工作，针对小微企业开发广告自助投放APP程序，完成社区用户调研报告及社区O2O平台项目商业计划书。

五、其他工作

由公司承办的“中国电视大会移动电视高峰论坛暨2015年移动电视年会”和“2014年度中国移动电视节目创优评析评审会”取得成功。北京移动电视ISO9001质量管理体系取得体系再认证证书。

（北京北广传媒移动电视有限公司）

北京北广传媒影视股份有限公司概况

北京北广传媒影视股份有限公司原称北京北广传媒影视有限公司，成立于2003年12月。2015年6月更名为现名称。由北京北广传媒集团有限公司、北京电视产业发展集团、北京歌华有线电视网络股份有限公司、北京人民广播电台和北京歌华投资中心有限公司共同投资组建。主要从事影视节目策划、制作、营销等业务。拥有专业化艺术创作团队和著名演职员签约队伍。

公司自2003年至2015年，始终注重坚持正确舆论导向，开拓创新，实施市场机制，努力实现规模化、规范化生产，已生产电视剧近20部500余集。成功创作了《苍天有眼》《行走的鸡毛掸子》《杨三姐告状》《最后的王爷》《雾柳镇》《东京生死恋》《风车》《姥爷的抗战》《罗龙镇女人》《我的二哥二嫂》等一系列思想性、艺术性、观赏性相统一，包括社会效益和经济效益双赢的电视剧，多部作品荣获国家和北京市优秀电视剧奖项。

2015年，在电视剧生产业务上，坚持精品战略，克服市场环境等诸多不利因素的影响，做好剧目的发行与播出。投资拍摄的40集电视剧《我的二哥二嫂》取得发行许可证之后，以最快的速度完成发行工作，于3月中旬开始在全国地面台的播出，排各省收视前列，如江苏台春节期间播出创全省历史最高收视率。该剧在天津、辽宁上星播出后，收视率始终排名全国第二、第三位，一度摘取第一，并在山西卫视二轮上星播出。该剧荣获2015年中美电影节“评委会金天使奖”。投资拍摄的41集电视剧《罗龙镇女人》在2014年已完成地面播出，收视成绩颇佳，于2015年6月开始在北京卫视播出，播出后反响良好。年内，投资拍摄的两部电视剧开机，一部是46集都市情感剧《复婚前规则》在北京顺利开机。另一部是40集近代传奇剧《忘情歌》，在上海顺利开机。筹拍的电视剧有：《二锅头传奇》《我的二哥二嫂续》《大红袍》《大火磨》《鼓楼外》等。

经营管理上，加强经营创收和利润分配的管理，建立健全内部运行机制。加强财务审计，配合上级审计完成审计评估工作。6月份，召开年度董事会和股东会，实施股份制改革，将北京北广传媒影视有限公司名称变更为“北京北广传媒影视股份有限公司”。

队伍建设，在党员中开展党性教育、群众路线教育，规范党支部对党员的日常教育管理，坚持“三会一课”制度。加强对重点岗位和人员的风险防范工作，协调各项经济活动，降低经营风险。

（北京北广传媒影视股份有限公司）

北京北广传媒城市电视公司概况

北京北广传媒城市电视有限公司成立于2004年12月16日，是北京市属开发运营电视新媒体的专门机构之一。主要从事楼宇电视和户外大屏电视的经营管理。城市电视作为政府公共信息发布和城市应急预警平台，担负着政府政令、城市信息、城市预警等社会公共信息传播任务，旨在为大众提供完善、及时、权威的资讯服务。城市电视建有一定规模的楼宇电视联播网及户外大屏电视联播网。主要播出节目栏目有《城市播报》《体育新闻》《实时财经》《环球财讯》《百姓就业》《96310城管纪事》《演艺罗盘》《剧情推动力》《光影大视界》《每日文娱播报》《中国梦365个故事》《非常幽默》等20多个，每天播出15小时，终端屏幕6117块，LED户外大屏幕建有工美大厦、太阳宫珠宝城、世贸天阶A屏、来福士广场、中汇广场、富力广场、春平广场7处7块。

2015年主要工作：

一、媒体传播

完成全国和北京“两会”、纪念抗战胜利70周年等重大活动的实况转播，以及申办冬奥会、世锦赛等重大活动的宣传报道任务。每天定时转播的《新闻联播》《北京新闻》收到良好的社会传播效果。从3月起，楼宇平台终端B屏实现每日推送。完善播出技术、创新播出内容，制作推出《两会知识》电子杂志、《冬奥百科》《2015年北京世界田径锦标赛》《纪念抗日战争胜利70周年》《6·1禁烟令》《祈福天津　天津加油》《每月新规》《夏日防晒》等公益宣传图片500余张，在楼宇平台终端B屏滚动播出。全年推出5档新栏目：与北京市发改委合作的《电动汽车充电设施小讲堂》《建言十三五共绘新蓝图》，与北京三元食品股份有限公司策划推出的《三元宝贝星秀场》，与丰台区旅游委合作的旅游类栏目《周末去哪儿》、生活资讯栏目《城市悠乐惠》。B屏首次尝试推出“文艺小清新”的《星期吧》《装个文化人》文艺板块。

开展一系列落地品牌宣传推广活动，提高媒体的知名度。全年共开展“2·14全城视爱·爱上大屏”“元宵射虎·猜灯谜，猜对我送礼”“七夕活动”“7·31全城直击申冬奥”“文博会大屏互动”“双12求婚”“国安快闪”等10余项，取得良好效果。继续承担预警提示责任，完成对暴雨、大雪降温、空气重污染信息第一时间进行预警发布任务。

二、联播网建设

楼宇联播网建设方面继续以开拓政务网为发展策略，以打造具影响力的户外政务信息平台为目标逐步实现并扩大在北京市各级委办局、政府机关、高档写字楼等重点渠道的媒体布局，截止到2015年12月31日，城市电视楼宇电视国标屏保有量达6117屏。

大屏联播网建设方面，城市电视大屏联播网建立在北京的核心商圈、交通枢纽等人流、车流众多地点。采用LED显示屏技术，具有屏幕显示面积大，显示效果突出的特点，户外关注度极高。截至2015年底，城市电视大屏联播网共集合7处7块LED大屏幕的联播电视网络。

三、获奖情况

城市电视在“第十二届中国户外传播大会”中，荣获“中国十大户外综合媒体”奖项，世贸天阶LED大屏获选为“北京地标户外媒体”；在“第十届亚洲品牌盛典”中，“楼宇电视联播网”和“户外大屏联播网”两大平台荣获由亚洲品牌协会颁发的“最具影响力户外综合媒体”大奖。

（北京北广传媒城市电视有限公司）

北京北广传媒地铁电视有限公司概况

北京北广传媒地铁电视有限公司成立于2007年，是由北京北广传媒移动电视有限公司和北京市地铁运营有限公司共同发起并组建的有限责任公司。

地铁电视节目播出时间与地铁运营时间同步，达到18.5小时，主要是通过在北京市地铁运营有限公司目前具有运营权的地铁线路上的列车车厢、站台和站厅内的电视终端上接收、播放节目和广告。地铁电视公司在歌华大厦投资建设了独立的节目播控中心，策划、制作、发布地铁电视节目并独家经营地铁电视广告业务。

一、媒体传播

2015年公司在完成日常报道的同时，顺利完成了全国和北京“两会”、纪念抗战胜利及反法西斯胜利70周年、中央电视台和北京电视台春晚等重大活动的1860分钟实时转播任务。全国“两会”期间在《新闻地铁报》中设置专题板块，重点宣传会议精神。共集成播出“两会”相关新闻80余条，播出频次超过千余。配合市委宣传部、各委办局及双方股东播出各类宣传片共计60版，1.7万分钟。 自制新闻52条。发布大雨、雷电等各类滚动预警文字和出行信息200余次。新增新栏目《星光隧道》《时尚前沿》《时尚江湖》《欢乐喜剧人》《空气质量播报》；自制、集成节目《开心速递主持人版》《精彩足球》。

二、媒体建设

为提高地铁电视的开机率和稳定性，2015年增加巡视的次数，由原来的每周2次改为每周3次，巡视内容也改为发现故障车组后拍照记录，同时记录故障车所在区间和时间。同时，针对地铁1、2、13及八通线日常巡视中发现的故障现象，组织地铁运二、运三维护维修单位及生产厂家召开现场分析会5次、专题会4次。到车库参加维修调试20次；维修地铁1、2号线车站电视系统故障55站次；维修、更换地铁车载机顶盒和分配器等车载设备共225个，车载显示屏811个；更换1号线39组新车的78个机顶盒，配合地铁公司制定地铁车载电视系统维修维护规则和考核管理办法。

新线纳入工作是2015年地铁电视公司一

项重要的任务。在地铁小营指挥中心MPIS系统建设延迟情况下，为应对新线纳入制定了相关的光缆敷设以及设备移机方案，并与地铁公司等单位进行协商和确定，小营中心电视信号二期工程的全面信号接入随地铁MPIS系统建成而同时完成。为应对MPIS建成前新线纳入，对已开通新线路完成了临时信号的接入，并进行试验，确保在新线纳入后可以第一时间接入电视信号。

完成了地铁1号线、13号线和八通线车载电视系统设备更新和1号线31组车车载电视系统双天线改造的前期准备。

三、安全播出

为了确保节目广告播出、消防、交通、网络等安全，对播控中心、办公区的电器、消防设施等进行10余次安全检查。

对于外来节目、广告审查，实行双岗双审、复检的制度，从而保证节目、广告播出安全。特别是在全国、北京“两会”等重要时间，严格执行节目三级审查制度和负责人值班制度。从而保障了2015年节目播出、广告上载、施工、交通和消防等都实现安全零事故。

四、技术研发

按照北京广播电视台的要求，地铁电视播出系统前端迁移至中央电视塔播出中心，公司配合总台进行了迁移技术方案的研究论证，并通过前期的试验，最终完成了播出前端的夜间迁移工作，并第一时间解决了因为迁移导致的1、2号线部分车站信号异常问题。此外，开展播控中心非编系统升级改造的相关方案制定、论证等工作，完成了专家审定。

2015年，公司已连续8年通过审计检查。并获得了小营信号引入项目的2项软件著作权证书。

五、获奖情况

北广传媒地铁电视公司荣获2015年度中国移动电视创优评析消息集成类一等奖和2015年度中国移动电视创优评析短消息类二等奖；在2015年第八届中国品牌媒体高峰论坛上荣获中国品牌媒体百强最具品牌传播力户外新媒体奖牌，公司总经理阎伟力获得中国品牌媒体杰出经营人物奖牌。

（北京北广传媒地铁电视有限公司）

鼎视传媒股份有限公司概况

鼎视传媒股份有限公司原称鼎视数字电视传媒有限公司，为全国性数字付费电视节目集成运营机构，成立于2005年12月。2014年11月由有限公司整体变更为股份有限公司。鼎视传媒由北京北广传媒集团有限公司、北京北广传媒数字电视有限公司、央广传媒发展总公司、天津时代天创传媒发展有限公司、山东电视新传媒文化传播中心、安徽广播电视台共同发起成立，主要从事向全国数字电视用户家庭提供付费电视节目。

2015年，鼎视传媒股份有限公司继续巩固节目落地区域，共集成合作26套数字付费电视频道、11套高标清卫视节目、8套购物节目。付费频道销售业务直接签约合作网络公司共计263家。累计数字电视用户总数为14700.5万户，占全国现有数字电视用户20800万户的70.6%，电视购物频道发行共计落地174个地区，累计机顶盒用户达到13693万户。

传输的36套数字标清节目有：《四海钓鱼》《证券资讯》《央广健康》《职业指南》《家庭理财》等25个数字付费频道。同时，还为《快乐购物》《央广购物》《优购物》

《时尚购物》《风尚购物》《家有购物》《家家购物》《环球购物》等10个数字电视购物频道提供集成传输及发行服务。传输的11套数字高标清卫视节目有：北京卫视、湖南卫视、深圳卫视、广东卫视、黑龙江卫视、山东卫视、湖北卫视、北京纪实高清、辽宁高清、三沙卫视、厦门卫视。

（鼎视传媒股份有限公司）

北京北广置业有限公司概况

北京北广置业有限公司原称北京现代电视艺术发展公司，成立于1993年11月，主要从事北京影视城开发建设工作。2006年12月更名为现名称。北京影视城建设项目是北京市重大文化产业项目，一期占地面积930亩，集影视制作、文化创新、艺术教育、文化商品交流、影视文化观光等为一体。到2015年，已建成的项目包括中国电影博物馆、北京影视节目制作中心以及部分西方城市景区。

2015年主要工作：

一、推动影视城项目开发

在与中广电广播电影电视设计研究院共同研究完成北京影视城规划调整方案的基础上，办理北京影视城项目土地证更名和规划调整工作。结合“京津冀一体化”战略规划，着手研究新的调整方案，努力推动项目开展。

二、西方城市景区开工建设

北京影视城项目西方城市景区总建筑面积11.35万平方米，规划73栋建筑。年内开工面积7.6万平方米，占比67%；开工楼栋63栋，占楼栋总数的86%，其中44栋完成结构封顶，并完成两栋样板房装修，开展宣传营销活动。同时办理景区道路、管道和供电、供水、供气、弱电等市政工程。

三、加强农转工职工管理

协调森润公司继续承担农转工安置费用，包括人员工资、社会保险、福利待遇和东方艺苑的运营管理费用等。调整农转工职工具体工作，分成若干小组，分别负责大环土地巡视看护、北京影视节目制作中心运营保障和安保消防、卫生保洁、餐饮食堂、绿化美化，包括退休农转工管理服务等。

四、土地保护和绿化美化

加强大环土地巡视和保护力度，对新出现的13间违章建筑及时联系乡政府和城管进行强制拆除。对大环土地南侧和东侧修建围墙。进一步加强绿化美化，使周边环境得到很大改观。

五、节目制作中心维护管理

根据影视节目制作中心设施设备老旧严重的情况，投资对供电、水源热泵系统、安防系统、消防系统和排水系统进行改造，完成电力增容，提高运行保障能力，确保影棚出租的需要。

（北京北广置业有限公司）

北京中广传播有限公司概况

北京中广传播有限公司（China Broadca-sting Beijing Co.Ltd.）成立于2009年12月，由中广传播集团有限公司、北京北广传媒投资发展中心、北京人民广播电台、北京电视台共同出资组建，主要承担移动多媒体广播项目（CMMB）在北京地区的建设和运营。

公司采用中国自主研发的移动多媒体广播（CMMB）技术，通过自身运维的多媒体广播覆盖网向在北京地区的手机、PDA、MP4、GPS、笔记本电脑等小屏幕接收终端传送高质量广播电视节目和提供数据增值服务。内容上实现对CCTV-1、CCTV-5、CCTV-新闻、北京卫视、睛彩电影、睛彩北京、中央人民广播电台、中国国际广播电台视听节目的传送。截至到2015年12月31日，在网用户累积115622户。

2015年，"睛彩北京"频道继续推进节目内容优化和栏目改版，改版后节目内容进一步丰富，增强实时播报热点资讯，同时加大其他频道节目的传送，强化手机电视媒体属性特点。

（北京中广传播有限公司）

北京紫禁城影业有限责任公司概况

北京紫禁城影业有限责任公司成立于1997年4月，由北京电视台、北京电视艺术中心、北京市电影公司和北京文化艺术音像出版社共同投资组建，主要从事影视节目策划、制作、营销等业务。拥有专业化艺术创作团队和著名演职员签约队伍。

自1997年至2015年，公司始终注重坚持正确舆论导向，开拓创新，引进市场机制，努力实现基地化、规模化、规范化生产，共生产电影70余部、电视剧千余集。电影出品方面，既有《甲方乙方》《不见不散》《没完没了》《天下无贼》《刮痧》《红色恋人》《小时代》《倩女幽魂》《赤壁》《大海啸之鲨口逃生》《狼图腾》等商业大片，也有《离开雷锋的日子》《张思德》《生死牛玉儒》《背起爸爸上学》《法官妈妈》《紫日》《嘎达梅林》《香巴拉信使》《山乡书记》《一个人的奥林匹克》《铁人》《第一书记》《杨善洲》《天河》《百团大战》等主旋律影片。电视剧出品方面，《重案六组》《玉观音》《少年天子》《天下第一楼》《牟氏庄园》《人是铁饭是钢》《李春天的春天》《双城生活》《怪医文三块》《传奇大掌柜》等一批剧目在中央电视台和各地电视台播出后创造很高的收视率。电影电视剧均取得社会效益和经济效益的双丰收，多部作品获得"华表奖""五个一工程奖""金鸡奖""百花奖""金鹰奖""百合奖"等国家级奖项，以及开罗、莫斯科、东京、北京等国际电影节的奖项。经营业绩一直稳居中国电影生产企业的前列，多部影片票房居当年年度票房冠亚军的地位，总票房超过30亿元，影片还行销到美国、法国、日本、韩国、中国香港、中国台湾等多个国家和地区。

2015年，艺术创作上继续坚持精品战略，题材上探索多样化风格。电影创作方面稳步发展，电视剧创作方面注重市场变化，谨慎投资。同时组织好影视剧的发行与播出（上映）。

一、电影创作发行

经过10年筹备制作的电影《狼图腾》于2月上映，取得近7亿元票房，获得第5届北京国际电影节最佳导演和最佳视觉效果两项大奖，以及第30届电影金鸡奖最佳故事片奖。与八一电影制片厂、中影公司联合出品的电影《百团大战》作为纪念抗日战争胜利70周年的重点影片，于8月底上映，超过4亿元票房。与银都（香港）机构、兴扬（台湾）

公司联合出品的电影《对风说爱你》（原名《风中家族》）被国家新闻出版广电总局列为“东南工程”项目，并入围上海国际电影节主竞赛单元，于6月底上映，获得第二届巫山“神女杯”艺术电影周优秀故事片奖。与领创意动有限公司（中国香港）、Goodland partners LLC（美国）联合拍摄的电影《终极胜利》（原名《天国与地狱》）、与北京添意时代影视文化有限公司合作的电影《追爱大冒险》完成拍摄，进入后期制作阶段。

二、电视剧创作发行

与北京影武者文化传播公司等联合出品的40集电视连续剧《神机妙算刘伯温》在北京卫视、广西卫视和浙江卫视播出。44集北京题材年代大戏的电视剧《传奇大掌柜》（原名：《乞丐大掌柜》），于5月至12月在山东、辽宁、广东南方地面台播出，于10月29日在凤凰卫视欧美台洲际剧场播出，中央电视台电视剧频道确定购买播出。与山东影视传媒集团以投代购形式联合出品的60集电视剧《老农民》在北京卫视、山东卫视的播出。40集电视剧《创业伙伴欢乐多》（原名《互联网的那些人和事》）基本确定由中央电视台电视剧频道购买播出。谍战题材的电视剧《秘密》、法制题材电视剧《法制记者》正在剧本创作。为纪念建军90周年而创作的《南昌起义》已通过重大题材领导小组的审查。

三、“走出去”工程

公司于4月组团随中国电影制片人协会代表团赴美国参加纳什维尔国际电影节暨首届中国专场，通过搭建企业对话平台寻求沟通合作；于6月组团随北京市新闻出版广电局牵头的北京影视代表团出席2015加拿大班芙媒体节，举办影视作品《对风说爱你》《神机妙算刘伯温》等推介活动；于11月组团随北京市新闻出版广电局赴美国电影交易市场参展《狼图腾》等影片。

四、演艺经纪签约

新签约演员吴军忱，同时启动新人计划，逐步签约一批有发展潜力的年轻演员。

（北京紫禁城影业有限责任公司）

朝阳区广播电视新闻中心概况

朝阳区广播电视新闻中心成立于2003年6月，是在原朝阳区广播电视局、朝阳区新闻中心、朝阳有线电视、朝阳报社、朝阳区有线电视网络中心的基础上组建而成。拥有《朝阳报》、朝阳有线电视和朝阳新闻网三个媒体平台。

有线电视节目纳入北京电视台BTV新闻频道播出（每天早中晚三个时段播出4.5小时），801朝阳数字频道每天播出18小时，覆盖全区，开播节目栏目主要有：《朝阳新闻》《一周新闻综述》《聚焦电子城》《镜头对准死角》《朝阳名师讲堂》《走进朝阳教育》《幸福2+1》《平安朝阳》等10余个。《朝阳报》每周一、三、五出报，对开四版，发行量为5万份；《北京社区报·社区生活》每周一期，对开八版；两报向全区各单位和部分驻区企业免费投递。朝阳新闻网日均更新文字2万字、视频新闻70分钟，年点击量达500万次。

2015年主要工作：

一、宣传报道

围绕疏解非首都功能、构建“高精尖”经济结构、“城市病”治理、社会民生、重点领域改革等加强重点报道，同时对接中央、市属媒体，主动提供新闻选题，全年共策划组织媒体集中采访、新闻发布会等新闻宣传活动130余场（平均每两天半就有1场新闻宣传活动）。中央电视台对朝阳进行报道28次（同比增幅16%），其中《新闻联播》5次；《人民日报》报道48篇（同比增幅80%）；《光明日报》报道30篇（同比增幅420%），北京电视台报道264次，其中《北京新闻》报道86次（平均每个工作日都有1次关于朝阳区的报道）；《北京日报》报道335篇（同比增幅100%）；《新京报》《法制晚报》《京华时报》《北京青年报》《北京晨报》等都市类媒体关于朝阳区的深度报道数量也有大量增长。正面宣传报道及转载累计达3万余篇/次，同比增长超过20%。开发新媒体平台建设，开通的“朝阳微讯”“三严三实微信平台”“朝闻道”三个微信公众号，每日推送朝阳区的重大活动新闻、惠民政策、民生举措、邻里和谐、服务休闲等资讯1100余条。此外，策划并拍摄以弘扬社会主义核心价值观、传统文化为主题的系列喜剧微电影《孔子加油》50集。

二、媒体服务

利用自身的人才和技术优势，承接教育网络电视台视频、文字、图片等内容的制作、运维和推广工作，开办《对话成长》《名师讲堂》《走进朝阳教育》《校园万花筒》《社会学堂》5档与朝阳有线电视同步播出的视频栏目；开办《教育播报》《教育先锋榜》《精彩课堂》《魅力校园》《校园360》《教育视角》6档网络节目。为基层推出“菜单”式服务，提供主编信箱、主编热线、每周咨询、宣传报道服务、培训服务、技术支持6项服务内容；定期为全区宣传干部QQ群内发布宣传信息，向群内成员征求意见；培训基层宣传干部9批1500余人次。将朝阳报近年发表的朝阳优秀志愿者、基层先进典型人物系列报道编辑成册，制作出《朝阳榜样》一书，全书100篇稿件、20万字。将朝阳报近年刊发的优秀基层党员报道编辑成册，制作《我是党员》一书，共95篇稿件，约20万字，为建党95周年献礼。协助区政协策划、制作《朝阳区政协十二届五次会议》电视片。

三、管理工作

新闻宣传加强策划。结合“三严三实”专题教育、纪念反法西斯胜利70周年、大阅兵、世锦赛、申冬奥、京津冀协同发展等重点报道，《朝阳报》、朝阳有线电视共同策划“践行三严三实，办实事谋发展”“践行三严三实，整治城乡环境”“寻找身边的抗战老战士”“推进京津冀协同发展”等栏目和板块。同时，在选题的策划上，力求做到专题化、系列化，在深度和广度上下工夫。

精简时政新闻。精减领导活动和会议的报道，相关调研、会议和活动的报道严格控制字数和时间；一般性的会议不予报道，重要会议报道突出与百姓关系工作亮点；改进头版头条报道；朝阳报头版、《朝阳新闻》头条以民生工作、发展成果、典型经验为主。

提升工作标准。进一步将镜头对准基层，落实“走转改”。全年朝阳报共出刊150期，制作专版82个，刊发文字约367万字。朝阳有线电视完成《朝阳新闻》等10余档栏目共15000多分钟节目的制作；新闻应急工作成功处置突发事件90多起（月均8起），监测到涉及朝阳区的媒体监督性报道1600余篇，并得到及时处置。

建立大安全生产体系。在2014年业务部门重新调整、人员重新划分的基础上，聘请社会专业机构，对中心所有部门的职能及所承担工作的流程、各项工作制度重新梳理、完善，形成电视媒体运营制度汇编（24

个管理制度及其配套的流程图、技术文件）、行政办公制度汇编（18个管理制度及其配套的流程图、技术文件）、报纸和新媒体制度汇编（14个管理制度及其配套的流程图）；编制手册（含风险清单）及内控制度汇编（24个管理制度及其相关技术文件）。

OA系统建设稳步推进。搭建一套全员应用的协同办公（OA）系统，满足中心管理信息化的需要。

（朝阳区广播电视新闻中心）

海淀区新闻中心概况

海淀区新闻中心成立于2006年2月28日，是在原海淀区广播电视中心和原海淀报社的基础上由合并而成。拥有《海淀报》、海淀有线电视和海淀新闻网三个媒体平台。

有线电视节目纳入北京电视台BTV新闻频道播出（每天早中晚三个时段播出4.5小时），802海淀数字频道每天播出18小时，覆盖全区，开播节目栏目主要有：《海淀新闻》《海淀1时间》《海淀教育》《红盾时空》《警方在线》《超级访问》《创新中关村 · 核心区》《影视界》等十余个。《海淀报》创刊于1992年9月25日，前身为《海淀新闻》，1993年更名为《海淀报》。《城市周刊》由海淀区新闻中心与购物导报合办，创刊于2007年9月25日，彩色印刷，每周二出版，共16版。海淀区光缆有线电视网络创建于1996年。

2015年主要工作：

一、宣传报道

围绕区委、区政府中心工作，完成区“两会”、区委全会等重大会议报道任务；聚焦京津冀协同发展和区委区政府62项重点改革任务，及时跟进报道；以建设全国科技创新中心核心区为抓手，重点围绕三大功能区建设成果进行报道；全力做好中关村创新创业季及全国“双创周”宣传；对全区市政道路建设、生态文明建设，对大气污染治理、拆除违建、治污截污水利工程、园林绿化建设、环境整治等重大工程进行点面结合的重点报道；持续关注文化、教育、医疗、养老等民生事业；围绕“十二五”收官和“十三五”开局做好亮点宣传。

巩固报纸。《海淀报》《中关村导刊》《都市生活周刊》全年出版报纸235期，编辑版面1530个，刊发各类新闻稿件1万余篇，约800万字。其中，《海淀报》出版140期，编辑版面600个，刊发消息、通讯、评论和图片新闻500余篇（幅）、450万字；《中关村导刊》出版46期，编辑版面184个，刊发各类体裁稿件2000余篇（幅）、150余万字；《都市生活周刊》出版49期，编辑版面784个，刊发各类体裁稿件3000余篇（幅）、250余万字。

办活电视。继续以办好办活电视节目、打造精品栏目为出发点，推进《文明海淀》《历史大揭秘》等栏目形式多样化；采制完成并播出《海淀新闻》353期、《文明风尚汇》201期、《明天成长》47期、《红盾时空》25期、《创新中关村 · 核心区》51期，摄制专题汇报片21部，拍摄留存各类视频资料1500多分钟，创办《海淀风物志》栏目和《海淀百姓故事》栏目。全年安全播出7483小时。

壮大网络。1至12月，海淀网日均发布新闻300余条，累计15万条，日均浏览量超过14万人次，网站用户满意度达96%以上；向政府网发布新闻近6000条、区委网1600多条，并确保区属报纸、电视新闻产品及时上线；制作10个大型网络专题栏目；启动“在线访谈”网络视频栏目；改版升级海淀新闻“两微一端”，移动客户端发布新闻2000多条，官方微博发布新闻1500多条，微信公众号发布新闻1000多条；完成“无线海淀”移动客户端改版升级，集新闻资讯、城市公共信息、城市生活和应用功能服务、市民生活信息服务和互动娱乐社交为一体。

二、媒体策划

加强报纸、电视、网络三大媒体选题策划，完善新闻选题策划制度，提升传播效果。由中心主任、分管报纸电视的副主任、各业务科室责任人组成策划组，坚持每周一次的选题策划会，深入研究确定重点选题，报道态度，报道方式，使得新闻宣传重点突出，亮点突出，同时形成报纸、电视、网络三位一体的强劲宣传合力，进一步提升新闻宣传报道的品质和影响力。同时，进一步推进硬件设施高清化改造工作，提高节目生产、制作、播出质量，《文明风尚汇》《“一城三街”“就中关村创新梦”》《〈创新中关村·核心区〉19期》等电视节目被评为2014年北京市优秀广播电视节目新闻类、播音主持类优秀作品。

三、经营工作

抓好电视广告洽谈、播出等环节，加强与客户业务沟通，强化客户第一、广告创意第一，全年创收突破400万元。同时，继续抓好电视宣传片的拍摄服务创收工作，将专题片的制作推向规范化和程序化，全年完成人力社保局、军休办、组织部、动物防疫、农委等各类电视汇报片、电视宣传片、录播共计十余部（次），获得收益。

四、队伍建设

以中心组学习和支部活动、三项教育活动为抓手，强化政治理论、党的宗旨教育和马克思主义新闻观教育。继续实施导向把关工程，落实选题策划制度、新闻会商制度和“三审”刊播制度，确保新闻稿件不出导向错误。继续实施人才涵养工程，通过“请进来”“走出去”加大人才引进和培训力度，进一步充实团队新生力量，提高团队业务能力。深入开展党风廉政建设和反腐败教育，贯彻执行好中央“八项规定”。做好关爱职工，解决职工普遍关注的实际问题，解决职工福利、工作条件、入编升职等问题。发挥好党团和工青妇作用，开展各种文体活动和关爱行动。

（海淀区新闻中心）

丰台区广播电视中心概况

丰台区广播电视中心成立于2001年11月，前身为原丰台区广播站、丰台区广播电视局。

有线电视节目纳入北京电视台BTV新闻频道播出（每天早中晚三个时段播出4.5小时），803丰台数字频道每天播出18小时，覆盖全区，开播节目栏目主要有：《丰台新闻》《丰台教育》《真情零距离》《南城人物》《法制风景线》《幸福生活大讲堂》《清风苑》《在身边》等十余个。

2015年主要工作：

一、宣传报道

围绕区委、区政府中心工作，完成区“两会”、区委全会等重大会议报道任务，以及完成区委区政府各类专题片12部，录制重大会议和活动6970分钟。重点报道丰台区推动京津冀协同发展，推进非首都核心功能疏解工作，《丰台新闻》播发相关内容1510多条，时长3280分钟。完成“京津冀协同发展”“铭记历史，祭奠英烈”等宣传报道、资料拍摄任务。完成纪念反法西斯胜利70周年暨中国人民抗战胜利70周年主题系列报道《铭记》，制作播出20期，完成抗战题材、频道公益宣传片36部。首次圆满承办由区委宣传部、中国文联、中国摄影家协会共同举办的“纪念抗日战争胜利七十周年摄影图片展”。制作播出社会教育类节目146期2437分钟，每日循环播出社会主义核心价值观系列宣传片，《丰台新闻》开设《最美丰台人》专栏，展现百姓身边敬业爱岗、助人为乐、乐善好施、见义勇为的好人，弘扬社会正能量。开设《基层党建进行时》专栏，重点报道基层党组织的优秀事迹。清明节期间，重点报道各界人士为铭记历史、祭奠英烈而举办的各种活动，播发《缅怀先烈　圆梦中华》《卢沟桥畔点烛祭奠英烈》《郑福来老人讲述抗战故事》等10条新闻，还为北京新闻提供大量视频资料。改编制作系列廉政微短剧，对纪委“落实两个责任”“廉政宣讲”等工作全程拍摄资料约2400分钟。完成各类后期制作包装、音乐编曲任务132项，频道、栏（节）目、专题包装时长3960秒。

二、节目创新

加强精品节目创作，不断提升节目质量。全年制作和播出一批以弘扬社会主义核心价值观，发现丰台之美为主线，展示丰台区的城市发展变化，先进人物事迹，优良传统文化等内容的自办栏目，主要有纪实节目《全景荟萃》《莲花池》《怪村太平鼓》《辛老的雕刻人生》《京南虎王》《铁道博物馆》等。推进“发现丰台之美”主题活动“我拍”“我读”节目制作和播出，“我拍”从6月1日起在黄金时段设置《今天我出镜》栏目，每天播出以百姓达人为主角的3分钟微视频，共播出100期。“我读”活动与全国“夏青杯”朗读大赛有序对接，有59家单位投稿，收集资料1876份。选送的《京津冀协同发展，丰台企业率先外迁》系列报道在北京市广播影视协会获奖，《铭记历史，警示未来》《多一份关爱，少一点艰辛》公益广告获北京市公益广告专项扶持项目评审三等奖。

三、事业建设

新媒体中心项目建设稳步推进，门户网站新域名www.ftgdzx.com完成注册和官方备案，手机APP、微平台测试进展顺利。完成莲花池、太平桥社区两块户外大屏点亮工作，经过测试维修，已经实现正常播放，为后期组建丰台户外大屏联播平台打下基础。完成事业单位政务和公益机构域名《标识证书》的办理工作。

四、安全播出

增加节目审查关口，细化引进节目内容审查、广告审查和备播情况的登记制度，突出“做事留痕迹”。完善安全播出管理体系，开展播出系统隐患排查，强化电视播出设备的定期维护和应急抢修能力，完成季度检修两次，完成播出系统应急抢修处置八次，确保重要保障期、敏感期电视播出安全。

五、队伍建设

开展“三严三实”专题教育，中心党组成员、中层干部和全体党员坚持问题导向，坚持从严从实，认真排查不严不实问题。领导班子落实“两个责任”，强调“一岗双责”，制定落实党风廉政建设主体责任工作方案和分工明细，着力推进“行政事业单位内部控制规范工作”，对廉政风险进行全程监督和控制。完成党的群众路线教育实践活动整改落实，中心党组认真对照教育实践活动查摆出的问题，扎实推进整改落实各项工作。完成列入立行立改和近期整改的9项29条任务，列入中长期整改的7项23条按照计划正在实施。

（丰台区广播电视中心）

石景山区广播电视中心概况

石景山区广播电视中心成立于2001年10月，前身为原石景山区广播事业管理科、石景山区广播电视局。

有线电视节目纳入北京电视台BTV新闻频道播出（每天早中晚三个时段播出4.5小时），804石景山数字频道每天播出18小时，覆盖全区，开播节目栏目主要有：《石景山新闻》《记者视线》《生活与信息》《教育新视线》《法治聚焦》《百姓诵读》《石景山服务》《百姓DV》等十余个。

2015年主要工作：

一、宣传报道

聚焦高端绿色发展，营造良好舆论环境。围绕区委、区政府中心工作，聚焦落实京津冀协同发展纲要、推进八个高端体系建设、创新城市管理体制改革等加强电视新闻宣传，《石景山新闻》全年制作播发新闻2151条，外宣方面播发新闻近500条，其中中央电视台播发40余条。先后开设“法定职责必须为”“亮剑战报”“城市管理体制改革进行时”“共圆高端绿色梦”等近30个新闻专题板块，制作完成《城市综合治理》《2014政府工作专题片》《廉政教育警示片》等一批专题片。

聚焦精神家园建设，传递社会正能量。先后开设“为民务实清廉”“身边感动”“最美石景山人”“巾帼风采录”“代表风采”“劳模风采”等11个新闻主题板块，策划录制《感动石景山人物颁奖晚会》《清明诗会》《圆梦高端发展》《五一劳模风采》《劳动创造梦想》等10余场大型电视主题宣传活动。另根据区工商局退休干部郎庆荣到贵州贫困山区支教事迹，拍摄《山村支教》电视纪录片。借助电视新闻、专题节目、电视剧场、公益广告宣传等全方位、多角度，拍摄制作反映石景山区抗日老战士和参阅部队士兵的《自古英雄出少年》《阅兵村的故事》两部纪录片。

聚焦群众文化需求，办好《百姓系列》栏目。《百姓系列》栏目系为民服务“最后一公里”打造的精品栏目，已开设《百姓DV》《百姓诵读》《百姓舞台》等6档系列栏目，全年制作近200期，参与录制节目观众近200人次。其中《百姓诵读》栏目开播以来已制作播出130期，参与录制诵读爱好者300余人次，多位国家级朗诵名家为节目助阵，节目影响力逐步扩大，市广电局对该栏目给予专项奖励。《百姓剧场》全年共录制播出节目19期，微信平台开通后，部分节目通过平台播出，进一步扩大栏目的影响力。

二、事业发展

高清化建设改造项目被列为区政府折子工程重点推进，已进入招标程序。该项目整个制播存网络设备进行升级换代，对演播厅进行改造，总投资约4200余万元。加强微信平台建设，推进传统媒体与新媒体的融合。加强安全播出工作，圆满完成“春节”、区“两会”和全国“两会”、“9·3”阅兵等重点时期的安全播出任务。两个频道全年共安全播出17520小时，其中模拟频道自有节目播出1642.5小时，数字频道自有节目播出8760小时。继续抓好经营创收工作，全年累计收入806万元，与2014年同期相比略有增长。

三、队伍建设

坚持贯彻落实党的群众路线教育实践活动，严防“四风问题”的反弹。抓班子建设，抓作风建设，抓整章建制，抓职工文化建设。组织全体党员干部认真学习习近平总书记等中央领导讲话和有关文件精神；学习中央、市委、区委开展“三严三实”专题教育的相关文件，努力把思想和行动统一到区委区政府的工作部署上来，切实提高廉洁自律的意识，进一步提升党员干部的党性修养和认知能力。成立党员突击队，注重队伍业务素质培养，开展师傅带徒弟“一带一”活动，先后组织20余批次70余人次参加不同层级不同内容的业务培训。

（石景山区广播电视中心）

门头沟区广播电视中心概况

门头沟区广播电视中心成立于2002年5月，前身为原门头沟区广播站、门头沟区广播电视局。

有线电视节目纳入北京电视台BTV新闻频道播出（每天早中晚三个时段播出4.5小时），开播节目栏目主要有：《门头沟新闻》《一周话题》《视点关注》《文明门头沟》《京西人口》《信息高速路》《相约健康》《百姓说吧》等十余个。

2015年主要工作：

一、宣传报道

在社会主义核心价值观宣传教育方面，开设《践行社会主义核心价值观》专栏，把社会主义核心价值观贯穿于日常宣传工作。同时，每天播出由中宣部宣教局制作的“图说我们的价值观”动画公益广告18条次。

在纪念反法西斯胜利70周年暨中国人民抗战胜利70周年主题系列报道方面，从7月7日开始，在《门头沟新闻》节目中播出《平西烽火——我们的抗战》专题系列报道，每周一期，到9月3日，抗日战争胜利70周年纪念日，共播出“重温历史　铭记先烈”“清水老兵忆抗战：伏击倭寇解放斋堂”等10期节目。与中央电视台科教节目制作中心合作摄制30分钟的高清纪录片《斋堂岁月》。展播抗战70周年系列公益广告，截至到9月6日共展播876条。

在加强党的建设，强化党风廉政建设宣传方面，加强与区纪委、区监察局、区政法委等部门的联系，配合全区党风廉政建设和反腐败工作重点，及时报道廉政动态，强化党风廉政建设舆论宣传引导，营造反腐倡廉的良好社会氛围。围绕全区巩固和拓展教育实践活动成果的主要任务，办好相关栏目，适时推出综述性报道。

在全区重点工作、重点工程建设、为民办实事项目、环境整治、旅游、生态文明建设等方面，加大报道力度，全面展现门头沟区的经济社会发展成果。《一周话题》制作6期相关节目，全面报道门头沟区两万户房屋征收工作。搜集门头沟区素材，参与航拍等任务，完成《北京门头沟开启发展新航程》招商片的制作。配合教育改革工作的推进，在《门头沟新闻》中制作播出7期“教育改革巡礼”系列新闻片。

在强化对外宣传，树立地区良好形象方面，抓住特色、亮点新闻报送，拓展广播外宣渠道，完成电视外宣82条，广播外宣80条。其中，中央电视台《新闻联播》《朝闻天下》栏目播出第一场雪、绿色银行、诚信纳税、招商大会等6条新闻。与北京新闻广播建立长效联系机制，定期向北京新闻广播编辑部报送新闻选题。同时，加大公益广告制作宣传力度，公益广告《森林防火你我共防》和《低碳生活始于足下》分别获得北京市2014—2015年度电视类公益广告作品一类奖和三类奖。其中《森林防火你我共防》获得国家广电总局优秀奖。

二、节目创新

加强收视率调查工作，强化栏（节）目创新，对重点栏（节）目进行改版，原《视点关注》栏目改为《一周话题》，为一档新闻评论类专题栏目，每周一期，每期13-15分钟。原《大家说》栏目改为《百姓说吧》。对《信息高速路》栏目的内设板块重新设置和调整，由原来的以创收为主改为现在的以公益性、服务性为主。强化栏目包装，对相关栏目的片头片花重新设计改版。在制作形式上，强调用更加新颖的拍摄手法和制作方式来制作节目，增加更多的主持人现场出镜以及对普通群众的采访，形式更加活泼生动。加大民生新闻报道力度，《门头沟新闻》节目中社会新闻、民生新闻的数量已占到新闻播出总量1/3以上的比重，努力做到贴近基层、贴近实际、贴近群众。

三、事业发展

为适应数字化发展趋势，推进数字化和高清化改造，在市、区 相关部门的支持下，对门头沟电视台后期节目制作网及播出机房进行高清化升级改造。至年底，该项工程基本完成，处于内部调试运行阶段，为下一步实现节目的高清制作播出奠定基础。

四、队伍建设

以政治理论学习为重点，采取每周集体学习和自学的方式，坚持抓好新闻队伍政治理论学习和思想道德教育。强化新闻队伍管理，贯彻落实《中国新闻工作者职业道德准则》，坚决抵制有偿新闻，不断提高人员队伍的思想理论政治素质。加强队伍培训，针对业务需求设置培训计划，采取集中讲授、座谈交流等形式，邀请北京电视台、北京电台老师进行授课，全年完成4次编辑记者、主持人及通讯员业务培训。在整合北京市门头沟区新闻中心、北京市门头沟区互联网宣传管理工作办公室和北京市门头沟区广播电视中心的基础上，组建“北京市门头沟区广播电视新闻中心”。

（门头沟区广播电视中心）

房山区广播电视中心概况

房山区广播电视中心成立于2001年11月，前身为房山县广播站、房山县人民政府广播科、房山区广播电视局。拥有房山人民广播电台、房山电视台、房山广电传媒网、掌上房山新闻客户端四个媒体平台。

广播FM107、FM96.9兆赫两套节目每天播出36小时，开播节目栏目主要有：《房山新闻》《FUNHILL时间》《生活广场》《经典音乐》《音乐加甜点》《评书连播》《新城故事》《汇生活》等十余个。有线电视节目纳入北京电视台BTV新闻频道播出（每天早中晚三个时段播出4.5小时），无线电视节目覆盖全区，开播节目栏目主要有：《房山新闻》《今日关注》《funhill面对面》《文化纪事》《我行我秀》《都市生活》《法制与生活》等十余个。

2015年主要工作：

一、宣传报道

围绕区委、区政府中心工作，完成区“两会”、区委全会等重大会议报道任务，密切关注全区重点工作、重大活动、关注重点功能园区建设、关注各行业发展的亮点，进行重点报道。在中国兰花大会、北京市农民体育健身运动展示周、春季北京长走大会、梨花节等重大活动期间，采用多角度、全方位、深层次、立体式宣传。同时，全方位介绍房山优势，讲好房山故事，传递房山声音，让更多的人认识房山、了解房山。强化品牌意识，在选题策划和节目质量上加大管理力度，打造一批特色鲜明的品牌节目，如《房山新闻》突出速度和力度，对区内发生的重要新闻第一时间进行跟进报道。《今日关注》突出广度，全面关注全区的民生、社会建设。《funhill面对面》突出深度，以访谈形式阐释发展理念，畅谈各行业的发展建设。《法治与生活》突出知识性，以案说法，为和谐房山建设营造良好氛围。《文化纪事》突出历史文化的厚度，讲述房山本土文化，记录区域文化发展。《我行我秀》展示普通百姓风采，体现房山人积极向上的生活方式和精神状态，《都市生活》突出时尚型和可视性，传递实用信息，引导大众消费。制作的广播电视节目在各类节目评选中获奖：《“鸟中大熊猫”北京安新家》获第24届“北京新闻奖”三等奖，《古稀老人的牵挂》被评为2014年度北京市优秀广播电视节目电视新闻类优秀作品；《法治与生活》栏目在“2015中国城市广播电视创新论坛暨2015年度全国城市广播电视优秀栏目推荐表彰活动”中获“全国城市台十大品牌栏目”奖。

二、媒体融合

加快媒体融合，形成全媒体立体发展格局。注重发挥网络媒体和移动媒体的宣传作用，借助房山广电传媒网、掌上房山新闻客户端、房山广电中心官方微博、房山广电传媒官方微信公众号等新媒体平台，与传统媒体相互支撑，显现出立体式全覆盖的整体宣传优势，形成广播电视传统宣传手段与新媒体传播手段优势互补的全媒体发展格局。加强微电影、微剧等微视频的宣传和设计制作。微电影作品《等不到的婚约》获“第三届亚洲微电影艺术节金海棠奖”优秀作品奖，《不朽的歌》获第五届北京国际微电影节“最佳城市微电影奖”。

三、事业发展

强化技术支撑，安全有序推进事业发展。“房山电视台高清制作播出系统改造”列入区政府第62项折子工程，1月18日房山电视台播出系统高清化改造项目试运行。同时，严格按照ISO9001管理体系要求进行标准化管理，制定安全播出相关制度与流程，提高应急处置能力，满足广播电视中心安全播出三级保障要求。规范设备管理工作，对系统与设备进行定期的周检、月检、季检，排查隐患，确保系统稳定运行。

四、队伍建设

坚持贯彻落实党的群众路线教育实践活动，严防“四风问题”的反弹。抓班子建设，抓作风建设，抓整章建制。打造优秀党员干部队伍、专业技术人员队伍和后备人才队伍：许亚辉被授予北京市先进工作者称号；朱晶在房山“优支计划”遴选中，当选为“哲学社会科学和文化艺术领军人才”。孙亚琼个人项目入选2014年“房山区优秀人才培养资助项目”。房山区广播电视中心被中共中央宣传部、中华人民共和国文化部、国家新闻出版广电总局授予第六届全国服务农民、服务基层文化建设先进集体称号。

（房山区广播电视中心）

大兴区广播电视中心概况

大兴区广播电视中心成立于2001年10月，前身为原大兴县广播站、大兴县人民政府广播科、大兴县广播电视局、大兴区广播电视局。拥有大兴人民广播电台、大兴电视台、大兴手机台和中华兴网四个媒体平台。

广播FM98.6兆赫每天播出17.5小时，开播节目栏目主要有：《大兴新闻》《资讯BBS》《娱乐大排档》《这里是大兴》《播客王国》《健康与生活》《音乐随心听》《悦听经典》等十余个。有线电视节目纳入北京电视台BTV新闻频道播出（每天早中晚三个时段播出4.5小时），无线电视节目覆盖全区，开播节目栏目主要有：《大兴新闻》《10分·关注》《一把手访谈》《爱我新区大讲堂》《镇街采风》《天天剧场》《经典剧场》《瞧这一家子》等十余个。大兴资讯台播出总时长5400小时。户外大屏播出总时长1000小时。

2015年主要工作：

一、宣传报道

围绕区委、区政府中心工作，完成区“两会”、区委全会等重大会议报道任务，密切关注全区重点工作、重大活动进行全方位报道。围绕新机场建设，开展《新春走基层》系列活动，记者分若干组深入机场建设涉及的榆垡镇、礼贤镇，与当地村民一起过春节；两个镇13个村拆迁安置工作启动，记者一直跟踪报道，除动态宣传之外，还为中央电视台等媒体提供素材。利用《一把手访谈》节目，邀请各镇、街道、相关委办局的一把手到大兴电视台演播厅与市民面对面交流，倾听民意，解读政策，将政府工作落到实处。以“人口调控、安全生产、拆违控违、环境整治、大气和水体污染防控”五项重点工作为核心，开播舆论监督类系列报道《观察与发现》，对工作不到位、不作为、不文明的现象以及市民关注的社会热点和焦点等问题给予曝光，一个月内新闻播发18条，《十分关注》专题制作播出16期。围绕社会主义核心价值观的宣传，开办大型群众参与性互动栏目《瞧这一家子》，通过家庭才艺展示、讲述家庭故事、家庭知识问答等方式传递正能量，该栏目全年制作21期，直接参与家庭90多个，参与观众3000多人。在中国人民抗日战争暨世界反法西斯战争胜利70周年之际，制作播出《历史不会忘记》系列专题报道。

二、节目创新

广播新闻《这里是大兴》充分发挥广播优势，突出本土特点，以制作周期短、口语化、现场感强的民生新闻为主，着力提升宣传与传播品质。邀请各界人士走进广播电台，录制新闻故事《人在大兴》，线下活动开展“同饮丹江水，心系水源区”购买爱心白鱼活动。为宣传由大兴区承办的中国北京设计节（第三届），大兴人民广播电台和北京人民广播电台进行即时连线，联手进行直播，报道上特色鲜明，主题突出。

三、媒体融合

以手机报、手机电视台、网络电视台为全媒体平台，为全区市民提供权威、及时、实用、好看的新闻及资讯。全年共编发手机报92期，每期推送用户10000多户，每期文字量3000多字，设计封面图片100多张，编辑制作新闻图片368张；与北京手机电视台密切配合，提高北京手机电视台对大兴新闻的采用率，共编辑制作上传手机电视新闻260多期，编辑制作上传手机电视视频新闻时长达5200分钟；中华兴网共编辑发布各类新闻信息、娱乐资讯、生活服务类信息等万余条，上传视频图片新闻2000余条。

四、事业发展

加强广播电视事业建设，在对全区所有镇街摸底调研的基础上，对符合条件的农村恢复村村通广播，同时在社区拓宽宣传领地。争取政府部门330万元项目资金，用于高清播出项目建设，年底项目建设取得实质性进展。与河北省廊坊市广播电视台签署战略联盟合作意向书，从宣传报道、事业建设、资源共享方面配合京津冀一体化发展。

五、队伍建设

按照“群众路线教育”和“三严三实”的要求，中心党组以扩大学习会的形式，坚持不懈地抓牢学习制度，每周一上午政治理论学习形成制度。全年共组织理论中心组集中学习48次，内容包括习近平在十八届中央纪委五次全会上的讲话、习近平总书记对北京工作的重要指示精神、2015年中央政府工作报告及16个改革重点、中央宣传部2015年宣传思想工作要点、市区领导关于开展“三严三实”专题教育活动的党课报告等多个方面，并将这种认知运用到实际工作中去。此外，为稳定编制外60多位聘用人才，与区相关部门反复协商、沟通，研究制定理顺体制机制的方向性意见，到年底取得阶段性进展。

（大兴区广播电视中心）

通州区广播电视中心概况

通州区广播电视中心成立于2001年10月，前身为原通县广播站、通县人民政府广播科、通县广播电视局、通州区广播电视局。拥有通州人民广播电台、通州电视台、大运通州网三个媒体平台。

广播FM107.7兆赫每天播出18.5小时，开播节目栏目主要有：《通州新闻》《阳光新城》《成长进行时》《我家在通州》《信息立交桥》《中华文化大讲堂》等十余个。有线电视节目纳入北京电视台BTV新闻频道播出（每天早中晚三个时段播出4.5小时），无线电视节目覆盖全区，开播节目栏目主要有：《通州新闻》《看通州》《记者视点》《民政民生》《经济生活》《走进三农》《古韵新绿》《周末大舞台》等十余个。

2015年主要工作：

一、宣传报道

围绕北京市行政副中心建设，进一步加强城市建设、重点工程、棚户区改造、京津冀协同发展的宣传。《通州新闻》《通州城建》等栏目跟进报道，播出新闻80多条，拍摄制作“清洁空气，我们在行动”专题片。“大运通州网”开辟“通向未来——北京行政副中心”专题页，曝光群众反映强烈的脏乱差点，促进市容环境问题快速解决。常年设置“成长进行时”和“创建全国文明城区进行时”两大专栏节目，播出报道480多篇。与创建全国文明城区办公室联合推出电视专题《文明通州》，以周播形式播出通州区“道德讲堂建设”“最美少年”“彩色志愿服务队”等系列报道，播出专题52期，时长520分钟。播出公益广告106条、9855量次、6570分钟，播出少儿动画片416集、9152分钟。在“三严三实”教育、党风廉政建设宣传中，开辟专栏、专题网页，对全区贯彻学习专题教育情况进行专题报道，播出新闻、专题等

330多条。“大运通州网”制作“2015通州榜样十大年度人物榜评选”主题活动网页。配合区文明办开展社区宣传日活动，组建社区宣传志愿服务队，招募志愿者120余人。

二、节目创新

内容创新。开辟“通州味道”电视专栏，深挖历史元素，弘扬运河文化，推出系列报道。在“大运通州网”组织“我心中的通州味”征文。制作“我们的价值观、抗日英雄、魅力运河百姓宣讲团”9个宣讲短片。在《看通州》《小强听·说》栏目推出《通州不能忘记》系列报道。广播、电视、网络播出4条抗战公益广告、23首抗战歌曲。

形式创新。将《警法在线》改为《法治通州》，《普法园地》以访谈形式、实景拍摄等手段丰富节目内容。创新《凡人凡语·故事》《新闻一周》节目。《周末大舞台》改版为《百姓大秀场》。首次承办大型活动——“聚力副中心，劳动最光荣”通州区荣获北京市劳动模范颁奖典礼、“第三届感动永乐好村民”，并制成电视短片。策划、拍摄、录制运河艺术节开幕式、《和平颂歌》纪念抗日战争胜利70周年专场活动、漷县千人太极展演等大型活动23场。

手段创新。以通州电视台采、编、播为基础，把电视台播出和网络播出融合一起，改版为通州新闻、视频专题、网络直播、文艺活动和公益广告等，使公众直接通过大运通州网观看通州电视台的节目。《小强听·说》把演播室搬进“两会”现场，观众反映良好。《周末大舞台》改版为《百姓大秀场》，为居民提供展示自我的舞台，节目播出36期，千龙网对节目的运作模式给予报道。

三、事业发展

高清电视播出系统工程竣工并试运行，实现两套高清电视和一套标清电视同步播出。完成播出机房电源改造。完成演播室高清虚拟系统建设并投入使用，并对演播室灯光系统、蓝箱、演播室摄像机技术参数进行优化。将一、二摄像机位标清摄像头更换为高清摄像头，整体提高三机位摄像机节目画质。完成“调频广播发射设备及天馈系统升级改造”工程招投标并施工。高清电视节目制作网络系统由原来的8个站扩充为14个站。

完成市科委绿色通道项目“基于多屏融合的移动资讯采集发布系统”课题合同签订。根据3G/WiFi移动宽带、云存储、VR展示等先进技术，构建集“采”、“存”、“发”为一体，并服务于多屏融合需求的移动资讯采集发布平台。

四、安全播出

严格执行设备定期检查维护制度，做好各个环节的隐患排查与整改，制定《通州广电中心防火预案》《通州广电中心安全播出应急预案》《广播电视防非法信号插播预案》。在“9·3”阅兵活动和国庆期间，启动重要时期安全播出预案。截至年底，电视综合频道安全播出2373小时，公共频道安全播出1643小时，文艺频道播出4015小时，电台安全播出6752小时，其中直播730小时，实现广播电视安全播出三年零事故，在14个区县安全播出评比中，中心为3个全年无播出事故的单位之一，获北京市新闻出版广播电影电视局嘉奖。

五、队伍建设

以增强党的基层组织活力为突破，以加强党员队伍建设为基础，以强化党建责任为关键，以创建学习型、服务型、创新型党组织和“三严三实”专题教育为抓手，不断提升党组织的创造力、凝聚力、战斗力。通过专题教育，整改“不严不实”问题7条。制订党员发展计划，及时对入党积极分子教育培养，发展新党员2名。完善各项制度，有效开展各项管理工作。其中广告创收、文书档案、人事劳资、财务收支、后勤保障等基础工作取得新的成效。

（通州区广播电视中心）

顺义区广播电视中心概况

顺义区广播电视中心成立于2002年，前身为原顺义县广播站、顺义县人民政府广播科、顺义区广播电视局。拥有顺义人民广播电台、顺义电视台、《顺义时讯》、视频网站、户外大屏五个媒体平台。

广播FM92.9兆赫每天播出17小时，开播节目栏目主要有：《顺义新闻》《新闻60分》《燕京书场》《西部往事——广播小说》《全城都在点》（直播）、《越聊越开心》（直播）《星夜故事》《健康新生活》等十余个。有线电视节目纳入北京电视台BTV新闻频道播出（每天早中晚三个时段播出4.5小时），无线电视节目覆盖全区，开播节目栏目主要有：《顺义新闻》《顺义时空》《政务·民声》《绿港e站》《是非方圆》《国学动漫城》《健康有约》等十余个。

2015年主要工作：

一、宣传报道

广播、电视、网络全媒体围绕区委、区政府中心工作，完成区“两会”、区委全会等重大会议报道任务，密切关注全区重点工作、重大活动，进行全方位报道。围绕“十二五”发展成就进行宣传，坚持点面结合、图文并茂、政民互动，播出、刊登《辉煌“十二五”发展关键词》《影像中的顺义足迹》等栏目，对“十二五”进行全面回顾梳理。同时制作5集专题宣传片，从经济发展、民生改善、城乡建设、深化改革、党的建设等方面，对“十二五”成效进行专题报道。启动“十三五”规划宣传，开设《展望“十三五”转型升级谈发展》《展望“十三五”迈进新生活》栏目营造良好的舆论氛围。

电视宣传。策划制作系列报道、专栏15个，播出新闻2669余条，时长4300余分钟。4月1日起《顺义新闻》正式从每天12分钟延长到15分钟，增设“生活直通车”板块，并与“顺广传媒”互动。着重围绕“三严三实”专题教育、生态建设等重点工作开办《在群众中间》《清洁空气　共同行动》等专栏，结合重要节日节点，播出“喜庆祥和迎新春”、开展“我的故事　最美劳模季”系列、“顺义抗战故事”系列报道，营造良好的舆论氛围。《政务·民声》节目推出两期访谈，解答环境建设、交通出行、拆迁村回迁、新城建设等问题，取得良好效果。2015年6月全新的生活服务类专题栏目《生活帮》正式播出，栏目涵盖设置“政策工具箱”、“生活实验室”、“惠生活”、“资讯速览”等子栏目，实现了专题节目形式和内容的蜕变，努力做到深入百姓，服务百姓。

广播宣传。继电台《大家帮助大家》民生互助栏目实现有线广播和无线调频同时播出后，继续加大直播力度，于5月5日实现午间有线无线同时直播。将《越聊越开心》直播栏目延长至有线时段播出，扩大直播规模。为纪念抗战胜利推出专题节目《沈西宁讲顺义地区抗战史》。推出72集长篇巨著广播小说《焦裕禄》。在《越聊越开心》中播出北京市劳模、顺义区劳模事迹的专题节目。

报纸宣传。《顺义时讯》由对开4版变成

4开8版，主打民生新闻、社会新闻、社区新闻、生活服务资讯，方便了百姓阅读和读者互动，全年刊发51期报纸、486个版面。完善顺义时讯热线，把原来的“69440707就在您身边”栏目改为“有事您说话69440707”栏目，在8版的热线栏目中增设“这事帮您问了”“这事办了”子栏目。全年刊登相关新闻（信息）298条。

中心新媒平台自2015年1月1日正式上线推广以来，积累了10万余“粉丝”，对区内道德模范颁奖、电台听众节、区两会等内容进行了网络直播，取得了良好效果；先后推出春联征集、全家福评选、新春话吧、“顺义提素行动”有奖知识竞答、“我为妈妈献才艺”、我家的故事画给你看”绘本活动点赞，“顺义最美婚纱照”等活动，其中“我为妈妈献才艺”活动在微信平台展播期间得到了广大人民群众的热情响应和积极参与，获得点赞超过56万人次。

二、事业发展

高清新闻演播室和高清机房升级改造工程建设进入收尾阶段，并进行安装调试。对有线广播线路资料进行整理，为“大直播”平台的开通打下基础。强化“主动出击，服务优先”的经营理念，拓展经营渠道，寻找多元化创收增长点。在稳固老客户的同时，紧盯北京空港经济技术开发区、北京顺义科技创新产业功能区等领域，利用中心媒体资源，获取客户最大化的认可与支持，完成全年创收任务。配合高管服务中心举办“五月鲜花”汇报演出，策划制作庆祝抗战胜利暨反法西斯胜利70周年文艺汇演，完成与科委合作的“提升顺义区全民科学素养”五场知识竞赛，以及文委三场评戏的录制和播出等区域重大活动，取得经济效益。

三、队伍建设

践行“三严三实”、夯实事业发展基础，落实党委主体责任，以改革创新精神统筹抓好思想建设、组织建设、制度建设、党风廉政建设等各项工作。始终坚持以上率下，注重立根固本，从严开展学习研讨、从严查摆问题、从严整改落实。发挥纪委监督责任，不断完善中心各项制度监督体系。以廉政活动为抓手，增强党员干部思想道德防线，开展“从严从实 遵规守纪”主题纪律教育季活动。完善制度建设，建立长效机制。进一步优化薪酬体系、细化考核标准，发挥绩效工资的激励向导作用，调动职工的积极性。切实抓好新闻、专题节目内容的审核工作，抓好安全保障工作，做到有部署、有预案、有措施。进一步规范财务管理、合同签订等工作。进一步规范请休假审批制度，火、电、气使用规定，节假日安全出行规定等。

（顺义区广播电视中心）

平谷区广播电视中心概况

平谷区广播电视中心成立于2002年，前身为原平谷县广播站、平谷县广播电视局、平谷区广播电视局。拥有平谷人民广播电台和平谷电视台。

广播FM89.2兆赫每天早中晚三个时段播出4小时，开播节目栏目主要有：《平谷新闻》《绿谷风采》《法制园地》《相声集锦》《戏曲选粹》《老年文友》《岁月如歌》《健康》等十余个。有线电视节目纳入北京电视台BTV新闻频道播出（每天早中晚三个时段播出4.5小时），无线电视节目覆盖全区，开播节目栏目主要有：《平谷新闻》《警法在线》《美丽平谷》《百姓身边》《热点进行时》《健康生活吧》等十余个。

2015年主要工作：

一、宣传报道

完成区“两会”和“全委会”宣传报道，及时、准确、快速、高效报道平谷区重点工程、折子工程等进展情况，突出桃花音乐节活动的宣传，突出新春团拜会、春节慰问活动、中国乐谷欢乐节暨秧歌花会大拜年活动、结合3·15消费者权益保护日、首都植树日、全国助残日、清明节、六一儿童节等节日活动的宣传。围绕9月3日抗战胜利纪念日这一题材，在中央电视台新闻直播间、午夜新闻不同栏目时段播发新闻4条，在北京新闻头条播发。

加大外宣力度，对外推介宣传美丽平谷。与北京电视台、北京电台的深入沟通，精心筹划报道选题，在市级以上新闻媒体播出《平谷温室鲜桃抢先上市，周末采摘正当时》《平谷杏花绽放》等新闻100条，其中在中央电视台发稿8条，北京新闻头条两条，上海卫视1条，北京特别关注两个头条。还与北京电台开通平谷直播热线，《平谷桃花节即将开幕》《印记平谷2015国际摄影大赛正式启动》实现连线现场直播。在中央7套播出时长30分钟的《从农田到餐桌》走进平谷专题片。

二、节目创新

在《平谷新闻》中开设《中国梦·劳模美》专栏，宣传全区各行业劳模18个；推出《环境美在行动》新栏目，播出《世纪广场不文明现象考问市民公德》等新闻60余条；推出《名院名医》《创卫2015》栏目，配合全区创卫工作；推出《社会广角》栏目，播出《“黑摩的”安全隐患猛于虎》《宠物拉的是粪便，丢的是文明》《垃圾中转站变脸，百姓点赞盼持久》等社会新闻40条。《热点进行时》《百姓身边》《美丽平谷》《警法在线》《健康生活吧》5个专题栏目全新改版，播出200期。策划首档儿童展示节目——《快乐宝贝》，播出12期。加强《百姓话筒》栏目策划，如“五一”您如何看待劳动者，“十一”国庆节您想说的是什么等予以市民一个讲话的平台，累计播出150期。与市农工委宣传中心美丽乡村栏目合作，推进平谷新闻上网、上手机。与10个乡镇、两个开发区、20个委办局建立合作办节目模式取得成效。学习中国传媒大学新的传播理念，进一步提升传播力、竞争力和影响力。

三、事业发展

全面落实北京市“十二五”时期广播电视发展规划，加强硬件建设，做好高标清设备转型工作，在全市十六个区县率先实现高标清同步播出。一期设备搭建自2015年3月开始实施，10月正式投入使用，共投入资金2300万元，其中1500万元制、播、存一体网改造、800万元高清演播室设备更新。同时完成二期2600万元的招投标工作。

四、队伍建设

以“三严三实”专题教育为契机，提高认识，查找不足；以廉政活动为抓手，增强党员干部思想道德防线。推出中心领导到工作现场、科级干部到一线、记者下基层沉到底工作总要求，实行全员目标考核。实行承诺制，落实安全责任主体、监督主体两个责任，推进党务政务工会和谐统一。出台《打卡制度》《广电从业人员工作纪律》《关于年终评优资格及管理奖罚规定》《高清摄像机管理制度》《节目制播存管理流程》《财务管理制度》《平谷区广播电视中心科级领导职务竞争上岗工作实施方案》以及《广电作风建设十三条》等制度。

（平谷区广播电视中心）

怀柔区广播电视中心概况

怀柔区广播电视中心成立于2001年9月，前身为原怀柔县广播站、怀柔县人民政府广播科、怀柔县广播电视局、怀柔区广播电视局。拥有怀柔人民广播电台和怀柔电视台。

广播FM101.3兆赫每天播出14.5小时，开播节目栏目主要有：《怀柔新闻》《今日三农》《特别报道》《科普园地》《生活D时代》《快乐游怀柔》《行风热线》《法治时刻》等十余个。有线电视节目纳入北京电视台BTV新闻频道播出（每天早中晚三个时段播出4.5小时），无线电视节目覆盖全区，开播节目栏目主要有：《怀柔新闻》《聚焦国际会都》《文化怀柔》《绿美怀柔》《今日三农》《生活大观园》《健康有约》《女性时代》等十余个。

2015年主要工作：

一、宣传报道

围绕区委、区政府中心工作，完成区“三会”精神、两委换届选举等重大报道任务，突出做好第五届北京国际电影节的报道，播发报道近百条、资讯16期。进一步做好春节、清明、五一、敛巧饭、邻里节、北京怀柔国际徒步大赛、宝山户外节1+1挑战赛和“红牛超级马力”全国汽车场地越野锦标赛等重要赛事报道。

策划推出30集系列报道《怀柔榜样》。围绕抗战胜利70周年，推出《我们不能忘却》系列报道。重点宣传全区各单位、各镇乡在创建全国文明城区过程中新举措。开设《三严三实专题教育》专栏。开办《回眸与展望》专栏，全方位、多角度反映怀柔区经济与社会发展的新成就。办好《整治环境，扮靓怀柔》《清洁空气怀柔在行动》专栏。加大新闻评论力度，《文明在身边》《文化怀柔》《怀柔环境》《快乐游怀柔》等专题节目通过互动访谈、现场采访等形式进行专题报道。在中央、市属媒体推出雁栖湖核心岛对外开放、北京国际电影节等系列专题，田仙峪打造休闲养老社区等题材在《北京新闻》《首都经济报道》等市级以上电视台、电台持续播出。《怀柔群众过节，全民“闹小年儿”》《过年不打烊，怀柔农家嫂“备战”春节》等多篇报道登录《北京新闻》《北京您早》《特别关注》等栏目。全年在市级以上媒体共播出怀柔新闻、专题180余条（期）。

二、节目创新

挖掘本土特色电视节目，增加民生新闻和科技服务类节目的比重。开设《三农行》专栏，聚焦农民、农村、农业的热点话题。《今日三农》配合生态搬迁工作，做好政策答疑；结合雷锋月、“3·15”消费者权益日等活动进行节点性宣传。增加《消费生活新主张》《山水怀柔》《美丽女人》《工商之声》《文学草堂》等生活服务类节目，改版推出《水煮娱乐》《音乐红森林》《欢乐群英会》《电台情歌》等综艺节目。开播新栏目《说说咱身边的老规矩》传承中华传统文化。《百姓故事》《一泓碧水映会都》分获北京市电视新闻类优秀作品奖，《美丽乡村行》《居民健康卡让新农合百姓得实惠》获北京市广播新闻类优秀作品奖，《APEC给怀柔留下丰富的遗产》等被评为北京市播音主持类优秀作品奖。加强《行风热线》栏目选题策划，全年播出128期。与区纪委、区文明办、区爱委会、区国税局等区内多家单位对接，播出公益广告116条。《清明节》《职责》公益广告分别获北京市新闻出版广电局广播电视公益广告专项资金扶持项目三等奖，中心获优秀公益广告传播机构称号。

三、事业发展

完成新机房的装修改造、供配电系统、机房恒温恒湿系统等基础设施建设。完成新型全台网全部系统设备的招投标工作，并进入设备安装调试阶段。完成400平米高清演播室选址、预算评审工作，拟搭建四讯道高清演播室，满足新闻、访谈、资讯及小型综艺晚会的录制需求。完成万米公园大屏幕安装调试工作并投入运行。完成担子山电力改造，实现主备电源切换。继续做好渤海、雁栖、北房、庙城、九渡河等后续五个镇乡“村村响”农村有线广播联网工程的协调保障工作。推进广播电视融合新媒体工程，完成新媒体运维前期方案论证。完善监测监管体系，推进ISO9001安全播出质量管理体系认证。全年电视节目播出11506小时，其中发射3546小时，广播节目播出发射5194小时，滚动字幕18条3000多次。无重大安全播出责任事故。

四、队伍建设

坚持把思想政治建设放在首位，开展以马克思主义新闻观、党章党史、党风党纪等内容的学习。与中国传媒大学、南京广播学院签约，建立教研实训基地，全年举办各类培训班6期，培训120人次，外派脱产学习30余人次。建立“怀柔广电党员飞信群”。以“作风建设”为重点，努力抓好“三严三实”专题教育活动，其中集中学习20余次，专题研讨4次，领导研讨稿15篇，征求书面干部职工意见33份，分别座谈征求干部群众意见22人次。深入开展“走转改”，组织党员先后走进长哨营满族乡大沟村、杨宋镇年丰村和桥梓部队，组织职工参观“尚德清风”廉政文化公园和预防职务犯罪警示教育展览等活动。

（怀柔区广播电视中心）

昌平区广播电视中心概况

昌平区广播电视中心成立于2001年10月，前身为原昌平县广播站、昌平县人民政府广播科、昌平县广播电视局、昌平区广播电视局。拥有昌平人民广播电台、昌平电视台和昌平广播电视网三个媒体平台。

广播FM103.1兆赫每天播出13.5小时，开播节目栏目主要有：《昌平新闻》《直播时段》《与法同行》《笑口常开》《我们是艺家人》《环球旅行家》《今日书场》《汽车音乐时间》等十余个。有线电视节目纳入北京电视台BTV新闻频道播出（每天早中晚三个时段播出4.5小时），无线电视节目覆盖全区，开播节目栏目主要有：《昌平新闻》《时空关注》《走进三农》《真情故事》《相约》《视角》《古今昌平》《法治纪事》等十余个。

2015年主要工作：

一、宣传报道

深入宣传贯彻党的十八大和十八届三中、四中、五中全会精神，围绕全区工作大局，以区委、区政府中心工作为中心，广播、电视和网络“全媒体”合力，讲述好昌平故事、传播好昌平声音、展示好昌平形象。《昌平新闻》推出20多部系列报道，同时对全区开展的人口规模调控、纪念抗战胜利70周年、北京农业嘉年华等进行动态报道，全年编播《昌平新闻》313期，采编制作新闻3300多条，其中时政新闻占播发新闻总量的42%，经济、社会、民生及生活服务资讯类新闻占比达到58%。其中，电视专题制作播出1100多期，《古今昌平》栏目继“古城探幽”系列之后，策划推出20集系列专题节目《非遗华彩》，《真情故事》栏目继续挖掘昌平感人故事，受到观众好评。广播节目制作播出《与法同行》365期，全新访谈类节目《我们是艺家人》《我们一起来》共42期，与区党史办推出纪念抗战胜利70周年广播特别节目——《小梁故事会》15期，三档节目播出总时长达5360分钟。12月1日实现电台直播。广播电视网围绕区内外重点工作、重大活动、重要事件，增加专题性报道力度，策划、制作多组系列报道。同时主动参与市、区网络评论工作，开展网络互动，做稳做实昌广传媒手机APP。

二、节目创优

完成一系列重大宣传报道任务，制作播出一批主题鲜明、特色突出、群众喜爱的精品节目和栏目，创优再上新台阶。中心被中华全国妇女联合会授予“巾帼文明岗”称号，广播电视台获“2015传媒中国年度十大区县广播电视台”“2014—2015中国品牌媒体百强——城市电视台品牌10强”“2015年北京市第十二届思想政治工作优秀单位”；专题栏目《真情故事》获由北京市新闻出版广电局评选的“优秀原创网台联动视听节目奖”；公益广告《无烟生活，你我共享》获得由北京市新闻出版广电局评选的“优秀原创网络视听公益节目奖”。

三、事业发展

推进技术更新，完成设备维护改造。新建800平方米的播控中心，包括播出机房、新闻直播间、录音棚、中心数据机房；完成新型全台网项目创建；新建1+1频道，即1个高标清同播、1个独立标清播出频道，完成网络播出总控系统的建设及项目集成；新建播控系统和无线发射系统的双路供电工程；对摄像机系统、切换系统、节目监测系统、同步系统、通话系统、时钟系统、配电系统等多方面进行立体式升级改造；在天通苑地区新建两块LED户外大屏。

推进广告创收，在电台、电视台、网站和户外大屏播出公益广告12000多条。《让雷锋精神永远传承》和《活出自己的生命价值 感受美好的生命之旅》广告分别获2014—2015年度北京市新闻出版广电局举办的“广播电视公益广告专项资金扶持项目”二类和三类作品；中心被评为2014—2015年度“广播电视公益广告专项资金扶持项目”一类传播机构。

四、安全播出

安全播出抓好两个环节：在节目审核把关方面，加强节目制作值班制度、新闻发布审核制度、网络转载把关制度等制度建设。在播出技术环节方面，按照以“安全播出”为核心的ISO9001质量管理体系认证标准开展工作。BTV新闻（昌平综合频道）时段安全播出1642.5小时；点歌频道播出1642.5小时；昌平生活频道播出5657.5小时；无线频道播出5657.5小时；永安大屏播出2190小时；广播电台播出4927.5小时；全年共播出21717.5小时。在北京市新闻出版广电局举办的“防非法信号插播演练比赛”中取得电视第一名、广播第二名。

五、队伍建设

推进“三严三实”专题教育常态化、长效化，共组织集中学习39次，实现思想建设全覆盖。落实中央八项规定和市委实施意见，切实改进工作作风，严格遵守中心党委制定的《广播电视中心关于改进工作作风、密切联系群众的十项措施》。强化“一岗双责”，一级抓一级，层层抓落实。完善科室工作流程，明确岗位工作职责，明确职责风险，确保廉政风险点防控措施准确、到位。打造广电人才队伍，激发全员工作活力，成立干部竞争上岗工作领导小组，制定《北京市昌平区广播电视中心科级干部竞争上岗实施方案》，实行公开、公正、择优选拔，同时做好人力资源保障工作，打造人才队伍梯队。健全支部班子，打造基层战斗堡垒。推进组织共建、资源共享、平台共用，构建党群一体化工作格局。

（昌平区广播电视中心）

密云区广播电视中心概况

密云区广播电视中心原称密云县广播电视中心，成立于2001年，2015年12月更名为现名称。前身为原密云县广播站、密云县人民政府广播科、密云县广播电视局。拥有密云人民广播电台、密云电视台和密云广播电视台网站三个媒体平台。

广播FM94.1兆赫每天播出16.5小时，开播节目栏目主要有：《密云新闻》《经济报道》《我的社区我的家》《三农有约》《法制传真》《休闲密云》《广播剧场》《音乐随身听》等十余个。有线电视节目纳入北京电视台BTV新闻频道播出（每天早中晚三个时段播出4.5小时），无线电视节目覆盖全区，开播节目栏目主要有：《密云新闻》《经济一刻钟》《事事关心》《檀州大舞台》《教育专线》《游遍密云》《科普大篷车》《疾控在线》等十余个。

2015年主要工作：

一、宣传报道

围绕区委、区政府中心工作，完成区“两会”、区委全会等重大会议报道任务，密切关注全区重点工作、重大活动进行全方位报道。

突出主题宣传报道，提升舆论引导能力。《密云新闻》进一步增加一线报道、深度报道份额，策划系列报道及专栏31档，共播出新闻3000余条。开设“践行社会主义核心价值观”专栏，深入挖掘和宣扬先进典型和先进事迹，推出“百姓故事”“身边好人”“和谐家园”“创业争先”等报道板块，共播出100余条。围绕区委、区政府确定的28件实事、103个折子工程、53个重大项目和重点工程策划新闻报道，开设“点赞密云精彩故事”“把话筒交给您”“平安密云”“生态文明，美丽密云”“领军人物创新密云”“创新引领未来”“为了我们共同的家”子栏目。以各个节日为新闻宣传节点，主动出击，精心组织主题式、组团式新闻报道，增强新闻宣传效果。为纪念中国人民抗日战争暨世界反法西斯战争胜利70周年，“红色密云”栏目共播出60余条。春节、三八妇女节、五一劳动节、国庆节期间，采制“年味家乡浓”“羊年新愿景”“巾帼风采”“劳动者之歌”“乐游水镇”“乡村旅游致富谈”等系列报道，取得很好的社会反响。

注重专题深化拓展，提升节目传播效果。共设《经济一刻钟》《事事关心》《教育专线》《疾控在线》《檀州大舞台》等五档专题节目，制作《经济一刻钟》52期，总时长800余分钟；制作《事事关心》52期，总时长近800分钟；制作《教育专线》专题节目26期，总时长近400分钟；制作《疾控在线》专题节目26期，总时长500多分钟；制作《檀州大舞台》58期，总时长2300余分钟。旅游系列纪录片《游遍密云》采用外景主持见闻的方式，全面展示密云自然山水的秀美，新农村建设的风貌。

创新广播节目形式，提高节目丰富性和可听性。继续坚持以新闻、专题节目为龙头，以娱乐服务类节目为基础，优化新闻同期声资料的途径，新闻播报样态由播新闻向说新闻的方式转变。《密云新闻》音响同期声在编辑录音制作上同步上载，使节目更鲜活、更真实、更耐听。《给您读报》以播报与密云相关的人和事及生态环保、休闲旅游、健康养老等公众普遍关心的信息为主要内容，通过说讲新闻的方式，为老年听众提供一个获取信息的平台。《音乐随身听》开播两周年特别播出季，分别开设《我也来主持》《不一样的主播》《生日玩乐烩》等子栏目，主持人新浪微博粉丝量从4.8万人增长到5.4万人。年内，广播专题节目《我的社区我的家》获北京市优秀广播栏目奖。

挖掘外宣优势，提升密云品牌形象。加强中央电视台、北京电视台、北京人民广播电台的联动与互动，形成宣传合力，充分挖掘地域特色新闻，加大向市台传送新闻稿件的力度，上送新闻稿件的质量不断提高，全年有60余条新闻报道在北京电视台新闻频道的各档栏目中播出。

二、事业发展

投资2187万元推进高清节目制作系统、高清新闻演播室系统以及28套前期采访设备的项目建设。完成所有重点机房UPS电池更新，与北京东鸿神州科技有限公司签订电源维保协议，定期进行设备安全监测，确保电源安全。贯彻执行国家广电总局第62号令《广播电视安全播出管理规定》及实施细则，按照“不间断、高质量、既经济又安全”的总要求，推行ISO9001安全播出管理体系，健全安全播出管理制度，确保广播电视播出安全。启动“全媒体运营制度体系建设”，制定各部门职责汇编。

三、队伍建设

强化党建引领，加强党风廉政建设，以“三严三实”专题教育活动为契机，全力推进“名记者、名编辑、名播音员、名栏目”四名工程，不断加强宣传思想文化队伍建设。认真贯彻落实中央八项规定，抓好“三重一大”制度落实，始终把廉政工作列入单位重要议事日程。加大培训教育工作力度，提高队伍的政治思想素质、能力水平和工作作风，组织定期培训，梯次推进，全员覆盖。深化内部改革，建章立制，激发潜在活力，增强发展后劲。2015年，中心获得“全国文明单位”的称号。

（密云区广播电视中心）

延庆区广播电视中心概况

延庆区广播电视中心原称延庆县广播电视中心，成立于2001年，2015年12月更名为现名称，并与延庆区新闻中心合并。前身为原延庆县广播站、延庆县人民政府广播科、延庆县广播电视局、延庆县广播电视中心。拥有延庆人民广播电台、延庆电视台、延庆广播电视网四个媒体平台。

广播FM92.8、FM98.8兆赫两套节目每天播出32小时，开播节目栏目主要有：《延庆新闻》《快乐调频928》《工商进万家》《生活导航》《今日农村》《小说连播》《戏曲欣赏》《广播剧场》等十余个。有线电视节目纳入北京电视台BTV新闻频道播出（每天早中晚三个时段播出4.5小时），无线电视节目覆盖全区，开播节目栏目主要有：《延庆新闻》《妫川骄子》《绿色家园》《魅力新农村》《金盾之光》《一路平安》《延庆教育》《卫生新视野》等27档节目。

2015年主要工作：

一、宣传报道

围绕区委、区政府中心工作，完成区"两会"、区委全会等重大会议报道任务，密切关注全区重点工作、重大活动进行全方位报道。

聚焦延庆绿色大事，全方位进行报道。全力报道世界马铃薯大会，连续6天推出每天30分钟专题报道。同时，制作10分钟的总结片和1部影像资料片，出版纪念画册《盛世回眸》，为大会留存历史档案。全力报道北京申办2022年冬奥会，制作《相约长城，梦圆冬奥》专题片4集。全力报道2019年世园会筹办情况，推出"我为世园做贡献"专栏，拍摄视频资料800分钟，其中航拍资料200分钟、照片1000余张。发挥媒体舆论引导和监督作用，结合延庆创建全国文明城区和城乡环境综合治理年行动，推出"保护母亲河，我们在行动""探访妫河。专家把脉""城乡环境综合治理年"等专题报道。

深化"走转改"，推出《行走妫川》主题报道。共分4大板块、13个品牌，其中"行走妫川之美丽乡村"板块，通过摄影、摄像加航拍等形式记录每个村庄的全貌、标志性建筑和人们的日常生产生活，挖掘乡村人文历史，为延庆留存人文历史档案。全年制作播出30集专题，为40个村庄拍摄航拍视频，时长200分钟，拍摄留存照片1000余张。还推出"寻找美德少年""寻找最美师哥师姐""家风家规大家谈""寻找最美家庭""老劳模新故事""北京榜样候选人展播""延庆名师风采录"等系列专题报道。

走进老兵看历史，凝聚中国力量。为纪念中国人民抗日战争暨世界反法西斯战争胜利70周年，从2013年起开始与延庆摄影志愿服务队率先启动"行走妫川——拍摄长城下的抗战老兵"行动。《延庆新闻》陆续播放73位抗战老兵的故事和照片，出版《长城下的抗战老兵》画册。延庆电视台《妫川骄子》栏目推出6集专题节目《我们的抗战》，内容分别为《妫川浴血》《惨案铁骨》《血色青春》《我上战场》《英雄儿女》和《铭记历史》，共计170分钟。

加大外宣力度，外宣成绩显著。中心提供的新闻和消息在中央电视台《新闻联播》《共同关注》《东方时空》《朝闻天下》等节目中播出30条次，在北京电视台《北京新闻》《特别关注》《北京您早》等多档栏目播出150余条（不包括重播）。

二、节目创新

打造精品栏目，《妫川骄子》继续提升品牌影响力，栏目组奔赴重庆、武汉、河北等地，录制素材7000多分钟，编辑制作精品节目22期。中国电视剧十大金牌制片人——王鹏举、中国数学探究教育的开创者——左秀兰、蒙汉音乐文化的和谐使者——段泽兴等20多位在不同领域做出突出成就的延庆籍人物走进《妫川骄子》，播出后受到社会各界的称赞。扎根延庆文化，提升地方节目亲和力，《百姓大舞台》成功举办"2015延庆百姓春晚"。开播《食在妫川》《乐游延庆》专题栏目，以及《大美中华》摄影大赛，弘扬妫川文化。

三、事业发展

《延庆新闻》节目高清化建设，包括高清新闻节目前期拍摄设备和后期制作网系统，前期摄像设备投入使用，后期制作网系统进入系统调试阶段。对院内转播塔进行粉刷维护，对三楼演播厅的大屏幕进行更换，升级到最新像素标准。加强创收，与各企事业单位、乡镇、商家客户的合作，不断提升服务意识，总收入达434万元，其中广告收入266万余元，比2014年增加收入30万元，社教栏目实现收入168万元。

四、队伍建设

扎实开展“三严三实”专题教育，领导班子认真落实党建的各项要求，认真贯彻落实中央八项规定，抓好“三重一大”制度落实，对照先进典型，找差距、校言行，查摆问题，制定整改措施，把从严治党贯穿到广播电视新闻宣传队伍建设的各个方面。党组书记坚持为全体党员干部讲授党课。继续实施人才培养工程，加大培训力度，组织“职业精神与职业素养提升”培训会，包括组织职工摄像大赛，提高职工的摄影摄像水平。加强行政管理，建章立制，实施科学化管理。通过组织“元宵节猜灯谜”“最强大脑争霸赛”等活动，丰富职工业余文化生活，培养团队精神。

（延庆区广播电视中心）

频率频道

2015年北京市属广电机构频率频道设置情况

北京人民广播电台频率一览表

频率名称	开办时间	播出时间	主要栏目设置	2015年新增节目栏目
新闻广播 FM100.6 AM828	1993年 3月1日	0:00—24:00	《健康有约》《新闻晨报》 《新闻热线》、转播中央人民广播电台《新闻和报纸摘要》《北京新闻》 《气象服务》《新闻大视野》 《资讯早八点》《整点快报》 《央叙央议》《生态北京》 《警法在线》《话里话外》 《新闻天天谈》《新闻2015》 转播中央电视台《新闻联播》 《纪实文学连播》《看世界》 《健康北京》《照亮新闻深处》 《青春晚自习》《世说新语》	《世说新语》
城市广播 FM107.3 AM1026	2005年 3月1日	5:30—24:00	《天天向上》　《动听早高峰》 《京城帮帮团》《旅行号1073》 《职场帮帮团》《楼市好声音》 《健康加油站》《教育面对面》 《财富大搜索》《城市漫生活》 《北广购物》	《职场帮帮团》 《城市漫生活》
故事广播 AM603	2009年 1月1日	5:00— 次日0:30	《知识开讲》《纪实传奇》 《长书天地》《娱乐档案》 《人物空间》《今晚拍案》 《故事恳谈会》《读书俱乐部》 《晨钟书院》《阳光茶园》 《听说天下》《范儿生活》 《传奇书场》《光影留声》	《晨钟书院》 《阳光茶园》 《听说天下》 《范儿生活》 《传奇书场》 《光影留声》

续 表

频率名称	开办时间	播出时间	主要栏目设置	2015年新增节目栏目
体育广播 FM102.5	2002年 1月1日	0:00—24:00	《体育新世界——雄鸡唱晓》 《天下体育》《1025动生活》 《体育新世界——喜鹊登枝》 《见招猜招儿》《1025体育商城》 《饭点儿说吃》 《体育新世界——金戈铁马》 《金T高尔夫时间》《体坛夜话》 《星光体育》《今夜私语时》 《哪儿说哪儿了》《笑谈体育》 《运动人生》《界内界外》	《笑谈体育》 《运动人生》 《界内界外》
音乐广播 FM97.4	1993年 1月23日	0:00—24:00	《美丽清晨》《带你聆听》 《永恒的魅力》《古典也流行》 《边走边唱》《中国歌曲排行榜》 《爱得更久点》《男左女右》 《国家大剧院》《974最爱听》 《早安音乐秀》《汽车音乐汇》 《10点说唱团》《娱乐东道主》 《我的音乐旅程》《节奏驾到》 《越娱越乐》	《974最爱听》 《早安音乐秀》 《汽车音乐汇》 《10点说唱团》 《娱乐东道主》 《我的音乐旅程》 《节奏驾到》 《越娱越乐》
文艺广播 FM87.6	1994年 4月1日	0:00—24:00	《今晚我们说电影》《评书连播》 《养生之道》《空中笑林》 《早安北京》《天下行》 《娱乐有范儿》《知道不知道》 《爱星满天》《小说连播》 《环球旅行家》《娱乐72变》 《开心茶馆》《戏迷乐》 《吃喝玩乐大搜索》《艺海说宝》 《演艺群英会》《说学逗唱》 《话说天下》《广播剧场》 《午夜拍案惊奇》《美丽人生》 《乐享生活》《娱情娱理》	《乐享生活》 《娱情娱理》 《艺海说宝》

续 表

频率名称	开办时间	播出时间	主要栏目设置	2015年新增节目栏目
交通广播 FM103.9	1993年 12月18日	0:00—24:00	《谜幻时空》《百姓TAXI》 《1039环球音乐航班》 《娱乐大篷车》《音乐旅途》 《一笑堂》《徐徐道来话北京》 《1039新闻早报》《交通新闻》 《交通新闻热线》《一路畅通》 《欢乐正前方》《汽车天下》 《航空在线》《警法时空》 《长书连播》《1039交通服务热线》 《音乐来了》《行走天下》 《1039都市调查组》《蓝调北京》 《联e会》《有我陪着你》 《1039慧旅行》《一起午餐吧》 《新闻晚知道》《玩味时光》 《梦想行动派》	《1039慧旅行》 《一起午餐吧》 《新闻晚知道》 《玩味时光》 《梦想行动派》
外语广播 AM774	2004年 9月17日	6:00—24:00	《英语早餐》《大学生英语在线》 《趣味青春英语》《怪怪故事屋》 《环球30分》《留学时间》 《欧美音乐节拍》《感受北京》 《英语广播剧场》 《张道真自学英语》《英语PK台》 《小鬼当家》《听世界》 《京城大律师》	《京城大律师》
爱家广播 AM927	2009年 1月18日	5:30—24:00	《事事关心》《天下传奇》 《激情岁月》《百姓健康大讲堂》 《健康喜来乐》《快乐合家欢》 《装点好生活》《家有宠物》 《老年之友》《家里家外》 《毛毛狗的故事口袋》	《事事关心》 《天下传奇》

续 表

频率名称	开办时间	播出时间	主要节目栏目设置	2015年新增节目栏目
动听调频 Metro Radio FM94.5	2015年 5月18日	0:00—24:00	《Metro Night Mix》 《Wake up & Drive》 《High Tea Refill》 《Metro U—Turn》 《8+》 《X Fun吃货俱乐部》 《On Air With Ryan Seacrest》 《Weekend Brunch》 《Metro Reel Time》 《Weekend Go！》 《iHeart Radio Countdown》 《The Remix Top30 Countdown》	《Metro Night Mix》 《Wake up & Drive》 《High Tea Refill》 《Metro U—Turn》 《8+》 《X Fun吃货俱乐部》 《On Air With Ryan Seacrest》 《Weekend Brunch》 《Metro Reel Time》 《Weekend Go！》 《iHeart Radio Countdown》 《The Remix Top30 Countdown》
有线教学广播 FM99.4	2002年 1月1日	6:00—24:00	《英语早餐》《大学生英语在线》 《趣味青春英语》《怪怪故事屋》 《环球30分》《留学时间》 《欧美音乐节拍》《感受北京》 《张道真自学英语》《英语PK台》 《小鬼当家》《咚咚腔儿》 《听世界》《张道真自学英语》（第一、二、三、四册）、 《英语300句；日语300句；德语300句；法语300句；俄语300句》	
有线古典音乐广播 FM98.6	2002年 5月1日	0:00—24:00	《钢琴世界》《华夏神韵》 《POPS音乐》《交响空间》 《歌舞剧场》《CD博览》 《魅力演奏厅》	《CD博览》 《魅力演奏厅》
有线通俗音乐广播 FM97.0	2002年 5月1日	0:00—24:00	《经典专辑》《劲舞节拍》 《爵士庄园》《浓情乐坊》 《咖啡时间》《世界音乐》	
长书广播 FM104.3	2002年5月	0:00—24:00	《广播剧欣赏》《经典戏剧故事》 《武林天下》《言情小说》 《拍案惊奇》《小说连播》 《精品小说》《诺贝尔获奖小说》	

续 表

频率名称	开办时间	播出时间	主要节目栏目设置	2015年新增节目栏目
有线戏曲曲艺广播 FM105.1	2002年5月	0:00—24:00	《长安大戏院》《梨园金曲》《评剧大观园》《戏剧空间》《电影录音剪辑》《空中曲苑》《地方戏》	
欢乐时光广播 FM106.5	2006年9月6日	6:00—24:00	《纪实广播小说连播》《田立禾侃相声》《边走边听》《娱乐百宝箱》《相声大会》《电影百年》《今古奇观》《娱乐杂货铺》《哈哈剧场》《评书连续听》《开心聚会》	《田立禾侃相声》《边走边听》《娱乐百宝箱》《相声大会》《电影百年》《今古奇观》《娱乐杂货铺》《哈哈剧场》《评书连续听》《开心聚会 》
怀旧金曲广播 FM107.5	2006年9月6日	6:00—24:00	《经典走四方》《旧单车老情歌》《下一站的回味》《金曲无终点》《音乐在旅途》	

北京电视台频道一览表

频道名称	开办时间	播出时间	主要栏目设置	2015年新增节目栏目
BTV 北京卫视	1979年5月16日开播。2012年1月1日起标识变更为“BTV北京卫视”	06:00—次日06:00	栏目： 《大戏看北京》《养生堂》 《档案》《身边》《天下收藏》 《我是大医生》《杨澜访谈录》 《光阴》《全是你的》 《身边品牌系列节目》 《中国笑点》《梦想合伙人》 季播节目： 《我是演说家》《造梦者》 《歌手是谁》《音乐大师课》 《暖暖的新家》 《杨澜访谈录——人生相对论》	栏目： 《梦想合伙人》 季播节目： 《造梦者》 《歌手是谁》 《我是演说家》 《音乐大师课》 《暖暖的新家》 《杨澜访谈录——人生相对论》

续 表

频道名称	开办时间	播出时间	主要节目栏目设置	2015年新增节目栏目
BTV文艺	1988年12月30日开播	06:00—次日02:00左右	栏目： 《每日文娱播报》《文娱午报》 《影视风云》《春妮的周末时光》 《星夜故事》《脱口而出》 《笑动2015》《我爱我家》 《我家有明星》《光荣绽放》 《文化之约》《欢天戏地》 《音乐风云榜》《今晚80后脱口秀》 《综艺麻辣烫》《欢乐微逗秀》 《好戏连连看》《我爱收藏》 《午夜星歌榜》 季播节目： 音乐推理真人秀《隐藏的歌手》 晚会： “京张心连心” “中秋晚会”等20余档大型晚会及活动	栏目： 《我爱收藏》 《午夜星歌榜》 《综艺麻辣烫》 《好戏连连看》 《欢乐微逗秀》 季播节目： 《隐藏的歌手》
BTV科教	1999年12月27日开播，前身为1993年11月1日开播的以教学节目为主的二十七频道	06:00—次日02:00左右	栏目： 《法治进行时》《庭审纪实》 《第三调解室》《现场说法》 《警法目录》《非常向上》 《健康北京》《晚晴》 《非常幽默》《品味·艺术》 《法治中国60分》《您吃对了吗》 《留学生》《最北京》 《记忆2015》	栏目： 《您吃对了吗》 《留学生》 《最北京》
BTV影视	1992年5月4日开播	06:00—次日06:00	无	

续 表

频道名称	开办时间	播出时间	主要节目栏目设置	2015年新增节目栏目
BTV财经	2001年7月1日开播	06:00—次日02:00左右	栏目： 《首都经济报道》《理财》 《财富故事》《天下财经》 《财经锋汇》《谁在影响我》 《北京发布》《数说北京》 《问鼎世界》《法眼看剧》 《天下财经投资者说》 《税收天地》《才高八斗》 《品味消费在北京》《拍宝》 《财富晚间道》 特别节目： 《众筹梦想2015》 “北京影响力”评选活动	栏目： 《税收天地》 《品味消费在北京》 特别节目： 《众筹梦想2015》 “北京影响力”评选活动
BTV体育	1986年12月30日开播	06:00—次日06:00	栏目： 《天天体育》《体坛资讯》 《足球100分》《体育议起来》 《足球家》《快乐健身一箩筐》 《欢乐二打一》《声声体育》 《体坛荟萃》 《体坛荟萃—篮球风情》 特别节目： 全国扑克大赛、北京广场舞大赛、五棵松冰雪节、海沙节等群众性体育活动	

续 表

频道名称	开办时间	播出时间	主要节目栏目设置	2015年新增节目栏目
BTV生活	1996年11月8日	6:00—次日2:00左右	栏目： 《生活2015》《食全食美》 《美食地图》《生活面对面》 《幸福厨房 》《大城小事》 《生活+》《四海漫游》 《我爱我车》《选择》 《生活广角》《快乐生活一点通》 《健康生活》《生活特供》 《美食地图—探到底》 《第一房产》 《生活+家装攻略版》 《健康到家》 特别节目： 《上菜2》《幸福有鱼》 《拾说什刹海》	栏目： 《健康到家》 特别节目： 《上菜2》 《幸福有鱼》 《拾说什刹海》
BTV青年	前身为2002年1月1日开播的BTV青少频道。2012年1月1日起调整为青年频道	6:00—次日2:00左右	栏目： 《军情解码》《状元榜》 《北京客》《书香北京》 《不许不开心》《谁在说》 《探索》《青年探秘者 》 特别节目： 《2015环球春晚》 《第五届北京国际电影节闭幕式暨颁奖典礼》 《钢铁记忆》	特别节目： 《钢铁记忆》

续 表

频道名称	开办时间	播出时间	主要节目栏目设置	2015年新增节目栏目
BTV新闻	前身为2003年1月1日开播的BTV公共频道。2011年1月1日推出BTV公共·新闻频道。2012年1月1日调整为“BTV新闻”	6:00—次日2:00左右	栏目： 《红绿灯》《红绿灯早直播》 《北京新闻》《晚间新闻报道》 《北京您早》《特别关注》 《都市晚高峰》《锐观察》 《有话就说》《美丽乡村》 《这里是北京》《北京新发现》 《都市阳光》《北京议事厅》 《消费观察》《党建进行时》 《人才》《怎么看》《极致》 《新闻手语》《镜鉴》 特别节目： 《直播北京》	
BTV卡酷少儿	2004年9月10日开播动画频道。2007年1月1日更名为卡酷动画卫视。2012年1月1日调整为卡酷少儿频道	06:00—次日06:00	栏目： 《闪天下》《卡酷幼儿园》 《剧星派》《卡酷动物园》 《七色光》《十分开心》 《卡酷全卡通》 《谁敢挑战小学生》 《动画联盟》《卡酷异想世界》 特别节目： 《戚继光》《童心不停机》 《冲吧！汪汪汪》 《BTV卡酷少儿2015动画春晚》	栏目： 《动画联盟》 《卡酷异想世界》 特别节目： 《戚继光》 《童心不停机》 《冲吧！汪汪汪》

续 表

频道名称	开办时间	播出时间	主要节目栏目设置	2015年新增节目栏目
纪实频道	前身为2008年7月30日播出的奥运高清频道。2011年7月1日推出纪实高清频道。2013年7月，更名为“北京电视台纪实频道”	6:00—次日2:00	栏目： 《影事》《口述》《全景》 《纪实天下》《昨天的故事》 《时尚装苑》《纪录片影院》 《中国故事》《奇妙之旅》 《寰宇客》《奇纪实》 《奇趣自然》 项目： 《航行，我们的故事》 《雅获跑世界》 《GPS星际大战》	栏目： 《奇妙之旅》 《寰宇客》 《奇纪实》 《奇趣自然》
长城平台北京电视台频道（国际频道）	2004年10月1日开播	每天首播7.22小时、24小时滚动播出	以北京电视台自制节目为依托，精编具有首都特色和文化品质的各类优秀节目，涵盖资讯、文化、生活、旅游、科技、娱乐等类别。如每天50分钟《北京新闻》国际版	新增编辑类节目：《我是大医生》《品味·艺术》

其他：

1.《电视先锋榜》各频道播出

2.《BTV电视购物》BTV财经播出

北京北广传媒数字电视有限公司频率频道一览表

频道名称	开办时间	播出时间	主要节目栏目设置	2015年新增节目栏目
京视剧场	2003年9月1日	00:12首播12小时，全天24小时轮播	电视剧	
爱家购物	2003年9月1日	00:00首播12小时，全天24小时轮播	电视购物类节目	
动感音乐	2003年9月1日	21:00首播4小时，全天24小时轮播	《华语—尊地带》《谁比我原创》《东张西望+天籁村》《高温派对》	
车迷频道	2003年11月1日	18:00首播5小时，全天24小时轮播	《环球车讯》《优车惠》《养护宝典》《百变车妆》《车迷会》《极速狂飙》《车迷演播室》《摩托范儿》《柳实训练营》《岩谈》《庞大车视界》《V拍车》	《环球车讯》《优车惠》《养护宝典》《百变车妆》《车迷会》《极速狂飙》《车迷演播室》《摩托范儿》《柳实训练营》《岩谈》《庞大车视界》《V拍车》
考试在线	2003年11月1日	16:00首播8小时，全天24小时轮播	《学习法》《高考易错题解析》《历史大讲堂》《大话成语》《国学大讲堂》《一字之师》《剑桥少儿英语大奖赛》《高考文理综宝典》《器乐考级大全》《高考数学百题》《初中学习法》《高考古文观止》《高考满分作文》《同步课堂》《新概念英语》《陈雷益智秀》《大话英语》《英语书场》《妙笔丹青》《中国书法技法大全》《全国钢琴业余等级考试辅导》《考研直通车》	

续 表

频道名称	开办时间	播出时间	主要节目栏目设置	2015年新增节目栏目
优优宝贝	2004年1月1日	8:00首播6小时，全天24小时轮播	《全球育儿资讯》《谢宏真道理》《冠军宝贝训练营》《爹妈有话说》《儿科门诊》《婴幼养生》《成长指标》《健康风向标》《育儿专家热线》《明星妈妈》《明星爸爸》《产科病房》《家和国乐》《奇趣宝典俱乐部》《彭博士课堂》	《爹妈有话说》《儿科门诊》
四海钓鱼	2004年1月1日	1:00首播6小时，全天24小时轮播	《渔我同行》《游钓天下》《钓赛进行时》《钓友汇》《品牌故事》《论强秀场》《海钓玩家》《去钓鱼》《钓具博览汇》《展会最前线》《潮流风向标》《龙行天下》《黑坑江湖》《野钓江湖》《我的家乡有大鱼》《游钓世界影视展播》《饵料兵工厂》《鱼乐无限》《钩尖江湖》《本心流钓鱼窍门》《利优比游钓行》《动感钓鱼》《东区钓技百事通》《游钓中国》《户外生活》	
弈坛春秋	2005年3月18日	8:00首播4小时，全天24小时轮播	《大赛精华》《围棋TV棋友联赛》《五佳瞬间》《猫哥讲定式》《超好用布局》《蔄道网训精品课》《20天从零学会下围棋》《天下棋闻说》《棋力提高班》《美嘉围棋时间》《尖峰对决》	《大赛精华》《围棋TV棋友联赛》《五佳瞬间》《猫哥讲定式》《超好用布局》《蔄道网训精品课》《20天从零学会下围棋》《天下棋闻说》

续　表

频道名称	开办时间	播出时间	主要节目栏目设置	2015年新增节目栏目
环球旅游	2005年4月8日	21:00首播4小时，全天24小时轮播	《魅力世界》《环球览胜》《环球音乐之旅》《超级美食》《旅游新天地》《大话游》《新童领天下》《画中话》《旅游资讯》《宝中宝》《中国旅游》《环宇搜奇》《聚焦欧洲》《全球冲动》《心在旅途》《DV放映厅》《旅游中国》	
新娱乐	2005年7月22日	0:00首播5小时，全天24小时轮播	《爱上牛芳的音乐》《爱上牛芳的美丽》《爱上牛芳的旅行》《爱上牛芳的电影》《星星的厨房》《超级星美味》	《爱上牛芳的音乐》《爱上牛芳的美丽》《爱上牛芳的旅行》《爱上牛芳的电影》《星星的厨房》《超级星美味》
置业	2005年7月28日	20:00首播4小时，全天24小时轮播	《购房团》《海外地产》《置业法眼》《中华墨迹》《书画名家》《艺术与收藏》《百姓奥斯卡》《乐享空间》《海外建筑欣赏》	
戏曲广播	2003年11月1日	16:00首播，全天24小时轮播	《评书联播》《梨园金曲》	
爵士音乐广播	2003年11月1日	16:00首播，全天24小时轮播	《爵士经典》《爵士列车》	

续 表

频道名称	开办时间	播出时间	主要节目栏目设置	2015年新增节目栏目
北京之窗主频道	2009年4月30日	17:00—17:00	“公益北京”系列节目: 《公益播报》《福到福到》 《公益周报》《真情手递手》 《彩讯及时通》《彩票大家玩》 《彩票收藏》《Q逗彩票》 “善聚公益”北京首届公益梦想电视大赛等	《福到福到》(2015.02.01) 《公益周报》(2015.04.05)
北京之窗首都政务频道	2009年4月30日	17:00—17:00	《这里是北京》《数说北京》 《百姓就业》《大吉成长记》	
福彩开奖(图文栏目)	2010年9月15日	17:00—17:00	福彩公告、北京市福利彩票各个彩种开奖信息	

北京北广传媒移动电视有限公司频道一览表

频道名称	开办时间	播出时间	主要节目栏目设置	2015年新增节目栏目
北京移动电视	2004年5月28日	5:58—23:00	《整点播报》《体育新闻》 《法治进行时》《今天提示》 《畅行北京》《我的工会我的家》 《饭饭团》《悠悠团》《宝宝团》 《3分钟美食》《乐乘慧生活》 《黄金珠宝视界》 《中国梦——365个故事》 《北京旅游时间》《爱心点亮归途》 《教育新闻》《我在北京挺好的》 《绿动北京》《96310纪事》 《棒球周刊》《演艺罗盘》 《百姓就业》《一路同行》 《国家大剧院》《秀逗爱生活》 《剧情推动力》《我家有明星》 《身边的好学校》《科普微视频》 《翻滚吧地球》《周末去哪儿》 《尚周刊居尚》《尚周刊淘尚》 《请您欣赏》	《黄金珠宝视界》 《爱心点亮归途》 《北京旅游时间》 《周末去哪儿》 《尚周刊居尚》

北京北广传媒城市电视有限公司频道一览表

频道名称	开办时间	播出时间	主要节目栏目设置	2015年新增节目栏目
城市电视	2005年8月1日	7:00—22:00	《城市播报》《体育新闻》 《实时财经》《环球财讯》 《百姓就业》《我的工会我的家》 《96310城管纪事》《演艺罗盘》 《剧情推动力》《光影大视界》 《每日文娱播报》《我的工会我的家》 《中国梦365个故事》《非常幽默》 《城市悠乐惠》《周末去哪儿》 《电动汽车知识讲堂》	《城市悠乐惠》 《周末去哪儿》 《电动汽车知识讲堂》

北京北广传媒地铁电视有限公司频道一览表

频道名称	开办时间	播出时间	主要节目栏目设置	2015年新增节目栏目
地铁电视	2010年8月10日	5:00—23:00	《新闻地铁报》（一） 《新闻地铁报》（二） 《新闻地铁报》（三） 《新闻地铁报—体育》《美食0换乘》 《国家大剧院》《中歌榜》 《美丽俏佳人》《微电影》 《剧情推动力》《小羊肖恩》 《请您欣赏》《环球财讯》 《生活一点通》 《开心速递》三分钟版 《开心速递》五分钟版 《军情解码》《评影不离》 《星光隧道》《精彩足球》 《教育新闻》《身边的好学校》 《时尚前沿》《空气质量播报》 《时尚江湖》	《开心速递》五分钟版 《时尚前沿》 《星光隧道》 《空气质量播报》 《环球财讯》 《时尚江湖》 《精彩足球》

2015年北京市区县广电机构频率频道设置情况

北京市朝阳区广播电视新闻中心频率频道一览表

频道名称	开办时间	播出时间	主要节目栏目设置
BTV 新闻频道 朝阳时段	2003年1月	首播 19:30—21:00 重播次日 7:30—9:00 12:30—14:00	《朝阳新闻》《一周新闻综述》 《朝阳名师讲堂》 《走进朝阳教育》 《地税你我他》《平安朝阳》 《问政2015》《镜头对准死角》 《对话成长》《社会学堂》 《校园万花筒》《聚焦电子城》 《聚焦人力社保》《与法同行》
朝阳801 数字频道	2007年8月	6:00—24:00	《朝阳新闻》《一周新闻综述》 《朝阳名师讲堂》 《走进朝阳教育》 《地税你我他》《平安朝阳》 《问政2015》《镜头对准死角》 《对话成长》《社会学堂》 《校园万花筒》《聚焦电子城》 《聚焦人力社保》《与法同行》

北京市海淀区新闻中心频道一览表

频道名称	开办时间	播出时间	主要节目栏目设置	2015年新增节目栏目
BTV 新闻频道 海淀时段	2003年1月	首播 19:30—21:00 重播次日 7:30—9:00 12:30—14:00	《海淀新闻》《文明风尚汇》 《创新中关村·核心区》 《明天成长》《红盾时空》 《火线》《海淀教育》《城管视点》 《海淀1时间》《警方在线》 《海检播报》《人口与家庭》 《品质生活》《文明海淀》	
数字802 频道	2009年6月	每天早 7：30—晚 23：30共16 个小时	《海淀新闻》《文明风尚汇》 《创新中关村·核心区》 《明天成长》《城管视点》 《海检播报》《火线》 《海淀1时间》《海淀教育》 《警方在线》《文明海淀》 《品质生活》《法治中国》 《影视界》《中华弟子规》 《乖乖姐姐讲故事》	

北京市丰台区广播电视中心频道一览表

频道名称	开办时间	播出时间	主要节目栏目设置	2015年新增节目栏目
BTV 新闻频道 丰台时段	2003年1月	首播 19:30—21:00 重播次日 7:30—9:00 12:30—14:00	《丰台新闻》《人大在线》 《政协视窗》《清风苑》 《丰台警方》《丰台教育》 《丰台消防》《南城人物》 《成长的天空》《在身边》 《真情零距离》《法制风景线》 《幸福生活大讲堂》《全景荟萃》 《今天我出镜》《民防时空》等	《全景荟萃》 《今天我出镜》 《民防时空》
803丰台 数字频道	2007年 11月	首播 19:30—23:52 重播次日 6:30—19:30	《丰台新闻》《人大在线》 《政协视窗》《清风苑》 《真情零距离》《在身边》 《成长的天空》《丰台警方》 《丰台教育》《丰台消防》 《法制风景线》《幸福生活大讲堂》 《音乐排行榜》《奋斗》 《美丽俏佳人》《看中国》 《成功之路》《全景荟萃》 《今天我出镜》《民防时空》 《国医养生堂》等	《全景荟萃》 《今天我出镜》 《民防时空》 《国医养生堂》

北京市石景山区广播电视中心频道一览表

频道名称	开办时间	播出时间	主要节目栏目设置	2015年新增节目栏目
BTV 新闻频道 石景山时段	2002年 12月20日	首播 19:30—21:00 重播 7:30—9:00 12:30—14:00	《石景山新闻》《记者视线》 《新闻盘点》《生活与信息》 《天气预报》	
804石景山 数字频道	2009年 11月9日	6:00—24:00	《教育新视线》《法治聚焦》 《旅游》《政协之窗》 《石景山服务》《百姓剧场》 《走进演播室》《百姓故事》 《生活与信息》《电视购物》 《天气预报》《百姓诵读》 《百姓DV》《石景山新闻》 《记者视线》《新闻盘点》	

北京市门头沟区广播电视中心频道一览表

频道名称	开办时间	播出时间	主要节目栏目设置	2015年新增节目栏目
BTV新闻频道门头沟时段	2002年12月20日	首播 19:30—21:00 重播次日 7:30—9:00 12:30—14:00	《门头沟新闻》《一周话题》《信息高速路》《相约健康》《电视门诊》《工商在线》《百姓说吧》	《百姓说吧》《一周话题》

北京市房山区广播电视中心频率频道一览表

频率频道名称	开办时间	播出时间	主要节目栏目设置	2015年新增节目栏目
房山人民广播电台FM107	1989年9月	6:00—24:00	《房山新闻》《FUNHI时间》《生活广场》《经典音乐》《评书连播》《音乐加甜点》《新城故事》《汇生活》	《音乐加甜点》《新城故事》《汇生活》
房山人民广播电台FM96.9	2010年7月	6:00—24:00	《房山新闻》《FUNHI时间》《生活广场》《经典音乐》《评书连播》《音乐加甜点》《新城故事》《汇生活》	《音乐加甜点》《新城故事》《汇生活》
BTV新闻频道房山时段	2003年1月	7:30—9:00 12:30—14:00 19:30—21:00	《房山新闻》《今日关注》《funhill面对面》《都市生活》《法制与生活》《我型我秀》	《我型我秀》

北京市大兴区广播电视中心频率频道一览表

频率频道名称	开办时间	播出时间	主要节目栏目设置	2015年新增节目栏目
大兴人民广播电台FM98.6	1995年1月	6:25—24:00	《这里是大兴》《音乐随心听》《乌鱼来了》《悦听经典》	
BTV新闻频道大兴时段	2003年1月	首播19:30—21:00 重播次日07:30—09:00 12:30—14:00	《大兴新闻》《10分·关注》《爱我新区大讲堂》《镇街采风》《天天剧场》《经典剧场》《瞧这一家子》	《瞧这一家子》2015年3月开播

北京市通州区广播电视中心频率频道一览表

频率频道名称	开办时间	播出时间	主要节目栏目设置	2015年新增节目栏目
通州人民广播电台FM107.7	1991年12月	6:20—次日01:00	《通州新闻》《阳光新城》《成长进行时》《我家在通州》《信息立交桥》《中华文化大讲堂》等	《中华文化大讲堂》
BTV新闻频道通州时段	2003年1月	首播19:30—21:00 重播次日7:30—9:00 12:30—14:00	《通州新闻》《看通州》《记者视点》《大市政新市容》《安全》《艺术宋庄》《就业保障》《聚焦人口》《健康365》《民政民生》《通州城建》《普法园地》《古韵新绿》《小强听说》《文明通州》《走进三农》《食药安全》《凡人凡语》《百姓大秀场》《这里是永顺》《新闻一周》等	《凡人凡语》《百姓大秀场》《这里是永顺》《新闻一周》

北京市顺义区广播电视中心频率频道一览表

频率频道名称	开办时间	播出时间	主要节目栏目设置	2015年新增节目栏目
顺义人民广播电台频率FM92.9	1998年1月20日	6:25—23:30	6:25—23:30转播中央人民广播电台《新闻和报纸摘要》《新闻60分》 《燕京书场》 《929广播小说》（首播） 《快乐亦蝈鲜》（直播） 《悦耳聆听》 《家庭教育大讲堂/人口文化》 《新闻60分》 《越聊越开心》（直播） 《西部往事》《百年听书时》 《笑谈古今》 《全城都在点》（直播） 《大家帮助大家》（直播） 《新闻60分》《音乐百分百》 《读书品人生》 《929—广播小说》（重播） 《健康新生活》《星夜故事》	
BTV新闻频道顺义时段	2003年1月1日	首播19:30—21:00 重播次日7:30—9:00 12:30—14:00	《顺义新闻》 《情动绿港》 《顺义时空》 《健康有约》 《绿港e站》 《是非方圆》 《师说日》 《国学动漫城》 《纪录片》等	

北京市平谷区广播电视中心频率频道一览表

频率频道名称	开办时间	播出时间	主要节目栏目设置	2015年新增节目栏目
平谷人民广播电台 FM89.2	1992年 3月11日	6:30—8:20 11:00—12:00 18:30—19:30	《平谷新闻》《绿谷风采》 《老年文友》《健康》 《戏曲选粹》《法制园地》 《相声集锦》《岁月如歌》 《评书》	
BTV 新闻频道 平谷时段	2003年 1月1日	首播 19:30—21:00 重播次日 7:30—9:00 12:30—14:00	《平谷新闻》《警法在线》 《电视剧》《美丽平谷》 《百姓身边》《热点进行时》 《健康生活吧》	

北京市怀柔区广播电视中心频率频道一览表

频率频道名称	开办时间	播出时间	主要节目栏目设置	2015年新增节目栏目
怀柔人民广播电台 FM101.3	1996年11月	06:29—15:46 16:59—22:20	《怀柔新闻》《行风热线》 《科普园地》《今日三农》 《快乐游怀柔》《法治时刻》 《文化怀柔》《安全在线》 《文明在身边》《特别报道》 《成长》《健康伴你行》 《音乐无限》《快乐60分》 《故事会》《空中书场》 《生活百事通》《科普园地》 《人口与健康》《药品边防线》 《时代女性》《天气预报》 《明星魔幻秀》《生活D时代》 《远誉快车道》《消费生活新主张》 《山水怀柔》《美丽女人》 《工商之声》《文学草堂》 《水煮娱乐》《音乐红森林》 《欢乐群英会》《电台情歌》	《消费生活新主张》 《山水怀柔》 《美丽女人》 《工商之声》 《文学草堂》 《水煮娱乐》 《音乐红森林》 《欢乐群英会》 《电台情歌》
BTV 新闻频道 怀柔时段	2003年1月	首播 19:30—21:00 重播次日 07:30—09:00 12:30—14:00	《怀柔新闻》《生活大观园》 《法治时刻》《文化怀柔》 《安全在线》《文明在身边》 《今日三农》《健康有约》 《绿美怀柔》《怀柔环境》 《时代女性》	

北京市昌平区广播电视中心频率频道一览表

频率频道名称	开办时间	播出时间	主要节目栏目设置
昌平人民广播电台FM103.1	1987年7月	6:28—21:32	转播《昌平新闻》 自办《直播时段》《与法同行》《我们是艺家人》《戏剧故事》《今日书场》
BTV新闻频道昌平时段	2003年1月	19:30—21:00 7:30—9:00 12:30—14:00	《昌平新闻》《时空关注》《走进三农》《相约》《真情故事》《百姓话题》《古今昌平》《视角》《法治纪事》

北京市密云县广播电视中心频率频道一览表

频率频道名称	开办时间	播出时间	主要节目栏目设置	2015年新增节目栏目
密云人民广播电台FM94.1	1989年	6:30—23:30	《密云新闻》《今日密云》 《法制传真》《我的社区我的家》 《教育园地》《经济报道》 《三农有约》《健康时空》 《音乐随身听》《评书联播》 《广播剧场》《我爱国粹》	
BTV新闻频道密云时段	2003年1月	首播 19:30—21:00 重播次日 7:30—9:00 12:30—14:00	《密云新闻》《事事关心》 《经济一刻钟》《檀州大舞台》 《教育专线》《疾控在线》 《游遍密云》《科普大篷车》等	

北京市延庆县广播电视中心频率频道一览表

频率频道名称	开办时间	播出时间	主要节目栏目设置	2015年新增节目栏目
延庆人民广播电台 FM 92.8	1997年1月	6:30—22:10	《延庆新闻》《生活导航》《今日农村》《快乐调频928》《戏曲欣赏》《工商进万家》《大东说消费》《远誉快车道》《佳作欣赏》《名家讲坛》《百家书场》《广播剧场》《小说连播》	《戏曲欣赏》《远誉快车道》
延庆人民广播电台 FM98.8	1997年1月	6:30—22:10	《延庆新闻》《生活导航》《今日农村》《快乐调频928》《戏曲欣赏》《工商进万家》《大东说消费》《远誉快车道》《佳作欣赏》《名家讲坛》《百家书场》《广播剧场》《小说连播》	《戏曲欣赏》《远誉快车道》
BTV 新闻频道 延庆时段	2003年1月	19:30—23:30 每天早中晚滚动播出三次	新闻类：《延庆新闻》 专题类：《妫川骄子》《食在妫川》 社教类：《一路平安》《妫川国税》《阳光民政》《绿色家园》《妫川说法》《法庭内外》《金盾之光》《延庆教育》《卫生新视野》《检察视点》《水润妫川》《魅力新农村》《心理健康大讲堂》《中医话健康》《健康有约》 文艺类：《百姓大舞台》 服务类：《天气预报》《消费风向标》《妫川美食》《乐游延庆》	《乐游延庆》《心理健康大讲堂》《食在妫川》《妫川美食》

节目栏目

2015年北京市属广电机构重点节目栏目简介

北京人民广播电台

《北京电动自行车废铅酸电池回收乱象调查》新闻资讯类节目。北京电台交通广播《交通广播热线》栏目于2014年2月8日播出，时长17分19秒。北京全市电动自行车的保有量超过300万辆，每年产生的废铅酸电池超过2万吨，大多数电池废弃后处理不当，流入了非法回收点，简单拆解后流入小作坊甚至酸液直接倒在土壤里，对环境破坏很大。电台记者对此进行详尽调查，分析回收乱象可能会造成土壤污染、环境破坏等问题，并且分析形成原因、提出可行的解决方案。这一报道播出后，听众反响强烈，对北京乃至全国的电动自行车废铅酸电池回收具有参考价值。节目获得2014年度北京市优秀广播电视节目广播新闻奖。主创人员：程艳、王琛琛、任雪娇。

《乡村医生苦等不来，卫生室竟成了摆设》新闻资讯类栏目。北京电台城市广播FM107.3AM1026于2014年2月12日播出，时长6分39秒。延庆海子口村的陈先生反映，村卫生室唯一一位医生，因年龄和健康问题离岗后，没有新医生跟进，卫生室闲置一年多。经记者层层追问相关部门得出结果：乡村卫生院虽是政府投资建设，但聘请医生是由村委会负责。村委会无法依靠自身能力找到医生，而上级医疗部门也因人员不足，无法下派基层医疗人员，造成尴尬的现状。该节目播出后，反响强烈。如何培养用得上、留得住的“能力型”乡村医生，在城市广播随后播出的《市民对话一把手》节目中，记者将这一问题转给市医改办，引起重视。节目获得2014年度北京市优秀广播电视节目广播新闻奖。主创人员：

《失联66小时》新闻资讯类节目。北京电台交通广播于2014年3月15日07:20播出，时长14分22秒。2014年3月8日凌晨，马来西亚航空公司一架载有239人的航班失联，机上有154名中国乘客，航班号是MH370。记者第一时间前往失联乘客家属所在的北京丽都饭店，直击失联乘客家属们的焦灼、悲恸、愤怒，见证马来西亚航空公司滞后的应急处置反应。记者在众多的失联乘客家属中选择两位进行报道，以他们在飞机失联后所经历的心境和情绪的波动为纬线，以飞机失联后丽都饭店内消息发布的时间为经线，记录MH370失联后的66小时。主创人员：王琛琛、杨帆、程艳。

《寻找父亲》新闻资讯类栏目。北京电台新闻广播AM828《新闻天天谈》于2014年4月5日播出，时长39分钟。2013年底，无名英雄纪念广场在北京西山国家森林公园落成，上面镌刻着20世纪50年代牺牲在台湾隐蔽战线的烈士的名字，节目访谈采访的就是其中一位烈士刘光典的子女。1959年2月4日，前往台湾执行任务的刘光典，被国民党杀害于台北马场町。55年来，对于刘光典的子女来说，父亲一直是个朦胧的背影。他去哪儿了？做了些什么？他叛变了吗？他牺牲了吗？为了寻找答案，刘氏姐弟展开了一场历时几十载、跨越海峡两岸的追寻。节目获得2014年度北京市优秀广播电视节目广播新闻奖。主创人员：陈彦旭、许骏飞。

《四小时两千公里爱心急速递，12岁男童移植21岁心脏完成生命接力》新闻资讯类节目。北京电台交通广播于2014年5月3日播出，时长3分47秒。北京安贞医院12岁的患者小包因为急性心力衰竭，急需进行心脏移植。5月1日晚，广西有一名与小包血型相同的21岁的脑肿瘤患者脑死亡，家人同意捐献器官。心脏在离体之后不能超过6小时，从桂林运到北京仅飞行时间就两个半小时，加上手术时间非常急迫。记者跟踪采访整个过程，直到心脏移植手术成功。报道内容现场感强、真实紧凑、音效丰富、内容完整，体现出对生命的尊重，彰显社会正能量。节目播出后，听众反馈热烈。节目获得2013—2014年度中国广播影视大奖广播电视节目奖（广播消息类）、2014年度北京市优秀广播电视节目广播新闻奖。主创人员：马骁骁。

《违法不该成为一笔划算的买卖》新闻资讯类栏目。北京电台新闻广播调频100.6兆赫于2014年5月17日播出，时长4分钟。长安街边的"最牛户外广告牌"，多年违规却屹立不倒；当事人明知违法，却偏要为之；政府执法，收效甚微。该评论从"违法成本对比违法收益"的角度，分析广告牌"拆不掉"的根源。论点新颖，论据扎实，论证有力。对政府管理、法律完善有很强的启示和借鉴意义。若不能从根本上解决违法成本低、执法成本高的问题，"最牛广告"拆了，其他广告牌也会立起来，而其他类似违法行为也只会屡禁不止。节目获得2014年度北京市优秀广播电视节目广播新闻奖、2014年度年北京新闻奖一等奖。主创人员：高翔。

《转山法官》广播剧。北京电台广播2013年5月首播，时长3集共84分钟。该剧以北京"百姓宣讲团"宣讲员、"北京十佳法官"——房山区法院法官韩朝利为原型创作，通过"转山法官"一次"巡回审理"之旅中处理一个个匪夷所思的农村纠纷和案件，生动刻画出一位基层法官"司法为民"的大智、大勇和大德，展现法官们为社会和谐而奋斗的艰辛、坚持"案结事了"的执著、愿"天下无讼"的职业理想与法制社会的光明前途，该剧制作精良，风格质朴考究，艺术性强，获得2015年度中国广播影视大奖广播剧类作品专家评审第一名。主创人员：邵军、刘康达、胡培奋、齐克建、马海燕、徐然等。

《送考路上，爱心接力》专题服务类节目。北京电台城市广播于2014年6月19日、20日、24日播出三集。时长共7分30秒。2014年中考前，记者接到盲人家长求助，希望帮助其送孩子去中考。报道层层推进，由小故事展现出关注弱势群体、服务考生的社会大环境，于朴素中见真情。一个小小的求助电话，背后是《教育面对面》为听众办实事的点滴呈现，是北京榜样无所不在的感动。节目播出后在各渠道中受到听众表扬。节目获得2014年度北京市优秀广播电视节目广播新闻奖。主创人员：黄缘缘。

《颐和百年》专题服务类栏目。中国国际广播电台于2014年7月30日播出，时长10分钟。颐和园是举世闻名的皇家宫苑，作者通过对主人公生动的采访，向听众介绍了很多鲜为人知的历史资料，显得可信，可听性强。节目角度新颖，内容充实、朴素、通俗易懂，为海外听众了解颐和园提供全新视角，是一档平实但具有可听性的国际传播节目。节目获得2014年度北京市广播电视节目广播境外播出优秀奖。主创人员：秦鲁一、刘兴宇。

《离"埃博拉"最近的中国人》新闻资讯类节目。北京电台新闻广播AM828调频

100.6兆赫于2014年9月19日《新闻天天谈》栏目播出，时长28分32秒。节目在中国援非医生回国解除隔离的第二天，对其中的核心人物——13亿中国人中第一位接触埃博拉病人并被隔离的中国医生曹广进行了独家采访。直播访谈中，两位援非医生透露不为人知的感人故事，讲到动情处两位硬汉医生几次哽咽落泪。节目访谈自然，大处着眼小处着手，传播正能量。节目获得2014中国国际广播新闻奖一等奖、中国新闻奖提名。主创人员：李锐。

《宁泽涛游出亚洲人100米自由泳最好成绩47秒70》新闻资讯类节目。北京电台体育广播于2014年9月25日《整点新闻》栏目播出，时长1分27秒。记者不仅直接采访新闻当事人宁泽涛，而且采访中国游泳队领队许琦，请他客观评价宁泽涛的成绩。记者特别把田径百米跑和百米自由泳进行类比，更加肯定宁泽涛这个成绩打破欧美选手垄断百米自由泳运动的价值。节目内容短小精悍，配乐丰富。获得2014年度北京市优秀广播电视节目广播新闻奖。主创人员：曹力。

《它山之石——国外民生制度面面观》专题服务类节目。北京电台外语广播AM774于2014年10月1日至9日播出，共13集，每集时长15分钟。该系列专题报道是外语广播在“中国的深改元年——2104年”策划推出的系列报道。节目选取国内关注度最高、最热的教育、医疗、养老、住房、环保五个民生领域，采访50多位国内外专家学者、业内人士和使馆官员，试图让听众开阔视野，为执政者提供借鉴。节目获得2014年北京市优秀广播电视节目广播新闻奖。主创人员：纪烈鸿等。

《医改进入深水区，北京还将做什么？》新闻资讯类节目。北京电台广播FM107.3于2014年10月15日播出，时长 分钟。2014年10月14日《北京市人民政府关于继续深化医药卫生体制改革的若干意见》发布。在前期大量调查工作的基础上，主持人围绕医改顶层设计的重点、亮点内容和嘉宾展开对话，既有深入理性分析、又有形象比喻；既具体回应广大市民和医生的种种困惑和疑问，又描绘未来几年北京医改的实现路径。节目获得北京电台2014年度优秀节目新闻组二等奖。主创人员：张锋、白琳、王晓颖、张亮。

《完赛比取胜更重要——2014北京马拉松赛纪实》专题服务类栏目。北京人民广播电台体育广播于2014年11月1日播出，时长19分29秒。北京国际马拉松赛是每年北京重要的国际赛事之一，节目以报道北京马拉松赛为主要内容，通过两条主线全程记录。不仅通过参加马拉松比赛的跑者故事，阐述马拉松的意义，更通过志愿者、环卫工人以及限行的车主等角度，从不同的侧面展现外界对马拉松的理解。节目内容流畅，音响丰富，语言生动，情绪饱满；听众反映良好，纷纷表示“榜样的力量是无穷的”。主创人员：陈姝。

《锡盟到山东特高压工程今天开工，今后北京将不再新建电厂》新闻资讯类节目。北京人民广播电台新闻广播AM828调频100.6兆赫于2014年11月4日《北京新闻》播出，时长3分28秒。该节目在特高压开工首日播发，针对长期备受争议的特高压工程项目进入北京，解决电力缺口、提高供电可靠性、缩短户均停电时间问题进行报道。记者在查阅大量资料的基础上，对特高压和其对北京能源结构的巨大改变进行通俗说明。节目播出后受到专业部门和专家的肯定，获得2014年度北京市优秀广播电视节目广播新闻奖。主创人员：肖佳佳。

《北京是我家》专题服务类节目。中国国际广播电台于2014年11月6日播出，时长11分42秒。2014年北京市政府首次设立“京华奖”，对杰出华侨华人进行表彰，作者参与了对获奖者的系列集体采访。节目以杰出华侨对北京的贡献、对北京的感情为主线，通过不同的角度和侧面，用有机的串联和丰富的音响充分展示了海外华侨对北京建设所做出的成就。节目内容集中，语言流畅，串接自然，角度独特，制作讲究，是一档相当具有可听性的外宣精品节目。节目获得2014年度北京市优秀广播电视节目广播境外播出奖。主创人员：刘兴宇。

《不能忘怀的纪念》广播文艺类节目。北京电台音乐广播于2014年11月8日《特别创意》栏目中播出，时长29分44秒。节目以2014年3月28日韩国归还437具志愿军遗骸为叙事由头，以电影《上甘岭》的主题曲《我的祖国》《英雄儿女》为主线，串联起志愿军家属、幸存的志愿军老兵、迎接遗骸归国的当代军人、志愿军后代、祭奠烈士的普通百姓等人的采访，从不同角度表达对志愿军忠烈的怀念之情和对和平的珍视。节目赞颂为民族尊严奋不顾身的爱国主义精神，舍生忘死的革命英雄主义精神，不畏艰难困苦的革命乐观主义精神。节目获得2013至2014年度中国广播影视大奖广播电视节目奖、2014年度北京市优秀广播电视节目广播文艺奖。

《抗战的号角》广播文艺类节目。北京电台音乐广播于2014年12月13日播出，时长21分58秒。2014年9月3日是我国首个中国人民抗日战争胜利纪念日，作者在观看中国三大男高音戴玉强、魏松、莫华伦9月3日的“纪念抗战胜利专场音乐会”后有感而发，以此为新闻线索，搜集整理一系列抗战文艺经典作品。节目充分调动语言、音乐、音响等广播表现形式，所选素材现场感强、情感充沛。尤其是通过越洋微信，采访到《黄河大合唱》首演指挥邬析零的女儿邬枫。节目选取音乐、小说、话剧、京剧等多种形式，所选作品都是经典之作。节目制作精良，音乐、语言和音响的搭配细腻流畅，感染力强，风格清新。节目播出后受到各方好评，入选北京电台《精彩节目联播》。节目获得2014年度北京市优秀广播电视节目广播文艺奖。主创人员：张鹏飞、郭兆龙、晏积瑄、王暄、张利华。

《回归公益或继续收费，高速收费何时是尽头》专题服务类节目。北京电台交通广播2014年12月21日播出，时长6分40秒。近两年，国内不少高速公路迎来停止收费大限，但不少省份延期收费，引起公众热议，节目就此事进行探讨。报道真实紧凑、内容完整全面、环环紧扣，有一直参与采访京港澳高速河北段相关问题的河北交通广播记者，山东省交通运输厅财务处工作人员的第一手采访资料，对车主们的采访，更有交通管理、交通运输经济研究、财税法的相关专家、交通方面的律师共同探讨。节目播出当天上午，京港澳高速河北段重新开始收费，节目第一时间在交通广播早间的《今日交通》中播出，并以此为由头对高速路收费问题进行探讨，时效性极强。节目播出后，不少听众向交通新闻热线打电话反映对该报道的关注。节目获得2014年度北京市优秀广播电视节目广播新闻奖。主创人员：朱艳婷。

《北京新机场正式开工，计划2019年建成投入使用》新闻资讯类节目。北京电台交通广播于2014年12月27日《交通新闻》栏目播出，时长1分29秒。节目以新机场开工时的音响作为开头，将听众带到事件现场；通过介绍开工的具体区域、设计构造、开工要“开展地基处理实验，采集相关系数”等信息，将“开工”这个模糊的事件具体化和细节化。节目将开工这一事件本身介绍的非常详细、全面，同时也没有局限于“开工”本身，通过介绍新机场的规模等背景信息，点名它在世界上的地位和对整个北京乃至全国航空业发展的影响。节目获得2014年度北京市优秀广播电视节目广播新闻奖。主创人员：王丹。

《北京南水北调中线一期工程通水现场直播节目》新闻资讯类节目。北京人民广播电台新闻广播、交通广播，湖北广播电视台新闻广播，南阳人民广播电台于2014年12月27日9：50播出，时长52分27秒。在全长50多分钟的节目时间里，主创人员为听众展现南水北调水利工程的宏大、对送水沿线地区的意义、沿线数十万工程建设者的努力、前后六十年对八十多万移民的搬迁、安置，以及受水地区的对口支援合作等内容。节目获得2014年度北京市优秀广播电视节目广播新闻奖。主创人员：多台集体创作。

《资讯早八点》新闻资讯类栏目。北京人民广播电台新闻广播AM828每日早8:00—9：00播出，时长60分钟。栏目为受众提供最抢眼和最贴近的资讯，从2006年创办至今，一直保持鲜明的特色：一是精编消息的资讯性，二是采用娓娓道来“说新闻”的方式。编辑几乎彻夜不眠搜索大量信息，主持人每天早晨6点之前到岗，一年365天每天如此，实现“资讯早八点，新鲜每一天”的宗旨。主创人员：陈彦旭、李锐、康利坡、刘慧、许骏飞、张悦、杨萌、张博。

《家里家外》专题服务类栏目。北京电台爱家广播中波927千赫2015年每日17：00—17:25播出，时长25分钟。节目围绕家庭内外的热点话题进行讨论，邀请相关专家参与解读，引导人们树立热爱生活、关心家庭的人生态度。节目通过主持人与嘉宾对话的形式呈现，轻松自然、深入浅出，突出服务性和贴近性。节目开播以来深受听众喜爱，被誉为“家庭生活的好参谋”。主创人员：张艳、段玉龙。

《回家——两位普通中国人的抗战寻访之路》专题服务节目。中国国际广播电台2014年12月31日8：00播出，时长12分53秒。该节目通过讲述两位致力于抗战历史资料收集的普通人的故事，彰显迎接中国人民抗战胜利70周年纪念日的重大主题。节目在深入细致采访的基础上，利用电影蒙太奇手法将主人公故事中具有代表性的细节穿插在一起，使听众在聆听中似乎看到生动画面，带给听众感动和思考。报道揭露日本侵华战争中犯下的罪行，反映出中国人民英勇不屈的抗战精神。节目在美国洛杉矶、纽约，加拿大温哥华，澳大利亚悉尼等国际城市播出获得良好反响。节目获得第二十五届中国新闻国际传播（广播专题）三等奖，2014年度北京市优秀广播电视节目广播境外播出奖。主创人员：刘兴宇、李锐、许骏飞。

《北京大气条例今起实施　零点行动查处“新法第一案”》新闻资讯类节目。北京电台新闻广播AM828调频100.6兆赫于2015年3月1日《北京新闻》播出，时长2分45秒。《北京市大气污染防治条例》被称为史上最严的环保法规，3月1日零点，法律生效之时就是运用法律的开始，节目记者半夜跟随环保执法人员检查见证“大气新法”第一案的产生。违规企业被高限处罚并曝光后，整改环保措施，法律的作用显现，环保工作得以推进。节目在截稿之前还加入全市其他点位违法行为的综述，内容较全面生动，获得2014年度北京市优秀广播电视节目广播新闻奖。主创人员：刘萤萤。

（北京电台）

北京电视台

《生命缘》专题服务类栏目。BTV北京卫视2015年1月6日至4月1日，7月8日–10月7日，每周二21:18首播，时长70分钟。该栏目是第一档真正“现象级”的医疗纪实节目，形态模式引起多家省级卫视效仿。2015年，栏目在坚持极致的医疗题材中作出新尝试。坚持用平实的视角记录发生在各大医院抢救室、急诊室、手术室里惊心动魄的生命故事；坚持用最真实原始的电视纪录语态，触动观众心灵、唤起情感共鸣。2015年《生命缘》第二季和第三季，全国平均收视0.5，多次位居省级卫视前五名。仅在腾讯视频，《生命缘》系列报道网络点击量超过3.6亿次。2015年，《生命缘》荣获中国第二十五届中国新闻奖一等奖，北京广播电视创新创优栏目金奖。主创人员：总策划：邵晶，制片人：李潇，主编：马婷、刘书含，编导：秦晓明、王迪、高笑冉、陈梦圆、刘径驰、季楠等。

《西藏》优秀纪录片。BTV北京卫视2015年9月5日至10日，每晚22:30播出，每集60分钟。该剧阐明“西藏自古以来就是中国不可分割的一部分”“西藏地区民主改革的历史意义”“藏传佛教活佛转世”这三个广受关注的主题，这是国内媒体首次以纪录片的形式对其进行完整、深入、全面的表现。该片在晚10点综艺黄金档收视排名始终名列前茅，北京地区平均收视率为0.71%，全国33城市平均收视为0.21%，首播当日创下全国省级卫视收视率排名第三的佳绩。新华社、新华网、《人民日报》等深具影响力的传统媒体进行长篇报道，在新浪、搜狐、网易等新媒体平台上阅读量达到537.2万次。主创人员：制片人：黄炜、叶丹、孙浩，总导演：黄炜，执行制片人：郝霖、刘晓彤，主持人：谭江海，主编：郭春晓、张昱，导演：郭娇雯、游洋、夏欣、崔鑫琳，助理导演：张聪、周凌姗，责编：王潇玄，制片：赵然、成诚、王琳、严彬彬、汤兰君。

《伟大的贡献》优秀纪录片。BTV卫视2015年8月24日至31日，每晚22:15播出，每集60分钟，共8集。该片是为纪念中国人民抗日战争暨世界反法西斯战争胜利70周年而创作的大型系列纪录片。通过历史档案文献、历史影像、电影化的高品质呈现，展现和解读中国共产党带领人民取得抗日战争全面胜利的伟大贡献。该片在晚10点综艺黄金档收视排名始终位列前十名，单集最好排名为同时段第六。北京地区平均收视率为0.49%，全国33城市平均收视为0.17%，在北方地区收视一度达到0.51%，其中青年观众收视比重达21%。《中国日报》等十余家主流平面媒体对该片进行大幅报道，微博、微信等新媒体平台上的阅读转发量为587.4万次，并登上“电视节目话题榜”首位。主创人员：制片人：吕军，总导演：吕军、吴志勇，执行制片人：李丹、吴志勇，主持人：石凉，分集导演：吴志勇、马项媛、李丹、穆同、彭璐萌、赵原汐、胡杰、许璐、王蕴初、赵廉，导演助理：张亚琦、侯璐、张蜜蜜、黄建国、吴炳彦、张聪、沈思然、吴锰、许红颜，责编：王潇玄，制片：成诚、赵然、王琳、严彬彬、汤兰君、俞歆。

《传承者》综艺益智类栏目。BTV北京卫视2015年11月14日至2016年2月6日，每周六21:18，时长90分钟。栏目立足中华传统文化，聚焦中国非物质文化遗产的传承人及中国传统文化的传承者，将中华传统文化以电视节目的形式展现和发扬，打造中国文化大事件，让古老再次流行，让中国文化走向世界。作为一档传统文化展示真人秀，每个展示的传统项目都在有限的时间内传递出丰富的信息量，满足观众对传统文化的求知欲，来完成文化价值与情感诉求的共融共通。自开播以来，凭借与众不同的传统文化特色，在众多真人秀节目里开启了独特画风，13期节目全国35城平均收视率达1.5%。主创人员：吴英东、马远。

《养生堂》专题服务类栏目。BTV北京卫视2015年周一至周日17:25首播，时长60分钟。该栏目是一档全国知名的健康养生类节目，是广电总局认可、医学专家支持、媒体同业公认、观众信赖和喜爱的中国电视第一健康养生品牌。2015年，栏目稳居省级卫视同时段第一，全国平均收视率0.61%，比第二名收视高出78%。据央视——索福瑞数据显示，2015年累计收看人次达7亿。从观众构成看，25岁至54岁中青年观众规模涨幅超150%，外地城市的收视贡献率为64%，说明《养生堂》是一档具有全国影响力、老少咸宜的品牌栏目。8月份开通栏目微信总粉丝量已超过60万，平均每篇文章的阅读量超十万，在全国健康类微信号中，综合指数排名第一。主创人员：制片人：田天、王泓、华剑雄，主编：王孜、刘哲，主持人：刘洪悦、刘婧。

《音乐大师课》（第一季）综艺益智类栏目。BTV北京卫视2015年3月21日至5月30日每周六21:08播出，时长每期90分钟。该栏目是一档少儿音乐成长节目，以6岁至13岁的儿童为主角，赵屹鸥担任班主任，杨钰莹、曹格、韩磊、林志炫担任音乐老师，著名词作家阎肃担任校长。栏目让节目回归单纯的音乐和歌唱。12期节目35城平均收视率达0.5%。《人民日报》文化版刊发头条新闻：让孩子快乐学尽情唱。赞扬音乐教育节目《音乐大师课》没有PK没有淘汰，力争让音乐教育回归其本身，令音乐梦想更加纯粹，北京卫视播出的一档“音乐大师课”令人眼前一亮。

《暖暖的新家》专题服务类栏目。BTV北京卫视每周一21:18播出，时长70分钟。栏目“服务百姓安居梦，改造新家暖人心”为初衷，将镜头对准普通百姓，讲述12户有实际居住困难的人家在装修改造过程中发生的温暖人心的故事。栏目制作技术开启多个“首次”，比如采用飞行器进行航拍，采用缩时摄影技术进行家装改造的拍摄，在同类节目中具有创新引领力。自首播之日起，在周五晚间黄金档，平均收视达到0.42%。据CSM34城数据显示，首期节目收视率就达到0.64%，市场份额1.89%，为周末三天省级卫视非明星类综艺节目之首。节目收到社会各界的广泛好评，取得收视率和美誉度的双丰收。《光明日报》以“真人秀栏目聚焦群众才有生命力”为题，连续两周跟踪评论报道。主创人员：制片人：韩靖，总导演：王彦，编导：冯乐、王潇彤、储光照、张飒飒、于雷，责编：张雨尘，制片：刘亚敏、谢徽。

《永远的丰碑——纪念中国人民抗日战争胜利70周年阅兵》大型直播节目。BTV卫视、BTV文艺、BTV科教、BTV影视、BTV财经、BTV体育、BTV生活、BTV青年、BTV新闻、BTV卡酷、BTV纪实高清于2015年9月3日7:00—18:30并机播出，时长11个小时30分钟。直播中既有对大阅兵的全景式呈现，也有记者从现场发回的连线报道，还有八路军、新四军老战士，开国将军后人走进演播室，讲述八路军和新四军英勇无畏的抗战故事。此外，节目还特邀多位军事专家解读此次阅兵的武器装备，并运用虚拟植入技术生动呈现，展现我国军事装备的现代化和先进性，并及时将参阅官兵请进演播室，和观众分享他们的受阅感受，传递强国强军的精神力量。节目成为当天直播时间最长、报道规模最大、受众关注度最高的电视新闻作品。全台微博矩阵覆盖1.5亿人次，阅读量接近3000万次，通过微视平台浏览信息并参与互动接近30万人次，留言和评论达10万条，刷新BTV新媒体直播的历史纪录。这些留言和评论饱含真情实感，充满正能量，成为此次直播的最大亮点之一。主创人员：执行总导演：胡阳、陈悦、颜匀、刘非非、李光军、马迟、何思，主持人：李扬薇、曹一楠、李藏宇、邬晔维、国培源，直播导演：尹航、周欣、李莎莎、刘志霞、郭海鹏、云振贤、励嘉霖、赵辉、张威等。

《三元桥大修改造工程现场直播》新闻资讯类节目。BTV卫视、BTV新闻频道于2015年11月13日17：00至11月15日18：00，时长55小时。节目对整个工程施工的全过程、重要节点进行长时间、大规模、全方位、多角度的报道，无人机航拍不但开创航拍直播续航时间最长、单项目升空次数最多、夜航量最大等多项纪录，且空中拍摄画面实时送入转播车和4G回传信道，开创航拍画面实时4G网络连线等多项先例。直播团队在中旅大厦顶楼布设延时摄影和新媒体视频直播机位，使观众能够多角度、全方位地看到三元桥大修的景象。北京网络电视台设置水滴相机对大修进行网络视频直播，新闻频道公众服务号推出互动微直播，电视、手机加互联网，高空、延时加深入报道，形成了多维立体交互的全新报道模式。直播中所剪辑的三分钟延时摄影视频在全球最大的视频网站YouTube网站上点击播放量达到300万次，中国桥梁大修速度之快令外国网友感到震惊，为中国桥梁建设赢得国际声誉。主创人员：总策划：艾冬云、张庆、丁晓阳、袁朴，总导演：代晓、刘钊，导播主管：励嘉霖，延时摄影：盛京、马青等。

《北京新闻》新闻资讯类栏目。BTV北京卫视、BTV新闻频道周一至周日18:30并机播出，时长25分钟。该栏目是北京电视台最重要、收视率最高、影响力最大的新闻栏目，以“权威发布政策信息，悉心关怀百姓冷暖”为宗旨，以“准确、及时、严谨、规范”为目标，报道内容丰富全面，报道角度贴近群众、有内涵，在追其时政新闻的严谨性、经济新闻的生动性、社会新闻的思想性的同时，不断扩大报道范围、延伸报道内容，给观众带来最便捷、最丰富、最关注、最有深度的资讯服务。2015年《北京新闻》在北京地区收视率为6.46%、市场份额为25.86%，在全国34测量仪城市时段、全国35城市时段排名位置均排名第一，多次得到市领导和市委宣传部领导的表扬和肯定。主创人员：制片人：陈楠、李光军，责编：谢小岩、崔菲、石云、李晓军、舒予，主持人：王晔、王小佳、聂一菁、马迟、李杨薇、孙扬、邬晔纬、陆放。

《“通向2022——7·31北京携手张家口申办2022年冬季奥运会”大型直播报道》新闻资讯类节目。北京卫视、BTV新闻频道、BTV体育频道、BRTN网络台PC端和移动端于2015年7月31日9：00——21：30，向张家口、唐山等河北广播媒体推送，时长12.5小时。节目伴随国际奥委会第128次会议当日议程，全程记录北京的胜选过程。北京卫视、BTV新闻频道、BTV体育频道合计收视率为2.19%，合计市场份额为16.55%，北京地区共有近400万观众收看，较7月份同时段提升70.2%，全国34城市收视率为0.2%，累计到达人数超过700万，视频网站点击量超过6000万次，位居冬奥视频传播榜首；新浪微博话题阅读量达550余万。据中国人民大学大数据系统监测，7月31日“北京电视台”的社会关注度提升466%。主创人员：赵多佳、田方、朱江、艾冬云、张庆、焦少波、徐京玲、宋建生、王毅、王少华、史月光、张晓鲁、梁雪松、胡阳、张文天、杨蔚民、林琛、白云、王征、卢晓楠、孙仝。

《2015 BTV环球春晚》综艺益智类节目。BTV北京卫视、BTV青年频道于2015年2月17日19：35并机播出。该节目是北京电视台春节期间倾力打造的一台中外明星同台、中外娱乐荟萃的综艺性文艺晚会，也是北京电视台独创的国际化春晚品牌节目。自2010年起开办以来，环球春晚以多元化的节目内容、高水准的表现形式赢得国内外观众的广泛好评。2015年春晚在“我们的朋友遍天下”的主题下，以中国新春佳节为时间点，扩大春节的国际影响力，塑造北京国际大都市的形象，创造全球人民大联欢的节日气氛。青年频道《2015环球春晚》首播收视率0.86%，收视份额2.21%；北京卫视首播收视率4.64%，收视份额11.94%。《2015环球春晚》首播总体收视率同比提升20%。主创人员：出品人：赵多佳，总策划：袁子勇，总制片人：严崴，总导演：郭巍，导演组：朱沿延、石璐娃、刘蜜、李媛媛，撰稿：康健，艺人统筹：孙艳，制片组：马岩松。

《钢铁记忆》优秀剧目。BTV青年频道8月17—28日20:28首播、BTV北京卫视、新闻、生活（重播），时长30分钟。该栏目是由北京电视台联合湖北广播电视台、杭州广播电视台、辽宁广播电视台、以“众筹”模式摄制的纪念“中国人民抗日战争暨世界反法西斯战争胜利70周年”纪录片。该片以宏观历史的格局，考察微观兵器在战争中的角色，以生动严谨的细节再现，深入探究什么才是决定战争胜负的关键因素，同时以诸多独家采访和罕见影像，为当下的人们提供有益的思考坐标。节目紧扣中国共产党在全民族抗战中的中流砥柱作用，突出中国抗日战场在世界反法西斯战争东方主战场作用，充分展现中国军队如何在装备劣于日军的情况下，历经血战最终取得胜利。《钢铁记忆》在北京卫视平均收视率达到0.83%，同时段北京地区频道排名第二，全国34城市排名第六。该片独特的“兵器”视角让人印象深刻，其采用的故事化表现手法新颖独特与观众产生共鸣，受到业界一致肯定。主创人员：总撰稿：张苏，制片人：沈澜、崔笑田、吴筠，主编：王任飞、李航、吕敬、张晓彦，编导：乔鲁京、高晰、李臣、佘文、朱彬、李东巍、苏抒、耿珅、康健、侯芳。

《军情解码》新闻资讯类栏目。BTV青年频道周一至周日21:10首播，时长50分钟。该栏目是北京电视台于2011年1月1日推出的一档以“军事时事解析、军史故事解密”为内容主题的日播军事栏目。以在青年人中培养爱国主义情操、培育忧患意识、探寻现代战争规律、传递军事国防知识，以及展现我军基层部队风采为己任，历经五年播出，得到部队系统、专家和观众的较高评价，已成为一档较为知名、具有一定社会影响力的军事栏目。2015年在北京地区平均收视率增加5.2%。栏目曾获国家广电总局2011—2012年度中国广播影视大奖电视栏目大奖，先后两次荣获北京市优秀广播电视节目评选电视优秀栏目。主创人员：制片人：沈澜、崔笑田、吴筠，主编：王任飞、李航、罗旭，编导：乔鲁京、刘微、李臣、巫小为、佘文、苏抒、李纯、李娜、李文慧、郝丽、尤鑫、李东巍、周欣征、牟占旸、乔健宁、徐士悦、朱彬、路之逾、耿珅、刘颖、张进、张一昂、石冀明，主持人：罗旭、邬晔纬、裴琳。

《2015年北京电视台春节联欢晚会》综艺益智类节目。北京卫视、北京文艺、北京青年频道于2015年2月19日（大年初一）19:35并机播出，时长216分钟。节目以情感作为主线，注入亲情与感动。体现春节期间的两个永恒主题："和你的亲人在一起""平凡的人们给我最多感动"。以"感恩"为主线，分别以四个感恩点撑起了整个晚会的结构。晚会整体以情制胜，既有精彩的节目，又有感人的动情点。节目取得全国34城市时段排名第一，收视率1.91%，市场份额5.38%的好成绩，并获得中国广播电影电视社会组织联合会颁发的第六届春晚全国春节电视文艺节目十佳创意春晚、评委会特别春晚、最佳导演奖。2015年北京广播电视台节目创新银奖。主创人员：策划：赵多佳、艾冬云、潘全心，总导演：孙仝、孙勤，制片主任：毕鲁克，执行导演：刘昊雪、许佳多，舞美设计：唐焱，视觉总监：楚孝义、冯晓峰，摄像指导：姜力，主持人：春妮、栗坤、刘洪悦、曹一楠、曹扬、罗旭。

《每日文娱播报》综艺益智类栏目。BTV文艺频道周一至周日18：45首播，时长45分钟。自创办以来，一直把"文化价值发现者"作为栏目口号，坚持"文化彰显品位"的理念，坚持弘扬社会主义核心价值观，坚持向观众传递正能量，在文化娱乐界形成强大的话语权和影响力。2015年平均收视率为1.74%。广告月平均时长为151分，每天节目中广告时长稳定在5分钟以上。2015年《每日文娱播报》除全力打造原有的两个重磅板块《独家对话》《播报大调查》之外，还开辟全新板块——趣味民调"原来是播报"，采取记者出镜的形式和观众互动，选取时下最热门的话题进行讨论，取得良好的收视率。主创人员：副制片人：杨行，主编：常群、王春华、徐立、蒋超、孟玉、贾乃锐，责编：肖京文、陈姝燕、徐颖媛、宫璇，主持人：韦至、陈竞、陈阳。

《法治进行时》专题服务类栏目。BTV科教频道周一至周日12：00首播，时长55分钟。自1999年12月27日开播以来，历经16年，安全播出5700多期。栏目展现独特的新闻视角、第一时间的现场报道以及真实、鲜活的法治案例，推出众多家喻户晓的精品，打造品牌化法治节目。2015年4月6日，栏目实现演播室直播，秉承节奏快、信息量大的特点，成为第一时间发布法治信息、解读法治案件的平台。4G背包、4G手机回传或连线，网络视频连线，电话连线，微信文字、声音、图片和视频的互动，底拉字幕实时滚动新闻，增加新闻传播的时效性。栏目收视率、占有率和栏目广告创收连续十年在北京电视台的所有节目中稳居前三位，2015年全年平均收视率为4.3%。《法治进行时》与北京市公安局110勤务指挥中心合作推出的《北京110》板块，与北京市高级人民法院联合推出的《老赖曝光台》，在观众中形成固定收看习惯，很多观众积极为警方和法院执行局提供线索，对打击犯罪、震慑犯罪嫌疑人、促进执行结案起到有益助力。主创人员：制片人：陶继忠、钟南南、郭玉林、王丹，主编：刘井元、高颂东、王建国、马良、王卓、贾术杰、葛宏鹏、潘建华、潘旭，主持人：王振龙、张富丽。

《同在蓝天下——第七届"北京影响力"评选活动》专题服务节目。BTV财经频道2015年12月31日晚19：30首播，时长85分钟。该节目已连续成功举办七届，旨在表彰对地区经济发展作出突出贡献的企业、品牌和企业家，成为一档具有完整、独立原创知识产权的大型活动，是北京电视台品牌活动之一。2015年第七届北京影响力评选活动首次以“京津冀协同发展”为突破口和发力点，涵盖“京津冀”三地的政府单位、三地产经界和新闻宣传等方面。参与该评选活动的民众数量连年提升，人数从首届的22万增长到第六届的4000万。北京影响力活动曾获得中国广播电视奖、北京新闻奖、北京市广播影视奖等奖项。主创人员：王春元、赵曼、张庆、刘晓冬、赵伟、乔卫、万芊、邹志萍、张燕、赵武、毕艳玲、王超、王平，主持人：张栗坤、曹一楠、谭江海、李杰、曹阳。

《天天体育》新闻资讯类栏目。BTV体育频道周一至周日21:25首播，时长60分钟。该栏目是BTV体育频道创办时间最长、影响力最大的王牌栏目，主创人员始终坚持本土化策略，差异化竞争，抓住北京这座城市的所有体育元素，努力打造最适合北京地区观众口味的体育新闻和体育专题。内容秉持着以人为本、情理并重，深挖赛场之外的情感，走进普通球迷的身边，每年栏目都有作品获得北京市级别和全国级别的好新闻奖，每年超额完成收视指标。主创人员：林琛、王速、唐骏飞、王征，主编：杨帆、张亚军，责编：王浴浩、滑小毛、李晓玥、刘欧。

《生活2015》专题服务类栏目。BTV生活频道周一至周日18：30首播，时长90分钟。该栏目是北京地区最大体量日播民生新闻栏目，恪守民生取向，升级民生新闻。沟通市府、市民，通过权威的内容发布，实实在在的媒体行动，为共建北京服务。2015年平均收视率为1.47%。2015年度获得“大中华地区十大品牌华语民生栏目”“年度地面频道节目”“中国最具品牌影响力地面电视栏目”，制片人高燕获得“第十七届北京市新闻优秀工作者”“2015年度大中华地区华语民生广播电视影响力制片人”以及“观众喜爱的十佳主持人”称号。主创人员：制片人：高燕、刘春艳，执行制片人：张楠、汤军军、张璐、霍毓峰、杨苗，责编：张燕民，主持人：高燕、阿龙、李向显、秦天、吴冰、张楠、路伦一，编辑：张毓倩、康楠。

《2015 BTV卡酷少儿动画春晚——吉羊盛典》综艺益智类节目。BTV卡酷少儿卫视于2015年2月17日18:30播出。晚会突显京味儿元素，在天坛、故宫、长城召开，国内外知名的动画形象齐集北京过年。北京地区平均4岁-14岁核心收视份额18.42%，4+收视份额3.07%，全国34城4+收视率所有省级卫视同时段最高排名第一。动画春晚创下开播八年以来的最高收视纪录，核心受众收视份额达31.3%，全国34城份额9.82%。主创人员：总导演：李严，导演组：杨瑒、王沛珊、杨钊、刘贺春、张雪、许隽隽、张敏、张唯、赵伊娇，宣传：袁媛、张雯、李菲菲、陈笛、张天鹏、王虹粟、韩缙超、江淼、韩旭，统筹：冯焕斌、陈歌、李润云、刘佳、贾祎、史江泓、邱楠楠、庄盘石。

《纪实天下》优秀剧目。BTV纪实频道每周一晚21：00播出，时长27分钟。该栏目是北京电视台纪实频道节目中心推出的一档周播、短纪录片栏目，是纪实频道开播的第一档完全自主版权、自主创作的纪录片栏目。栏目通过发现当下社会生活中一个个鲜活人物和别样的故事，用记录的手法、纪实的视角，追踪人物命运，展现人物情怀，关注故事发展，讲述每一个普通中国人的“中国梦”，串联成当今中国的时代群像。2015年第一季度，收视率平均0.22%。到2015年年底，《纪实天下》2015年全年的平均收视率为0.13%，完成纪实频道的收视指标。多部片子获得国内外大奖，栏目组获得国家广电总局“优秀栏目奖”，第21届中国电视纪录片“好栏目”奖，第九届“纪录中国”创优评析活动栏目类一等奖等；栏目制片人张洁获得“2015年北京市优秀新闻工作者”称号，栏目编导闫伟获得2015年北京广播影视春燕奖、最佳电视纪录片编导奖。栏目主创人员：制片人：张洁，编导：闫伟、李畅唱、陈玉、汪琳、刘鑫。

（北京电视台）

北京北广传媒数字电视有限公司

《黑坑江湖》综艺益智类栏目。数字电视《四海钓鱼》频道每周四20：30首播，时长25分钟。该栏目是一档真人秀类黑坑钓鱼节目，记录5位个性鲜明的黑坑高手走访全国各大黑坑钓场垂钓。对每次的钓场，钓手都会做出特点总结，让没去过的钓友明白钓场情况。除了钓场总结，每期节目中嘉宾也会为钓友讲解和解决平时在黑坑垂钓时遇到的问题与困难。2015年1月，在中国广播电视社会组织联合会数字付费频道工作委员会举办的数字电视付费频道行业10周年创优节目评奖中，“四海钓鱼”频道获得数字付费频道“行业优异频道”大奖。2015年12月，“四海钓鱼”频道在中国广播电视协会举办的中国数字电视付费行业创优评析中获得“行业最受目标受众欢迎频道”。主创人员：栏目制片人：陈树柳，编导：王艳梅。

《极速狂飙》专题服务类栏目。数字电视《车迷》频道每周二20:30播出，时长25分钟。栏目主要聚焦赛场，拍摄各类赛车活动，普及比赛规则及赛车知识，讲述赛手故事。主创人员：祁昱杰。

《真情手递手》专题服务类栏目。数字电视《北京之窗》频道每天00:00、03:00、06:00、09:00、12:00、15:00、18:00、21:00播出，京视剧场频道每天13:00播出，时长30分钟/期，全年26期。该栏目以展现人物励志故事，帮助困难群体获得福彩公益金资助为宗旨。自2011年2月18日节目正式开播以来，已形成公益人物、组织宣传与公益金帮扶相结合的媒体特色。截止到2015年年底，栏目累计报道过的公益组织和励志人物200余位，共计代发福彩公益金近70万元。主创人员：总制片人：梁自珍，制片人、主编：王彤羽，编导：王丹、李茜茜，主持人：张洁、赵琦。

《福到福到》专题服务类栏目。数字电视《北京之窗》频道每天02:00、02:45、05:00、05:45、08:00、08:45、11:00、11:45、14:00、14:45、17:00、17:45、20:00、20:45、23:00、23:45播出，京视剧场频道每天17:00、17:45播出，时长10分钟/期，全年37期。该栏目是在2015年初始新开办的一档走进社区，到普通居民家“送福”，传播城市温情的节目。旨在通过一个个朴素的生活故事、公益故事，分享京城市民生活的真实感受，弘扬、汲取正能量。节目中主持人走进访谈对象家中，通过“唠家常”的形式，引导其讲述自己的生活和故事，向居民现场赠送符合其心愿的礼品，呈现出福彩对困难群体的帮扶、让普通百姓圆梦。主创人员：总制片人：梁自珍，制片人、主编：梁丹，编导：尹长凤、赵琦，主持人：龚洁、赵琦。

《彩讯及时通》新闻资讯类栏目。数字电视《北京之窗》频道每天00:50、02:35、03:50、05:35、06:50、08:35、09:50、11:35、12:50、14:35、15:50、17:35、18:50、20:35、21:50、23:35播出，京视剧场频道每天13:30、17:35播出，时长25分钟/期，全年52期。该栏目是北广传媒数字电视与北京市福利彩票发行中心合力打造的彩票资讯类栏目。节目内容涵盖彩票开奖信息、玩法介绍、购彩技巧、彩市热点等等，力求打造北京地区专业的彩票节目和彩民分享平台。主创人员：总制片人：梁自珍，制片人、主编：席慧，编导：马晖、周正、张妍婷、郭晗，主持人：龚洁、赵琦。

（北京北广传媒数字电视有限公司）

北京北广传媒移动电视有限公司

《我在北京挺好的》专题服务类栏目。移动电视每日6:00—23:00之间播出，时长5分钟/期。栏目通过采访在北京工作、学习、生活的典型代表，生动展现他们在北京生活、工作及学习的情况，讲述他们克服挫折的经历，他们对北京这座城市的感情，对这座城市经济、文明发展的奉献和付出以及他们对未来的期许，等等。栏目自开播以来，通过一期期人物的生动展现，源源不断地向受众传递正能量，弘扬真善美。主创人员：张楠、闫新疆、王琛、薛霞、刘军、侯超。

《秀逗爱生活》优秀剧目。移动电视每日6:00—23:00之间播出，时长5分钟/集。该剧是移动电视迷你剧集，无厘头是本剧的看点，动作表演及其神经质演出是本剧的亮点。短剧男主角秀逗表现的是现实生活中各种令人捧腹的形象。看似捧腹，但绝对不低级趣味，保持媒体格调性，突出正面宣传，传达真善美，摒弃假恶丑。节目用喜剧的形式宣传公益主题，将公益宣传片引入短剧的模式进行更新的诠释。《秀逗爱生活》连续两年获得北京广播电视台创新节目大奖。主创人员：张楠、闫新疆、王宇、赵韫、孙宇、程絮、宋若微、于雪颖。

《百姓就业》专题服务类栏目。移动电视每日6:00—23:00之间播出，时长5分钟/期。节目由移动电视与北京市人力资源和社会保障局合作打造，该栏目分为四大节目形式和一个固定版块，即新闻专题、人物专题、互动类节目、职介活动特别节目加上服务信息类板块《招聘信息》，内容兼具服务性、可视性及实用性。节目采用四种形式轮换播出、招聘信息固定播出的方式，从不同角度、不同方面为百姓提供切实地服务。主

创人员：张楠、闫新疆、王琛、薛霞、于淼、侯超。

《**饭饭团**》专题服务类栏目移动电视公交频道每日7:00—9:00、17:00—18:00播出，时长3—5分钟/期。该栏目是移动电视推出的一档展示美食、分享美食的节目。节目以参与免费试吃的观众为主角讲述用餐感受，百姓参与是此节目的一大特色，《饭饭团》节目中出镜的观众，均来自于参与“饭饭团免费品大餐”活动的美食达人，他们热爱美食，乐于分享，让节目充满亲近感，而线下的选拔和线上展示的有机结合，以及为广大观众持续提供免费试吃机会，让节目先天就具有广泛的群众基础，得到高度关注。主创人员：张楠、闫新疆、李敬、孙为、孙宇、李信扬。

《**悠悠团**》专题服务类栏目。移动电视每日7:00—9:00、17:00—18:00播出，时长3分钟/期。栏目的创办宗旨是“免费带观众畅游北京，悦享生活”，拍摄从参与体验的观众的视角出发，实施“体验式营销方式”的战略选择，通过关注受众的真实综合体验，实施体验营销策略，为受众打造符合他们收视需求的电视节目，从而进一步体现电视节目的“三贴近”原则。《悠悠团》不仅仅是个栏目，更是一个移动电视热心观众的俱乐部，还是一个长期的活动，以此为观众打造温暖的精神家园。主创人员：张楠、闫新疆、李敬、阎絮、李信扬。

《**整点播报**》新闻资讯类栏目。移动电视每日6:00—23:00，逢整点播出，时长5分钟/期。该节目每天6档（含更新档），全天共播出15次。其前身为北广传媒移动电视，自开播之初创立的集成类新闻栏目《新闻资讯》，后历经多次改版，不断创新，于2011年7月25日正式更名为《整点播报》。

栏目以本市的民生类新闻为主，同时还兼顾国内新闻、国际新闻、财经新闻等，既突出服务性，更强调可视性。主创人员：王莹、张蕾、孔源源、杨帆、隗炜、张妍、罗茜、王晓辰。

（北京北广传媒移动电视有限公司）

北京北广传媒城市电视有限公司

《**城市播报**》新闻资讯类栏目。时长3分钟、1分钟。该栏目是一档新闻资讯栏目，以“好看、实用、服务”为特色，结合新媒体户外播出的特点，选取每日各类新闻资源中的重大新闻事件、重要资讯信息，第一时间发布，随时更新，全天高频次滚动播出。在内容编排上，每条新闻都控制在20秒左右，更适合户外短暂收视。主创人员：姜丽红、闫颖、王阳、于波。

《**96310**》新闻资讯类栏目。时长10分钟。该栏目是由市城管执法局与北广传媒城市电视联合推出的一档栏目，以“报道城市管理，倾听百姓心声”为宗旨，主要以行业新闻、热点追踪、案例分析为主，所有新闻报道贴近百姓、平实有趣。通过独特的报道视角、运用生动的表现形式，向广大市民讲述“城管的事”，在“平民新闻”及与市民互动中力求使百姓与政府进行有效地沟通。主创人员：张普原、姜丽红。

《我的工会我的家》专题服务类栏目。时长2分钟。栏目是由北京市总工会、北京人民广播电视合作和北广传媒城市电视制作的一档职工服务资讯栏目。节目通过“工运动态”“专题报道”和“帮服信息”等板块，对各区县工会、总公司工会开展的活动和不同时期的工作重点进行全面报道，同时提供招聘信息、法律援助、工会维权、生活保障等内容。主创人员：赵辉。

《电动汽车充电设施小讲堂》专题服务类栏目。时长3分钟。由北京市发改委与北广传媒城市电视联合打造的一档栏目，该栏目将新能源小客车的充电知识，充电设施进行普及和宣传，兼顾深度和广度，做到将每一个选题讲清楚、说明白，让受众可以准确地掌握新能源小客车从申请、到购买、到充电等各个环节，为北京市推广新能源小客车购置和相关建设创造良好的舆论宣传环境。主创人员：赵辉、刘颖霄。

《共话十三五　共绘新蓝图》专题服务类栏目。时长3分钟。该栏目是城市电视配合北京市发改委“共话十三五，共绘新蓝图”公众参与活动而策划推出的一档“社会人物采访建言类”专题栏目，以北京市开展的“十三五”规划公众参与活动为人物线索来源，选取具有一定代表性的建言人，通过对其进行采访，了解建言的初衷和建言的具体内容，以此号召越来越多的人参与到北京“十三五”规划建言的队伍中来，从而达到“广听民意，广聚民智”“引导群策群力，引发社会讨论”的正向宣传效果。主创人员：刘颖霄、赵辉、张千。

（北京北广传媒城市电视有限公司）

北京北广传媒地铁电视有限公司

《身边的好学校》专题服务类栏目。开办时间2014年5月5日，时长3分钟。该栏目是一档和市委办局合作推出的教育类节目，每周一期，通过这档节目把好的学习资源进行宣传，介绍身边好的中小学校，给公众提供教育类资讯。主创人员：杨志涛。

《时尚前沿》专题服务类栏目。2015年5月11日开办，时长5分钟。该栏目是2015年地铁电视引进的一档全新生活服务类电视节目，节目内容从旅游购物，护肤彩妆、服饰品牌到各店家举行的活动等讯息，通过北京地铁电视媒体平台把北京市的一些商家特色或者文化广而告之给更多的观众，给观众提供丰富的时尚前沿信息，通过节目的形式一起参与与时尚有关的话题。主创人员：陈园园。

《空气质量播报》专题服务类栏目。2015年10月27日开办，时长1分钟。该栏目是与环境保护教育中心合作的一档预告空气质

量状况的公益节目。栏目内容预报北京市各城区、县的PM2.5浓度范围数值及空气质量状况，提醒乘客是否适宜开窗通风及户外活动。主创人员：吕阳、陈潇。

《美食0换乘》专题服务类栏目。2011年8月11日开办，时长5分钟。该栏目是一档紧密围绕日常美食消费领域，提供全面的资讯服务的节目。都市生活的群体常用的出行方式就是公交车和地铁，但上班族为赶时间一般都会乘坐地铁出行，这档栏目就是给出行的人群提供日常的美食服务。主创人员：陈园园。

《生活一点通》专题服务类栏目。2011年5月16日开办，时长5分钟。小发明、小窍门，通过快乐家庭的日常生活一一展现，使观众在轻松诙谐的家庭气氛中，便可学到简单实用的生活窍门。一个个奇思妙想，让生活充满幸福快乐；一个个新法窍门，让生活变得趣味无穷。最新的生活方式、最快乐的

生活感受，尽在《快乐生活一点通》！主创人员：吕阳。

《军情解码》综艺益智类栏目。2012年4月16日开办，时长5分钟。该栏目以军情“揭秘”为主打，选题涵盖军旅文化与战争文化，解析中外历史上的著名战争及政治战、经济战、心理战、文化战、情报战等不为人知的幕后故事。主创人员：吕阳。

（北京北广传媒地铁电视有限公司）

北京市朝阳区广播电视新闻中心

《朝阳新闻》新闻资讯类栏目。1995年1月开播，BTV－9每日19：32首播，时长30分钟。栏目始终坚持与朝阳区委、区政府保持一致，坚持正确的舆论导向，坚持“三贴近”原则，关注民生，关注生活，全方位，低角度，积极探索从会议挖掘有价值的新闻事实，朝着反映政府声音、满足百姓需求的方式不断转变报道形式和风格，取得可喜的成绩。

（北京市朝阳区广播电视新闻中心）

北京市海淀区新闻中心

《海淀新闻》新闻资讯类栏目。BTV新闻频道海淀时段、海淀数字频道每日19：30播出，时长15分钟。该栏目是海淀区新闻中心的主打电视新闻栏目，多年来始终坚持把握正确的舆论导向，围绕区委、区政府的中心工作，宣传全区经济和各项社会事业的发展与成就，及时报道老百姓关心的热点问题，每天源源不断的新闻作品为其带来良好的社会声誉。

《创新中关村·核心区》专题服务类栏目。BTV新闻频道海淀时段、海淀数字频道每周三20：00播出，时长15分钟。该栏目由海淀区新闻中心与海淀园管委会联合主办，是全面反映、深度报道和权威发布核心区及中关村海淀园的建设成就、最新资讯的综合性专题栏目。该栏目记录核心区发展历史、宣传核心区

建设成就、弘扬核心区创新文化、展示核心区时代风采，为核心区及海淀园的建设发展营造良好的社会舆论环境。

《文明风尚汇》专题服务类栏目。BTV新闻频道海淀时段、海淀数字频道每周一至周五19：50播出，时长10分钟。该栏目是海淀区新闻中心为深入贯彻落实党的十八大精神，践行社会主义核心价值观，弘扬海淀区文明风尚，于2014年年初开办的一档社教类栏目。栏目通过今日来播报、点赞正能量、欢迎来纠错、礼仪来知晓四个板块轮流组合播出，宣传海淀道德模范、北京榜样和各个岗位的先进人物，弘扬正能量，促进海淀区更加文明、和谐地发展。

《警方在线》专题服务类栏目。BTV新闻频道海淀时段、海淀数字频道每周日20：00播出，时长15分钟。该栏目是一档警法类电视栏目，包括“警方新闻”“本期视点”“治安播报”等多个板块，是海淀公安服务群众、展示人民警察良好形象的一扇窗口。该栏目通过鲜活的案(事)件的报道，治安案件的预警提示，深入浅出地向观众剖析违法犯罪成因，揭露违法犯罪手段，传播抵御违法犯罪活动，得到广大观众的认可和喜爱。

（北京市海淀区新闻中心）

北京市丰台区广播电视中心

《丰台新闻》新闻资讯类栏目。1986年12月开播，BTV新闻频道、丰台有线803数字频道周一至周六19：36首播，时长15分钟。该栏目旨在展现丰台发展，关注社会热点，及时发布丰台时政、经济、社会、文化、民生等最新资讯。2015年，《丰台新闻》围绕中国人民抗日战争暨世界反法西斯战争胜利70周年，开设主题系列报道《铭记》，通过对居住在本区的抗战亲历者进行采访报道，讲述抗战历史，弘扬爱国主义精神。全年共播发新闻299期，节目总时长4485分钟。

《全景荟萃》专题服务类栏目。2015年1月9日开播，BTV新闻频道、丰台有线803数字频道周五20：10首播，时长15分钟。该栏目以弘扬社会主义核心价值观，发现丰台之美为主线，展示丰台区日新月异的城市发展和变化，先进人物事迹，优良传统文化等内容。“老北京胡同里的庙会”“莲花池”“板报老人”“怪村太平鼓”“辛老的雕刻人生”“京南虎王”“铁道博物馆”等一批精心制作的节目陆续播出，受到社会各界的广泛关注和好评。

《今天我出镜》专题服务类栏目。2015年6月1日开播，BTV新闻频道、丰台有线803数字频道每天19：48首播，时长3分钟。栏目以“发现丰台之美”为主题，以百姓达人为主角，以自述为主要形式，激发群众发现、创造和建设美丽丰台的热情。共计播出100期。

（北京市丰台区广播电视中心）

北京市石景山区广播电视中心

《百姓诵读》专题服务类节目。2013年开播，石景山有线804数字频道每周六20:00播出，每周日7:30重播，时长12分钟。节目注重选材、特色突出、雅俗共赏。通过邀请石景山区诗歌朗诵爱好者在电视荧屏上以诵读的形式播出老百姓耳熟能详的优秀作品，在弘扬传统文化的同时，抒发对祖国大好河山的赞美和对百姓幸福生活的热爱。坚持百姓参与的特色，传递美的感受。

《法治聚焦》专题服务类栏目。原名《法制聚焦》，2009年改版升级为《法治聚焦》，北京电视台BTV公共新闻频道石景山时段、石景山有线804数字频道每周四20:10播出，每周五8:10、13:10重播，时长15分钟。栏目以弘扬法治精神，普及法律知识、推进法治建设、维护公众合法权益为宗旨，注重法、德、情的融合，展现政法战线的风采与业绩，突出本地特色，为全区经济社会发展营造良好法治环境。主打板块有“直击现场”“举案说法”“法在身边”“法治人物”“警情提示”等。自2012年栏目进一步改版后，其生动鲜活、贴近社会、贴近百姓的风格更受观众喜爱。

《记者视线》新闻资讯类栏目。2001年开播，北京电视台BTV公共新闻频道石景山时段、石景山有线804数字频道每周一至周五19:50播出，时长15分钟。栏目以记者深入一线的采访报道为出发点，通过记者的独特视角，对新闻事件进行深入挖掘和点评。2015年，栏目播出大量涉及教育、文化、医疗、体育、社区等领域的实时报道，并对众多重点事件及百姓关注的热点话题进行分析与解读。该栏目曾获北京市广播影视奖优秀电视栏目奖。

（北京市石景山区广播电视中心）

北京市门头沟区广播电视中心

《门头沟新闻》新闻资讯类栏目。BTV公共（新闻频道）门头沟时段每日19:34播出，时长15分钟。栏目以全区中心工作为宣传重点，坚持正确舆论导向，弘扬主旋律，坚持“三贴近”原则，关注民生，服务大局，全面、及时、准确报道发生在本区的新闻事件，是门头沟电视台收视率最高的一档新闻节目。主创人员：苏燕平、胡金旺、梁杰、刘越、吴南囡。

《一周话题》专题服务类栏目。BTV公共（新闻频道）门头沟时段每周一19:50播出，时长15分钟。该栏目作为新闻节目的延伸大大增加了群众采访的比重，加大评论力度和深度，结合时事对百姓关注的特定话题进行分析说理，以达到舆论引导的目的，为区委、区政府工作大局服务，是门头沟电视台收视率较高的一档新闻评论类专题节目。主创人员：苏燕平、蓝盛斓、张烁、邓楠、刘小虎。

《百姓说吧》专题服务类栏目。BTV公共（新闻频道）门头沟时段每周五《门头沟新闻》节目中播出，时长2–3分钟。栏目以“弘扬社会主义核心价值观，提升市民文明素质”为主题，每期确定一个“说”的内容，让观众说看法、说想法、说办法。节目内容贴近群众实际生活，目前已经成为一档深受群众喜爱的优秀栏目。主创人员：苏燕平、胡金旺、王正、闫菲等。

（北京市门头沟区广播电视中心）

北京市房山区广播电视中心

一、广播栏目

《音乐加甜点》综艺益智类栏目。FM107每周一、周四上午10：00—11：00首播，下午17：00、20:00重播；周日10：00、17:00、20:00重播。时长60分钟。节目内容温暖轻松娱乐，在轻松听歌的同时传递祝福和爱。各种点歌祝福——生日、结婚、金榜题名、喜得贵子、各类感谢感恩、离别祝福、商家开业祝贺等都可以在节目中实现。栏目弘扬主旋律、贴近房山地气、具有自身特色、互动性强，以音乐为主要元素，突出服务性。

《汇生活》专题服务类栏目。FM107每周三10：00—11：00播出，时长60分钟。栏目搭建房山经济生活广播新平台，服务房山本地商业机构，引领舆论导向，让生活在房山的朋友了解房山新城的政治、经济、文化、娱乐、体育等生活各层面的新发展，为百姓经济生活服务指南。体现北京世界城市发展规划和房山“新城新业新生活”的定位，反映房山广大市民心声。将权威性、指导性与贴近性、服务性相结合。立足房山，服务听众。

《新城故事》专题服务类栏目。FM107每周二10：00—11：00播出，时长60分钟。栏目弘扬房山文化，宣传房山，推介房山，展现房山悠久的历史文化和人文资源。讲述老百姓身边自己的故事。节目旨在把触角伸入到社会的方方面面、各行各业，通过讲述老百姓身边发生的平凡故事，以小见大，展示新时期房山的发展变化。更进一步地贴近百姓，吸引听众的收听兴趣。

二、电视栏目

《房山新闻》新闻资讯类栏目。房山电视台有线、无线频道每日19:36首播，时长15分钟。栏目全面、广泛、深入地报道房山区的时政、经济、社会、科教、文化、体育等各个领域，广大群众普遍关心、关注的社会热点、问题以及与群众生活息息相关的时政要闻及民生新闻。时政新闻强调权威观点，为房山地区的经济社会发展和建设做好宣传报道工作。经济新闻强调宏观举措；科教新闻强调最新成果；文化新闻强调高雅品位；社会新闻强调客观报道。政令与政策、改革与发展、区情与世象，是该栏目主要的报道内容，与地区经济社会发展相结合，坚持正确舆论导向，是该栏目的播出宗旨与原则。2015年《房山新闻》先后推出《新常态 新转型 新发展》《劳动者风采》《代表先锋行》《廉政视点》《红色平西》《回顾2015 展望2016》《党员风采》《走进兰花大会》《转型发展新看点》《新春走一线》《新春欢乐游》等栏目。《房山新闻》是房山区委区政府的喉舌，是展示房山形象、推介房山资源平台的窗口，也是外界了解房山的重要媒体。

《今日关注》新闻资讯类栏目。房山电视台有线、无线频道每日19:58首播，时长20分钟。该栏目是一档多板块、突出热点、形式新颖的融服务信息、民生话题于一体的新闻资讯类栏目。重点报道全区发展建设中的热点、焦点、动态，说百姓话，服务市民生活，让观众在最短的时间了解周围的世界；以时尚、文明的气息，讲“好故事”、讲好房山“故事”、实时策划、跟踪动态，推动房山建设步伐。栏目已经成为房山老百姓心中脍炙人口的一档民生类新闻节目，拥有固定的收视群体，热心观众们通过节目热线电话积极向栏目组提供有价值的新闻线索，参与到节目中来，受到群众一致好评和热烈欢迎。

《文化纪事》专题服务类栏目。房山电视台有线、无线频道每星期五晚8:20播出，时长20分钟。栏目意在弘扬人文精神，打造区域大文化品牌，反映区域文化特色，呈现区域文化发展脉络；同时对于区内文化活动、人文景观、文化现象的形成、发展、影响进行较为清晰的梳理和判断，兼具思想性、人文性、参与性、寓教于乐性等特色。栏目开播两年，已播出共100多期、时长超过1600多分钟的节目。受众群体广泛，得到社会各界广泛认可，打造出区域主流媒体第一档文化品牌。

（北京市房山区广播电视中心）

北京市大兴区广播电视中心

一、广播栏目

《这里是大兴》新闻资讯类栏目。北京阳光调频（大兴人民广播电台）FM98.6，每日7:00—7:30、12:00—12:30、19:30—20:00播出，时长半小时。栏目报道身边人、身边事；记录区域历史，传播地方文明；呈现新鲜立体的全景大兴，打造有深度、有温度的广播新闻。大兴地区有五个公园和几十个村庄的有线广播都在转播这个节目。主创人员：房晓鹏、于蕾、靳石萌、曹蕾、于淼、杨颖、刘丽侠、杨景然、贾悦、吴晋昊。

《音乐随心听》综艺益智类栏目。北京阳光调频（大兴人民广播电台）FM98.6周一至周日11：00—12：00播出，时长1小时。栏目每天都安排新鲜的音乐主题以及精彩纷呈的音乐资讯，为听众带来高品质的听觉享受。主创人员：阿丽、张婷婷。

《乌鱼来了》专题服务类栏目。北京阳光调频（大兴人民广播电台）FM98.6周一至周日8：00—9：00播出，时长1小时。栏目播报娱乐资讯，畅聊轻松话题，让受众在上班路上保持愉悦的好心情。主创人员：袁媛、吴晋昊、张婷婷。

二、电视栏目

《大兴新闻》新闻资讯类栏目。1995年1月开播，BTV大兴时段周一至周日19：35—19：55播出，时长20分钟。该栏目以时政新闻为主要内容，通过时政新闻的“民本化”处理，突出“我们跟您最近”的节目理念，追求新闻报道更贴近、更迅捷、更生动之效果。栏目重要新闻报道配发“新闻背景”“新闻链接”“记者感言”等附加内容，以满足受众对资讯的深层次、多样化的需求，使时政新闻更具震撼力和影响力。

《爱我新区大讲堂》专题服务类栏目。2012年5月开播，BTV大兴时段每周日20：30—21：15播出，时长45分钟。栏目深入基层，倾听民意，访谈形式生活化、故事化，2014年10月栏目开办“实事实办”专题，服务于全区中心工作，搭建党和政府与群众面对面交流的平台，聚焦问题，解析矛盾，解读政策。2015年连续开展“一把手”深度访谈，说发展、讲问题、叙风险、畅心声。

《瞧这一家子》综艺益智类栏目。2015年3月开播，BTV大兴时段周一晚20：30—21：15播出，时长45分钟。栏目立足于“五有五提倡”惠民工程，以家庭为出发点，传递出这个“社会基本细胞”的正能量。栏目从创新节目编排、优化节目结构、美化节目包装三方面下工夫，推进节目品牌建设，强化观众认知度，让越来越多的群众通过家庭才艺展示、讲述家庭故事、家庭知识问答等方式参与到栏目中来。

（北京市大兴区广播电视中心）

北京市通州区广播电视中心

一、广播栏目

《中华文化大讲堂》专题服务类栏目。2015年1月1日开播，通州人民广播电台FM107.7频率周一至周日16:05—16:30播出，时长25分钟。节目内容生动活泼，突出生活化、实用化、通俗化。节目以名家访谈、经典讲解、德育故事、中华传统节日、传统文化常识、孝亲感恩歌曲、古典音乐、广播剧等形式多样的内容，为广大听众系统地介绍中华民族优秀的传统文化，创造一个智慧仁爱、积极向上的精神家园。

二、电视栏目

《通州新闻》新闻资讯类栏目。1994年2月6日开播，北京电视台公共新闻频道通州时段每天19：30播出，时长10分钟。栏目开播以来，始终以时政新闻为主要内容，围绕区委、区政府中心工作，按照“快、准、新”的新闻报道原则，对重要题材、重大事件等展开全方位、多角度报道。2015年，《通州新闻》围绕区内“深入开展‘三严三实’专题教育、创建全国文明城区、北京市行政副中心建设”这一主线，时刻把握宣传重点，内容上力求贴近，形式上力求创新，始终坚持正确的舆论导向，取得良好的宣传效果。积极发挥新闻媒体监督作用，集中曝光一批市容环境问题。深挖历史元素，弘扬运河文化，加大“通州味道”的报道力度。

《凡人凡语·故事》专题服务类栏目。2015年3月19日正式开播，每周四播出一期，时长12分钟。形式采取主持人演播室加外景拍摄，保持鲜明的讲述风格。栏目力求以新颖独特的方式讲述运河岸边百姓的故事人生，传播运河文化，传播社会正能量，吸引广大受众。节目内容始终贴近基层百姓，体现通州特色。栏目前期策划，突出平凡、感动、温暖的主题。无论在前期演播室设计还是讲述语言的设计上都尽量做到贴近百姓，说百姓话，讲身边事。故事主人公的选取，突出平凡人，传递正能量。通过讲述运河岸边这些人物的故事，让受众更加了解通州及通州人，从而达到宣传学习的目的。播出反馈来看，设置悬念的形式得到观众的喜爱。

《百姓大秀场》综艺益智类栏目。2015年3月5日，通州电视台播出时间，时长20分钟。2015年《周末大舞台》改版为《百姓大秀场》，节目改变以往电话报名，集中录制的模式，节目组的工作人员主动走进社区街巷、走到田间地头，为热爱文艺的农民、居民朋友提供展示自我的舞台。至2015年年底已成功播出50期节目，得到社会各界的一致好评，千龙网还对节目的运作模式给予报道。

《这里是永顺》专题服务类栏目。2015年5月29日，通州广电中心与永顺镇人民政府联办的专题节目《这里是永顺》首播，节目隶属于魅力乡镇板块，每月一期，周四首播，时长10分钟。节目全景式的鸟瞰永顺镇，对永顺镇在经济和社会各项事业发展中作出的突出成绩予以报道和展现，从而为北京行政副中心建设营造良好的舆论氛围。

（北京市通州区广播电视中心）

北京市顺义区广播电视中心

一、广播栏目

《大家帮助大家》专题服务类栏目。2013年开办，顺义人民广播电台每日17：00–19:00播出。该栏目是一档兼顾民生互助和政府沟通功能的直播民生互助节目，同时也是顺义广电中心作为区域主流媒体搭建政府与市民主动交流和信息发布的平台。已与顺义公安分局交通支队、顺义区疾病预防控制中心、顺义区环保局、顺义公安消防支队、顺义区检察院、顺义区食品药品监督管理局和顺义公安分局合作开办《交通违法曝光台》《每周疾病预防播报》《空气质量播报》《每周消防警情播报》《每周食品药品安全播报》《检察官播报》《每周警情播报》等多个全新子栏目。针对市民反映比较集中的公交车不准时、服务态度不好，部分路段路灯为什么不亮，农村垃圾倾倒等重点难点问题进行了专题连续报道。在一定程度上得到了广播市民的理解和原谅。主创人员：张雨欣、肖孟伊、王力力。

《读书品人生》专题服务类栏目。顺义人民广播电台FM92.9每日21:00—21:30播出，时长30分钟。栏目以一脉书香，一种人生为口号，以书籍介绍和人生感悟为结合点，将书籍中所体现出的人生感悟自然融合到节目内容中，同时辅以不同主题，为广大的听众打造一档具有一定文化品位的专题节目。节目通过介绍和听众交流激发听众阅读欲和积极性，在顺义广大听众中产生较强的影响，很多听众因为收听栏目后重拾自己的阅读习惯；有些听众通过节目中讲述的故事或感悟，重新找到自己的人生目标或处事原则。主创人员：张雨欣、闫云霞、直守斌。

《全城都在点》综艺益智类栏目。顺义人民广播电台调频92.9兆赫每周一至周五下午15：00—17：00播出，时长两个小时。该栏目是一档直播点歌节目，节目中通过互动QQ以及手机短信平台的方式来点播歌曲，传递祝福，同时可以发布交友的信息，主持人蝈蝈、萧萧轻松幽默的主持风格受到听众的喜欢，赢得很高的人气，为听众带去精神上的轻松和愉悦。主创人员：王苹、周阳、直守斌。

二、电视栏目

《顺义新闻》新闻资讯类栏目。顺义一套每日19:34播出，二套20:30播出。自1994年开播以来，一直是顺义百姓关注的新闻节目。栏目始终立足顺义发展，充分发挥喉舌功能，影响社会舆论，记录顺义变化，讴歌发展成就，凝聚党心民心，架起政府与群众沟通的桥梁。随着顺义经济社会各项事业的发展，顺义新闻更加注重从百姓视角解读新闻事件和大政方针，更加关注人民群众生活，突出贴近性。2015年共开办有“行进顺义 精彩故事”“顺义抗战故事”“生活直通车”“辉煌十二五”系列等栏目，为宣传顺义发展起到助推作用，也使《顺义新闻》成为顺义电视台最受群众关注的品牌栏目。

《健康有约》专题服务类栏目。栏目2010年10月开播，播出频道播出时间　每周播出1期,每月3期，全年播出36期。栏目以主持人与嘉宾的谈话方式进行，栏目内容定位在向百姓讲解基本的医疗常识，普及基本的养生方式方法，节目邀请顺义和北京市在医学的某一学科或领域的知名专家，向大家讲授医学知识。栏目自2014年7月改版，节目现场不仅有专家演示，还有观众互动，节目后还持续为观众“现场门诊”，专家现场为观众解答医疗难题。节目播出后，反响热烈，很多观众来电咨询和求助。同时，顺义区各大医疗机构也非常重视《健康有约》播出平台，顺义区医院、中医院、妇儿医院、疾控中心等部门纷纷勾画出全年参加节目的专家团队及话题设置，安排专职人员负责嘉宾和节目的协调。

《生活帮》专题服务类栏目。2015年6月22日开播，顺义一套每周一19：53播出，次日在顺广传媒（sytv1994)微信平台推出。每周一期，时长10分钟。是顺义电视台专题部于2015年全新打造的一档生活服务类栏目，定位于服务百姓日常生活，节目内容选取与百姓密切相关的政策，衣、食、住、行、玩等顺义本地服务信息，为受众提供第一手的生活新鲜资讯。栏目下设《政策工具箱》《生活实验室》《惠生活》（内含惠生活·美食、惠生活·旅游、惠生活·装修、惠生活·服饰、惠生·汽车等等）《这事我说说》《资讯速览》等五个子栏目。每期推出2至3个子栏目。栏目已在各个合作单位中取得较好反响，实现专题节目形式和内容的蜕变，做到深入百姓，服务百姓。

（北京市顺义区广播电视中心）

北京市平谷区广播电视中心

一、广播栏目

《平谷新闻》新闻资讯类栏目。平谷人民广播电台FM89.2频率，每天早中晚播出，时长15分钟，栏目以“关注社会发展，贴近百姓生活”为宗旨，突出平民化、地域性、服务性特点，围绕平谷区委、区政府的中心工作，全面、快捷的播报全区各个领域的重大事件及事件动态，为百姓和政府搭建沟通理解的桥梁。主创人员：王海河、王晓明、张赛等。

《评书联播》综艺益智类栏目，平谷人民广播电台FM89.2频率，每天早中晚播出一集，时长25分钟。该栏目已播出23年，一直以评书名家播讲的经典名作做为主要内容，多年来所播节目深受广大听众喜爱，拥有一大批忠实观众，经久不衰，成为平谷电台优秀品牌栏目。主创人员：王海河、王晓明、张赛等。

《相声集锦》综艺益智类栏目。平谷人民广播电台FM89.2频率，每天早中晚播出一集，时长20分钟。该栏目以传统相声和经典相声小段为主，播出听众喜闻乐见的名家名段。主创人员：王海河、王晓明、张赛等。

二、电视栏目

《平谷新闻》新闻资讯类栏目，PGTV−1频道每晚19：33播出，PGTV−2频道每晚20：00播出，时长15分钟。栏目以平谷地区本土新闻信息权威发布为基础，着眼于经济社会发展对新闻信息服务的要求；及时、准确传递区委、区政府的相关决策和公共信息；关注民生，突出反映社情民意；展现平谷“一区四化五谷”发展形象，满足全区人民享受优质新闻信息服务的需要。节目具有较强的可视性，得到全区广大干部群众的高度认可，是平谷人民最喜爱的电视节目之一。2015年，《平谷新闻》共播出新闻5790条，在市级以上新闻媒体播出新闻100条，中央电视台《新闻联播》播出8条。主创人员：李肖英、李东亮、王建、陈东仓等。

《美丽平谷》专题服务类栏目。PGTV−1、PGTV−2，每周一晚8:00首播，时长15分钟。栏目紧紧围绕“天蓝、地绿、水清”建设“美丽平谷”，着力宣传平谷是宜居、宜业、宜游的大果园、大菜园、大花园、大公园和大乐园；宣传平谷区日新月异的城市建设变化以及平谷文化历史等。2015年《美丽平谷》以生态建设为主线，打造平谷的美丽蓝图、美丽景色、美丽城镇、美丽物产、美丽蓝天、美丽文化、美丽游玩、美丽农业。主创人员：王娟、胡水等。

《快乐宝贝》专题服务类栏目。PGTV−1、PGTV−2每周二晚7：50首播，时长15分钟。栏目分为成长相册、才艺展示、真情流露三个板块，着力挖掘和推崇平谷区儿童的快乐童年和成长经历，提供少儿才艺的展示平台，并为孩子和家长提供面对面交流的机会，展示家庭教育与社会教育的联合。栏目的口号是“快乐宝贝，宝贝快乐！”主创人员：李莉、赵建明、耿亮等。

（北京市平谷区广播电视中心）

北京市怀柔区广播电视中心

一、广播栏目

《消费生活新主张》专题服务类栏目。2015年1月1日开播，怀柔人民广播电台FM101.3频率每周一至周日下午17:00播出，时长60分钟。该栏目是一档访谈节目，涉及老百姓关注的衣食住行各个方面，通过“消费大家谈”“美食包打听”“快乐驿站”三个板块将知识性与实用性融为一体，风格轻松诙谐幽默，定期邀请上线嘉宾参与问题解答，受到怀柔听众的喜爱。主创人员：任欢、李晓红等。

《美丽女人》专题服务类栏目。2015年1月1日开播，怀柔人民广播电台FM101.3频率每周一至周日8：55播出，时长25分钟。该栏目是专门为女性听众打造的时尚服务节目，以杂志性单元形式呈现听众，设有“巾帼故事”“魅力舞台”“女性私房话”等几个板块。主创人员：李晓红、孟小芹等。

二、电视栏目

《法治时刻》专题服务类栏目。2004年4月20日开播，北京电视台BTV新闻频道怀柔时段每周三播出，时长12分钟。该栏目以“普法宣传、弘扬正气、舆论监督 、震慑犯罪”为宗旨，以案例解析、情景短剧等形式进行普法宣传报道，发挥电视媒体在全民普法中的独特作用。主创人员：黄鹏飞、张立明、贾超等。

《今日三农》专题服务类栏目。2007年1月19日开播，北京电视台BTV新闻频道怀柔时段每周五播出，时长12分钟。该栏目以宣传和解读中央有关农业政策、指导农民生产生活、介绍典型农事为宗旨，重点报道准确快捷地播报有关农村工作、农业生产、农民生活等重要信息咨询，深受百姓喜爱。栏目由怀柔区广电中心与区农委、区科委联办，设置有“三农看点”“科技苑”等板块。主创人员：郑富才、白云霞、赵爽。

（北京市怀柔区广播电视中心）

北京市昌平区广播电视中心

一、广播节目：

《与法同行》专题服务类栏目。昌平人民广播电台FM103.1，每天7:50播出，时长10分钟。该栏目旨在向广大受众普及法律知识，解释法律规则，弘扬社会正气，警示违法行为。节目采取主持人与嘉宾对话的形式，讲述发案经过，追溯犯罪根源，诠释法律法规，点评案例争议，让法制观念深入人心，让知法、懂法、学法、守法成为人们日常行为的规范准则。所有案例均为本区发生的交通违法肇事、夫妻伤害赔偿、网络诈骗等刑事、民事案件。主创人员：段志玲、顾芸。

《乐享时光》专题服务类栏目。昌平人民广播电台FM103.1每周一至周五上午10:00–10:30播出，时长30分钟。该栏目是昌平人民广播电台开播的首档直播节目，填补昌平地区广播直播节目的空白。栏目寓意分享快乐的时光，是一档时尚轻松的话题聊天类节目。栏目将社会效益放在第一位，立足于昌平地区百姓的实际生活，以服务昌平百姓为宗旨，将涵盖气象服务信息、本地最新资讯、轻松话题互动、精彩音乐分享等多项内容。从2015年12月开播至今，除收听电台的老听众外，还吸引昌平地区的一大批司机朋友的关注，收到各种形式的好评反馈和意见建议。主创人员：李阳、陈宏、王勤、张馨、王莹、孙学进。

《小梁故事会》专题服务类栏目。昌平人民广播电台FM103.1每周一、每周四各播出一期节目，每期节目时长30分钟，合辑播出15期。节目以昌平抗战期间的英雄事迹为故事来源，生动描绘了昌平人民可歌可泣地抗战历程和气壮山河的抗战事迹。播出后得到昌平广大听众的一致好评。主创人员：梁禹、崔扬。

二、电视节目

《昌平新闻》新闻资讯类栏目。北京电视台BTV公共新闻频道昌平时段周一至周六19：30首播，次日07：30、12：30重播，时长15分钟。该栏目以报道大事要闻，传播舆情资讯，聚焦昌平发展，关注民生民情为宗旨，分为时政新闻和民生新闻两大部分，不断增加民生新闻的报道力度。栏目内容具有政策性强、收视率高、影响力大的特点，在昌平电视台收视率位居第一，是昌平电视台最重要的栏目之一。主创人员：昌平电视台新闻部。

《法治纪事》专题服务类栏目，于2009年开播，周播节目，昌平电视台综合频道每周二19：50首播，次日7：50、周四20：20、周五8：20重播，时长10分钟。栏目解析经典案例，讲述法理人生，坚持以独特的新闻视角、真实的法制案例，以事说法，以案说法，普及法律知识，注重法与德的融合，寓德于法、以法明德。栏目开播至今已播出节目300多期。主创人员：李康、朱玉婷、刘洋。

《视角》专题服务类栏目，于2008年开播，周播节目，昌平电视台综合频道每周四19：50首播，次日7：50、周日20：20、周一8：20重播，时长10分钟。栏目透视社会现象，关注百姓呼声，聚集时事热点，促进社会和谐，始终秉持“党和政府与人民群众的连心桥”的栏目定位，致力于构建党政部门、社会公众以及媒体本身的意见沟通平台，谋求公共利益的最大化。开播至今已播出400多期。主创人员：程丽君、王子珺、李康、孙铭阳、闻涛、刘洋。

（北京市昌平区广播电视中心）

北京市密云县广播电视中心

一、广播节目

《今日密云》专题服务类栏目。94.1兆赫每周一晚上6:10首播，次日7:33重播，时长15分钟。栏目不仅为听众带来最新的密云资讯，介绍密云当地的美食美景，包括灵活多样的采访录音。2015年开设的《红色记忆》板块，通过宣传密云地区的英雄模范人物和抗战故事，全面展现密云的红色历史，人民不忘国耻、铭记先烈的品质；讴歌密云人民反抗压迫、勇往直前的精神，激励人民勇于创新、努力拼搏，为建设和谐宜居的首善之区奋发图强的干劲。栏目受到听众的欢迎。主创人员：编辑播音制作：孙竹。

《音乐随身听》综艺益智类栏目。密云人民广播电台每周一至周日13:15首播，17:00重播，时长50分钟。栏目开播于2014年6月1日，以上班族和有车一族为听众的音乐互动栏目，让忙碌的人在空闲时间得到充足的放松。栏目通过听众群、新浪微博、微信平台的互动，加强与听众的交流沟通。2015年6月1日是节目开播两周年，特别推出《音乐随身听两周岁特别播出季》，其包括《我也来主持》《不一样的主播》《生日玩乐烩》等特别节目，已成为密云人民广播电台一档品牌栏目。主创人员：张博研、牛薇。

二、电视节目

《教育专线》专题服务类栏目。2013年8月31日开播，BTV密云一套隔周周六20:01播出，时长15分钟。栏目设置“教育资讯”“教育直通车”“校海观潮”“心灵之窗”“教育宝典”五大板块，栏目通过宣传教育政策、传达教育改革成果、推广各类先进典型，让人民群众更全面、更深入地了解密云教育，提升密云教育影响力。栏目主创人员：栏目策划：孙艳波、田晓娟，栏目摄制：孟晨冉，栏目编辑：石建新，播音主持：杨威。

《事事关心》专题服务类栏目。密云电视台一套每周三晚20:06播出，时长15分钟。栏目内设四个板块，分别是“聚焦”“在身边”“百姓DV”“小博说事”，围绕密云区委、区政府的中心工作，尤其是为民办实事工程，解读政策、关注民生。2015年，针对社会热点、百姓关注的话题，制播了“禁烟令”全方位解读“区医院搬迁后便民服务介绍”等系列节目。2015年6月，开设短期播出板块“红色密云”，通过抗战先锋和抗战足迹两方面内容，讲述抗战故事，重温红色历史。8月，制播“北大医院专家在密云”专题子栏目，每月第一个周三播出，节目邀请北大医院不同医学领域的知名专家到场做客，普及健康知识。2015年共播出52期。栏目主创人员：栏目策划：孙艳波、吕亚红，栏目摄制：吴婷、郭胤，栏目编辑：李娜、杨威，播音主持：张博研、吕亚红。

《檀州大舞台》综艺益智类栏目。密云电视台一套每周五晚20：00首播，节目时长30分钟。2015年内，制播“密云大山里的巴马”“密云镇街特色文化巡礼”“百姓风采齐荟萃　文化盛宴贺新春”“爱育花朵　情润童心”等节目。为纪念抗战胜利70周年，栏目推出“难忘的岁月”主题系列节目，通过抗战组歌、文艺汇演、走进英雄战斗过的地方、展示抗战英雄事迹和人性光芒等形式，回顾红色历史，缅怀先烈，激励人们珍视和平，警示未来，为实现伟大的中国梦而奋斗。全年共播出58期。栏目主创人员：栏目策划：孙艳波，栏目摄制：姜焱伟、相飞、李娜、张鑫、曹琦琳，栏目编辑：李娜、杨威，播音主持：彭子娇、张博研。

（密云县广播电视中心）

北京市延庆县广播电视中心

一、广播节目

《今日农村》专题服务类栏目，FM92.8兆赫、FM98.8兆赫周二、周五晚18：10首播，当晚20：40、次日7：30，11：40，16：00重播，时长18分30秒。该栏目是延庆电台的一档保留节目，开办长达18年之久，并多次在省市级评选中获“优秀栏目奖”。也是延庆人民广播电台的一档面向农村、服务三农、统筹城乡、服务大众的节目，是城市了解农村的窗口，农村走向城市的桥梁。开设有“妫川新貌”“信息大篷车”“资讯快递”“农博士走一线”“妫川大舞台”等板块。2015年，栏目组创新工作方式，探索“百姓点菜、记者牵手、专家把脉”的报道形式，将百姓提出的有关农事生产生活中的问题，邀请专家第一时间到田间地头为农民现场答疑解问，受到广大农户的欢迎。主创人员:王晶、赵倩女。

《生活导航》生活服务类栏目，FM92.8兆赫、FM98.8兆赫播出，周一、周四晚18：10首播，当晚20：40、次日7：30、11：40、16：00重播，时长18分30秒。该栏目是延庆人民广播电台的一档生活服务类节目，节目开播以来，始终秉承服务的宗旨，本着快捷，实用、大信息量的原则，融知识性，生活性，参与性为一体；主要为听众朋友们提供生活资讯、健康指南、疑问解答、二手商品买卖信息等全方位的生活服务。节目以现场报道、短信互动、嘉宾访谈等多种形式，接近与听众的距离，吸引听众参与，成为听众生活的好帮手。栏目开办以来，以时尚、轻松的节目定位，“全心全意”的节目宗旨，有的放矢的服务赢得不同受众群的喜爱,成为了延庆人民广播电台一档品牌节目，收听率较高。主创人员:滕薇、杨竣翔。

《延庆新闻》新闻资讯类栏目，FM92.8兆赫、FM98.8兆赫每日18:00播出，当晚21:00、次日7:20、10:30、11:30重播，时长10分钟。该栏目是延庆人民广播电台唯一一档本区新闻节目。栏目以宣传党的方针政策，迅速准确及时报道全县物质文明、精神文明、政治文明和生态文明情况为主。栏目充分发挥广播特色，在报道中采取文字、现场报道、录音报道、专题报道等不同形式，增强宣传效果，及时准确传达延庆区委区政府的声音，当好桥梁和纽带。2015年，栏目报送北京人民广播电台的新闻播出百余条。主创人员:刘杨。

二、电视节目

《百姓大舞台》综艺益智类栏目。延庆1台、3台每日　　播出，时长　　分钟。该节目是延庆电视台针对广大热爱文艺活动的百姓们开办的互动性栏目，其宗旨是希望所有拥有才艺、爱好表演的普通百姓能够找到属于自己的舞台，绽放光彩，起到很好社会效果。主创人员：卫京京、刘晓松、闫二苗、吴冰歌、范佳俊、宋克冰。

《食在妫川》专题服务类栏目。延庆1台、2台、3台每周四21：25播出，时长10分钟。该节目旨在挖掘延庆美食，弘扬妫川饮食文化，让观众从饮食文化的侧面认识和了解延庆的历史和发展中的延庆。这是一部讲述延庆美食的系列纪录片，栏目集纪实性、欣赏性、艺术性、参与性于一体，让观众达到美食、情感、文化的多重共鸣。栏目集合延庆县写作、美食、摄像制作等方面的专家及优秀团队共同打造。节目选题贴近生活，拍摄制作精良。2015年9月经延庆电视台和北京延庆官方微信平台联合推出，在社会上引起强烈反响，收视率及微信点击率都及同类栏目之首，收到各方面的好评。主创人员：集体创作。

《乐游延庆》专题服务类栏目。延庆1台、2台、3台每周五19：30播出，时长10分钟。栏目聚焦乡村旅游“吃、住、行、游、购、娱”六大要素，积极宣传延庆的乡村旅游产业发展。加快深化旅游改革进程，加速实现旅游产业转型升级。以发现乡村之美，寻找旅游之乐为宗旨，以独特视角、全新形式、全方位、多角度地展示延庆乡村旅游的独特魅力。2015年4月开播后，以其轻松、明快的节目风格受到观众的喜爱，受到各方面的肯定，也给节目参与者带来良好的经济效益和社会效应。主创人员：龚素娟、赵莉、苏浩、周雯露。

（延庆县广播电视中心）

产业发展

北京市广播电视产业发展情况

2015年，北京市共有广播电视节目制作经营机构3848家，经营创收525.12亿元，同比增长22.97%。其中，广告创收215.35亿元，占总收入的41.01%；广播电视节目销售收入68.79亿元，占13.1%；有线电视网络经营收入26.1亿元，占4.98%；电影票房收入31.51亿元，占6%；其他创收183.3亿元，占34.91%。全市广播电视资产总额1609.64亿元，同比增长47.85%。

电视剧、动画片创作情况

2015年，北京市国产电视剧、动画片坚持以人民为中心的创作导向，大力实施精品工程，创作了一批社会效益和经济效益相统一的优秀作品。截至2015年年底，北京市获得总局备案公示的电视剧共348部、12044集；审查通过并获得国产电视剧发行许可证的电视剧目75部、2878集，占全国创作生产总量的20%。审查通过的电视剧中，现实题材40部，占总数的53.4%。历史题材35部，占总数的46.6%。现实题材中，当代题材39部，占52%，现代题材1部，占1.4%。历史题材中，近代题材28部，占37.3%，古代题材7部，占9.3%。

2015年，北京市完成动画片备案许可28部，共5240集，29328分钟；其中，12部390集4826分钟电视动画片取得国产动画片发行许可证。《飞越五千年（51—100集）》《侠岚之凌霜篇》《小兔侠之功夫学校（第二季）》等3部动画片获得国家新闻出版广电总局2015年优秀国产电视动画片。

为了繁荣电视剧、动画片艺术创作，2015年1月16日，北京市新闻出版广电局组织召开了“2015年北京电视剧题材规划座谈会”，邀请21家在全国范围内颇具影响力并生产过多部影视精品佳作的优秀企业参加会议。会议传达了北京市优秀影视剧本和重点题材影视剧扶持办法，听取制作单位近两年电视剧题材项目规划情况。通过座谈发现一批反映中国传统文化、体现社会主义核心价值观的现实题材作品，对推动电视剧、动画片创作起到了促进作用。

加大精品剧目扶制力度，推进电视剧、动画片精品创作。2015年6月、11月，市新闻出版广电局分两次对2015年北京市优秀电视剧剧本和重点题材电视剧给予了资金扶持。被扶持的电视剧剧本11个，重点题材电视剧11个、纪录片3部，动画片4部。

在广大创作人员的共同努力下，北京市推出了一批体现社会主义核心价值观、讴歌中国梦主题、激发爱国主义精神和弘扬中华优秀传统文化的优秀作品。其中，有为纪念抗战胜利70周年，全面展示八路军抗战的史诗宏篇《巨浪》以及反映不同阶层参与抗日战争的电视剧《铁血军歌》《南侨技工英雄传》《黎明决战》《胜算》；有展现抗美援朝、弘扬爱国主义精神的电视剧《生死三八线》；有纪念红军长征胜利80周年的电视剧《红色护卫》；有宣扬当代美好和谐生活的电视剧《咱们相爱吧》《酸甜苦辣小夫妻》；有彰显中华民族自强不息、艰苦奋斗优良品质的电视剧《平凡的世界》；有反映人民警察多彩生活以及彰显无私奉献精神的电视剧《刑警队长》《警犬与警花》；有表现北京浓郁地域文化特色的电视剧《牛街往事》《傻柱》；有爱国主义题材的电视剧《镇南关》《丝路风云》《月亮升起的地方》等。电视动画片《快乐东西》《西游记的故事》《我的朋友猪迪克之古怪岛大冒险》《欢乐北极星》等也是思想性、艺术性、观赏性俱佳的优秀作品。

广播电视广告经营情况

2015年，北京市广播电视广告播出机构，面对日益加剧的广告市场竞争态势和互联网媒体的冲击，不断调整广告经营理念，改革广告经营方式，实现广告创收持续增长。全市广播电视广告创收215.35亿元，同比增长22.79%。其中，北京电台广告收入8.44亿元，占全市广告总收入的3.92%；北京电视台广告收入25.81亿元，占11.98%；北广传媒新媒体广告收入1.9亿元，占0.88 %；社会影视制作机构广告收入176.83亿元，占82.11%。

北京电台广告经营始终秉承“因势而变、合作共赢”的理念，坚持多种经营方式并存的格局，根据市场变化需求，加强广告经营顶层设计，优化广告经营架构，密切团队合作，推进项目制、模块化运作；积极转变“坐商”到“行商”的思想观念，探索自营与服务相结合的经营模式，拓展直接客户开发和定制化服务；开创性推进活动营销，进一步丰富完善经营产品线，实现资源整合及商业价值最大化；协助创收型团队增加广告创收，做好电台“四个新”战略和专业化办台改革的主推手，充分利用公众平台强化自我品牌宣传，打造适应新形势的整合营销体系，积极推进广告经营市场化转型。2015年，全台广告收入达到7.24亿，保持稳健的发展态势。交通、音乐两个专业广播单频率广告创收破亿，北京电台继续保持全国省级电台广播经营创收第一的位置。

北京电视台从2015年起，实施广告经营体制改革，成立京视卫星、京视电广、京视体育，新纪实4个广告公司，负责全台11个频道的广告经营。到年底，全台广告创收25.85亿元。其中，京视卫星公司广告收入16亿元，京视电广公司广告收入6.89亿元，京视体育公司广告收入6460万元，新纪实公司广告收入462万元。

北广传媒所属新媒体机构不断拓展广告经营渠道，增加广告收入。北广传媒移动电视创新广告经营方式，全年广告创收7624万元，完成年初预订目标。北广传媒城市电视采取多种经营形式增加广告收入，全年创收6850万元，其中，户外大屏商业广告收入3932万元，占总收入的57%；楼宇电视广告收入1180万元，占17%；自营栏目广告收入457万元，占7%；公益广告收入1080万元，占16%；其他广告收入201万元，占3%。北广传媒地铁电视广告经营不断扩展，全年广告创收5233万元。此外，北广传媒数字电视和鼎视传媒也积极开展经营创收服务活动。数字电视有限公司实现全年主营业务收入4565万元，完成预算的111%。鼎视传媒股份有限公司全年主营业务收入30013万元，完成预算的105%，同比增长8%。

广播电视节目销售情况

2015年，北京市广播电视节目交易市场愈来愈活跃。北京电视节目春、秋交易会参展单位不断增加，参展电视剧突破600部。

北京电台节目外销不断拓展。一是节目销售形式创新。2015年，实现了定制节目销售和公益广告销售两种销售形式的突破。上半年为桂林人民广播电台飞扬883频率定制了三个类型的节目内容，共1095期音频节目。同时，向甘肃省临夏市人民广播电台出售了公益广告。此外，2015年还将中心的培训作为广播产品的衍生形式进行推广，为湖北襄阳交通广播、贵州广播电台、山西阳泉音乐广播的几十名主持人进行短期培训，与各地电台拓展了交流的方式和空间。二是节目销售范围及渠道进一步拓展。2015年节目销售新增加了甘肃省临夏市人民广播电台、南京故事广播、吉林人民广播电台旅游频率三家广播电台。截至2015年10月底，节目制作中心提供的成品广播节目已经成功地销售到全国88家省、市级广播电台及频率，销售范围覆盖全国28个省、自治区、直辖市，其中包括江苏、山东、福建、黑龙江、陕西、上海、浙江、江西、重庆、安徽、广东、香港、山西、辽宁、云南、河北、贵州、新疆、海南、四川、河南、广西、吉林、内蒙、湖南、湖北、甘肃等电台。

北京电视台节目销售渠道不断扩大。2015年，节目销售收入2573.76万元，利润912.4万元，其中版权收入1863.05万元，利润708万元。销售栏目涵盖卫视、文艺、科教、生活、财经、青年6个频道34档；发行范围覆盖全国26家省级电视台以及十多家地市级电视台。其中《养生堂》《档案》《每日文娱播报》《快乐生活一点通》《军情解码》《生活2015》销售额均突破100万元。出版图书10部，包括：《财经锋汇》《财富故事》《档案》（十）、《理财》《逃生训练营》《生活面对面》《我是大医生》《北京记忆》《上菜》《砥柱中流——伟大的敌后抗战》以及专题系列片《西藏》。出版音像光盘4部共8个系列，包括：《砥柱中流——伟大的敌后抗战》《伟大的贡献》《西藏》《养生堂》(三高、养生、肿瘤系列)等。其中《养生堂》音像制品销售收入达900万元。

为配合北京电视台卫视节目中心抗战胜利70周年和西藏自治区成立50周年华诞的宣传，该台京视传媒完成了三部纪录片《砥柱中流—伟大的敌后抗战》《伟大的贡献》《西藏》光盘的印制工作。2015年初，京视传媒与青年频道合作，以众筹模式联合湖北电视台、辽宁电视台、杭州电视台策划实施了12集抗战题材纪录片《钢铁记忆》，销售收入110万元。2015年7月，京视传媒与卫视节目中心、京视卫星公司合作，依托《我是大医生》节目，与贝奥兰公司签约《我是大医生》直投DM杂志，实现收入100万元。

有线电视网络发展经营情况

2015年，北京歌华有线公司全力实施“一网两平台”战略和全媒体发展规划，加快新业务拓展，不断提升企业发展活力和竞争力，初步实现了“由传统媒介向新型媒体、由单一有线电视传输商向全业务综合服务提供商”的战略转型，保持了持续健康快速发展。

全公司实现营业收入25.68亿元，较上年同期增加1.02亿元，增幅4.14%；实现利润总额6.75亿元，较上年同期增加1.01亿元，同比增长17.60%；实现净利润6.73亿元，较上年同期增加1.04亿元，增幅18.29%；实现营业利润32,128万元，同比增长137.17%。

一、基础网络和技术系统建设

双向网络建设。公司全面启动了农村双向网络改造工作，2015年共开通双向网络40万户，全市累计开通双向网络超过560万户。加快DOCSIS3.0网络升级改造，城六区最高支持带宽由22兆升至百兆，提高了带宽承载能力。

综合业务运营支撑系统（iBOSS）建设。实现了对歌华电视、彩云机顶盒、华和宽带等新业务、新产品的支撑以及对电视院线业务的支撑；实现了全业务预存账户管理功能上线；完成了iBOSS与新客服系统的对接。

网管平台建设。完成了IT基础平台扩容和综合资源系统平台建设，实现了HFC网管系统上线。

电子渠道建设。增加了电视支付宝和手机支付宝缴费渠道。全年电子缴费渠道收款额突破亿元，支付宝累计收款4200余万元。网上营业厅、电视营业厅方便了用户缴纳各类费用。

歌华云平台建设。完成了对全市460万高清交互机顶盒的全覆盖，实现了对高清交互平台相关功能及业务的支撑。

二、用户发展和市场营销工作

截至2015年年底，注册用户数量达568万户，净增18万户；在线缴费用户485万户，较上年增加16.8万户；高清交互用户数量达460万户，新增40万户；非居民用户数量达10万端，新增2.5万端。

家庭宽带业务方面，全年新增用户10万户，累计达41.5万户。为实现宽带业务快速发展，公司进行了7次互联网静态出口扩容，内网使用率达到66.8%；完成了城区DOCSIS3.0的升级改造，提高了网络带宽承载能力和竞争实力，推出了55M、110M等高带宽产品；创新开发了按天计费、闲时宽带等新产品；与北京电信联合推广“华翼宽带”，用户已超过1.4万户；与北京移动合作，试点推出“华和宽带”。

集团数据业务方面，全年新增专网近1500条。启动建设了歌华视联网平台、歌华物联网平台、歌华政企云服务平台、歌华多媒体云服务平台等，为拓展新业务奠定了基础。

终端和付费节目销售方面，全年销售高清交互机顶盒2.6万台，标清机顶盒4.1万台，彩云机顶盒711台。公司联合百视通、创维、海信等公司，创新研发了4K融合一体机，全年累计销售1443台。新增了义方教育和卡拉OK等付费栏目，各类付费点播栏目已达八个。

广播电视延伸产业发展情况

在抓好广播电视主业经营的同时，北京市广播电视机构充分挖掘与广播电视密切相关的资源，大力发展广播电视延伸产业，完善广播电视上下游产业链，不断壮大广播电视产业规模，促进广播电视繁荣发展。

北京电台开办的北京广播公司及下属控股公司，2015年实现营业收入5.79亿元，完成全年预算收入5.06亿元的105%。一年来，北京广播公司合理布局产业规模，创新公司盈利模式。悦库时光公司与十几家全国知名出版机构建立战略合作关系，与90多家广播电台搭建起广播节目发行渠道，积极拓展新媒体和有线电视网业务，为电台提供了优质畅销小说作品版权和独家音频资源，“面向全媒体的‘互联网+’数字音频版权资源管理及云平台运营项目”还获得2015年北京市文化创新发展专项资金支持，实现项目创收1030万元。“北广购物”节目每天在新闻广播、体育广播累计播出280分钟，根据广播听众特点开发产品100多种，截至2015年年底，用户总数21757户，产品重购率达33.1%，累计完成订单47116单，日均129单，实现销售额2172.65万元，日均5.95万元。北广声动公司整合旅游资源，开展包括自驾活动、旅游产品销售、旅游节目制作、境内外政府旅游部门广告代理等在内的多种业务，全面提升旅游文化板块盈利空间。翔龙公司在舞台剧演出创收方面取得重大突破，在四川省乐山市大佛剧院常年驻场上演的《修·九天圣境》，已成为乐山市政府重点打造的城市文化名片项目，实现创收400万元。《音乐周刊》拓展网络、手机等阅读渠道，每年网上阅读量超过600万人次。广播大厦酒店与新的委托方密切合作，经营收入、利润总额均超额完成年度预算。合音投资基金规模5000万元，先后完成北广家购、听听FM、喜剧研习社项目的投资，形成以音频产业为龙头的文化产业新生态，推动电台产业增量发展。

北京电视台所属北京电视产业发展集团，开办全资及控股、参股企业13家，其中全资及控股企业7家，总资产11.42亿元；参股企业6家。2015年，集团总收入6802万元，完成了预定创收目标。目前，集团主营业务四大板块：一是电视购物板块。北京碧替葳电视商品销售中心，是集团从事电视直销业务的全资子公司，在产品采购、商品直销、物流配送、家居服务等方面有良好信誉。2014年以后，电视购物中心又适应市场需求，重点开发了艺术品、珠宝、家居用品、食品等四大类电视商品，取得良好的经济效益；二是信息技术服务板块。北京特雷森信息中心，是集团从事信息服务和高新技术产品开发的全资子公司。主营业务是收视调查、广告监测、市场调研，为电视媒体、广告公司、广告客主提供信息服务。2014年以后，又与北京歌华有线网络公司合作，对户外大屏展示技术进行升级改造并演变成对全媒体实时监控的平台。三是生活服务板块。北京嘉利华汽车技术服务有限公司，是集团从事汽车技术综合服务的控股子公司，是北京市汽修行业AAA级服务企业。2014年，又与北京汽车销售有限公司签订合作协议，成为北京汽车在北京地区第15家维修服务站。北京京视诚餐饮有限公司，是集团从事餐饮服务的全资子公司。主营业务是在北京电视台苏州街办公区管理咖啡厅、职工餐厅、零点餐厅及贵宾厅，为北京电视台职工提供餐饮服务；四是体育文化服务板块。北京新维体育文化发展有限公司，是集团从事大型体育活动及节目制作的控股子公司。该公司与北京电视台体育节目中心密切合作，日常业务涉及体育节目的制作、转播、版权销售和大型活动运营等。由该公司主营开发的大型户外体育活动“北京海洋沙滩狂欢节”，已成功举办7届。每届历时65天，累计入园近20万人次。这项活动不仅培养了一支既会做节目、又熟悉大型活动市场运作的团队，也成为具有全国影响力的文化创意产业品牌。

北京歌华有线电视公司新组建了电视院线控股公司、运营公司，“中国电视院线”已在全国22个省市落地，覆盖用户达2000万户；发起成立的“中国广电大数据联盟”，以全国4000余万双向数字电视用户收视数据为基础，搭建全国广电大数据平台和收视数据调查分析机构。北京歌华有线公司与北京广播公司等单位联合发起成立“北广文资积金”，认缴出资规模为2.5亿元；投资建设智慧云项目（涿州基本），占地约62亩；完成33亿元走向增发融资项目，用于新媒体优质版权内容平台建设和全媒体云服务平台升级及应用拓展。目前，“北广文资积金”正式更名为“北京北广传媒影视股份有限公司”。

广播影视节展情况

2015年，北京市广播影视节展更加活跃。4月16日至23日，第五届北京国际电影节举办，其间共举行270余项活动，在活动规模、活动质量、大众参与程度、活动效益、中外合作以及节展传播力影响力等方面实现六大突破，来自50个国家的340余家电影机构、1.4万余名业内嘉宾参加电影节各项活动，1500余名中外记者参与报道。电影市场签约项目覆盖全产业链，36个项目，实现138.45亿元签约额。2015北京电视节目春秋两次交易会参展电视剧突破600部，为历届之最。

北京广播电视台所属北京歌华文化发展集团与多家文化艺术机构合作，举办了一系列展览及文化演出活动。“奥地利百年绘画展1860—1960”是歌华文化中心与中国—奥地利艺术学会等合作打造的艺术大展，于2015年5月1日至7月5日在京首展。展览展出了奥地利1860—1960年间的90件美术作品和相关背景资料、视频、图片等辅助展品，汇集了奥地利19—20世纪享誉世界的代表性画家的杰出作品，展现了奥地利现代绘画的发展历程，深入浅出，雅俗共赏，深受观众喜爱。

“聚变·融合”2015北京国际当代金属艺术暨首饰设计展（BIC·MAJA）11月8日至11月21日在中华世纪坛世纪大厅举办。共展出来自美国、荷兰、芬兰、法国、德国等20个国家共50位设计师的500件作品，得到了国内外设计界的广泛关注。

2015年是纪念世界反法西斯战争与中国人民抗日战争胜利70周年，中华世纪坛艺术馆策划举办了纪念反法西斯战争胜利70周年系列展览 ，包括“苏联在反法西斯战争和远东解放中的作用——纪念伟大的卫国战争和第二次世界大战胜利70周年展”“中苏联合抗击法西斯胜利70周年档案展”“历史不容忘却——纪念中国人民抗日战争暨世界反法西斯战争胜利70周年摄影展”“铭记历史　维护和平——纪念世界反法西斯战争胜利70周年大型图片展”等一系列展览活动，获得社会各界的一致好评。

2015年，歌华集团全面打造“中华世纪坛首演剧场”平台建设。4月至8月，“易立明戏剧工作室”入驻中华世纪坛，全面开启“2015中英文学剧场连线”项目，《乔伊斯之旅》《惊鸿一瞥贝克特》《竹林七贤》《帝国专列》等一批极具艺术水准的原创剧目亮相中华世纪坛。同时，演出期间成功举办了以易立明导演与杰瑞·穆尔格鲁导演领衔的大师班活动。8月至11月，“中华世纪坛首演剧场·2015原创舞台剧优秀剧目秋演季”期间，歌剧《螺丝在拧紧》、话剧《爱情的印象》、多媒体现代舞剧《二十四节气·花间十二声》、现代舞剧《身体叙事系列三部曲》在中华世纪坛轮番上演。期间，“高艳津子现代舞工作室”揭牌入驻。2015年12月至2016年1月，首届“新浪潮城市戏曲节”成功举办，吴兴国、柯军、王佩瑜带来的戏曲大师跨界讲演会以及《北国佳人》《碾玉观音》等一批优秀戏曲作品连番上演。2015年中华世纪坛共上演剧目30场，大师班活动2场，大师讲演会4场，观众累计约1万人次。

北京市广播电视节目制作经营持证机构情况

截至2015年12月，北京市广播电视制作经营持证机构共3848家，比去年增加1167家。

一、公司注册区域分布情况

北京市广播电视制作经营机构集中分布在朝阳区和海淀两区，其中朝阳1564家，海淀746家，两区之和占全市总数的60.03%。

北京市广播电视制作经营持证机构分布一览表

区　县	机构数量（个）	百分比（%）	2015年新增机构数量（个）
东城区	295	7.67	75
西城区	201	5.22	61
朝阳区	1564	40.64	499
海淀区	746	19.39	215
丰台区	224	5.82	79
石景山区	145	3.77	39
门头沟区	47	1.22	9
房山区	33	0.86	7
通州区	138	3.59	45
顺义区	54	1.4	9
大兴区	106	2.75	31
昌平区	55	1.43	19
平谷区	51	1.33	16
怀柔区	146	3.79	46
密云县	33	0.86	16
延庆县	10	0.26	1
合计	3848	100	1167

二、机构性质构成情况

北京市广播电视节目制作经营持证机构按其机构性质划分，有：国有独资企业、国有控股企业、国有参股企业、民营企业、事业单位和其他类型。在全市3848家持证机构中，民营企业3658家，占总数的95.06%；2015年全年新增1167家机构，其中，民营企业1144家。

北京市广播电视制作经营持证机构性质构成一览表

机构性质	机构总数量（个）	百分比（%）	2015年 新增机构数量(个)
国有控股企业	73	1.9	2
国有独资企业	66	1.72	9
国有参股企业	29	0.75	4
民营企业	3658	95. 06	1144
事业单位	15	0.39	2
其他	7	0.18	6
合计	3848	100	1167

三、注册资金规模及构成情况

截至2015年12月31日，北京市广播电视节目制作经营机构注册资金总额为534.03亿元，全年新增注册资金135.451亿元，有51个机构在注册资金上进行变更。注册资金规模在1000万元以上的机构1260家，占总数的32.75%；民营机构注册资金规模占总额的77.75%。2015年度新增制作机构的注册资金合计为135.451万元。

北京市广播电视经营机构注册资金构成一览表

注册资金(万元)	机构数量（个）	百分比（%）	2015年 新增机构数（个）
300至1000 (不含)	2588	67.26	821
1000至5000 (不含)	1010	26.25	287
5000至10000 (不含)	168	4.37	43
10000以上	82	2.13	16
合计	3848	100	1167

按性质划分构成情况一览表

机构性质	机构总数量（个）	注册资金（亿元）	2015年新增注册资金（亿元）
民营企业	3658	415.19	124.66
国有控股企业	73	45.97	6.489
国有独资企业	66	30.12	2.590
国有参股企业	29	22.87	0.830
事业单位	15	18.95	0.453
其他	7	0.93	0.429
合计	3848	534.03	135.451

按区域分布划分情况一览表

区　县	注册资金（亿元）	2015年新增注册资金（亿元）
东城区	61.90	22.587
西城区	21.30	7.105
朝阳区	168.61	47.410
海淀区	148.21	37.460
丰台区	35.76	4.190
石景山区	20.73	3.930
门头沟区	2.89	0.350
房山区	3.76	0.440
通州区	11.35	2.302
顺义区	7.78	0.615
大兴区	13.91	1.471

续表

昌平区	3.58	0.897
平谷区	6.18	2.275
怀柔区	24.53	2.835
密云县	2.96	1.555
延庆县	0.60	0.03
合计	534.05	135.451

四、从业人员规模及构成情况

全市广播电视节目制作经营持证机构共有从业人员71504人。从业人员10人以下的微型企业2842家，占73.86%；从业人员10人—99人的小型企业901家，占23.41%；从业人员100人—299人的中型企业71家，占1.85%；从业人员300人以上的大型企业34家，占0.88%。民营机构从业人员占全行业的74.54%。

北京市广播电视经营机构从业人员区域分布一览表

区　县	员工数量（人）	2015年 新增员工数量(人)
东城区	4803	484
西城区	3283	343
朝阳区	22347	3115
海淀区	25692	2253
丰台区	3173	439
石景山区	2933	224
门头沟区	997	28
房山区	469	32
通州区	1676	513
顺义区	649	70
大兴区	2123	152
昌平区	1123	156

续表

平谷区	450	53
怀柔区	1425	219
密云县	242	86
延庆县	119	3
合计	71504	8170

（传媒机构处）

新媒体

2015年北京市广播电视新媒体发展情况

歌华有线发起成立“中国电视院线联盟”打造全媒体家庭观影平台

2015年，北京市广播电视新媒体继续通过资源整合，完善产业链，推动数字付费电视、移动电视、城市电视、地铁电视、鼎视电视、手机电视、网络广播电视，以及歌华云平台、歌华宽带等业务的发展，包括新媒体节目栏目建设，进一步增强新媒体的传播力度。

北京广播电视台直属新媒体

一、数字付费电视

数字付费电视由北京北广传媒数字电视有限公司承办。自2003年开办以来，继续发挥“数字电视集成平台”的优势，为数字电视用户提供视频、音频、数据业务三大类内容。

数字电视开播付费频道11套，其中覆盖全国的6套，覆盖北京的5套，开办数字音频广播2套。其中《四海钓鱼》《优优宝贝》《新娱乐》《车迷》《环球旅游》《考试在线》6套面向全国和《京视剧场》《爱家购物》《动感音乐》《弈坛春秋》《置业》5套面向北京地区播出。搭建具备6路高清码流（约18套节目）、6路标清码流（约60套节目）全国性数字电视节目集成平台，已集中上星传输7套高清卫视、35套标清付费频道，并远端加密2套高清和2套标清卫视频道。提供数字电视数据业务服务，运营《北京之窗》数据服务，以多路视频轮播+图文查询的播出方式，为市民提供政务公开、公共服务和生活消费服务等实用信息。联合北京市福彩中心开办“公益北京”系列节目。通过歌华有线网络上载播出数字电视频道及有线广播节目信息186套。

2015年发展情况：

频道经营方面，完成《车迷》《环球旅游》两个频道节目制作的公司化运作，与北广互动传媒科技有限公司和东方瀚源投资管理公司共同组建北广车迷传媒有限公司和北广寰旅传媒有限公司，实现频道内部生产的资本化经营合作尝试。部分频道依托互联网转换经营方式，打通“广电+移动互联网+行业资源+用户体验”产业链，形成媒体内容变现的O2O模式。其中全新改版的《车迷》频道与行业协会、汽车企业深度合作，通过腾讯“摇一摇”等跨屏互动技术，实现移动端产品销售服务，并通过赛事组织、自驾游、汽车服务等线下活动聚合用户、反哺节目，形成电视推广加线下营销的新模式。《优优宝贝》《四海钓鱼》频道通过大型活动汇聚用户、积累行业客户资源。《四海钓鱼》频道获得数字付费频道“行业优异频道”奖。完成《新娱乐》《弈坛春秋》和《动感音乐》频道节目改版工作。

节目生产方面，继续与北京市福彩中心合作，从线上走到线下新开办一档反映社区百姓故事的《福到福到》栏目。同时，联合北京市社区服务协会开展20场“爱心社区行”社区公益文化汇演活动，宣传数字电视频道以及“公益北京”节目。与北京市慈善协会、北京市慈善基金会联合举办“爱心汇聚京城”慈善活动暨微信筹款启动活动，与北京大学新闻传播学院举办“2015安平·北大公益传播奖”颁奖活动，与北京市民政局和各大基金会合作等活动，增加一批节目的生产与播出。

技术开发方面，建设完成云鼎网——视频交易服务平台节目版权保护系统，并通过专家验收，不仅增加创收渠道，也为未来提供更多技术服务打下基础。为四海钓鱼频道提供硬盘送播服务，有效提高频道的节目播出时效，节省了制作成本。全年各类频道共播出404848小时（含代播），达到安全播出无事故。

二、移动电视

移动电视由北京北广传媒移动电视有限公司承办，自2004年开播以来，进一步挖掘广电系统内部多种文化产业资源，形成完整的视听节目传输网络，充分发挥自身传播优势，努力成为政府管理的公共信息平台、城市管理的应急预警平台和市民生活的资讯平台，服务政府公共管理，服务市民精彩生活。呼号为:北京移动电视。

移动电视采用世界先进的数字技术，利用北京DS－48和DC－22单频网发射两套无线数字信号，实施地面数字设施实时接收电视节目。已在中央电视塔、京广中心、名人广场、491发射台、建设了“一主三辅”4个数字发射机站，形成有效覆盖北京市区六环内的数字单频网，日覆盖受众超过1300万人次。主要播出节目栏目有《整点播报》《体育新闻》《法治进行时》《今天提示》《畅行北京》《演艺罗盘》《百姓就业》《饭饭团》《悠悠团》《宝宝团》《96310纪事》《秀逗爱生活》等20多个，每天播出17小时，终端屏幕2.4万块。

2015年发展情况：

媒体传播方面，为纪念抗战胜利70周年，集成刊播相关报道逾百条，完成“9·3”纪念大会和文艺晚会等重大活动的实况转播。每天定时转播的《新闻联播》《北京新闻》收到良好的社会传播效果。编辑《京华英雄》《抗战影像志》《百姓文化录》等专题节目46集，主题公益宣传片22条。发挥交通类媒体特点，增加交通服务信息滚动播出。配合市应急办完成三次红色预警发布应急演练。《整点播报》及《今天提示》两档栏目中增加“面对空气重污染时该如何防护”等服务信息。探索《秀逗爱生活》第二季新合作模式——栏目定制剧，与市福彩、公交驾校等单位展开节目定制合作。运用大数据技术手段和官方微信平台，在微信平台尝试“刮刮乐”等活动。举办“超级早餐团”“清凉送爽”等公益活动共54场次。同时还推出“刮惊喜闹元宵”、“巴斯粉丝节幸运大转盘”和“这一年我们一起成长”等活动，年度刊发微信1180条，原创超过240条，接触受众超过21万人次。“爱心点亮归途——全国移动电视儿童寻亲大型公益活动”在北京、重庆、安徽、长沙、广州、杭州、南京、四川、厦门、济南10地正式上线。自制春节、劳动节等传统节日，以及环保节能、扶残助残等公益广告和活动宣传片31个，刊播次数超过6000次。《饭饭团第14067期母亲节特别节目》《秀逗爱生活》《同在蓝天下 爱心1+1》荣获北京市广播影视奖。

安全播出方面，全年移动电视频道安全播出5997小时，城市电视频道安全播出2653小时，地铁电视两个频道各安全播出6205小时，完成本年度安全播出保障任务，实现安全播出“零”事故目标。特别是确保、国标、欧标两个单频网的传输安全，完成“全国及北京两会”“纪念抗战胜利70周年庆祝活动”及重要体育赛事转播的安全播出共计135次，累计转播时长89小时。3月份，成立播控中心筹备组，经过系统设备测试联调、工作流程制定、人员岗前培训、信号切割等工作，于6月24日正式启用，单频网前端系统的安全性和稳定性提高。

媒体建设方面，随着北京广播电视台媒体播控中心正式启用，中央电视塔播出新前端系统完成光缆割接，单频网新前端系统正式启用；节目制作、播出工作平稳交割。正式启动32英寸显示屏安装工作，已为600辆公交新车900块显示屏（包括311辆双层车和299辆新车）进行安装。截至12月31日，移动电视终端车辆数为11581辆，分布在544条线路。全年完成终端监测93次，监测车辆9433辆次，显示屏18866块，监测指标显示月均开机率为97.28%。

技术研发方面，围绕公司“一一二二”发展战略，开展项目研发及投资调研工作。新技术开发方面主要包括基于32英寸大屏数据广播系统的改造，使其具有个性化播出特点，满足不同客户的需要。新项目研究方面，广告自助投放项目重点对社区小微用户进行调研工作，针对小微企业开发广告自助投放APP程序，完成社区用户调研报告及社区O2O平台项目商业计划书。

三、城市电视

城市电视由北京北广传媒城市电视有限公司承办，自2005年开播以来，作为政府公共信息发布和城市应急预警平台，担负着政府政令、城市信息城市预警等公共信息传播任务，旨在为大众提供更加完备、方便、随时随地的资讯服务。呼号为:北京城市电视。

城市电视建有一定规模的楼宇电视联播网及户外大屏电视联播网。主要播出节目栏目有《城市播报》《体育新闻》《实时财经》《环球财讯》《百姓就业》《96310城管纪事》《演艺罗盘》《剧情推动力》《光影大视界》《每日文娱播报》《中国梦365个故事》《非常幽默》等20多个，每天播出15小时，终端屏幕6117块，LED户外大屏幕7处7块。

2015年发展情况：

媒体传播方面，完成全国和北京“两会”、纪念抗战胜利70周年等重大活动的实况转播，以及申办冬奥会、世锦赛等重大活动的宣传报道任务。每天定时转播的《新闻联播》《北京新闻》收到良好的社会传播效果。从3月起，楼宇平台终端B屏实现每日推送。完善播出技术、创新播出内容，制作推出《两会知识》电子杂志、《冬奥百科》《2015年北京世界田径锦标赛》《纪念抗日战争胜利70周年》《6.1禁烟令》《祈福天津天津加油》《每月新规》《夏日防晒》等公益宣传图片500余张，在楼宇平台终端B屏滚动播出。全年推出5档新栏目：与北京市发改委合作的《电动汽车充电设施小讲堂》《建言十三五共绘新蓝图》，与北京三元食品股份有限公司策划推出的《三元宝贝星秀场》，与丰台区旅游委合作的旅游类栏目《周末去哪儿》、生活资讯栏目《城市悠乐惠》。B屏首次尝试推出“文艺小清新”的《星期吧》《装个文化人》文艺板块。

开展一系列落地品牌宣传推广活动，提高媒体的知名度。全年共开展“2·14全城视爱·爱上大屏”“元宵射虎·猜灯谜，猜对我送礼”“七夕活动”“7·31全城直击申冬奥”“文博会大屏互动”“双12求婚”“国安快闪”等10余项，取得良好效果。继续承担预警提示责任，完成对暴雨、大雪降温、空气重污染信息第一时间进行预警发布任务。

楼宇联播网建设方面，继续以开拓政务网为发展策略，以打造最具影响力的户外政务信息平台为目标，逐步实现并扩大在北京渠道的媒体布局、政府机关、高档写字楼等重点渠道的媒体布局，城市电视是政府系统终端安装市场占有率最大的户外电视媒体。截至2015年12月31日，城市电视楼宇电视国标屏保有量达6117屏。

大屏联播网建设方面，城市电视大屏联播网建立在北京的核心商圈、交通枢纽等人流、车流众多地点。采用LED显示屏技术，具有屏幕显示面积大、显示效果突出的特点，户外关注度极高。截至2015年底，城市电视大屏联播网共集合7处7块LED大屏幕的联播电视网络。

2015年大屏电视联播网终端分布一览表

地点	规格	朝向	地址
工美大厦	183平方米	南	东城区王府井大街200号
太阳宫珠宝城	74平方米	西南	朝阳区三元桥西北侧
世贸天阶A屏	413平方米	西	朝阳区光华路9号
来福士广场	173平方米	东北	东城区东直门立交桥西南角
中汇广场	325平方米	东南	东城区东直门南大街11号
富力广场	200平方米	东南	朝阳区双井富力商场
春平广场	288平方米	北	朝阳区工体东路20号

经营管理方面，进一步加强项目预算管理，拓展营销渠道，加大商业广告、公益广告、自营栏目和非主营业务的创收力度，较好地完成年度经营指标。召开第六届第一次董事会，实现连续三年为股东分红。全年经营总收入比2014年增长10.67%，超额完成预算任务101.26%。公司资产总额达17213万元，比2014年增加1437万元，增值9.11%，资产保值增值率达109.11%。

获奖情况，城市电视在“第十二届中国户外传播大会”中，荣获“中国十大户外综合媒体”奖项，世贸天阶LED大屏获选为“北京地标户外媒体”；在“第十届亚洲品牌盛典”中，“楼宇电视联播网”和“户外大屏联播网”两大平台荣获由亚洲品牌协会颁发的“最具影响力户外综合媒体”大奖。

四、地铁电视

地铁电视由北京北广传媒地铁电视有限

公司承办，自2008年开播以来，以地铁交通运营和传媒资源为依托，以地铁交通运营和传媒资源为依托，努力打造成为政府公共信息平台、城市应急预警平台、乘客生活资讯平台和企业广告宣传平台。呼号为:北京地铁电视。每天播出18.5小时，终端屏幕2.17万块。

2015年，继续加大地铁电视的建设力度，完成新线纳入播控中心相关播出传输设备的采购、系统和链路调整方案的研究和制定工作，为新线纳入后开通新节目做好硬件实施准备。重点节目栏目有：《新闻地铁报（一、二、三）》《路况播报》《全国两会快讯》《十分开心》《环球影讯》《剧情推动力》《微电影》《评影不离》《潮流现场》《教育新闻》《身边好学校》《军情解码》《美食0换乘》《美丽俏佳人》《小羊肖恩》《生活一点通》《开心速递》《时尚前沿》《星光隧道》《空气质量播报》等。

五、鼎视数字电视

鼎视传媒股份有限公司原称鼎视数字电视传媒有限公司，为全国性数字付费电视节目集成运营机构，成立于2005年12月。2014年11月有有限公司整体变更为股份有限公司。鼎视传媒由北京北广传媒集团有限公司、北京北广传媒数字电视有限公司、央广传媒发展总公司、天津时代天创传媒发展有限公司、山东电视新传媒文化传播中心、安徽广播电视台共同发起成立，主要从事全国数字电视用户家庭提供付费电视节目。

2015年，鼎视传媒股份有限公司继续巩固节目落地区域，共集成合作26套数字付费电视频道、11套高标清卫视节目、8套购物节目。付费频道销售业务直接签约合作网络公司共计263家。累计数字电视用户总数为14700.5万户，占全国现有数字电视用户20800万户的70.6%，电视购物频道发行共计落地174个地区，累计机顶盒用户达到13693万户。

传输的36套数字标清节目有：《四海钓鱼》《收藏天下》《证券资讯》《央广健康》《时代家居》《时代美食》《时代出行》《时代风尚》《职业指南》《家庭理财》《车迷》《新娱乐》《环球旅游》《人物》《考试在线》《快乐宠物》《优优宝贝》《财富天下》《家政》《电子体育》《数码时代》《中国气象》《百姓健康》《音像世界》《美食天府》《幼儿教育》25个数字付费频道。同时，还为《快乐购物》《央广购物》《优购物》《时尚购物》《风尚购物》《家有购物》《家家购物》《环球购物》8个数字电视购物频道提供集成传输及发行服务。传输的11套数字高标清卫视节目有：北京卫视、湖南卫视、深圳卫视、广东卫视、黑龙江卫视、山东卫视、湖北卫视、北京纪实高清、辽宁高清、三沙卫视、厦门卫视。

六、CMMB手机电视

CMMB手机电视由北京中广传播有限公司承办，自2009年开播以来，承担移动多媒体广播项目（CMMB）在北京地区的建设和运营。采用中国自主研发的移动多媒体广播（CMMB）技术，通过自身运维的多媒体广播覆盖网向在北京地区的手机、PDA、MP4、GPS、笔记本电脑等小屏幕接收终端传送高质量广播电视节目和提供数据增值服务。内容上实现对CCTV-1、CCTV-5、CCTV-新闻、北京卫视、睛彩电影、睛彩北京、中央人民广播电台、中国国际广播电台视听节目的传送。

2015年，“睛彩北京”频道继续推进节目内容优化和栏目改版，改版后节目内容进一步丰富，增强实时播报热点资讯，同时加大其他频道节目的传送，强化手机电视媒体属性特点。在网用户累积115622户。

七、网络广播电视

网络广播电视系北京网络广播电视台

BRTN（简称北京网络台），由北京广播电视台主办，是北京广播电视台整合旗下18家单位力量、共同创建的“以宽带互联网、移动通信网等新兴信息网络为节目传播载体的新兴形态广播电视播出机构”，于2014年1月8日正式上线播出。由北京电视台具体承办。

北京网络台有4个新媒体业务平台，分别是北京网络广播电视台网站（www.brtn.cn）、北京IPTV、“BTV大媒体”等移动客户端、BTV微平台。技术系统以“模块化”理念规划，可分可合，为新媒体板块剥离，又与传媒体媒体实质链接，组建新媒体集团，实现媒体资源互联互通、整合发布打下坚实基础。经过五年的建设，投入资金超过3亿元，已经建成具有国际领先水平的新媒体工作基地，作为实质与北京电视台媒资系统和内容生产网打通，建立“私有云计算中心”，汇聚海量视频内容。

截至2015年年底，北京网络广播电视台形成“1个品牌+4个平台+12个产品项目组”的全新工作机制，各项新媒体业务快速发展。（1）BRTN网站全球排名继续直线上升，保持列省级网络台第一名；（2）北京IPTV升级，不断优化产品应用，用户超过50万；（3）“BTV大媒体客户端”完成7个版本迭代升级，下载量仍接近130万次；（4）微平台矩阵粉丝超过3000万，活跃程度继续大幅度增加；（5）研发应用“视频地图”和“微信电视”矩阵等创新产品；（6）北京电视台在全国率先实现春晚录像阶段同步进行网络直播。

（北京广播电视台办公室）

北京电台新媒体发展情况

2015年，北京人民广播电台进一步发展新媒体业务，新媒体业态与传统广播媒体广泛结合。主要情况：

1.用户扩大规模。成立15个新媒体推广团队，将优质广播节目加工成图文、音视频等多种形式，举办丰富多彩的线上活动配合广播宣传，新媒体用户规模进一步扩大，截至2015年12月底，全台微信公众号共计75个，粉丝数量达90万人，用户量及活跃度均稳步提升。

2.技术提升服务。研发新媒体微信平台应用，在北京电台服务号上设立“微信小店”，以便为全台其他订阅号实现红包派发和微信支付功能提供支持；提供微信投票、查询、互动秒杀、摇一摇等互动服务，强化广播节目的服务功能，提升全台微信用户的使用体验。

3.推广成效显著。加强与优质新媒体平台的合作力度，向中国移动“和阅读”平台推送听书作品14部，累计上传2520章节，阅读量32.16万次，并取得部分收益分成；北京电台节目在YouTube、微博、贴吧、喜马拉雅、蜻蜓、荔枝、多听、汽车之家、凤凰FM等平台也广受欢迎；体育广播微信号推送的单篇文章在《今日头条》最高阅读量超过100万。《今夜私语时》在蜻蜓FM日点播量最高突破100万。

4.自有平台运行良好。北京广播网是北京电台内容宣传、展示形象的一个重要新媒体平台，日常内容更新及维护工作运行良好。截至12月31日，北京广播网配合台内重要节目和品牌活动，制作“广播过大年”“非遗时光”“主持人评选”“抗日战争胜利70周年”“赢在创意”“广播新声代”大型报道专题6个，直播间音视频共做节目制作500余期；完成北京广播公司页面改版、网络直播“地球日”“环保创新”成果发布会等。

5. “听听FM”音频平台。北京电台新媒体项目——“听听FM”音频平台聚合传统广播电台、自媒体播客和有声读物等大量内容，有新闻、音乐、脱口秀、相声小品等近30个频道。

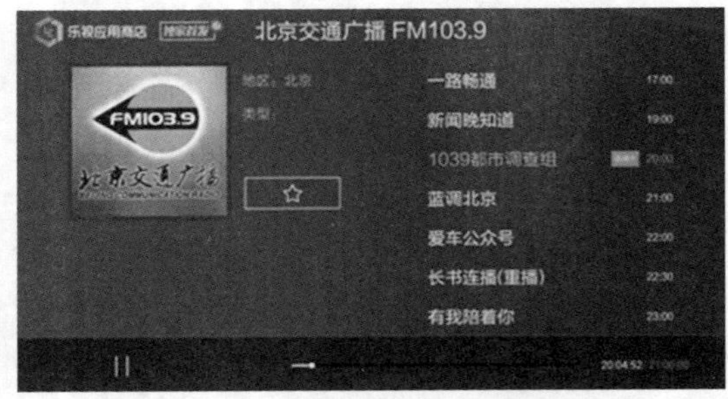

2015年“听听FM” 登陆乐视应用商店

收录电台3000多个，建立专辑2万个，音频内容超过1000万条，总时长超过800万小时，万名主播吸引入驻。截至2015年年底，北京电台“听听FM”拥有自己的节目制作团队，制作出“溪声溪语”“陪你入眠”“娜仁说”等多十几档原创节目，部分节目还对外输出，落地播放。“听听FM”手机客户端完成20多个版本的迭代，累积用户已经达到近700万，日活用户50多万，日播放时长28万小时。

6. 探索新媒体业务创新。除完成日常新媒体工作外，网络媒体中心不断对新媒体业务以及北京电台新媒体融合进行探索和创新。6月成立“用户数据中心项目组”，确立用户数据中心总体建设思路，初步出台数据中心建设规划方案；组织成立“北京电台媒体融合设计小组”，参与《北京电台媒体融合纲要及指南》的设计和写作。

（北京人民广播电台）

北京电视台新媒体发展情况

2015年，由北京广播电视台主办、北京电视台具体承办的北京网络广播电视台，融合自有媒体，进一步推进四大新媒体平台的发展。

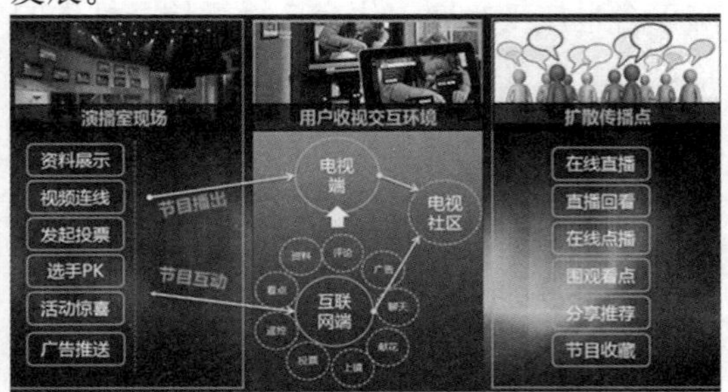

北京电视台新媒体与传统媒体互动示意图

BRTN网站ALEXA全球排名稳定在3000名左右，单日最高1400名；北京IPTV用户数量增长迅速；“BTV大媒体客户端”（APP）下载量超150万次；北京电视台法人微博粉丝数达500万；微博矩阵蓝V账号103个，粉丝总量达到5000万；微博全年共发稿件32604篇；北京电视台官方微信订阅号、服务号拥有粉丝数60万人，共发1668篇图文稿件。

1. 北京网络广播电视台网站（www.brtn.cn）。BRTN网站在完成日常宣传报道的基础上，配合全台各频道的大型活动和重点新闻的宣传报道，特别在重大活动、重要会议、重大纪念日等活动中表现突出。如“全国和北京市两会”“春节晚会”“申办第24届冬奥会”“纪念世界反法西斯战争暨中国人民抗日战争胜利70周年”的报道，流量增长迅速。

2. 北京IPTV。北京IPTV点播内容保有总量47160小时，同比增长143%。轮播频道淘电影收视在北京地区所有专业电影频道中跃居前三。北京IPTV积极拓展市场，探索产品“付费化”模式，付费产品体系更加完善，“教育看吧”实现付费。技术上，通过多次EPG功能升级及界面改版，改善用户体验。

3.BTV大媒体。网台融合重要平台之一，BTV大媒体移动客户端APP自上线以来共完成10次版本升级，全年共发起网台栏目、节目各类互动活动总计632个，平均每月50多项。重要成果是建设“大编辑部”1.0版，大编辑部由四个模块组成：全网资讯、电视节目、大数据和BTV大编辑部，可以快速、高效地的聚合全网相关图文、视频以及数据，有效地实现资源聚合、生产流程再造、提高工作效率，在申冬奥、大阅兵直播报道中，发挥重大作用。

4．BTV微信平台。BTV微信电视矩阵建设完成，共接入账号122个。BTV微信电视“摇一摇”全面开启，继羊年春晚启用微信“摇一摇”以来，重点栏目、大型活动、各电视频道纷纷试水，全年参与人数累计8000多万人次。“摇一摇”一方面有助于提高电视频道收视份额，同时能将观众转化为用户，为进一步的商业开发奠定基础。BTV微平台在2015年全台重大活动及宣传报道中不断创新，是网台融合的重要平台。

（北京电视台）

北京歌华有线新媒体发展情况

2015年，北京歌华有线电视网络股份有限公司进一步推进高清交互数字电视新媒体的全媒体应用聚合云服务平台、家庭宽带等业务取得新的成绩。主要情况：

1．高清交互数字电视新媒体发展情况

2015年歌华有线高清交互平台页面

截至2015年年底，歌华有线累计推广完成460万户高清交互数字电视机顶盒，并完成“全媒体应用聚合云服务平台”的全市全网升级，实现支撑对接对高清交互平台相关功能，基于云平台开发包括云游戏、云飞视、云博物馆、国学诵读等多项新业态、新应用。在打造平台节目内容方面，不断推陈出新教育、健康、文化等领域精品内容，并构建了集直播、点播、轮播、回看于一体的高清视频服务体系。创新推进新媒体产业布局，试点启动社区文化站升级改造项目，打造首都公共文化服务新名片，树立全国公共文化服务新典范；实现“中国电视院线”产业化、资本化运营。

高清交互数字电视平台播出177套数字电视频道（含标清150套、高清27套）和18套数字广播频道；提供直播、看吧、点播、院线、回看等14大项应用；在线点播节目超过10万小时，其中高清节目4.4万小时。新增“重庆卫视”“上海纪实”高清频道和“城市建设”“时尚购物”标清频道。发展直投广告客户，与各大银行、委办局、事业单位等进行广告合作。其中：

⑴丰富高清交互数字电视内容。全年点播量近11亿次，日均点播量最高达415万次；视频栏目点播量屡创新高，“免费点播”单日最高点播量为116万次；“回看”频道增至111套，单日最高点播量达到365万次；新增

“快乐学堂”“卡拉ＯＫ”等应用；“电视院线”更新400部大片，实现支付宝支付，推进微信支付；“歌华导视”优化内容编排，创新节目形式，注重互动体验，频道收视排名在全网中上升至前30位。

教育平台。“北京数字学校”在空气重污染红色预警期间广受关注，单日访问量最高达135万次，发挥“停课不停学”的作用，同时“教学互动平台”在门头沟区开始试点推广；5月28日上线“纪念抗日战争胜利70周年主题专区”，累计绑定7000学生用户位，访问量322万次，答题次数76万次；实现“快乐学堂”栏目付费运营，累计用户访问量（不重复访问用户）115201次，日新增用户访问数200－1000人次，总订购量1380户；推出“北京教育直通车”栏目，打造政策解读、新闻动态等教育内容集成发布的权威平台。与新东方、创联教育、学而思等行业知名教育机构开展多种形式合作，丰富平台在线教育资源内容，并启动线上线下教育产品相结合的服务模式。

健康专区。搭建首都健康公共服务平台。该平台依托歌华有线高清交互云平台、移动端、无线网络等的全方位覆盖，为大医院、社区医院、家庭用户提供视频、交互等多样化的健康服务；与卫计委接洽协调各个医院专家资源，共同制作“阳光长城”系列节目；启动开发“春雨家庭医生”功能，推进门诊加号、电话咨询等服务；与国家级示范社区医院方庄社区卫生服务中心合作实现居民健康档案在线查询功能，并已在北新桥街道海运仓社区试点实现电视健康咨询功能。

生活专区。引进娱乐休闲栏目“卡拉ＯＫ”，少儿益智栏目“果果乐园”“梦想乐园”。加上原有的“天气预报”“电视银行”“电视购彩”“家庭理财”“美食天地”“航班查询”，生活平台共集成九个栏目。主要为用户提供银行信息查询、航班查询、天气预报、理财资讯、美食推荐、K歌等服务，满足市民衣食住行、休闲娱乐等多方面的需要。

⑵依托“歌华云平台”上线多个云应用。云游戏。1月，歌华云游戏平台正式上线运营，累计上线280余款覆盖各年龄用户群的热门游戏产品，上线高清游戏视频600余条。年内与育碧、盛大、完美世界等的十几家知名游戏厂商开展游戏内容合作，实现多款电视游戏独家首发。

云飞视。覆盖电视机以及手机、ＰＣ、ＰＡＤ等智能终端，可跨屏提供高清、流畅的电视直播，回看、点播等交互应用，以及“推屏”“拉屏”“多屏”语音遥控等内容。

云博物馆。对展馆的3D虚拟展示，为用户打造“永不落幕的展览会”“永不闭馆的博物馆”，已上线国家博物馆、卢沟桥抗战馆。

国学诵读。覆盖北京市1400余所学校、上万个班级，注册用户23.6万户，完成280万篇诵读作品，诵读作品总访问量达到3330余万次。8月，与北京市教委、拉萨市教育局、拉萨市广播电视台共同签署《“国学诵读进拉萨”教育合作协议》，该项目作为援藏项目已覆盖拉萨。

⑶“中国电视院线”实现产业化、资本化运营。联合广东、重庆、深圳、山东等16个省（市）有线运营商发起成立电视院线控股公司，注册资本3.8亿元，其中歌华有线出资1.79亿元，占比47.07%。同时，控股公司联合中国电影股份有限公司、中国广播电视网络有限公司、杭州阿里创业投资有限公司、金砖丝路投资（深圳）合伙企业（有限合伙）、北京北广传媒集团有限公司等共同发起组建电视院线运营公司，注册资本为5亿元，其中电视院线控股公司占比62%。已完成电视院线运营公司的注册工作，电视院线已在天津、重庆、河北、河南、贵州、山

东、广西、广东、云南等22个省市落地，覆盖用户达2000万户。

2015年歌华有线电视院线宣传页

(4)社区文化站升级改造项目正式启动。5月1日，社区文化站升级改造项目第一个样板间在东城区北新桥街道社区建设完成。样板间具有社区电影院、社区游戏吧、社区健康站、社区数字化阅读等功能，可提供电视院线数字电影放映、数字化阅读、健身、医疗等服务服务。

(5)加快布局手机电视新媒体。歌华有线子公司——北京歌华视讯文化有限公司（“歌华视讯”），从事新媒体产品、运营和推广的一体化运营，致力于打造移动互联网下的文化类聚合平台产品。歌华视讯通过引入外部优质资源进行移动互联网综合娱乐门户建设，对内可以丰富歌华体系的产品体系，对外可以输出歌华自有平台中的内容，提升歌华内容的价值。歌华手机电视通过中国移动咪咕视频业务评审，12月初开通试运营推广，年底已发展会员用户2万户。

2.家庭宽带业务发展情况

2015年，歌华有线家庭宽带业务实现历史最高增长，全年净增近10万户，累计41.5万户。

产品及流程。6月，针对国家“提高网速，降低资费”工作要求，调整宽带资费体系。

8月，调整家庭宽带35M、55M和110M基础产品和套餐产品价格，销售区域增加通州分公司，并于12月全面覆盖主城区。

11月，全市范围内推出家庭宽带短账期4M、8M及12M三种新产品，并于11月18日上线试运营。

12月，全市范围内推出家庭宽带闲时产品“嗨18”，并于12月初上线试运营。

营销策略。全年共策划推出七个市场活动，活动周期为1.5至三个月之间，完成年初提出的家庭宽带月月有活动的目标。

1月至3月，针对北京联通2014年12月1日至2015年3月31日在全市推出为期四个月的“新春会战促销政策”，推出买10个月送五个月和买两年送一年的活动。对有离网倾向用户推出“买10送5”+付费节目卡优惠活动和“买2年送1年”+VOD体验卡优惠活动。

4月至6月，开展0元宽带免费体验活动，活动以周为单位完成13期；申请报名参加活动人数总计8552次，体验歌华宽带的用户数总计6950户，约占报名用户数的81.3%。

4月至12月，对续费用户开展“回馈老用户”活动。续费4M、8M、12M或22M包年、包两年宽带产品，可获得无线路由器及

2015年歌华有线宽带业务宣传页

五种VOD免费月体验卡。

6月至9月，对国家“提高网速，降低资费”工作要求，推出单宽产品赠送账期包括“买6个月送6个月”“买10个月送10个月”和“买2年送2年三种单宽买赠活动形式。

8月，在远郊分公司开展续费送食用油活动。宽带8M、12M和22M包年CM用户成功续费后(含续费“买2年送2年”“买10个月送10个月”和“宽带超享包”活动的用户)，凭借缴费凭证或发票可在所辖营业厅领取食用油一瓶，本次活动共计送出1万瓶食用油。

10月，增加推出“买1年送1年”活动，并下调套餐资费。

12月起，全市范围内推出食用油促销活动。宽带8M、12M和22M包年（含买6个月送6个月、买1年送1年及套餐活动）CM用户成功缴费后凭借缴费凭证或发票可在所辖营业厅领取食用油一瓶。

重点措施。深化外部合作，与北京移动合作，试点推出“华和宽带”，与北京电信探索多种宣传和促销活动，促进“华翼宽带”销售。

推进产品创新，突破常规宽带模式，开发完成并于年底前推出按天计费、闲时宽带等新产品。

多元营销策略，关注竞争对手情况，及时调整市场策略，有针对性的开展单宽带送账期、套餐调整、实物赠送等多种形式的促销活动，拉动新装、续费用户量。

规范业务管理，统一远郊区社区宽带的产品及价格体系，建立市场竞争分析月报制度。

（北京歌华有线电视网络股份有限公司）

北京市网络视听节目服务管理情况综述

歌华有线发起成立“中国电视院线联盟”打造全媒体家庭观影平台

2015年，北京市新闻出版广电局依法治网，以“进一步规范行业秩序、净化网络环境、促进行业健康发展”为目标，网络视听节目管理取得新成效。

一、持续开展网络视听有害信息整治工作

制定《北京市网络视听节目社会监督员管理补充办法》，召开全市视听节目服务持证单位工作会议，充分利用现有技术管理手段，对全市123家持证网站和12家重点网站的网络剧、微电影、综艺栏目等自制类节目和UGC及境外影视剧内容进行重点监看，实行监管情况每日上报制度，清理一批内容低俗、格调低下的网络剧、网络电影等网络自制节目，对3家网站违规传播境外影视剧的行为进行诫勉谈话和通报批评。同时，加大

无证视听网站分类处理工作力度，全年清理无证视听节目服务网站78家，其中提交北京市文化执法总队查处违规网站6家，提交北京市通信管理局关闭5家。全年共清理下线色情淫秽和低俗视频67157条，有害视频367条，情色、低俗等违规网络剧、网络电影97部164集；清理UGC用户上传境外影视剧528部13462集。清理下线低俗综艺节目572个，清理下线违规专区、专题26个。

二、做好各项行政审批工作

严格《信息网络视听节目服务许可证》申请、变更、增项、换证的初审工作，做到依法审核、按时上报，不出现违规、超时等现象。依据《互联网视听节目服务管理规定》和《互联网视听节目服务业务分类目录》，公开审批事项的申请条件、审批程序、审批期限及标准等，规范审批程序。严把材料审核关，对互联网视听节目服务单位变更股东、股权结构，或上市融资，或重大资产变更，未办理审批手续的单位，以及变更办公场所、法人、网址、网站名称等事项未及时备案的单位，予以约谈，情节严重的提交北京市文化执法总队查处。组织开展北京地区移动互联网视听节目业务核查及增项审核工作，制定《北京市新闻出版广电局关于加强通过移动互联网开展视听节目服务管理的工作方案》，对北京市属持证单位移动互联网视听节目业务开展情况进行核查、登记，开展移动互联网视听节目服务业务增项材料的受理、审核工作。全年通共审核上报各类材料107份；对40余家明显违规和存有问题持证网站相关负责人约谈，督促整改，其中15家违规问题严重的提交北京市文化执法总队查处，3家不开展影视剧汇集播出业务的网站，上报总局取消相关业务类别。依据《广播电视视频点播业务管理办法》，开展广播电视视频点播业务（甲种）初审和广播电视视频点播业务（乙种）许可的审批工作，全年办理《广播电视视频点播业务许可证（乙种）》申请开办业务三件，延续业务一件。办理《广播电视视频点播业务许可证（甲种）》延续业务一件。全面落实网上引进传播境外影视剧管理工作，制定审查工作程序、环节和时限。全市共有10家持证网站具备引进网上境外影视剧资质，全年接收并审核报审材料212部975集，其中电视剧55部661集，电影157部314集；内容审核156部682集，其中电视剧39部448集，电影117部234集；审核通过并发放许可证89部407集，其中电视剧24部277集，电影65部130集；审核不通过23部103集，其中电视剧4部65集，电影19部38集。

三、推动网络视听节目精品创作

6月中旬至8月举办第三届“北京市优秀网络视听节目征集评选活动”，该活动同时被列为2015年市政府折子工程。活动主要面向北京市属互联网视听节目服务持证单位，征集从2014年6月30日至2015年6月30日期间，在互联网播放的原创网络剧、网络电影、网台联动视听节目、网络视听公益节目及专业类视听节目作品。本次评选活动有24家北京市属网络视听持证网站报送作品，申报作品344部，入围作品167部，获奖作品71部，覆盖20家会员单位。其中，网络剧申报作品21部，入围12部，推选获奖6部；网络电影长片申报29部，入围15部，推选获奖5部；网络电影短片申报71部，入围32部，推选获奖15部；网台联动视听节目申报25部，入围16部，推选获奖10部；网络视听公益节目申报67部，入围31部，推选获奖15部；专业类视听节目申报131部，入围61部，推选获奖20部。另外特别评选出爱奇艺、优酷等10家优秀组织推荐单位。依据《北京市优秀网络视听节目和网络服务单位奖励资金管理办法（试行）》对获奖作品和优秀组织推荐单位给予600万元专项扶持补贴资金。10

月1日至10月31日组织优酷、爱奇艺等10家重点网站进行优秀作品联播展映。专题页面有125万独立访客、155.8万次页面浏览，获奖作品有15亿次播放。开展2015年“弘扬社会主义核心价值观共筑中国梦”主题原创网络视听节目征集推选活动，征集作品172部，向总局推送101部。《匆匆那年》获优秀网络视听节目组委会大奖，《盲钻》获优秀微电影三类奖，《名侦探狄仁杰》获优秀网络剧三类奖，《匆匆那年》获最佳编剧，《侣行》第三季、《汉字英雄》第三季、《古典音乐频道》《搜狐视频娱乐播报周末版》《尚技人民》荣获十佳视频栏目，《问题来了之如何晒出高格调的“朋友圈”》获创新节目三类奖，《执念师》获优秀网络剧二类奖和最佳导演奖；北京市新闻出版广电局获中国网络视听节目服务协会颁发的优秀组织奖。

四、发挥网络视听新媒体舆论引导作用

组织全市123家持证视听网站，开展中国人民抗日战争暨世界反法西斯战争胜利70周年网络主题宣传活动，具备条件的38家网站开设专题专栏或链接其他网站开设的专题专栏。其中20家网站结合视听网站特点，特别推出抗战相关影视剧、网络剧、微电影的展播展映活动。截至8月10日，专题专栏播放量已达8亿次；展播展映电影166部、播放量18亿次；电视剧152部5060集，播放量103亿次；专题片、纪录片68部，播放量8.5亿次；网络剧、微电影共12部，播放量52万次。部分持证网站组织开展各类线下抗战胜利纪念活动共30次。

组织重点网站开展“中国梦，义工情”第四届最美慈善义工评选活动网络宣传活动宣传，13家北京市属网络视听持证网站获“最美公益媒体合作奖”。贯彻总局“丝绸之路影视桥工程”，推动国家“一带一路”建设和首都网络视听节目走出去以及推动传统媒体与视听新媒体融合，与广西壮族自治区新闻出版广电局、国家海洋新闻中心联合举办2015年首届中国——东盟微电影大赛。活动广西电视台和优酷网联合承办，5月26日正式启动，先后征集到137部微电影作品，其中，北京、上海、广西、广东、福建等各省、市、自治区参赛作品122部，中国与澳大利亚合拍作品1部，中国与美国合拍作品1部，泰国、英国、韩国、伊朗、印度尼西亚等送来的参赛作品13部。10月中旬，在广西南宁举行2015首届中国——东盟微电影大赛颁奖典礼，29部优秀微电影获奖。

五、加强网站从业人员队伍建设

以行业管理、行业发展和业务技能为重点内容，全年开展多层次、多内容、多形式的培训，网站受训人次近千人。组织近130名审核员参加中国网络视听节目服务协会组织的审核员培训班，取得网络剧、微电影等网络自制节目审核资质。通过《网编大讲堂》在线学习平台，对网站一线编审人员进行培训，全年录制12期。举办2期网络影视创作、编导人员专题培训班，提升编导人员选题策划水平，促进优秀网络视听原创作品和节目的创作与传播。

六、加强行业协会的桥梁纽带作用

北京市新闻出版广电局与北京网络视听节目服务协会组织北京市属网站参观考察南水北调工程、抗日战争纪念馆，并组织赴哈尔滨、长春、江苏、上海等地“缅怀先烈，铭记历史”纪念抗战70周年主题系列教育实践活动。同时，为贯彻落实国家互联网+战略和中央关于“大力发展网络文艺”精神，还与北京网络视听节目服务协会举办“我的互联网+梦想”征文活动，征集作品自9月28日至11月15日，共征集作品150篇，24篇文章获奖。

（北京市新闻出版广电局网络视听节目管理处）

2015年北京市信息网络视听节目机构一览表

序号	许可证号（备案号）	开办单位	网站名称	登录地址
1	0105094	北京华奥星空科技发展有限公司	华奥星空	www.sports.cn
2	0103032	中广亚广播信息网络有限公司	中广网	www.catv.net
3	0105089	北京广播电视台	北京网络广播电视台	www.brtn.cn
4	0104056	北京千龙新闻网络传播有限责任公司	千龙新闻网	www.qianlong.com
5	0104053	北京在线九州信息技术服务有限公司	天天在线	www.116.com.cn
6	0104054	北京歌华有线数字媒体有限公司	无	无
7	0105081	北京歌华文化发展集团	新视界	www.dvod.com.cn
8	0105087	北京联合网视文化传播有限公司	联合网视	www.uitv.com
9	0105079	北京市海淀区有线广播电视网络信息有限公司	海宽网络	www.hdonl.cn
10	0105097	乐视网信息技术（北京）股份有限公司	乐视网	www.letv.com
11	0105093	北京雷霆万钧网络科技有限责任公司	tom网	www.tom.com
12	0108231	北京光线易视网络科技有限公司	E视网	www.ewang.com
13	0108272	网乐互联（北京）科技有限公司	看吧宽频	www.kan8kan.com
14	0107195	中共北京市委干部理论教育讲师团	“宣讲家”网站	www.71.cn
15	0108246	北京优朋普乐科技有限公司	优朋影视	www.voole.com

续 表

序号	许可证号（备案号）	开办单位	网站名称	登录地址
16	0108296	北京网尚文化传播有限公司	网尚文化	www.vv8.com
17	0108251	北京网罗天下生活科技有限公司	100度享乐网	www.100du.com
18	0108267	酷溜网（北京）信息技术有限公司	酷6网	www.ku6.com
19	0108275	北京青年报网际传播技术有限公司	北青网	www.ynet.com
20	0108270	北京时越网络技术有限公司	悠视网	www.uusee.com
21	0108258	迈视（北京）网络传媒技术有限公司	迈视网	www.maxtv.cn
22	京备AVSP2008015	北京市大兴区广播电视台	中华兴网	www.zhhxw.com
23	0108259	北京搜狐互联网信息服务有限公司	搜狐网	www.sohu.com
24	0108290	北京风行在线技术有限公司	风行网	www.funshion.com
25	0108283	合一信息技术（北京）有限公司	优酷网	www.youku.com
26	0108268	北京六间房科技有限公司	六间房	www.6.cn
27	0108308	北京华艺汇龙网络科技有限公司	艺通网	www.etoote.com
28	0110536	北京偶偶网络科技有限公司	偶偶网	www.ouou.com
29	0108265	北京动艺时光网络科技有限公司	时光网	www.mtime.com
30	0108284	北京万方数据股份有限公司	万方数据	www.wanfangdata.com.cn
31	0108278	北京智汇游信息技术有限公司	17173	www.17173.com
32	0108271	新传在线（北京）信息技术有限公司	新传宽频	www.nubb.com

续 表

序号	许可证号（备案号）	开办单位	网站名称	登录地址
33	0108274	北京搜房科技发展有限公司	搜房网	www.soufun.com
34	0108291	北京捷报互动科技有限公司	捷报网	www.jeboo.com
35	京备AVSP2008014	顺义区广播电视台	顺广传媒	www.bjsytv.com
36	0108298	北京暴风科技股份有限公司	客户端软件名称：暴风影音	www.baofeng.com
37	0108292	北京中视互动科技发展有限公司	中视互动网	www.citv.cn
38	0110516	北京百度网讯科技有限公司	百度	www.baidu.com
39	0108309	北京勤能通达科技有限公司	勤能影视圈	www.tvquan.cn
40	0108319	北京晨报社	北京晨报	www.morningpost.com.cn
41	0108330	三纪讯通科技股份有限公司	天使网	www.zgangel.com
42	0109404	北京和讯在线信息咨询服务有限公司	和讯网	www.hexun.com
43	0109359	北京华星互联文化传播有限公司	如意影视网	www.165tv.com
44	0109343	同方股份有限公司	清华同方学堂	www.edu—sp.com
45	0108325	北京摩苍科技发展有限公司	摩视网	www.moonstv.com
46	0110549	粉娱（北京）科技发展有限公司	粉娱网	www.fenyucn.com
47	0109388	赛尔网络有限公司	校园梦网	www.cdream.com.cn
48	0109368	北京三进宇通通信设备有限公司	三进宇通音乐网	www.rock3g.cn
49	0109360	互动在线（北京）科技有限公司	互动在线	www.hudong.com www.hoodong.com

续 表

序号	许可证号（备案号）	开办单位	网站名称	登录地址
50	0109362	北京酷我科技有限公司	酷我音乐网	www.koowo.com
51	0109376	北京天空世纪信息技术有限公司	天空宽频	www.tvsky.tv
52	0109379	北京空中信使信息技术有限公司	空中网	video.kong.net
53	0109389	北京卡酷传媒有限公司	北京卡酷动画卫视网	www.kaku.tv
54	0109377	北京文国网络技术有限责任公司	文国网	www.veduchina.com
55	0110427	掌中微视（北京）科技有限公司	微视网	www.kinpower.com.cn
56	0109380	华友世纪通讯有限公司	哈哇网	www.hawa.cn
57	0109390	中传视友（北京）传媒科技有限公司	视友网	www.cuctv.com
58	0110515	北京汉高华网络科技	我要达达	www.hlxservice.com
59	0110576	原上草网络信息技术（北京）有限公司	原上草	www.igroot.com
60	0109405	北京华通京信通信技术有限公司	腾空网	www.tengkong.com
61	0109500	北京飞宇电脑技术有限公司	飞宇网	www.feiyu.com.cn
62	0109406	北京网高网络科技有限公司	财界网	www.17ok.com
63	0110517	北京北纬通信科技股份有限公司	北纬30度	www.bw30.com
64	京备AVSP2009016	昌平区广播电视台	昌平广播电视网	www.cprt.com.cn
65	0110533	共青团北京市委员会信息中心	青檬网络	www.qmoon.net
66	0110525	北京中录国际文化传播有限公司	中录宽频	www.zlvod.cn

续 表

序号	许可证号（备案号）	开办单位	网站名称	登录地址
67	0110524	金银岛（北京）网络科技股份有限公司	金银岛	www.315.com.cn
68	0110542	北京中润互联信息技术有限公司	中润网	www.8169.com
69	110556	北京新媒视讯科技有限公司	星语心愿	www.xinpindao.com
70	0110545	北京掌讯远景数码信息技术有限公司	北京掌讯	www.handinfo.cn
71	0110563	游艺星际（北京）科技有限公司	哈啪咪	www.hapame.com
72	0110538	北京巨鲸音乐网络技术有限责任公司	巨鲸音乐网	www.top100.cn
73	0110534	北京科普兰德科技有限公司	颐家家居	www.e—jjj.com
74	0110551	优活联盟（北京）科技有限公司	优活联盟	www.yoholm.com
75	0110531	北京新东方迅程网络科技有限公司	新东方在线	www.koolearn.com
76	0110543	北京易车信息科技有限公司	易车网	www.bitauto.com
77	0110553	北京车之家信息技术有限公司	汽车之家	www.autohome.com.cn
78	0110554	北京富华创新科技发展有限责任公司	金融界投资理财网	www.jrj.com.cn
79	0110418	北京豆网科技有限公司	豆瓣网	www.douban.com
80	0110544	北京爱奇艺科技有限公司	爱奇艺	www.iqiyi.com
81	0110484	北京红番茄联众通信技术有限公司	艺人网	www.300hu.com
82	0110552	北京智德典康电子商务有限公司	中关村在线	www.zol.com.cn
83	0110583	北京瑞奥视科技有限公司	瑞网	www.today365.com.cn

续　表

序号	许可证号（备案号）	开办单位	网站名称	登录地址
84	0111605	工控网（北京）信息技术股份有限公司	工控网	www.gongkong.com
85	0110446	北京天方金码科技发展有限公司	天方听书网	www.tingbook.com
86	0110461	北京宇晨亿荣网络科技有限公司	酷燃网	www.krcom.cn
87	0110557	北京艾斯凯国际民族文化传播有限公司	中民网视	www.cewtv.com
88	0110428	北京康隆盛科技有限公司	乐看	www.lekan.com
89	0110550	北京新网视信传媒科技有限公司	橙果网	www.chengo.com.cn
90	0110569	北京赛鸽天地广告有限公司	赛鸽天地	www.rpw.com.cn
91	0110535	北京华思维泰克科技有限公司	雅库网	www.hsoft.com.cn
92	0110562	北京雷盟盛通文化发展有限公司	V族网	www.vzuu.com
93	0110568	北京一天连讯信息技术有限公司	画娱网	www.hydiy.cn
94	0110537	北京梦之窗数码科技有限公司	糖豆网	www.tangdou.com
95	0110582	北京联想调频科技有限公司	联想阳光在线	www.lenovo.net
96	0110581	北京万企科技有限公司	中国企业网	www.cew.cn
97	0110588	北京清大世纪教育投资顾问有限公司	清大学习吧	www.eee114.com
98	0110453	大地时代文化传播（北京）有限公司	大地传播	www.dadifilm.com
99	0110587	完美世界（北京）网络技术有限公司	完美时空	www.wanmei.com
100	0110416	北京国泰东方信息技术有限公司	库客数字音乐图书馆	www.kuke.com

续 表

序号	许可证号（备案号）	开办单位	网站名称	登录地址
101	0110426	北京凯铭风尚网络技术有限公司	YOKA时尚网	www.yoka.com
102	0110437	北京太极国际体育发展有限责任公司	太极体育网	www.21tjsports.com
103	0110460	北京君合百纳通信技术有限公司	联合体育网	video.opahnet.com
104	0110413	北京宽客网络技术有限公司	宽客网	www.yinyuetai.com
105	0110475	北京天天宽广网络科技有限公司	酷米网	www.kumi.cn
106	0110438	北京世纪超星信息技术发展有限责任公司	超星图书馆	www.superlib.com
107	0110567	北京优视米网络科技有限公司	优米网	www.umiwi.com
108	0110424	芝麻开门网络数字技术（北京）有限公司	芝麻开门网	www.zmkm.org.cn
109	0110448	北京世纪中彩网络科技有限公司	中彩网	www.zhcw.com
110	0110452	北京中童联合资讯服务有限公司	中童在线	www.looklook.cn
111	0110471	北京《瑞丽》杂志社	瑞丽女性网	www.rayli.com.cn
112	0110594	中体彩彩票运营管理有限公司	竞彩网	www.sporttery.cn
113	0111612	华录出版传媒有限公司	东东007	www.dongdong007.com
114	0111614	新星出版社有限责任公司	声动网	www.singdoo.com
115	0111622	国家大剧院	国家大剧院官方网站	www.chncpa.org
116	0111624	北京美图网科技有限公司	看视界	www.1iptv.com
117	0113658	北京卓众出版有限公司	第一工程机械网	www.d1cm.com

续　表

序号	许可证号（备案号）	开办单位	网站名称	登录地址
118	0112632	北京市可持续发展促进中心	北京科技视频网	www.bjscivid.net
119	京备AVSP2008012	北京市房山区广播电视台	房山广电传媒网	www.funhillmedia.com
120	0108269	京华时报社	京华网	www.jinghua.cn
121	0114665	北京广播公司	波罗网	www.bobo.cn
122	京备2014013	北京市通州区广播电视台	大运通州网	www.dayuntongzhou.com
123	1110559	北京中期移动传媒有限公司	都市宽频	www.361cc.com

（北京市新闻出版广电局网络视听节目管理处）

技 术

2015年北京市广播电视技术工作综述

一、科技管理

2015年，北京市新闻出版广电局加强与市科委、中关村管委会等部门交流沟通，积极向市科委争取绿色通道项目，为北京电视台申请到“高密度无线覆盖环境下大型活动全媒体服务系统”项目经费400万元。

加强对全市广播影视相关科技企业的调研和服务，制定相关政策扶持广播影视科技企业。举办“加强科技服务、促进企业发展”的专题会议，邀请市科委和中关村管委会有关部门负责同志，介绍并解读北京市相关产业政策。

组织广播电视相关科技企业制定参加2016年全美广播电视展(NAB)的工作方案，搭建北京市广电行业高新技术对外宣传、合作的展示平台与交流平台，助力北京市广电领域的高新技术产品和项目走向国际市场。

完成广播、电视中心系统技术能手竞赛培训和竞赛选手的选拔推荐工作，选拔推荐北京电台、北京电视台各一名技术人员参加总局技术能手竞赛，北京人民广播电台刘涛获广播中心技术能手竞赛一等奖（总成绩第2名），北京电视台孟伟获电视中心技术能手竞赛二等奖（总成绩第4名），是十年来北京市广电系统获得的最好成绩。

以“贴近基层、服务基层”为指导思想，创新培训组织形式，充分发挥北京电台、电视台的技术和人员优势，组织14个区县广播电视中心技术人员分别到北京电台、北京电视台相应技术部门跟班技术培训，提升区县广电技术人员业务水平。

组织北京市广播电视节目技术质量优秀作品评选，来自北京人民广播电台、北京电视台、14个区县广播电视中心的27个广播节目、57个电视节目参加评选。经过广电行业专家对申报作品的客观测试和主观评价，共评选出广播节目技术质量优秀作品24个、电视节目技术质量优秀作品37个。

二、安全播出

按照安全播出管理体系要求和落实安全播出工作常态化工作手册要求，坚持年度管理体系审核，督促安全播出责任单位持续改进。由国家新闻出版广电总局牵头，北京市新闻出版广电局参与了《广播电视安全播出管理体系成熟度评估研究》，拟向全国推广。开展针对性检查指导，委托总局监管中心对北京电台、电视台和两个区广电中心的重要信息等级保护系统进行抽测，对测出的问题督促整改。开展传统媒体与新兴媒体融合形势下安全播出监管的课题研究。

三、高清交互数字电视惠民情况

2015年是推行《2012−2015高清交互机顶盒推广实施方案》的最后一年。到2015年底全市有线电视注册用户数569万户，其中高清交互数字电视用户数已达到460万户，用户数居全国城市之首。目前北京市高清交互数字电视平台提供175套数字电视节目（其中高清节目25套，3D节目1套）和18套数字广播节目及多种交互数字电视应用服务，传输数字节目数量、高清节目数量均位居全国领先地位；“电视回看”频道累计达到108套，日均点击量突破350万次。点播专区提供在线点播节目7万小时，其中，高清节目2万小时，标清节目5万小时，日均点播量近百万次。

高清交互机顶盒的推广助推了北京市有线电视业务迅速发展，“歌华有线全媒体聚合云服务平台建设与集成项目”和“歌华有线全媒体聚合云平台多屏终端子系统项目”申报总局科技创新奖。

四、三网融合工作

三网融合业务持续发展，截至2015年年底，IPTV用户数55.4万户，歌华个人宽带用户数41.5万户，2015年分别新增约20万户和10万户。IPTV直播频道增加到110路，北京电视台和北京联通公司进行分发平台的扩容，扩容后可以达到100万户以上的承载能力。

五、广播电视覆盖工作

开展公共服务设施的运行维护工作。加强对转播站、行政村发射站及媒资共享平台的运行维护管理工作，完善相关制度，开展对转播站安全检查；召开运维情况总结协调会，及时监督运维情况并提高运维质量，保证广播电视安全播出。

继续开展有线广播工程建设。对北京市远郊区县现有有线广播系统进行调研，针对目前乡镇有线广播使用情况，研究下一步乡镇有线广播管理的意见和建议。

配合国家新闻出版广电总局在密云开展应急广播试点项目，编制北京市应急广播工程建设规划。

按照总局统一部署，实施北京市转播站的中央广播电视节目无线数字化覆盖工程，结合北京市地面数字电视实施方案的编制工作，开展五个转播站的机房改造设计，为下一步北京广播电视节目无线数字化建设奠定基础。

六、重大活动服务保障工作

圆满完成全国“两会”期间代表驻地有线电视服务保障工作，圆满完成2015年7月7日在中国人民抗日战争纪念馆举行的纪念全民族抗战爆发78周年暨《伟大胜利历史贡献》主题展览开幕式及中央领导同志参观展览活动的广场扩声系统服务保障任务，圆满完成天安门广场大屏幕和阅兵训练场大屏幕播放、有线电视接入等服务保障工作，市新闻出版广电局被评为北京市服务保障工作先进集体。圆满完成抗战老兵驻地有线电视服务保障工作。

（北京市新闻出版广电局科技处）

北京电台RCS技术使用情况

2015年5月18日，北京电台新频率FM94.5、METRO动听调频正式开播。该频率直播间在建设过程中引入了诸多的技术亮点，特别是RCS技术（美国广播咨询服务公司（Radio Computing Services）的音频制播软件）的使用是其中最大的亮点。其技术上的优势体现在：

一、硬件方面

RCS广播节目编排播出系统使用了WASAPI/DirectSound/ASIO声卡，降低系统对音频信号的延时，增强声卡的硬件处理能力。

二、系统架构

较之传统的播出系统，RCS广播节目编排播出系统采用了更新的Window7系统，运行在SQL Server 2008R2平台之上，提升了运行速度。RCS技术架构采用主、备播系统及主备数据库独立运行，避免了数据库单点失效故障或因为数据库服务器故障在双机切换过程中引起停播故障隐患。播出与编排采用两套独立数据库，内建接口进行无缝连接，搭建制播分离架构。

三、播出方式

RCS的播出方式是数据库和音频存在服务器上，播出站可支持本地缓存，播出时优先读取本地缓存，如缓存中没有则通过网络读取服务器的存储路径；一套数据库可以同时管理多套节目的编排播出。这种方式本地播出、网络播出并存，同时支持全台扩展多频率使用RCS系统构架统一管理平台；后台播放也是RCS独特的技术优势，操作界面与后台播放引擎分离，即便应用程序故障或关闭，都不会影响后台播出进行。播控分离，避免误操作导致播出事故。

四、音频格式

采用国际广播标准音频格式，支持44.1kHz、48kHz或者Linear Wave线性音频格式，包括PCM、MPEG2/3、WMA等，充分体现电台优秀的声音表现能力。外部音频入库时，无需进行格式转换，避免音频劣化，播出质量更好。

五、播出模式

RCS系统内建多种播出模式。在播出模式中使用两种主要的模式：自动模式和现场辅助模式。自动模式主要用于在节目单上的某些固定时间出现的事件，比如报时等，而现场辅助模式则方便于主持人现场操作，如调整谈话节目时间长短，随机插入一些需要的节目元素等，两种方式交替使用，即可满足主持人对节目灵活控制的要求，又能保证每小时的固定播出事件能够准点播出。

播出系统支持多轨播放每首歌曲在不同声道播出，歌与歌之间就有漂亮的衔接效果。

六、显示模式

RCS有独特的双屏幕显示模式，非常适合直播间使用。

左面的显示屏显示的是Sequence（Master Control的核心是Sequencer，它是向实际播出音频信号的模块）和Hotkeys（特效播放器）。也可在同一区域把不同模块显示为热键，如RCS音频编辑器、网络浏览器或来自BURLI新闻采编软件的新闻纲要。右面的显示屏显示的是带有Schedule（节目播出计划表）的LOGEDIT播音日志编辑器、Segue Editor节目衔接编辑器和Voice Tracker播音跟踪记录器。

动听调频开播近一年，RCS播出系统运行稳定，未造成任何空播或滞顿等现象，不仅满足了安全播出要求，也进一步丰富了电台的技术手段。

（北京电台）

2015年北京电视台新技术应用情况

一、应用立体电视技术，获《中国立体（3D）影视作品奖》

在2015年度“中国立体（3D）影视作品奖”评选中，北京电视台制作的3D版《2015北京电视台春晚》和《2015北京电视台环球春晚》获得3D影视作品“最佳奖”，其中《2015北京电视台春晚》3D版还获得代表中国参加国际先进影像学会2015年最佳节目评选的资格。

北京电视台从2010年开始3D电视节目的试验。2011年11月，北京电视台成立了3D项目组，开始3D电视技术的应用。四年来，项目组为本台制作并储备了620小时的3D节目，在“中国3D试验频道”安全播出近4200小时。在全台多个职能部门、技术部门和节目中心的支持下，形成了完整的采、编、审的工作流程，达到了预定的项目目标。

“中国立体（3D）影视作品奖”是目前中国3D影视作品级别最高的奖项。四年来，北京电视台的作品每年都在此项评比中获得殊荣。2015年北京电视台两个节目同获舞台类作品最佳奖，与获得电影类最佳奖的《狼图腾》

宣传短片一同代表中国参加在美国举办的"国际先进影像(3D)"2015年最佳作品评比。

二、积极探索超高清电视技术应用

2015年超高清电视（UHDTV，Ultra High Definition Television）技术迅猛发展，日本、韩国、美国、法国等国家都在加紧建设超高清（4K）电视直播平台，并在一些世界性的集会上进行了实验性的传输，这些都标志着视听行业即将迈入超高清时代。

北京电视台从2009年开始将4K技术应用于大屏节目制作。2015年应用超高清技术制作了北京申办2022年冬奥会陈述开场大屏《紫气东来》，助力北京申办成功。同时，应用超高清4K技术拍摄了反映生活在塔克拉玛干大沙漠深处的达里雅布依人生活的《沙漠最后的守望者》。本片利用多种超高清摄影器材，全方位、多角度展现丰富的人文细节和生态风光，镜头内容丰富，意境幽远，成为应用新技术服务编播的一次有益尝试。

（北京电视台）

北京电视台加强安全播出技术体系建设

2015年，北京电视台在安全播出技术管理体系建设上取得了新的进展。

一、加强重要时期播出安全的技术保障

市"两会"、春节、全国"两会"、"9·3"阅兵、国庆等重要保障期及敏感日内，加强技术设备的安全保障和上传下达、零事故报告等组织协调工作，确保安全播出。2015年3月，文艺频道开始24小时播出；2015年4月，纪实频道开始24小时播出。为保障安全播出，全台技术部门组织实施安全播出建设维保项目40余项，累计投资约6000万元。

二、完善安全播出联络通报机制

建立安全播出联络员月例会制度，全年组织召开12次例会，通过通报情况、收集信息等方式，将各技术部门联络员引入到日常安全播出体系中来。由总工办牵头，搜集各技术部门的安全播出信息在每周一台编前会上进行通报。从2015年1月起编制《安全播出月报》，全年共编制12期，通过这个刊物，沟通当月安全播出情况，部署重要安全播出工作，传递安全播出隐患追踪信息，改进安全播出工作。

三、加强事故事件排除隐患跟踪

建立安全播出事故、事件以及隐患排除的跟踪机制，关注从发生到查明原因、再到问题整改的全过程，包括播出服务器部分格式不兼容、上载提前采集、抖动、跑点、AVS+卫星接收异常、新闻网存储故障等共十余项，将追踪情况记录在每月《安全播出月报》中。2015年，北京电视台停播率为0.3秒/百小时，符合国家规定的技术标准。

四、制定《北京电视台技术系统应急操作手册》

2015年7月，制定出台《北京电视台技术系统应急操作管理规定》，为责任界定提供管理依据。梳理出台《2015北京电视台技术系统应急操作手册》，涵盖各技术系统、各业务流程的250余条风险点及其应急操作步骤，为应急处置提供标准化的作业指导。2015年5月，吸纳各技术部门的年轻同志组成北京电视台安全播出应急预案创新工作站，建立工作站的月例会制度。

五、规范季度检修管理流程

组织制定《北京电视台季度例行停机检修管理规范》，按照管理规范组织2015年度4次季度检修，包括台内报批、台外联络、方案汇总、组织方案汇报、事后总结等相关事宜，并对大型数据中心、通讯机房先后进行了调研活

动，研讨停电检修的必要性和可行性。

六、组织安全播出考核与技能比赛

2015年，组织进行了新版62号令的全员培训，组织制作部开展直播安全评比周，组织播出部80人次、制作部425人次、网络信息管理部80人次、转传送部35人次的应知应会和应急操作技术考核，巩固了技术人员的基础知识。

（北京电视台）

歌华有线公司2015年频道入网及网络覆盖情况

2015年，歌华有线公司大网中传输了59套模拟电视节目，其中中央电视台节目15套、北京电视台节目10套、中国教育台节目2套、外省卫视节目32套。

平移网中传输了177套数字电视节目和18套数字广播节目，177套电视节目中含标清数字电视节目150套（中央电视台节目16套、北京电视台节目10套、中国教育台节目3套、外省卫视节目34套、卡通频道节目4套、购物频道节目12套、区县节目4套、付费频道节目67套）、高清数字电视节目27套（含3D试验频道1套，歌华自办节目1套）。平移网中模拟电视节目数量30套，包含中央电视台节目6套，中国教育台节目1套，北京电视台节目10套（含区县自办1套），省级卫视13套。

2015年，公司高清交互数字电视平台在线点播节目超过10万小时，其中高清节目4.5万小时；“电视回看”高清频道新增加3套，回看频道总数为111套；“教育专区”新上线“快乐学堂”“直播课堂”两个二级栏目；“生活专区”新上线“炫佳卡通”“卡拉OK”“果果乐园”三个二级栏目；“游戏专区”新上线“1+云游戏”“淘淘游戏”两个二级栏目。

截至2015年年底，公司开通40万户双向网，累计开通超过520万户；完成光缆敷设4500公里，全市光缆总长约5.55万公里，电缆总长13.41万公里；加快DOCSIS3.0网络升级改造，完成了城六区的升级改造工作，城六区最高支持带宽由22兆升至百兆，提高了带宽承载能力；完成了50条道路的架空线入地以及相应废弃缆线、线杆的核实清理工作；各区县共有112个新建住宅项目向公司申请办理《信号接入证明》，覆盖9.6万户，19.9万端。

“歌华云平台”升级及应用开发情况

2015年，“歌华云平台”完成全市全网升级，覆盖460万用户，实现了对高清交互平台相关功能，以及云游戏、云飞视、云博物馆、国学诵读等云业务的支撑。

云游戏。2015年，歌华游戏业务实现跨越式增长，注册用户突破210万户，累计上线280余款热门游戏产品。歌华有线公司与育碧、盛大、完美世界等知名游戏厂商实现游戏内容合作，实现多款电视游戏独家首发。1月20日，歌华游戏专区正式推出云游戏产品，覆盖全网高清交互数字电视用户。5月，云游戏平台上线多款互联网属性的游戏产品，有效提升了用户黏度。年内，先后组织游戏厂商召开电视游戏运营研讨会、歌华游戏沙龙和全国电视游戏联盟筹备会，为进一步强化游戏产品、开展业务合作奠定坚实基础。

云飞视。云飞视于5月26日上线，是基于大规模高清交互用户推出的跨屏应用，覆盖电视机以及手机、PAD等智能终端，可跨屏提供高清、流畅的电视直播，回看、点播等交互应用，以及“推屏”“拉屏”“多屏”、语音遥控、输入替代等丰富多彩的云应用，实现了家庭环境无处不在的电视服务，是向电视服务移动化迈出的重要一步。

云博物馆。云博物馆是公司基于云平台虚拟现实（VR）技术开发的文化共享服务。歌华有线公司积极开展与首都各文博场馆的合作项目，将实现对相应展馆、展览、展品的3D虚拟展示，为用户打造“永不落幕的博览会”“永不闭馆的博物馆”。目前，已上线了国家博物馆，下一步将上线首都博物馆和故宫博物院。5月28日，抗战胜利70周年纪念主题专区正式上线。专区利用“歌华云平台”的流化技术和内容聚合管理能力，展现了3D虚拟形式的“光辉典范”“伟大贡献”等主题展览，实现了抗战主题专区内容在电视、移动终端的跨屏呈现与互动，提升了用户体验和覆盖率。目前，专区访问量达482万次。

（云博物馆）

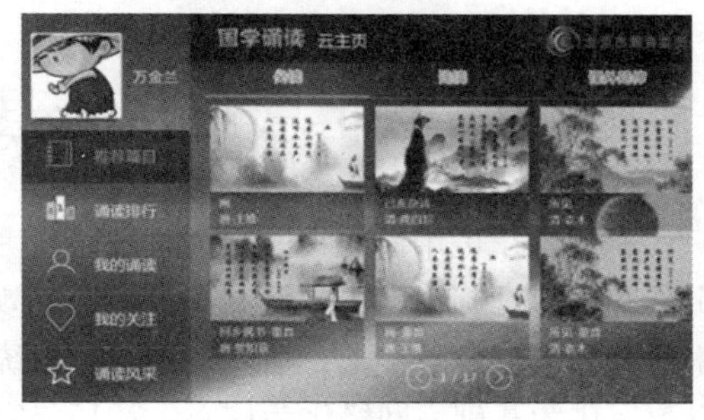

“国学涌读”云主页

国学诵读。基于“歌华云平台”能力系统及移动互联网应用模式，歌华有线公司自主研发“国学诵读”创意应用服务，于2015年1月30日正式推出。8月，歌华有线公司与北京市教委、拉萨市教育局、拉萨市广播电视台共同签署《“国学诵读进拉萨”教育合作框架协议》，该项目作为北京市教育援藏项目全面覆盖到拉萨。截至12月底，“国学诵读”应用已覆盖北京市1400余所学校、上万个班级，注册用户23.6万户，共完成280万篇诵读作品，诵读作品访问量累计达3330余万次。

（北京歌华有线电视网络股份有限公司）

数字电视公司新媒体技术发展情况

一、搭建云顶网视频交易版权保护系统

云鼎网节目交易平台视频交易版权保护系统的建设完成，并于6月3日进行了项目验收。云鼎网视频交易版权保护系统是云鼎网视频交易服务平台项目采信客户、公平交易的基础。系统采用好莱坞等影业公司认可的版权保护先进技术，实现视频交易内容的版权保护，满足内容交易双方和平台运营方对节目安全的要求，实现了对各级能力平台工作流程的自动化驱动和管理。

二、搭建数字公司皂君庙机房智能安全防控系统

数字电视公司根据总局《广播电视安全播出管理规定（62号令）》要求开展自查活动。按照要求，在制播机房、传输集中点等相关重点区域均需要建设完备的安全防控体系，而数字公司现有监控及门禁系统属于简单被动防范，安全保障力度不够。为避免发生安播事故，加强应急处突能力，确保播

出安全，数字公司搭建了一套智能安全防控系统。公司可通过该系统对外来人员实行有效管理、主动防控，对重点区域尤其是因条件所限无法进行物理隔离的区域（如CA系统）设置防侵入保护；同时，对制编播机房送带全流程进行跟踪管理，全面提升安播保障能力。

（北广传媒数字电视有限公司）

2015年北京市密云县广电中心高清建设情况

密云县广电中心建设的高清系统，是一个具有素材录制、上下载、制作、播出高效率的高标清兼容采、编、播网络系统。系统以数字化为基础，网络化为核心。2015年完成三个项目：高清制作系统、高清电视播出系统和高清演播室系统。

一、系统架构及技术特点

1.高清节目制作系统和高清电视播出系统建设均采用“FC网＋以太网”相结合的网络结构；中央存储系统需满足系统存储容量、并发网络带宽峰值及客户端数量的需求。文件系统使用独立的管理服务器。

高清新闻、专题网络制作系统分别配置独立的光纤存储设备，网络制作系统中所有的编辑工作站可以分别访问相应系统中光纤存储设备中的视音频数据。系统的管理信息可以通过以太网进行传输。

为确保系统安全运行，服务器有完善的备份措施；存储网络的核心设备，包括硬盘阵列控制器、各关键服务器均不允许存在单点故障隐患，支持主/备、Cluster或其他等效安全模式。高清节目采、编、播质量达到相关标准规定要求。

2.高清演播室包括演播室和主控室，演播室包含一整块LED屏幕和一个84英寸的可触摸显示屏，可划分为两个演播区；LED屏前主持人可站播、坐播，也可实现访谈类的节目。显示的内容可以是图片也可以是视频，可随节目的需求进行实时更换，此演播区由两台高清摄像机进行不同角度的拍摄。84英寸可触摸显示屏可实现点播互动功能，通过后台设置，可实现点击、滑动等操作手势，丰富节目效果，此演播区由一台高清摄像机进行拍摄。两个演播区可以实现无缝切换，以达到在同一个演播室内实现两个演播区的内容过渡。

主控室包含点播系统、字幕系统、题字器系统、非编系统、视频监控系统、灯光控制系统、音频控制系统、通话系统、时钟系统和电源系统等，这些系统为整个高清演播室提供后台支持。其中点播系统控制84英寸触摸屏中显示的内容；字幕系统可以在主持人录制节目时插播字幕；非编系统可以直接调用高清摄像机录制的素材进行后期编辑。

在节目拍摄中，两个演播区的主持人可以在同一个高清系统下进行点播实时互动和交流实时互动，可按照节目的内容插播字幕，并通过三台高清摄像机进行画面切换，以达到更加流畅的录制效果及更加丰富的节目画面效果。

二、 实际应用效果

系统设计和设备规格符合高、标清数字电视广播规范。系统可支持高/标清多种主流格式编辑、播出；实现从节目采集、编辑制作到播出的全程网络化和数字化，实现无纸化办公流程和无带化节目生产流程，提高节目的制作效率。同时采用高清制作和素材采集方式，这有利于与北京电视台及其它电视台进行节目交换，能够更好地宣传密云区各项事业的发展，提升密云区广播电视宣传水平。

（密云县广播电视中心）

电 影

2015年北京市电影发展情况综述

2015年，北京市新闻出版广电局扶持精品创作，促进电影繁荣，不断提升电影公共文化服务水平，电影事业产业取得新成就，实现新跨越。

一、发展基本情况。2015年，北京市新闻出版广电局全年受理电影备案2471部，占全国的56%，比去年增长37%；办结有关审批事项1055项，比去年增长47%；生产影片291部，占全国（686部）的42%，比去年增长7.8%，重审影片115部。

全年北京电影票房31.51亿元，占全国总票房的7.19%，比上年净增8.67亿元，增长37.84%；放映电影197.99万场，增长24.02%；观影人次7164.21万，增长37.6%。票房收入名列全国各大城市之首，在全国各省市排名第四。北京年人均观影达到3.3次，比上年人均2.7次增加0.6次，是全国人均观影0.9次的3.7倍。

在票房前20名的国产影片中有北京13部，占65%；在票房5亿以上的14部国产（包括中外合拍）影片中有北京9部，占64%；在票房超过10亿的5部国产影片中有北京4部，占80%。

全年新建影院12家，新增银幕82块，全市影院已达到182家，银幕1050块，平均2.1万人拥有一块银幕，人均银幕居全国第一。

全市电影公益放映完成17.79万场次，比年度计划16.8万场超额完成8393场次。观影人次801.7万。

二、推动电影精品创作。围绕“纪念中国人民抗日战争暨世界反法西斯战争胜利70周年、庆祝建党95周年和中国梦”主题，北京市新闻出版广电局先后组织召开电影题材规划会和两次重点项目评审论证会，研究制定重点电影创作规划。《百团大战》等11部影片列入市文化精品工程和市新闻出版广电局重点电影题材扶持项目，从选题策划、剧本创作、拍摄制作到发行放映全程参与，全程跟踪，全程监督，确保质量。《百团大战》《咱们结婚吧》已公映；《驻藏大臣》《定军山》《中国推销员》《龙之战》《湄公河行动》《独龙之子高德荣》已完成拍摄或正在拍摄；《帅孟奇》《戚继光——战神》《哈瓦那有个马布里》正在加紧创作。在全国确定的百部重点电影选题中，北京占1/3强，《百团大战》《开罗宣言》被总局列入纪念抗战胜利70周年10部重点影片；积极推动《北京时间》《进皇城》《纽约人在北京》等重点项目创作拍摄。《捉妖记》以24.38亿元创全国最高票房，《百团大战》以4.2亿元创造主旋律影片的票房新纪录。

三、电影市场持续繁荣。继续落实多厅影院建设补贴政策，采取差别化支持政策，引导影院建设合理布局和均衡发展，对20家符合资助条件的新建影院给予每家3510元的资金扶持。继续推动“北京市特色影院”建设，在去年三家特色影院的基础上，今年又增加了三家。按照统一选片、统一排片、统一票价、统一时间放映机制，为不同观众提供优秀影片、低票价观影，平均上座率达36%，远远高于商业影院平均上座率。主题影片放映受到广大观众的肯定和好评。加强影院监管，维护电影市场秩序，提高放映质量的院线和影院工作会，全面完成影院票务系统升级和检测验收，组织了电影放映质量的检查。

四、公益电影放映提质增效。修订了《公益放映供片办法》，推出影片自选、场次自调、方式自定的放映机制，充分调动、发挥各区和群众自主权。建立"北京农村公益放映监控平台"，对公益放映实现了网络化实时监管和指导服务，并组织了平台操作培训，召开公映电影工作会。组织开展提升电影公益放映品质和能力的调研，先后20余次召开区县文委领导、专家、商业院线业务人员、区县乡镇相关人员座谈会，5次组织260余人次赴13个涉农区县进行细致调研，广泛征求意见，并赴广东、浙江、四川考察学习经验，研究分析农村公益放映存在的问题和提质增效的举措。

五、开展电影节展和电影交流活动。组织筹办北京国际电影节，指导、协调、支持北京大学生电影节、青少年公益电影节、民族电影展、青年电影展、北京国际体育电影周等节展活动，审批了"北京青年影展"、法国、德国、西班牙及台湾、香港地区在京举办的11个电影节展活动，展映境外影片58部。组织北京电影代表团参加台北电影节和美国电影市场、英国影视展播季交流、展示、交易活动。首次为非洲影视展播季推荐优秀影片。配合市委宣传部、市文化行政执法总队及时阻止查处宋庄非法影像展活动。

六、电影管理存在的主要问题。一是电影创作生产"有高原，无高峰"的问题亟待解决。近年来，全国电影创作生产快速发展，票房收入也高速提升，北京作为全国的文化中心，电影创作生产占据半壁江山，优秀影片占比逐年提高，但社会效益和经济效益俱佳的影片比重依然不高，有些影片票房较高，但思想性、艺术性欠佳。

二是电影市场管理有待加强。"互联网+"在电影业广泛发展的过程中，网络售票快速增长，一方面推动了电影市场的繁荣，另一方面由于监管制度、措施滞后，对电影市场也带来了一些负面影响，同时，对电影版权保护也提出了挑战。

三是公益电影放映质量亟待提高。农村公益电影放映工程实施近十年来，彻底解决了农村看电影难的问题。随着电影业的快速发展和农民文化需求的不断提高，现有的设施设备和片源不能满足群众需求，公益放映的满意度下降，必须全面提高公益放映的保障能力和质量。

（北京市广播电影电视局电影管理处）

2015年电影公益放映工作总结

2015年，北京电影公益放映主要完成以下任务：

第一，完成2015年度电影公益放映项目招投标，确定了两家供片公司。根据各区县上报预算，科学调整放映场次和设备数量，放映场次核定为16.8455万场，核减播放器126套，数量调整为4064台，使之更加符合北京农村电影放映实际需求。年度放映补贴和供片、设备租赁维修费及时拨付到位。

第二，印发《北京电影公益放映供片办法》，固化影片自选、场次自调、方式自定等影片保障和放映长效机制。利用国家电影数字节目中心流动放映平台，开展解锁卡业务，及时发现异常放映播放器335套，异常放映场次3794场，第一时间向当地农村电影主管部门反映情况，认真组织整改。各区县普遍召开放映员培训和放映员大会，异常放映设备及场次大幅减少，有效维护农村电影放映秩序，北京农村电影公益放映质量效益大幅提升，群众满意度有新的提高。

第三，克服重重困难，完成“北京农村公益放映”监控平台和运行维护项目招投标工作，监控平台建设强力推进，软件部分基本完成，项目测试和监控模块安装有序推进。

第四，以“进社区、进工地、进军营、进学校、进福利院所”为重点，在党和国家重要活动和重要节日，积极组织主题放映活动，特别是纪念中国人民抗日战争暨世界反法西斯战争胜利70周年主题放映活动声势大、效果好。全年电影公益放映18.95万余场，观影人次801.7万余人，国产新片放映率明显提高，观影效果进一步改善，公益放映水平继续位居全国前列。门头沟区电影管理中心、顺义区电影管理中心被评为全国先进放映集体。

第五，全面落实国家广电总局、人力社保部、财政部《关于妥善解决乡镇（公社）老放映员历史遗留问题的指导意见》和三部局办公厅关于加快落实《指导意见》通知精神，深入区县调研论证，接待老放映员来访11人次，耐心细致做好乡镇老放映员思想工作，区县乡镇老放映员历史遗留问题得以较好解决。

第六，高质量完成电影代表团赴台湾电影展映工作。完成方案拟制和招投标工作，北京广播影视培训中心中标。精选31部影片作为备选影片，与台方反复协调，确定《亲爱的》和《黄金时代》两部佳作，作为展映影片。展映影片影票不到1小时全部定出、放映时段座无虚席，“主题日”、论坛、北京国际电影节宣传等活动组织严密，台方业界和群众积极参与，反响较好。

第七，扎实完成农村电影市场化调研工作。落实国家新闻出版广电总局、市委领导指示要求，成立局农村电影市场化调研组，先后20余次召开区县文委领导、专家、商业院线业务人员、区县乡镇相关人员座谈会，征求意见，研讨对策；分四个批次260余人次赴涉农13个区县39个重点乡镇、中心村，进行细致调研；为确保市场化改革扎实推进，调研组还赶赴全国电影工作开展较好的广东、浙江、四川省学习经验，高质量撰写完成北京农村电影市场化调研报告和实施方案。

2015年北京市公益放映情况一览表

序号	区县	场次（场）			观影人数（人）	放映影片部数
		固定影厅	流动放映	小计		
1	东城区	177	695	872	33320	159
2	西城区	116	263	379	11804	73
3	朝阳区	718	520	1238	41576	260
4	海淀区	3380	1450	4830	344296	394
5	丰台区	2017	893	2910	126209	84
6	石景山	281	118	399	10720	68
7	房山区	19506	1399	20905	1052166	435
8	门头沟	9117	1350	10467	896563	374
9	延庆县	18032	1250	19282	1031508	483
10	昌平区	11920	1100	13020	482600	142

续表

序号	区县	场次（场）			观影人数（人）	放映影片部数
		固定影厅	流动放映	小　计		
11	平谷区	13509	972	14481	582805	133
12	大兴区	23652	641	24293	439137	319
13	通州区	21088	721	21809	658227	445
14	密云县	14888	1204	16092	1097680	381
15	怀柔区	10619	864	11483	302497	247
16	顺义区	14425	821	15246	874546	273
17	开发区	40	156	196	31321	21
合　计		163485	14417	177902	8016975	4291

北京市新闻出版广电局
2015年度审查通过影片一览表

序号	片名	出品单位	类别	题材
1	18岁18天	北京伟业意像文化发展有限公司	国产	励志、纪录片
2	草原的卫士	北京开美时光文化传播有限公司	国产	教育、科教片
3	我爱星球人	北京东方画面影业有限公司	合拍	励志、故事片
4	赵锦棠	北京缘成中视传媒广告有限公司	国产	戏曲、故事片
5	河	北京环影文化传媒有限公司	国产	民族、故事片
6	智战1940	北京康乾光澍影视投资有限公司	国产	历史战争、故事片
7	快乐童年	星辰之星国际影视文化（北京）有限公司	国产	少儿、故事片
8	蓝雪花	北京梦想同舟文化传媒有限公司	国产	犯罪、故事片
9	华丽上班族之生活与生存	北京海润影业有限公司	合拍	青春、故事片
10	爱在青山绿水间	陨石文化传媒（北京）有限公司	国产	英模、故事片
11	咱们结婚吧	北京完美影视传媒有限责任公司	国产	爱情、故事片
12	升旗	北京东豪视效文化传媒有限公司	国产	农村、支教、故事片
13	万物生长	北京劳雷影业有限公司	国产	爱情、故事片
14	橘中戏	北京金歌文化发展有限责任公司	国产	青少励志、故事片

续表

序号	片名	出品单位	类别	题材
15	妥麦	北京野光影视策划有限公司	国产	民族、故事片
16	抉择	无界之行（北京）影业有限公司	国产	农村、故事片
17	风云小棋王之五行杀阵	北京宣华盛景影视文化传播有限公司	国产	古装、故事片
18	相信眼泪	北京华宇影视文化传播有限责任公司	国产	动画、故事片
19	左耳	北京光线影业有限公司	国产	青春、故事片
20	我要读书	北京方达影视广告有限公司	国产	儿童、故事片
21	大变局之梦回甲午	天盛润铎影视制作（北京）有限公司	国产	爱情、故事片
22	等爱归来	北京泰丰懿影视文化有限公司	国产	爱情、故事片
23	狂野飞车	北京光影部落影视文化传播有限公司	国产	体育、故事片
24	卢俊义生擒史文恭	北京时代电影有限公司	国产	历史、故事片
25	惊魂电影院之对号入座	北京执行力国际影视文化传播有限公司	国产	恐怖、故事片
26	梦在蓝天	北京浩懿盛世国际影视文化中心	国产	励志、故事片
27	非常审问	龙标（北京）文化发展有限公司	国产	反腐纪检、故事片
28	羊皮筏子	北京山海星影视文化传播有限公司	国产	农村文化、故事片
29	别有动机	北京强视文化发展有限公司	国产	悬疑、故事片
30	超级代课老师	北京易邦斯影视文化有限公司	国产	青春、故事片
31	枕边人	北京喜迎盛世影视文化发展有限公司	国产	悬疑爱情、故事片
32	第三极	北京五星传奇文化传媒有限公司	国产	纪录西藏、故事片
33	抱养奇缘	晋尚中天影视文化传播（北京）有限公司	国产	亲情、故事片
34	风云小棋王之生死决	北京宣华盛景影视文化传播有限公司	国产	古装、故事片
35	谜城	东方画面影业有限公司	合拍	警匪、故事片
36	春天么么茶	星光联盟影业（北京）有限公司	合拍	亲情、故事片
37	喊山	北京海润影业有限公司	合拍	爱情、故事片
38	我的春梦	万达影视传媒有限公司	国产	青春、故事片

续表

序号	片名	出品单位	类别	题材
39	恋战囧花	星光联盟影业（北京）有限公司	合拍	爱情、故事片
40	响尾伏魔棒	北京时代电影有限公司	国产	古装、故事片
41	启功	青年电影制片厂	国产	人物、故事片
42	费加罗的婚礼	国家大剧院	国产	歌剧、故事片
43	布基兰	梅尔塞纳影视文化（北京）有限公司	国产	民族、故事片
44	奥赛罗	国家大剧院	国产	歌剧、故事片
45	冈仁波齐	和力辰光国际文化传媒（北京）有限公司	国产	民族、纪录、故事片
46	天下归心	国家大剧院	国产	京剧、故事片
47	何以笙箫默	乐视影业（北京）有限公司	国产	爱情、故事片
48	消失的凶手	乐视影业（北京）有限公司	合拍	民国、侦破、故事片
49	恐怖笔记	北京泰初文化传媒有限公司	国产	恐怖、故事片
50	村长相声哥	北京华夏天玺影视传媒有限公司	国产	农村、故事片
51	郓城风云	北京时代电影有限公司	国产	古装动作、故事片
52	三伏天	正在文化传媒（北京）有限公司	国产	亲情、故事片
53	安妮的邛海	北京新影响文化发展有限公司	国产	支教、爱情、故事片
54	青春的旅途	北京动音乐扬文化传播有限公司	国产	青春、故事片
55	山丹丹花儿开	北京国林卫士文化传媒有限公司	国产	农村、故事片
56	龙潭夺宝	北京交远传媒有限公司	国产	侦破、故事片
57	遇见崆峒	红紫依（北京）国际文化传媒有限公司	国产	风光爱情、故事片
58	仫佬行者	北京猿人兄弟文化传播有限公司	国产	农村、民族、故事片
59	夏洛特烦恼	北京开心麻花影业有限公司	国产	爱情、励志、故事片
60	向北方	北京新原野娱乐传媒有限公司	国产	家庭、故事片
61	战神蚩尤	北京张纪中文化发展有限公司	国产	古装动作、故事片
62	王朝的女人·杨贵妃	北京春秋恒泰文化传播有限公司	国产	古装爱情、故事片
63	奇霞夺宝录	北京泰格尔影视文化传媒有限公司	国产	古装、故事片
64	情满人间	晶晨环影文化传媒（北京）有限公司	国产	医疗、故事片

续表

序号	片名	出品单位	类别	题材
65	老师也疯狂	北京博纳时代影视传媒中心	国产	教育、故事片
66	商学院创业帮	北京鸣飞影视文化传媒有限公司	国产	创业、故事片
67	黄昏俱乐部	北京宏德辉煌文化投资有限公司	国产	老年、舞蹈、故事片
68	网球之恋	北京灵动映画影视文化传播有限公司	国产	体育、爱情、故事片
69	警察不好当	北京宏德辉煌文化投资有限公司	国产	公安、故事片
70	一起脱单吧	北京市盛世鸿达影视投资有限公司	国产	爱情、故事片
71	森林眼睛	北京星灿光芒影视传播有限公司	国产	农村、民族、故事片
72	为时正好	北京星辰合力影视文化传媒有限公司	国产	老年、故事片
73	平安岛	北京文传世纪文化传媒有限公司	合拍	惊悚、故事片
74	铁猴子传奇之娇龙魅影	北京华沣艺采文化传媒有限公司	国产	古装动作、故事片
75	铁猴子传奇之江南义事	北京华沣艺采文化传媒有限公司	国产	武打、故事片
76	重生爱人	北京环球映画影视文化传媒有限公司	国产	爱情、悬疑、故事片
77	铁猴子传奇之怒火狼牙	北京华沣艺采文化传媒有限公司	国产	武打、故事片
78	约定倒计时	北京高尔东传影视文化传播有限公司	国产	爱情、故事片
79	过火	北京活动影像国际广告有限公司	国产	爱情、故事片
80	红髅	感动人生（北京）文化有限公司	国产	惊悚、故事片
81	童年的脚印	艾德星光（北京）国际影视文化传媒有限公司	国产	儿童、农村、故事片
82	握紧你的手	北京东方慕为文化传媒有限公司	国产	爱情、故事片
83	消失吧肿瘤君	万达影视传媒有限公司	国产	励志、故事片
84	棉花白了	北京中视星缘文化传播有限公司	国产	农村、故事片
85	猛龙特	博智影业文化传媒（北京）有限公司	合拍	涉案、故事片
86	拳霸风云	中视尚影（北京）国际文化传媒有限公司	国产	动作、故事片

续表

序号	片名	出品单位	类别	题材
87	喜马拉雅天梯	清影互动（北京广告）有限公司	国产	民族、纪录片
88	那一夜我们请了笔仙	北京泽西年代影业有限公司	国产	惊悚、故事片
89	119婚约	万众英画影视文化传播（北京）有限公司	国产	爱情、故事片
90	星语心愿之再·爱	北京橙天嘉禾影视制作有限公司	国产	爱情、故事片
91	铁猴子传奇之浪客野心	北京华沣艺采文化传媒有限公司	国产	古装动作、故事片
92	第三种爱情	华视影视投资（北京）有限公司	合拍	爱情、故事片
93	横冲直撞好莱坞	北京光线影业有限公司	合拍	动作、故事片
94	太平轮（下）	北京小马奔腾影业有限公司	合拍	爱情、故事片
95	破风	恒大影视文化有限公司	合拍	体育、励志、故事片
96	毒中毒	北京中视华韵文化传播有限公司	国产	历史、抗战、故事片
97	铁猴子传奇之战火雄威	北京华沣艺采文化传媒有限公司	国产	武打、故事片
98	决不饶恕	中宣网（北京）文化传媒有限公司	国产	纪检、故事片
99	铁猴子传奇之边城困兽	北京华沣艺采文化传媒有限公司	国产	武打、故事片
100	七月半	北京中影传奇影视文化传媒有限公司	国产	惊悚、故事片
101	浴火重生	北京东世天承文化传播有限公司	国产	涉案、故事
102	花都之恋	尚宝佳艺国际影视文化传媒（北京）有限公司	国产	爱情、故事
103	魔盒探秘	北京身临其境文化股份有限公司	国产	游戏、特种
104	欢乐大冒险	北京太阳系传媒技术有限公司	国产	游戏、特种
105	笑神穷不怕	付氏兄弟国际影视传媒（北京）有限公司	国产	古装、故事
106	北京卡门	北京合拍文化传媒有限公司	国产	舞蹈、故事
107	盲点侦探	壹马时代文化传媒（北京）有限公司	国产	惊悚、推理、故事
108	张振讲鬼故事之鬼迷心窍	北京和颂投资有限公司	国产	惊悚、推理、故事
109	再见我们的十年	北京时代影响力影视文化有限公司	国产	爱情、故事

续表

序号	片名	出品单位	类别	题材
110	怪诞变身	北星光唐（北京）文化传媒有限公司	国产	亲情、故事
111	我的舞林江湖	北京东方班墨影视传媒有限公司	国产	励志、故事
112	魂断霞飞路	博纳影业集团有限公司	合拍	惊悚、恐怖、故事
113	西游新传——真心话大冒险	北京科影国际影视策划有限公司	国产	动画、故事
114	师父	北京世纪伙伴文化传媒股份有限公司	国产	动作、故事
115	预备奶爸	北京子辰暄影视文化传媒有限公司	国产	亲情、故事
116	一诺　千金	北京橙润影视文化有限公司	国产	农村、教育、故事
117	农村中小学生食品安全常识	北京得高文化传媒有限公司	国产	卫生、科教
118	燃烧的青春	万众英画影视文化传播（北京）有限公司	国产	体育、青春、故事
119	自我救赎	北京雅越文化传播有限公司	国产	反腐、故事
120	守信少年	北京海晏和清影视文化有限公司	国产	青少、故事
121	平凡之路	北京京粤世纪文化传媒有限公司	国产	励志、故事
122	岁月如舞	宾格葆纳（北京）影视文化传媒有限公司	国产	家庭、故事
123	太极先锋	北京柏美亚洲文化发展中心有限公司	国产	动作、故事
124	夏日盛开	北京水木罡正文化发展有限公司	国产	农村、青少、故事
125	湘恋日记	北京王子影视文化发展有限公司	国产	爱情、故事
126	盗非盗	北京文博海纳影视文化有限公司	国产	历史、悬疑、故事
127	侗族大歌	北京云上太阳影视文化有限公司	国产	民族、音乐、故事
128	非你勿扰	希版图（北京）文化传媒有限公司	国产	爱情、故事
129	怨宅惊魂	北京泰格而影视文化传媒有限公司	国产	惊悚、故事
130	归情	北京百滔文化传媒有限公司	国产	农村、爱情、故事
131	港	北京真乐道文化传播有限公司	国产	喜剧、惊险、故事
132	新步步惊心	华视影视投资（北京）有限公司	国产	古代穿越爱情、故事

续表

序号	片名	出品单位	类别	题材
133	捉妖记	北京传奇美画影视文化有限公司	合拍	魔幻、故事
134	小日子	北京天星亿源影视文化传播有限公司	国产	爱情、故事
135	烽火长城线	北京交远传媒有限公司	国产	历史战争、故事
136	双生灵	北京东世天承文化传播有限公司	国产	惊悚、悬疑、故事
137	按摩师之索命暹罗	北京瑞盛太合文化传媒有限公司	国产	惊悚、犯罪、故事
138	巡回法官	北京中视大业影视文化有限公司	国产	司法、故事
139	诡娃	北京传奇美画影视文化有限公司	国产	惊悚、故事
140	家有虎妻	梅尔塞纳影视文化（北京）有限公司	国产	爱情、故事
141	超级保镖	北京岳松影视文化有限公司	国产	动作、故事
142	山那边有匹马	北京十月天文化传媒有限公司	国产	民族、故事
143	有迹可循	北京中视宏辉文化传媒有限公司	国产	悬疑、故事
144	心事儿	北京海平面影视文化传播有限公司	国产	涉案、农村、故事片
145	海洋之恋	北京东方星光国际影视文化传媒有限公司	国产	科幻、故事
146	半熟少女之梦想预备生	北京时代影响力影视文化有限公司	国产	青春、励志、故事
147	桂宝之爆笑闯宇宙	其欣然影视文化有限公司	合拍	动画、故事
148	古墓兽影	方金影视文化传播（北京）有限公司	国产	冒险、故事
149	太行乳汁	华闻天地（北京）传媒有限公司	国产	历史战争、故事
150	爱在深秋	北京凯视芳华文化传播有限公司	合拍	爱情、故事
151	青春告白	北京翔宇国际文化传播有限公司	国产	青春、励志、故事
152	塔洛	天画画天（北京）影业有限公司	国产	民族、故事
153	不速之客	北京墨海秋月文化传播有限公司	国产	惊悚、悬疑、故事
154	绚丽的彩虹	北京鲲鹏星云文化传播有限责任公司	国产	都市边缘人、故事

续表

序号	片名	出品单位	类别	题材
155	独龙之子高德荣	北京海润影业有限公司	国产	民族、英模、故事
156	情敌蜜月	北京鼎恒博源文化传媒有限公司	国产	爱情、故事
157	树说	博纳影业集团有限公司	国产	悬疑、侦破、故事
158	末爱日记	北京天外飞仙影视文化发展有限公司	国产	爱情、故事
159	陪安东尼度过漫长岁月	北京光线影业有限公司公司	国产	爱情、故事
160	看见我和你	北京翡翠格纳文化有限公司	国产	爱情、故事
161	零点杀机	梦影时光（北京）文化传媒有限公司	国产	悬疑、故事
162	者来　来者	北京金益嘉信影视文化传媒有限公司	国产	爱情、故事
163	水墨大别山	北京森林奇艺影视文化传媒有限公司	国产	书法人物、故事
164	雪途	北京三鸿门文化传播有限公司	国产	救灾、故事
165	花开莱州	北京圣雄光影文化传媒有限公司	国产	义工、故事
166	再见，爸爸	青年电影制片厂	国产	亲情、故事
167	古村惊煞	北京光影部落影视文化传播有限公司	国产	抗日、故事
168	幸运是我	大地时代文化传播（北京）有限公司	合拍	亲情、故事
169	回到被爱的每一天	北京隽扉世纪文化传播有限公司	国产	亲情/爱情、故事
170	告别	北京青年电影制片厂	国产	亲情、故事
171	爱的呼唤	北京龙音效文化传媒有限公司	国产	亲情、故事
172	解救吾先生	北京功傚事影视文化有限公司	国产	犯罪、动作、故事
173	坏蛋必须死	北京新力量影视文化有限公司	合拍	犯罪、故事
174	兄弟之北漂歌手	北京凡人乐视文化传媒有限公司	国产	音乐、励志、故事
175	人在驴途	红色凯歌（北京）文化传媒有限公司	国产	公路、故事
176	我是证人	新线索（北京）影视投资有限公司	国产	涉案、故事
177	痞子　洛克	理想微微文化发展（北京）有限公司	国产	青春情感、故事

续表

序号	片名	出品单位	类别	题材
178	昆仑九层妖楼	北京华语大业文化传媒有限公司	国产	心理、悬疑、故事
179	三缺一	莫非影画（北京）国际文化传媒有限公司	国产	爱情、故事
180	冰山税花	北京嘉禾明珠影视文化有限公司	国产	税务行业、故事
181	宽恕	北京东方美亚影视传媒有限公司	国产	救赎、故事
182	我的而立之年	北京中视华航文化传播有限公司	国产	青春、励志、故事
183	天道酬勤	北京荣华盛世影视文化有限责任公司	国产	公益、故事
184	小满的故事之青涩年华	中影阿满影视文化（北京）有限公司	国产	青春、爱情、故事
185	寻龙诀	万达影视传媒有限公司	合拍	惊悚、盗墓、故事
186	热土悲歌	北京中视华韵文化传播有限公司	国产	历史战争、故事
187	梦幻佳期	北京都城宏胜文化发展有限公司	国产	爱情友情、故事
188	红旗袍	中艺英纳影业（北京）有限公司	国产	悬疑、惊悚、故事
189	小小校长	北京艺海莲舟影视文化艺术交流中心	国产	青少、故事
190	我很帅	海莹鼎盛影视文化发展（北京）有限公司	国产	爱情、故事
191	两个孩子的天空	君之梦（北京）影视文化传媒有限公司	国产	卫生、民族、故事
192	莫斯科离大同不远	北京湍泷天吼文化传媒有限公司	国产	文化、风光、故事
193	小门神	追光人动画设计（北京）有限公司	国产	动画、故事
194	越境计划	北京缘河华艺电视传媒有限公司	国产	公安、故事
195	星爸奇缘	华影亿时代国际影业（北京）有限公司	国产	亲情、故事
196	北京时间	北京电视艺术中心	国产	爱情、故事
197	遭遇海明威	北京东方岚乐文化发展有限公司	国产	爱情、故事
198	意料之外	北京文武超群文化传媒有限公司	国产	犯罪、故事
199	绝地逃亡	北京唐德国际电影文化有限公司	合拍	动作、故事

续表

序号	片名	出品单位	类别	题材
200	红鹰突击队之生死一线	北京中视精彩影视文化有限公司	国产	历史战争、故事
201	剩者为王	聚光灯影业有限公司	合拍	爱情、故事
202	小棉袄	北京伯乐聚星影视文化传播有限公司	国产	亲情、故事
203	一刻十年	华美星光文化艺术（北京）有限公司	国产	青春、励志、故事
204	紫霞	映代码（北京）文化传媒有限公司	国产	神话、故事
205	太极鼠之入学考试	奥飞影业投资（北京）有限公司	国产	动画、故事
206	冰美人	华语星光（北京）国际文化传媒有限公司	国产	历史战争、故事
207	年少轻狂	北京华艺宏泰文化发展有限公司	国产	青春、故事
208	被风吹过的记忆	北京鸿盟影视传媒有限公司	国产	爱情、故事
209	俺爹俺娘	焦波光影（北京）文化传播有限责任公司	国产	亲情、纪录片
210	糯米的苹果	北京星恒元国际影视文化传媒有限公司	国产	农村、故事
211	剩男圣女嗨起来	北京鱼化龙文化传播有限公司	国产	爱情、故事
212	妄想症	北京伟世兄弟影视文化传媒有限公司	国产	心理、惊悚、故事
213	我的功夫梦	北京汉腾格里影视文化交流有限公司	国产	动作、故事
214	诡新娘	北京光影奇迹影视文化有限公司	国产	惊悚、故事
215	唐人街　探案	万达影视传媒有限公司	国产	侦破、故事
216	后座有诡	北京视觉感悟影视文化传播有限公司	国产	惊悚、故事
217	这都不是事儿之“大师”驾到	北京华沣艺采文化传媒有限公司	国产	犯罪、喜剧、故事
218	笨贼别跑	北京中外世纪影视文化传播有限公司	国产	古装、故事
219	地层深处	北京飞天电视艺术中心	国产	煤矿行业、纪录
220	快手枪手快枪手	北京天堂文化发展有限公司	国产	动作、故事
221	和田玉传奇	中经光源（北京）文化传媒有限公司	国产	犯罪、故事
222	从天儿降	北京星光灿烂影视文化有限公司	国产	喜剧、故事

续表

序号	片名	出品单位	类别	题材
223	乐动人生	北京环京体育文化发展有限公司	国产	青少、励志、故事
224	催命符之劫后重生	北京嘉合映画影视文化传媒有限公司	国产	惊悚、寻宝、故事
225	我要高飞	北京巧巧影视文化传播有限公司	国产	励志、故事
226	果宝特攻之水果大逃亡	北京光线影业有限公司	国产	动画、故事
227	翩翩起舞的姑娘	北京缘起文化发展有限公司	国产	青春、故事
228	一念天堂	北京天河盛宴国际文化传媒有限公司	国产	侦破、喜剧、故事
229	小熊的夏天	九九辉煌（北京）影视文化发展有限公司	国产	儿童、故事
230	我和初恋的三次婚礼	北京灵思沸点影业有限公司	国产	爱情、故事
231	这都不是事儿之迷失的“黑马”	北京华沣艺彩文化传媒有限公司	国产	喜剧、故事
232	九纹龙史进之除恶史家村	北京时代电影有限公司	国产	古装动作、故事
233	这都不是事儿之强扭的“瓜”也甜	北京华沣艺彩文化传媒有限公司	国产	喜剧、故事
234	隔壁惊魂	北京中高精彩传媒有限公司	国产	惊悚、故事
235	浴血反击	北京金鸟鸣影视文化有限公司	国产	历史战争、故事
236	津门奇案之撞车	北京华瑞星辰文化传媒有限公司	国产	推理、侦破、故事
237	津门奇案之开枪	北京华瑞星辰文化传媒有限公司	国产	推理、侦破、故事
238	何帅的爱情	北京环影华艺文化传媒有限公司	国产	爱情、故事
239	一切都好	北京金盛信马影视文化有限公司	国产	亲情、喜剧、故事
240	京武大侠	北京新时空文化传媒有限公司	国产	动作战争、故事
241	纪念日	爱艺影业（北京）有限公司	合拍	爱情、故事
242	刑侦队	北京丝宾丝文化传媒有限公司	国产	公安刑侦、故事
243	逆境王牌	交互时代国际文化传媒（北京）有限公司	国产	石化行业、故事
244	夏威夷之恋	北京金菲林文化传媒有限公司	合拍	惊悚、悬疑、故事
245	高跟鞋先生	北京小马当红文化传媒有限公司	国产	爱情、故事

续表

序号	片名	出品单位	类别	题材
246	相声大电影之我要幸福	北京也行影视文化传媒有限公司	国产	喜剧、故事
247	我叫衰木涕之勇士战恶龙	北京光线影业有限公司	国产	游戏动画、故事
248	抢红	北京快乐新升文化传播有限公司	合拍	动作、故事
249	无法触碰的爱	梅园艺影（北京）文化传媒有限公司	国产	奇幻、爱情、故事
250	这都不是事之我为妈狂	北京华沣艺采文化传媒有限公司	国产	喜剧、故事
251	怎样治疗打鼾	北京得高文化传媒有限公司	国产	医疗、科教
252	皮绳上的魂	和力辰光国际文化传媒（北京）有限公司	国产	少数民族、故事
253	夜郎侠之一路危途	北京星辉佳业国际影视文化传媒有限公司	国产	喜剧、悬疑、故事
254	奔爱	北京永利文化传媒有限责任公司	国产	爱情、故事
255	极速绯闻	艾德星光（北京）国际影视文化传媒有限公司	国产	喜剧、故事
256	蓟城风流	北京丽资泰影视文化有限公司	国产	爱情、故事
257	油菜花儿开	北京和平共展文化传媒有限公司	国产	农村、爱情、故事
258	小轿车	北京童馨叶影视文化中心	国产	农村、儿童、故事
259	红孩	北京华夏兄弟国际文化传媒有限公司	国产	亲情、励志、故事
260	澳门风云3	博纳影业集团有限公司	合拍	喜剧、故事
261	守望者	北京沃森影视文化交流有限公司	国产	农村、故事
262	原祸	浩安（北京）影视文化传媒有限公司	国产	家庭伦理、故事
263	风口青春	天雄圣视（北京）文化传媒有限公司	国产	青春、励志、故事
264	帅位	军光传承（北京）影视文化有限公司	国产	爱情、故事
265	百家拳之关门弟子	阳明中天（北京）影视传媒有限公司	国产	动作、故事
266	拾光	科美德艺（北京）文化传媒有限公司	国产	青春、爱情、故事
267	你是不是我的爱人	北京申开影视文化有限公司	国产	爱情、故事
268	京武火龙	北京新时空文化传媒有限公司	国产	历史战争、故事

续表

序号	片名	出品单位	类别	题材
269	舌尖上的新年	北京东海麒麟文化传播有限公司	国产	饮食、记录
270	那岁月——刻骨铭心	北京翰林院国际文化传播有限公司	国产	历史战争、记录
271	谋杀似水年华	北京谷天传媒有限责任公司	合拍	悬疑、侦破、故事
272	不败雄心	北京中凯光辉文化发展有限公司	国产	体育、爱情、故事
273	冒牌三勇士	北京天玺世纪文化传媒有限公司	国产	穿越抗战、故事
274	九纹龙史进之大破瓦罐寺	北京时代电影有限公司	国产	古装动作、故事
275	蜜月酒店杀人事件	中海外大拇指文化传媒股份有限公司	国产	惊悚、犯罪、故事
276	清明	北京凤凰飞舞影视文化有限公司	国产	农村、亲情、故事
277	热血时代	北京黄金壹代文化传播有限公司	国产	青春、校园、故事
278	爱无界	北京岐波盛世文化传媒有限公司	国产	爱情、故事
279	恐怖将映	北京鸟人艺术推广有限责任公司	国产	惊悚、故事
280	大鱼海棠	彼岸天（北京）文化有限公司	国产	动画、故事
281	卡门	国家大剧院	国产	歌剧、记录
282	猪太郎的夏天	北京巨坞影视文化传媒有限公司	国产	青少、教育、故事
283	医祖岐伯	红紫依（北京）国际影视文化传媒有限公司	国产	戏曲、故事
284	无悔的承诺	北京寓思文化传媒有限公司	国产	公安、故事
285	“看见”你的声音	北京华影传动文化传播有限公司	国产	宠物、青春、故事
286	从心出发	北京华沣艺采文化传媒有限公司	国产	公路、友情、故事
287	临时约定	北京盛雅文化传媒有限公司	国产	喜剧、爱情、故事
288	蜜月计划	北京源石影视文化有限公司	国产	爱情、故事
289	年兽大作战	北京映月东方文化传播有限公司	国产	动画、故事
290	小角色	北京一路映画影视文化有限公司	国产	青春、梦想、故事
291	我心雀跃	北京伊万影视投资有限公司	国产	青春、故事

（北京市新闻出版广电局电影处）

北京市城市电影院线市场情况

一、总体情况

2015年，北京城市院线市场放映场次189.55万场，比上年增长22.32%；观众人次7179万，比上年增长37.74%；票房收入31.545亿元，比上年增长37.83%。平均票价43.94元，比上年略有上涨。全年票房收入占全国城市院线票房的7.18%，较上年下降0.59个百分点，全国省、自治区、直辖市票房排名第4，与上年相同，蝉联九年全国城市票房第一。

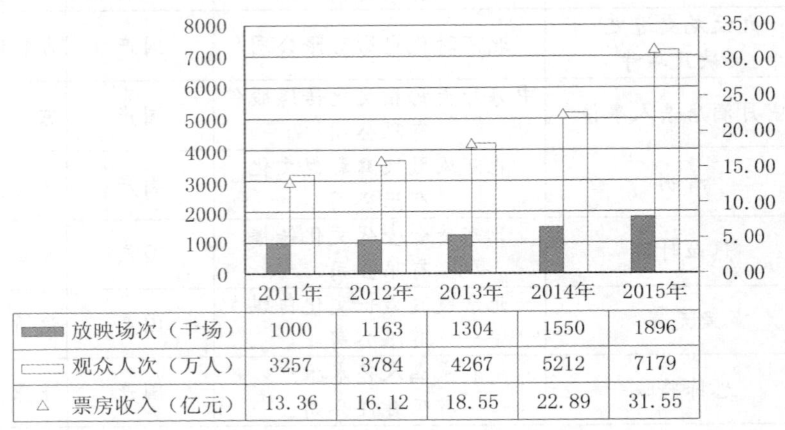

	2011年	2012年	2013年	2014年	2015年
放映场次（千场）	1000	1163	1304	1550	1896
观众人次（万人）	3257	3784	4267	5212	7179
△ 票房收入（亿元）	13.36	16.12	18.55	22.89	31.55

图1：2011—2015年北京城市院线市场三项指标增长趋势

二、城市院线影院票房结构

2015年，北京122家影院票房超过500万元，比上年增加28家。其中，票房1000万元以上的影院98家，比上年增加26家；票房3000万元以上的影院36家，比上年增加15家。全年5000万以上影院12家，比上年增加3家；其中4家影院票房在8000万元以上。

表1： 2015年北京城市院线市场三项指标结构表

票房分档	影院（家）	银幕（块）	座位（个）	场次（千场）	人次（万人）	票房收入（万元）	累进票房（万元）	累进比例（%）
3000万元以上	36	345	54510	745.36	3618	177232	177232	56.18
1000万—3000万元之间	62	417	60061	859.23	2899	114471	291703	92.47
500万—1000万元之间	24	113	19041	197.33	486	17357	309060	97.97
小计	122	875	133612	1801.92	7003	309060	—	—
500万元以下	38	122	27227	93.61	176	6394	315454	100
合计	160	997	160839	1895.53	7179	315454	—	—

三、北京城市影院及院线分布

2015年，北京可统计票房影院160家，银幕997块，座位160839个。其中，10厅以上的影院18家，7-9厅53家，4-6厅64家，3厅以下25家。相比上年，影院增加10家，银幕增加82块。

全市分布23条城市院线，与上年相同，其中21条院线旗下票房500万元以上的影院，比上年增加2条。

2015年，票房前8的院线市场结构基本与上年相同。北京新影联旗下影院52家，其中票房500万元以上的影院31家，票房占北京市场的22.27%，比上年下降4.06个百分点。中影星美旗下影院22家，其中票房500万元以上的影院18家，票房占北京市场的20.44%，比上年下降2.05个百分点。上海联和旗下7家影院，其中票房500万元以上的影院5家，票房占北京市场的7.84%，比上年提高0.4个百分点。万达旗下4家影院票房均在500万元以上，票房占北京市场的7.19%，比上年提高0.29个百分点。中影数字旗下影院9家，其中票房500万元以上的影院8家，重庆保利万和、广州金逸珠江各增加1家，中影数字增加2家，票房份额较上年均有提高。

表 2： 2015年北京票房500万元以上影院所属院线市场数据一览表

序号	院线分布	影院（家）	银幕（块）	场次（千场）	人次（万人）	票房（万元）	比例（%）	平均票价（元）
1	北京新影联*1	31	223	437.16	1576	70245	22.27	44.57
2	中影星美	18	144	314.00	1413	64470	20.44	45.63
3	上海联和*2	5	51	103.92	616	24735	7.84	40.15
4	万达	4	40	91.90	362	22689	7.19	62.68
5	重庆保利万和	9	51	112.90	478	19529	6.19	40.86
6	广州金逸珠江	5	40	91.30	388	19372	6.14	49.93
7	中影数字	8	62	105.53	434	19364	6.14	44.62
8	华夏新华大地	5	30	67.29	259	10294	3.26	39.75
9	广东大地	9	49	106.47	268	9336	2.96	34.84
10	深影橙天*3	5	32	63.83	195	8650	2.74	44.36
11	华夏联合*4	5	31	59.60	177	6895	2.19	38.95
12	江苏幸福蓝海	4	28	55.87	181	6246	1.98	34.51
13	长城沃美	2	16	34.97	144	5161	1.64	35.84
14	四川太平洋	1	9	18.49	85	3841	1.22	45.19
15	中影南方新干线	1	8	18.12	63	3680	1.17	58.41
16	时代华夏今典	4	23	45.01	102	3631	1.15	35.60
17	湖北银兴	1	7	15.33	82	3253	1.03	39.67

续 表

序号	院线分布	影院（家）	银幕（块）	场次（千场）	人次（万人）	票房（万元）	比例（%）	平均票价（元）
18	北京红鲤鱼	2	10	16.53	47	2584	0.82	54.98
19	世纪环球	1	7	15.25	45	2097	0.66	46.60
20	浙江横店	1	6	13.63	49	1703	0.54	34.76
21	北京世茂	1	8	14.82	39	1285	0.41	32.95
合计		122	875	1801.92	7003	309060	97.97	44.13

注：*1：含2家影院转出前的三项指标数据；*2：含其他院线影厅巨幕放映的影片票房2433万元；*3：不包含1家影院转入前的三项指标数据；*4：不包含一家影院转入前的三项指标数据。

表3：　2015年北京票房排名前30名的影院

本市排名	全国排名	影院名称	所属院线	场次（千场）	人次（万人）	票房（万元）	平均票价（元）
1	1	北京五棵松耀莱	上海联和	32.69	273	10903	39.34
2	4	北京UME国际影城（双井）	中影星美	23.01	145	8831	60.90
3	5	北京星美国际影城	中影星美	24.09	159	8587	54.01
4	6	首都华融电影院	北京新影联	28.77	154	8522	55.34
5	15	北京金逸朝阳影城	广州金逸珠江	18.82	107	6877	64.27
6	17	北京UME华星国际影城*1	中影星美	16.73	99	6701	67.69
7	22	北京万达影城CBD店	万达	21.22	91	6266	68.86
8	29	北京UME国际影城（安贞）	中影星美	22.76	104	5849	56.24
9	41	中影影城北京千禧街店	中影星美	31.91	171	5533	32.36
10	43	北京万达影城通州店	万达	26.27	91	5518	60.64
11	44	北京万达影城石景山店	万达	22.90	90	5515	61.28
12	47	北京万达影城天通苑店	万达	21.51	90	5390	59.89
13	62	美嘉影城三里屯店	北京新影联	17.14	65	4992	76.80
14	70	北京金逸荟聚IMAX	广州金逸珠江	24.99	117	4761	40.69
15	78	北京中影国际影城（永旺店）	中影星美	15.63	122	4702	38.54

续　表

本市排名	全国排名	影院名称	所属院线	场次（千场）	人次（万人）	票房（万元）	平均票价（元）
16	92	北京保利马家堡影城	重庆保利万和	17.75	89	4485	50.39
17	107	北京嘉华国际影城学清路店	北京新影联	17.00	104	4381	42.13
18	120	美嘉影城中关村店	北京新影联	15.93	79	4107	51.99
19	121	北京新影联华谊兄弟影院	北京新影联	34.69	102	4091	40.11
20	123	洛阳新华角川国际影城有限公司北京大钟寺分公司	华夏新华大地	19.25	96	4068	42.38
21	125	北京金逸影城	广州金逸珠江	16.31	69	4053	58.74
22	138	北京慈云寺耀莱	上海联和	15.62	103	3899	37.85
23	141	北京博纳优唐国际影城	中影星美	16.13	74	3867	52.26
24	144	北京红星太平洋电影城	四川太平洋	18.49	85	3841	45.19
25	150	北京博纳汇鑫	中影数字	20.86	82	3816	46.54
26	154	华谊兄弟北京影院大红门店	北京新影联	24.25	91	3791	41.66
27	159	北京阳光星美国际影城	中影星美	24.33	94	3775	40.16
28	163	北京花市百老汇影城	北京新影联	16.78	71	3750	52.82
29	170	北京传奇时代电影城	中影南方新干线	18.12	63	3680	58.41
30	202	北京希杰	中影数字	17.27	72	3408	47.33

注：*1：含其他院线影厅巨幕放映的影片票房2433万元。

2015年北京市电影院一览表

按：截至2015年年底，北京市拥有电影院线23条，新增影院13家，影院总数达182家（其中在营业165家）；新增银幕87块，银幕总数达1050块，人口银幕比和人均观影次数居全国首位，影院票房继续保持全国城市领先地位；新增观影座位1.04万个，座位总量达17.34万个，IMAX影厅12个。全年累计放映电影197.98万场，比上年增加35.52万场；观影人次7164.21万人次，比上年增加1979.64万人次；电影票房收入31.51亿元，比上年增加8.69亿元。全市影院名称、地址、订票电话或联系电话等情况列表如下：

东城区

序号	电影院名称	地址	座位数	电话	银幕数（块）
1	北京耀莱成龙国际影城王府井店	东城区王府井大街301号新燕莎金街购物广场地下一层MB124	622	65273227	9
2	北京横店影视电影城	东城区王府井大街253号王府井百货(北京市百货大楼)北馆8F	528	65231588	6
3	长虹电影院	东城区隆福寺街75号		停业	
4	北京UME国际影城（安贞）	安贞桥环球贸易中心三期商场一层	1402	58257733	10
5	中影恒乐新世纪影院	东城区东长安街1号东方广场地下一层BB65	831	85185399	6
6	金宝汇百丽宫影城	东城区金宝街88号金宝汇6层—7层	808	85221977	5
7	百老汇影城国瑞购物中心店	东城区崇文门外大街18号国瑞城首层、地下一层、二层	1018	67171338	8
8	新东安影城	东城区王府井大街138号六层	975	65281988	8
9	北京东环电影城	东城区东中街9号东环广场B座地下一层	376	64185949	4
10	当代MOMA百老汇电影中心	东城区东直门香河园路1号当代MOMA北区4号楼	788	84388258	6
11	东宫	东城区东直门香河园路1号当代MOMA北区4号楼	772	64031596	4
12	北京搜秀影城	崇外大街40号搜秀城9层	686	51671226	5
13	东图影剧院	市东城区交道口东大街85号	521	64042764	1
14	北京站电影院	东城区北京站内	106	51019999	1
15	北京大华电影院			注销	
16	北京市东创影剧院			停业	
17	明星电影院			停业	

西城区

序号	电影院名称	地址	座位数	电话	银幕数（块）
1	剧空间剧场	西城区市辖区北京市西城区新街口北大街74号	371	63194412	1
2	新街口电影院	西城区西直门内大街69号	324	62252767	2
3	大观楼电影院	西城区前门大栅栏街36号	507	63030878	4
4	广安门电影院	西城区白广路8号	769	63522737	4

续 表

序号	电影院名称	地址	座位数	电话	银幕数（块）
5	青年宫电影城	西城区西直门南小街68号	1042	66152241	5
6	北京耀莱成龙影城（马连道店）	西城区马连道路25号楼5层F510号、6层F610号商铺	825	63252722	7
7	地质礼堂	西城区西四羊肉胡同30号	1300	66178928	4
8	首都电影院	西城区西单北大街131号大悦城10层	2005	66062266	14
9	首都电影院金融街店	西城区金融大街18号地下一层	504	66222046	6
10	国宾菁英影院	西城区月坛南街24号	532	68583461	4
11	北京市工人俱乐部	西城区虎坊路7号	1432	63533121	4
12	4D数字影院	西城区西单北大街180号西单文化广场B1	146	66063515	1
13	影联首都时代电影城	西城区西长安街88号大厦地下一层	811	83913644	4
14	北京市红楼电影院	西城区西安门大街156号		停业	
15	胜利电影院			注销	
16	北京市展览馆剧场			注销	
17	华龙电影院			注销	
18	北京春晖剧场			停业	

朝阳区

序号	电影院名称	地址	座位数	电话	银幕数（块）
1	北京周庄嘉园影院	朝阳区周庄嘉园东里32楼101内五层1号	849	87156732	7
2	北京翠成馨园	朝阳区垡头翠成馨园甲401号地下一层	423	56350596	5
3	北京耀莱成龙国际慈云寺店	朝阳区慈云寺北里209号楼二层北侧部分及三层	1220	65980898	8
4	北京博纳优唐国际影城	朝阳区三丰北里2号楼悠唐生活广场B1层	1186	59775660	7
5	17.5北京苹果派影院	朝阳区黄渠东路2号院14号楼1层	593	65484467	4
6	北京17.5影城比如店	朝阳区京顺路111号比如世界购物中心1层	423	64304175	4
7	北京传奇时代电影城	朝阳区朝阳公园路6号蓝色港湾国际商区SA—42号	1091	59056868	8

续 表

序号	电影院名称	地址	座位数	电话	银幕数（块）
8	新影联华谊兄弟影院	朝阳区广顺北大街16号	1737	57620488	20
9	橙天嘉禾凤凰城影城	朝阳区曙光西里甲5号院24号楼L311、L312	656	56383227	5
10	世纪东都国际电影城	朝阳区东四环中路195号华腾新天地（法国天地）5层	1100	87952964	7
11	北京UME影城双井店	朝阳区东三环中路65号5—6层	1712	59037171	10
12	北京17.5影城管庄店	朝阳区京通苑30号楼L307号	780	85377718	6
13	北京市望京DMC国际影城	市朝阳区望京新城A3区宝星生活广场5层1号	1130	64139608	6
14	北京枫花园汽车电影院	朝阳区亮马桥路21号	1400	64329884	6
15	望京星美国际影城	朝阳区望京街9号望京国际商业中心A座四层	1138	59203788	7
16	北京万达CBD店	朝阳区建国路93号万达广场B座三层	1426	59603399	9
17	中国科技馆	朝阳区北辰东路五号中国科技馆	828	59041542	2
18	CGV星星国际影城	朝阳区湖景东街11号	1188	84372280	8
19	北京北苑保利国际影城	朝阳区清河营南街7号院3号楼—1层—101、—102	1118	84870622	6
20	北京红星太平洋影院	朝阳区七圣中街12号院	1496	84240610	9
21	北京百丽宫影院	朝阳区建国门外大街1号国贸商城三期地下一层3B120	623	85351808	5
22	朝阳剧场	朝阳区东三环北路36号	1653	65071818	4
23	北京沃美影城	朝阳区朝阳北路17号4层	1265	56857007	8
24	金鸡百花影城	朝阳区北三环东路22号	910	64207759	7
25	世界城星美国际影城	朝阳区金汇路8号地下102室	1408	85907677	11
26	北京市劲松电影院	朝阳区劲松中街404楼	923	67767028	6
27	卢米埃北京芳草地影城	朝阳区东大桥路9号楼地下二层LG2—26单元	459	56907679	5
28	大地数字影院—北京望京麒麟新天地	朝阳区阜安西路11号楼合生麒麟新天地2层大地数字影院	564	57389734	6
29	北京金逸影城双桥	朝阳区双桥路3号东星时尚广场5层	822	85527920	8
30	奥斯卡影院			注销	

续　表

序号	电影院名称	地址	座位数	电话	银幕数（块）
31	美嘉影城三里屯店	朝阳区三里屯北路19号三里屯太古里B1	1597	64176118	8
32	中国木偶剧院	朝阳区安华西里甲一号	756	64243697	3
33	紫光影城	朝阳区蓝岛大厦西区五、六层	1055	65992229	10
34	鲁信影城北京立水桥店	朝阳区立清路7号院地下一层	525	84671861	6
35	新影联阳光影城	朝阳区安立路68号飘亮广场北门地下一层	487	64928540	5
36	北京金逸影城（朝阳大悦城店）	朝阳区朝阳北路101号大悦城8层	1411	85517099	8
37	北京剧院	朝阳区安慧里三区十号楼	1225	64929491	4
38	北京星环影城	朝阳区汤立路201号院6号楼1层F—102、F—103	203	64127668	3
39	北京市朝阳区垡头地区文化中心	朝阳区垡头西里44号	160	87151293	2
40	北京新影联天宝国际影城	朝阳区祁家豁子路8号健翔大厦地下一层	1635	82994949	15
41	k酷影城	朝阳区北苑路42号四层	627	84929466	6
42	北京希杰星星国际影城有限公司将台分店	朝阳区酒仙桥路18号4、5层	975	84260800	7
43	北京嘉华国际影城姚家园路活力东方店	朝阳区姚家园路甲1号汽车交易市场20号楼四层	1047	51193399	9
44	朝阳文化馆	朝阳区朝外小庄金台路17号	732	85996011	4
45	中国电影博物馆	市朝阳区南皋路9号	1191	51654567	6
46	北京橙天嘉禾三里屯影城	朝阳区工人体育场北路甲2号裙房4层403—2单元	83	85715566	3
47	北京万达望京店	朝阳区望京西路41号NOVO广场C座七层	576	59778687	6
48	人机礼堂			注销	
49	北京市红霞影剧院			停业	
50	呼家楼电影院			注销	
51	北京香河园娱乐中心			注销	
52	卢米埃北京长楹天街IMAX影城	朝阳区常通路2号院1号楼5F—Z9/5F—Z21	2137	85095626	10
53	北京朝阳区艾米影城世茂店	朝阳区工体北路13号3号楼三层0301内B329、B330号商铺	82	15210267622	2
54	北京市朝阳区保利国际影城东坝店	朝阳区东坝中路38号金隅佳品MALL5层	1171	65771288	7

海淀区

序号	电影院名称	地址	座位数	电话	银幕数（块）
1	北京世茂国际影城	海淀区市辖区羊坊店路18号光耀东方广场4层	1448	57536166	8
2	耀莱成龙国际影城五棵松店	海淀区复兴路69号6号楼卓展购物中心5层耀莱成龙国际影城	3555	68188877	17
3	美嘉影城中关村店	海淀区中关村广场购物中心津乐汇3层	1614	59863777	8
4	北京金逸国际影城	市海淀区中关村大街19号新中关B2层	868	82486800	7
5	UME国际影城（华星）	海淀区双榆树科学院南路44号	1508	82115566	8
6	五道口电影院	海淀区成府路23号	683	62313623	3
7	北京嘉禾万柳影城	海淀区巴沟路2号华联万柳购物中心五层	1117	82565511	6
8	北京橙天嘉禾吉彩影城	海淀区玉海园五里22号配套商业楼（玉兴园）地下1层、地上1—4层	1309	62904234	7
9	橙天嘉禾上地店	海淀区上地华联购物中心4层	871	62667799	5
10	博纳国际影城万寿路店	海淀区复兴路51号北亚国际中心四层04—06，五层05—19	810	88178880	6
11	中影影院	海淀区新外大街25号	795	62263455	4
12	星美金源店	海淀区远大路1号金源时代购物中心五层	1968	88878696	9
13	17.5北京今典花园影城	海淀区文慧园北路9号今典花园9号楼一层	424	62228452	6
14	北京17.5影城今日家园店	海淀区西翠路5号今日家园8号楼F101室	200	88283458	4
15	17.5北京京果影城	海淀区四道口2号三层北侧	953	62115539	7
16	海淀中间艺术园—中间影院	海淀区西杉创意园1区6号楼	615	62858257	6
17	国图影院	海淀区中关村南大街33号	1085	68485462	2
18	华影国际影城	海淀区花园路甲13号院7号楼—102	181	82257047	2
19	大地数字影院——北京西三旗物美影院	海淀区悦秀路99号通厦公元99	499	60603728	4
20	海剧	海淀区中关村大街28号	1234	82533588	3
21	海淀工人文化宫	海淀区万柳华府北街2号	662	82567215	5
22	国安剧院	海淀区花园东路甲16号	1003	62369772	4

续 表

序号	电影院名称	地址	座位数	电话	银幕数（块）
23	北京金逸新都店	海淀区建材城中路6号新都购物广场1层	860	82936951	6
24	新华国际影城大钟寺店	海淀区北三环西路甲18号	1232	82511616	8
25	北京嘉华国际影城学清路店	海淀区学清路甲8号商业楼	1407	82732228	7
26	CGV星聚汇影城（北京清河店）	海淀区清河中街68号华润五彩城购物中心二期项目L648号、L701号、L801号	1285	82816767	7
27	新华国际影城宝盛店	海淀区宝盛北里西区28号楼五层、六层	813	62905220	5
28	惠尔曙光电影院			注销	
29	北京香山环岛汽车影院			注销	
30	大华环球世纪城影院			停业	
31	北京天幕新彩云影城	海淀区北三环中路67号25号楼1—3层	1143	58092222	7
32	北京万画四季青影城	海淀区西四环北路117号金四季购物中心中段三层	524	88493114	6

丰台区

序号	电影院名称	地址	座位数	电话	银幕数（块）
1	丰青剧场	丰台区丰台路96号丰台青少年剧场	898	63810206	3
2	中影国际影城北京千禧街店	丰台区靛厂路千禧购物街4号楼F1—F3	2301	88177970	17
3	博纳国际影城方庄店	丰台区蒲黄榆路28号	1263	67699909	11
4	北京阳光星美影院	丰台区南三环东路成寿寺路2号2—3层	1090	67698585	9
5	保利北京马家堡影城	丰台区南三环西路16号1号楼五层	1391	87578551	7
6	北京星博正华影城	丰台区政馨园三区5号楼底商	481	87688666	10
7	幸福蓝海影城公益桥店	丰台区角门19号院2号楼4层	1006	67500828	7
8	北京中鼎兆通信息科技电影放映中心	丰台区大瓦窑新丰路甲1号1层	30		1

续 表

序号	电影院名称	地址	座位数	电话	银幕数（块）
9	华谊兄弟影院洋桥店	丰台区马家堡东路101号院10号楼F6	1625	4000009009	13
10	北京保利万源影城	丰台区东高地万源北路航天万源广场五层	548	68198833	4
11	北京摩威秀影城			停业	
12	观唐佳影糖人街影院	丰台区华源一街2号楼B1层	206	63333755	6
13	北京市中国评剧大剧院			停业	
14	北京市紫燕娱乐中心			停业	
15	北京市丰台区中影国际永旺店	北京市丰台区丰葆路88号院1号楼4层	1357	88177970	9

石景山区

序号	电影院名称	地址	座位数	电话	银幕数（块）
1	保利万和国际影城（北京苹果园店）	石景山区市辖区阜石路300号三层309-1	1372	53021058	7
2	北京万达石景山店	石景山区石景山路乙18号院4号楼3层	1607	68663399	10
3	古城电影院	石景山古城南路15号	730	68874790	4
4	山姆娱乐公司			停业	

门头沟区

序号	电影院名称	地址	座位数	电话	银幕数（块）
1	熙旺国际影城	门头沟区双峪路35号院1号楼601室	683	69862078	6
2	幸福蓝海国际影城（门头沟店）	门头沟区冯石环路6号院3号楼L201号	500	69806180	5
3	门头沟电影院	门头沟区新桥大街12号	927	69842686	1

房山区

序号	电影院名称	地址	座位数	电话	银幕数（块）
1	环球星世纪影城	房山区兴房大街38号华冠欢乐城四楼	340	61375512	4
2	北京市燕山影剧院	房山区燕山岗南路3号北京燕山影剧院	945	69331001	4
3	北京市良乡影剧院	房山区良乡拱辰大街31号	748	69352415	1
4	新华国际影城	房山区北关西路14号	512	69351155	4
5	北京燕山文化活动中心	房山区燕山岗南路东一巷2号	915	69341151	1
6	北京市龙山会议中心			注销	
7	北京市房山影剧院			停业	
8	幸福蓝海国际影城北京房山店	房山区广阳新路9号院1号楼中粮万科半岛广场3层	1538	50923706	9
9	北京SFC上影国际影城房山店	房山区拱辰街道天星街1号院7号3F—18	1030	52802652	7

大兴区

序号	电影院名称	地址	座位数	电话	银幕数（块）
1	北京耀莱成龙国际影城西红门店	大兴区西红门镇欣旺大街8号鸿坤广场6层	1609	59542699	10
2	北京金逸影城荟聚IMAX店	大兴区欣宁大街15号7—03—122—C1荟聚购物中心	2215	60200870	11
3	新华角川国际影城	大兴区黄村东大街火神庙商业中心E座5层	1229	81297050	7
4	北京大料国际影院	大兴区亦庄经济开发区文化园东路6号	1161	67859009	6
5	北京市大兴区影剧院	大兴区黄村西大街15号	1432	69252566	3
6	星美国际影城西红门店	大兴区西红门镇京良路10号3F—006号	1445	80258288	8
7	北京保利国际影城绿地缤纷城店	大兴区黄村镇金星西路3号及3号院3号楼4层07商铺	1355	80255600	8
8	北京嘉华美映影院	大兴区旧宫镇小红门路39号地下一层	774	58310538	6

续 表

序号	电影院名称	地址	座位数	电话	银幕数（块）
9	北京唐阁影院	大兴区荣华中路8号院1号楼四层F4-01	976	52595199	7
10	北京玫瑰之约影院	大兴区魏善庄镇半壁店东大路53号院	1553	89236102	3

通州区

序号	电影院名称	地址	座位数	电话	银幕数（块）
1	北京万达影城通州广场店	通州区新华西街58号万达广场1号楼5、6层	1931	50931111	12
2	北京银兴乐天影城	通州区翠景北里21号京通罗斯福广场五层	1282	80556767	7
3	佳合时光影城	通州区运河西大街132号	402	4000986865	4
4	大地数字影院—北京米拉家园	通州区新海东路1号楼6层	552	80897926	5
5	北京博纳国际影城通州店	通州杨庄北里天时名苑14号楼F4-01	612	56351916	5
6	通州电影院	通州区西塔胡同1号	641	69542229	4
7	百尚影城	通州区马驹桥镇兴华中街北侧（潼关三区）9号	131	15311968955	2
8	北京西部牛仔汽车影院	通州区台湖镇创业园路8号	200	61539193	1
9	博纳国际影城土桥店	北京市通州区梨园镇砖厂南里华远铭悦好天地5号楼301	962	61510188—800	7

顺义区

序号	电影院名称	地址	座位数	电话	银幕数（块）
1	北京博纳顺景国际影城	顺义区新顺南大街18号	1218	60406018	10
2	北京市顺义电影院	顺义区新顺北大街3号	1141	89472733	2
3	CGV星聚汇影城北京顺义店	顺义区新顺南大街8号1幢华联金街购物中心4层	1056	61490988	7
4	北京市顺博苑电影院	停业			
5	北京大地影院顺义隆华店	顺义区仁和镇新顺南大街11号601室	985	89472732	8

平谷区

序号	电影院名称	地址	座位数	电话	银幕数（块）
1	北京市平谷影剧院	平谷区府前街3号	1007	69962434	2

怀柔区

序号	电影院名称	地址	座位数	电话	银幕数（块）
1	北京传奇瑞丽电影城	怀柔区青春路15号	446	69627035	5
2	北京市怀柔影院	怀柔区富乐大街8号	403	89681640	1

密云县

序号	电影院名称	地址	座位数	电话	银幕数（块）
1	北京市密云大剧院	密云县鼓楼西大街1号	1125	69041575	2

昌平区

序号	电影院名称	地址	座位数	电话	银幕数（块）
1	北京沃美影城回龙观店	昌平区回龙观同成街华联购物中心4楼	1439	4006819819	8
2	北京回龙观星美国际影城	昌平区回龙观镇西大街111号华联商厦三层星美国际影城	1011	80771188	6
3	昌平保利影剧院	昌平区鼓楼南街佳莲时代广场4层	642	60700001	4
4	首都电影院昌平店	昌平区南环路10号院1号楼金隅华科广场地上八层L8001号	1264	60749493	10
5	保利国际影城北京龙旗广场店	昌平区回龙观镇黄平路19号院3号楼三层F3—001	1342	82694321	7
6	中影国际影城（北清路永旺店）	昌平区北清路1号永旺国际商城购物中心	1343	80700847	8
7	大地数字影院——北京菓岭假日	昌平区昌崔路203号菓岭假日广场四楼	963	80100211	5
8	北京万达天通苑店	昌平区立汤路186号龙德广场五层万达影城	2017	84844742	9
9	北京市昌平区影剧院			注销	

延庆县

序号	电影院名称	地址	座位数	电话	银幕数（块）
1	大地数字影院—北京金锣湾	延庆县延庆镇妫水北街39号1幢H座一层	523	60165114	3
2	北京圣世苑培训中心影剧院	延庆县城东外大街71号		停业	

电视剧

2015年北京电视剧（含动画片）制作发行情况综述

2015年10月16日，44集电视剧《巨浪》在北京卫视播出

2015年，北京市电视剧、动画片、纪录片制作发行机构深入贯彻全国宣传思想工作会议精神，紧密围绕“中国梦”主题，始终坚持“二为”方向、“双百”方针，继续立足原创、当代、北京的创作原则，以政策资金支持为动力、以人才培养扶持骨干企业为支撑、以精神文明建设“五个一工程奖”推荐优秀作品为重点，各类剧目产量稳步增长，质量显著提高，涌现一批思想性、艺术性、观赏性相统一的精品佳作。

一、基本情况

截至2015年年底，北京市共有电视剧制作机构3648家，其中持电视剧制作许可证（甲种）的单位23家。电视剧获得总局备案公示的剧目共338部、12509集。全年受理完成电视剧拍摄许可（乙种）证核发83部、2962集。电视剧制作许可证（乙种）变更24项。全年审查通过并获得国产电视剧发行许可证的剧目共75部、2878集，占全国创作生产总量的20%。

审查通过的电视剧中，现实题材40部，占总数的比例为53.4%。其中，当代题材39部，占52%（当代都市题材30部，当代农村题材1部，当代青少题材1部，当代涉案题材7部）；现代题材1部，占1.4%（现代其他题材1部）。历史题材35部，占总数的比列为46.6%。其中，近代题材28部，占37.3%（近代都市题材1部，近代革命题材15部，近代军旅题材1部，近代其他题材3部，近代传奇题材8部）；古代题材7部，占9.3%（古代武打题材1部，古代其他题材2部，古代传奇题材4部）。全年共受理电视剧变更事项80项，其中剧名变更22项，集数变更43项，制作单位变更15项；共完成电视剧外籍人员参与拍摄报批48部次；向总局及社会推荐6部优秀电视剧《港媳嫁到》《酸甜苦辣小夫妻》《刑警队长》《拥抱星星的月亮》《傻柱》《领养》。

完成动画片备案许可28部，共5240集29328分钟；共有12部390集4826分钟电视动画片取得国产动画片发行许可证。完成四批向总局推荐优秀动画片。其中《飞越五千年（51－100集）》《侠岚之凌霜篇》《小兔侠之功夫学校（第二季）》等3部动画片获得总局2015年优秀国产电视动画片。上报24部纪录片题材公告，向总局共推荐60部优秀纪录片，16部作品获总局季度推优。

二、组织相关活动推进剧目生产

1．巩固北京电视节目交易会平台。3月31日至4月3日和10月20日至22日举办的2015年春季、秋季两季北京电视节目交易会参展机构，进一步由境内拓展到海外，发挥融资、交流、学术和交易等功能，并持续引起许多海外媒体的关注。突出特点是，两季参展国内外电视节目制作及产业机构均突破300家，春季达346家2000余人，秋季达350家1800余人，规模再创新高。参展电视剧数量均突破600部，春季达621部，秋季达664部。此外，还分别展出数十部纪录片、电视栏目和动画片。展出内容突出以社会主义核心价值观、讴歌中国梦主题、激发爱国主义精神为主的作品，如电视剧《巨浪》《铁血军歌》《南侨机工英雄传》《生死三八线》《岁月如金》《爷们儿》《嘿，老头》《青年医生》《平凡的世界》，动画片《戚继光》，纪录片《宋之韵宋词》等。其中《金水桥边》《赎罪门》《黎明决战》等一批主旋律精品剧得到市场和专家的认可。此外，为提升展会举办质量，交易会还专门举办以“电视剧的质量效益之路”为主题的业务论坛，深入探讨“一剧两星”新政策下的电视剧作品效应。

2．召开题材创作规划会。邀请21家在全国范围内颇具影响力生产过诸多影视精品佳作的优秀企业参加会议，传达北京市优秀影视剧本和重点题材影视剧扶持办法的主要内容，听取制作单位2015年和2016年电视剧题材项目规划情况，提出2015年北京电视剧精品扶持工作思路。通过座谈发现一批反映中国传统文化，体现社会主义核心价值观的现实题材作品，主要有《月亮升起的地方》《大三线》《牛街往事》《红色护卫》《镇南关》《胜算》等。

3．推进“走出去”工程。组织参加国外电视节展及相关活动六次，展出一批优秀作品。其中举办戛纳电视节“北京日”、加拿大班芙国际媒体节“北京日”活动，参展荷兰阿姆斯特丹纪录片节、新加坡亚洲电视节、影视剧英国展播季、影视剧非洲展播季等活动，有效地提升北京广播影视业的国际影响力。特别是举办戛纳电视节“北京日”活动，吸引了世界各地上百人参加，中国电视剧制作产业协会会长尤小刚、首都纪录片发展协会会长刘晓林、首都广播电视制作业协会副会长杨善朴以及国内知名企业代表与海外影视制作机构的代表进行合作拍摄、版权交易、节目引进等深入洽谈。组织北京纪实频道以及近20家首都纪录片发展协会成员单位赴荷兰阿姆斯特丹纪录片节进行为期一周的展示，成为中国纪录片行业较大规模“走出去”的国际交流活动。携同北京20多家影视制作机构赴新加坡参加第20届亚洲电视论坛，搭建展台现场展示交流洽商，成功举办“京华风韵　圆梦东方”北京日主题活动，开展洽商40余场次，签约电视剧11部495小时。

三、加大精品资助扶持力度

按照《北京市优秀影视剧（含电视动画片）剧本扶持专项资金管理办法》和《北京市重点题材影视剧（含动画片、纪录片）专项扶持资金管理办法》，对剧本前期论证的基础上，通过审看剧本、电视剧备案公示项目筛选等形式挖掘出一批主题积极、选题新颖、立意独特的优秀剧目给予资金扶持奖励。其中，对11个电视剧剧本和11个重点题材电视剧、3部纪录片、4部动画片给予资金扶持。

（北京市新闻出版广电局宣传管理处）

北京市电视剧和动画片制作发行许可证目录

2015年北京市新闻出版广电局《国产电视剧发行许可证》目录

序号	剧名	集数	制作单位	题材	发行许可证号	发证日期
1	参工传奇	47	北京大土国际文化投资有限公司	近代其他	（京）剧审字【2015】第001号	2015/1/6
2	神机妙算刘伯温	40	北京紫禁城影业有限责任公司	古代传奇	（京）剧审字【2015】第002号	2015/1/6
3	执着的追踪	31	时代宝船影视制作（北京）有限公司	近代革命	（京）剧审字【2015】第003号	2015/1/20
4	港媳嫁到	32	北京华荣兄弟文化传媒有限责任公司	当代都市	（京）剧审字【2015】第004号	2015/1/20
5	人见人爱	5	北京小马奔腾壹影视文化有限公司	当代都市	（京）剧审字【2015】第005号	2014/2/11
6	斥候之剑	38	华昌传媒（北京）有限公司	近代革命	（京）剧审字【2015】第006号	2015/1/27
7	幸福的季节	30	同德共创国际文化传媒（北京）有限责任公司	当代都市	（京）剧审字【2015】第007号	2015/1/28
8	黄金血道	30	北京世纪万峰影视文化传播有限公司	古代传奇	（京）剧审字【2015】第008号	2015/3/20
9	天地苍茫	22	北京柏美亚洲文化发展中心有限公司	近代传奇	（京）剧审字【2015】第009号	2015/3/20
10	非凡淘气包第一季续	26	付氏兄弟国际影视传媒（北京）有限公司	当地青少	（京）剧审字【2015】第010号	2015/3/23
11	五鼠闹东京	42	北京天星亿源影视文化传播有限公司	古代其他	（京）剧审字【2015】第011号	2015/3/25

续 表

序号	剧名	集数	制作单位	题材	发行许可证号	发证日期
12	生死连	40	北京天雨视觉文化传媒有限公司	近代革命	（京）剧审字【2015】第012号	2015/3/25
13	我为儿孙当“北漂”	40	北京东方在扬文化传播有限公司	当代都市	（京）剧审字【2015】第013号	2015/3/30
14	老子传奇	33	北京和昌正道影视文化有限公司	古代传奇	（京）剧审字【2015】第014号	2015/4/2
15	我的婚姻谁做主	35	北京旗帜先锋影视投资有限公司	当代都市	（京）剧审字【2015】第015号	2015/4/8
16	我叫汪革革	38	华来坞影视投资有限公司	当代都市	京）剧审字【2015】第016号	2015/4/13
17	阳光警察	36	北京缘鑫国际文化传媒有限公司	当代涉案总局终审	（广剧）剧字【2015】第007号	2015/04/07
18	穿警服的那些女孩儿	30	北京京默影视传媒文化有限公司	当代涉案总局终审	（广剧）剧审字【2015】第010号	2015/04/23
19	酸甜苦辣小夫妻	36	北京嘉映影业有限公司	当代都市	（京）剧审字【2015】第017号	2015/5/12
20	家有房客	43	北京坤蓬仕院文化发展有限公司	当代都市	（京）剧审字【2015】第018号	2015/5/12
21	保安村的幸福味道	23	北京一合人天影视文化有限公司	当代农村	（京）剧审字【2015】第019号	2015/5/12
22	寻找北极光	34	北京世纪乐成文化传媒有限公司	当代都市	（京）剧审字【2015】第020号	2015/5/12
23	左手劈刀	46	北京唐德国际文化传媒有限公司	近代革命	（京）剧审字【2015】第021号	2015/5/19
24	北上广不相信眼泪	44	海润影视制作有限公司	当代都市	（京）剧审字【2015】第022号	2015/5/28
25	回马枪	34	海润影视制作有限公司	近代革命	（京）剧审字【2015】第023号	2015/5/29

续 表

序号	剧名	集数	制作单位	题材	发行许可证号	发证日期
26	刑警队长	38	北京金盛信马影视文化有限公司	当代涉案总局终审	（广剧）剧审字【2015】第012号	2015/05/20
27	一代禅师	47	北京红布衫文化发展有限公司	古代传奇	（京）剧审字【2015】第024号	2015/6/1
28	亿万继承人	40	北京荣信达影视艺术有限公司	当代都市	（京）剧审字【2015】第025号	2015/6/10
29	爱让我们在一起	36	中视鸿歌（北京）影视文化传播有限公司	当代都市	（京）剧审字【2015】第026号	2015/6/10
30	英雄吉鸿昌	42	北京东方纯钧影视文化传媒有限公司	近代革命	（京）剧审字【2015】第027号	2015/6/24
31	南侨机工英雄传	43	海润影视制作有限公司	近代革命	（京）剧审字【2015】第028号	2015/6/24
32	拥抱星星的月亮	39	北京唐德国际文化传媒有限公司	当代都市	（京）剧审字【2015】第029号	2015/7/1
33	地雷战	46	海润影视制作有限公司	近代革命	（京）剧审字【2015】第030号	2015/7/14
34	毛丫丫被婚记	40	北京圣田嘉禾文化传媒有限公司	当代都市	（京）剧审字【2015】第031号	2015/7/22
35	爱情珠宝	42	北京中视和展投资有限公司	当代都市	（京）剧审字【2015】第032号	2015/7/27
36	翻手为云覆手雨	29	北京小马奔腾文化传媒股份有限公司	近代传奇	（京）剧审字【2015】第033号	2015/7/31
37	巨浪	44	北京森林影画文化传媒有限公司	近代革命	（京）剧审字【2015】第034号	2015/8/5
38	爱情上上签	30	北京热麦国际传媒有限公司	当代都市	（京）剧审字【2015】第035号	2015/8/5
39	通天狄仁杰	46	北京东方天星文化传媒有限公司	古代其他	（京）剧审字【2015】第036号	2015/8/6

续 表

序号	剧名	集数	制作单位	题材	发行许可证号	发证日期
40	黄金大劫案	29	北京小马奔腾壹影视文化发展有限公司	近代其他	（京）剧审字【2015】第037号	2015/8/17
41	刀尖上的搏杀	42	北京华映人国际影业投资有限公司	近代革命	（京）剧审字【2015】第038号	2015/8/17
42	卧底	40	北京华谊兄弟娱乐投资有限公司	近代革命	（京）剧审字【2015】第039号	2015/8/21
43	大猫儿追爱记	58	海润影视制作有限公司	当代都市	（京）剧审字【2015】第040号	2015/8/28
44	傻柱	43	艺照天下（北京）影视传媒有限公司	当代都市	（京）剧审字【2015】第041号	2015/8/28
45	炮神	43	天沐影业（北京）有限公司	近代革命	（京）剧审字【2015】第042号	2015/9/7
46	缘来幸福	40	完美时空（北京）影视文化有限公司	当代都市	（京）剧审字【2015】第043号	2015/9/7
47	忠者无敌	42	北京东方全景文化传媒有限公司	近代革命	（京）剧审字【2015】第044号	2015/9/9
48	兄弟们开火	39	北京星河雨影视文化有限公司	近代传奇	（京）剧审字【2015】第045号	2015/9/15
49	历史的使命	41	天罡风华（北京）影视文化有限公司	近代革命	（京）剧审字【2015】第046号	2015/9/18
50	俺娘田小草	54	北京飞天星光影视文化有限公司	当代都市	（京）剧审字【2015】第047号	2015/9/18
51	四千金	36	北京世纪伙伴文化传媒有限公司	近代都市	（京）剧审字【2015】第048号	2015/9/23
52	百炼成爹	44	北京正在发生文化传媒有限公司	当代都市	（京）剧审字【2015】第049号	2015/9/25
53	走进幸福	30	北京中北电视艺术中心有限公司	当代都市	（京）剧审字【2015】第050号	2015/9/25

续 表

序号	剧名	集数	制作单位	题材	发行许可证号	发证日期
54	谜砂	44	北京慈文影视制作有限公司	当代涉案	（广剧）剧审字【2015】第023号	2015/09/10
55	爱的追踪	36	北京国立常升影视文化传播有限公司	当代涉案	（广剧）剧审字【2015】第026号	2015/09/29
56	胜算	51	北京慈文影视制作有限公司	近代革命	（京）剧审字【2015】第051号	2015/10/9
57	三八线	43	北京嘉仁文化传媒有限公司	近代军旅	（京）剧审字【2015】第052号	2015/10/12
58	穿越谜团	38	海润影视制作有限公司	当代都市	（京）剧审字【2015】第053号	2015/10/14
59	茧镇奇缘	40	北京盛唐时代文化传播有限公司	近代传奇	（京）剧审字【2015】第054号	2015/10/27
60	吉鸿昌	32	北京金色重阳文化传媒有限公司	近代传奇	（京）剧审字【2015】第055号	2015/10/28
61	面具背后	42	北京派格太合泛在文化传媒有限公司	近代传奇	（京）剧审字【2015】第056号	2015/11/4
62	新萧十一郎	42	北京东方飞云国际影视股份有限公司	古代武打	（京）剧审字【2015】第057号	2015/11/4
63	熊爸熊孩子	45	北京响巢国际传媒股份有限公司	当地都市	（京）剧审字【2015】第058号	2015/11/19
64	花火	29	北京风尚文化传播有限公司	当地都市	（京）剧审字【2015】第059号	2015/11/23
65	黎明决战	31	北京春秋鸿文化投资股份有限公司	近代其他	（京）剧审字【2015】第060号	2015/11/26
66	守婚如玉	44	大唐辉煌传媒有限公司	当地都市	（京）剧审字【2015】第061号	2015/11/27
67	暗战	30	海润影视制作有限公司	当代涉案	（广剧）剧审字【2015】第033号	2015/11/30

续 表

序号	剧名	集数	制作单位	题材	发行许可证号	发证日期
68	龙号机车	42	龙腾艺都（北京）影视传媒股份有限公司	近代传奇	（京）剧审字【2015】第062号	2015/12/17
69	当我们爱在一起	37	北京世纪伙伴文化传媒有限公司	当地都市	（京）剧审字【2015】第063号	2015/12/17
70	致单身男女	38	寰亚时代影视文化（北京）有限公司	当地都市	（京）剧审字【2015】第064号	2015/12/22
71	领养	44	北京东王文化发展有限公司	当代都市	（京）剧审字【2015】第065号	2015/12/22
72	爱我中华	35	北京红布衫文化发展有限公司	近代传奇	（京）剧审字【2015】第066号	2015/12/29
73	金水桥边	54	北京欢乐源泉影视传媒有限公司	现代其他	（京）剧审字【2015】第067号	2015/12/29
74	麻辣变形记	37	北京完美影视传媒有限责任公司	当代都市	（京）剧审字【2015】第068号	2015/12/29
75	青春无季	30	德丰天润国际影视传媒（北京）有限公司	当代涉案	（广剧）剧审字【2015】第038号	2015/12/23
合计75部2878集						

（北京市新闻出版广电局规划发展处）

2015年北京市新闻出版广电局《国产电视动画片发行许可证》目录

片名	集数	分钟	长度	制作单位	审查单位	许可证号	发证时间
飞越五千年（51—100集）	50	12	600	北京卡酷传媒有限公司	北京市新闻出版广电局	（京）动审字【2015】第001号	1.22
西游超级粉	100	13	1300	北京科影国际影视策划有限公司	北京市新闻出版广电局	（京）动审字【2015】第002号	5.4
大吉成长记	28	8	224	北京水凌天影视艺术中心有限公司	北京市新闻出版广电局	（京）动审字【2015】第003号	5.4
营养小镇	26	13	338	优活联盟（北京）科技有限公司	北京市新闻出版广电局	（京）动审字【2015】第004号	5.13

续　表

片名	集数	分钟	长度	制作单位	审查单位	许可证号	发证时间
米果欢乐世界（1—8集）	8	12	96	米果欢乐世界（北京）文化创意发展有限公司	北京市新闻出版广电局	（京）动审字【2015】第005号	6.1
中华美德故事（1—30集）	30	22	660	北京妙音动漫艺术设计有限公司	北京市新闻出版广电局	（京）动审字【2015】第006号	6.80
魁拔（31—52集）	22	11	242	北京青青树动漫科技有限公司	北京市新闻出版广电局	（京）动审字【2015】第007号	7.24
米果欢乐世界（9—32集）	24	12	288	米果欢乐世界（北京）文化创意发展有限公司	北京市新闻出版广电局	（京）动审字【2015】第008号	8.24
少年英才司马光	26	12	312	北京金麟基业文化发展有限公司	北京市新闻出版广电局	（京）动审字【2015】第009号	11.3
学而思礼花蛋	10	8	80	北京学而思网络科技有限公司	北京市新闻出版广电局	（京）动审字【2015】第010号	12.2
大吉成长记第二部（1—40集）	40	10	400	华录出版传媒有限公司	北京市新闻出版广电局	（京）动审字【2015】第011号	12.24
丝路公主（1—26集）	26	11	286	北京妙音动漫艺术设计有限公司	北京市新闻出版广电局	（京）动审字【2015】第012号	12.24
合计12部390集4826分钟							

（北京市新闻出版广电局宣传管理处、规划发展处）

部分电视剧制作机构作品统计表

北京紫禁城影业有限责任公司

剧名	集数	出品单位	联合出品单位	制片人	编剧	导演	主要演员
神机妙算刘伯温	40	北京紫禁城影业有限责任公司、北京华彬联合国际传媒广告有限公司、西安紫禁城影视有限责任公司、北京影武者文化传媒有限公司、稼轩投资有限公司、安徽浮山风景区旅游开发管理有限公司、北京世纪伙伴文化传媒股份有限公司、中国广播影视出版社	西安紫禁城影视有限责任公司、北京影武者文化传媒有限公司	钱重远 张家铭	秦培春 吕晓明 钟晶晶	韩　刚	何　冰 于　震 王　刚 王　姬 姜　寒

北京中北电视艺术中心有限公司

剧名	集数	出品单位	联合出品单位	制片人	编剧	导演	主要演员
走进幸福	30	北京中北电视艺术中心有限公司	——	王大帅	——	黄力加	张　睿 韩　雪 王建福 杨　了 张盛迪

北京北广传媒影视有限公司

剧名	集数	出品单位	联合出品单位	制片人	编剧	导演	主要演员
复婚前规则	40	北广传媒影视股份有限公司、艺照天下（北京）影视传媒有限公司、上海星雅影视传媒有限公司	艺照天下（北京）影视传媒有限公司、上海星雅影视传媒有限公司	刘国华	马广源	刘家成	朱雨辰 高　露
忘情歌	40	北京北广传媒影视股份有限公司、北京众悦天成文化发展有限公司	北京众悦天成文化发展有限公司	韩　天 刘国华	陈惠妍	文　杰	娄艺潇 何晟铭 刘恩佑

海润影视制作有限公司

剧名	集数	出品单位	联合出品单位	制片人	编剧	导演	主要演员
猎人	41	海润影视制作有限公司、海宁君为天作影业有限公司、北京华录百纳影视股份有限公司、海宁聚光灯影业有限公司	海宁君为天作影业有限公司	吕　玥	王　琛	徐　昂	黄　轩 王思思 曹　征

续 表

剧名	集数	出品单位	联合出品单位	制片人	编剧	导演	主要演员
终极使命	42	海润影视制作有限公司、浙江海润影视制作有限公司	重庆广播电视集团(总台)、重庆电影集团、重庆银龙影视有限公司、山东广播电视台齐鲁频道、海润影视制作有限公司、浙江海润影视制作有限公司	徐　健	周　萌 王莹菲 许漫天	谢德麟	于晓光 刘晓洁 胡　洋 谢孟伟 陶　洋
我叫苗金花	45	海润影视制作有限公司	海润影视制作有限公司	赵浚凯	赵浚凯 翟　旋 高　洁	赵浚凯	王　珂 黑　子 于　滨 徐松子 田牧宸
胭脂	30	海润影视制作有限公司、海宁月亮开花影视文化有限公司	海润影视制作有限公司、海宁月亮开花影视文化有限公司	黄　澜	王　彪	徐纪周	赵丽颖 陆　毅 袁文康 陶昕然
秘密的背后	50	海润影视制作有限公司、北京风雷动文化传媒有限公司、指点影业(北京)有限公司、德丰天润国际影视传媒(北京)有限公司、北京中青映画影视文化传播有限公司、北京小马奔腾文化传媒股份有限公司	—	蒋译霆 李立功	晓　晓 傅　莉	于中中(中国台湾)	战菁一 李　茂 任东霖 郑亦桐
雪地娘子军	40	浙江晟喜华视、广电南方领航、海润影视制作有限公司	北京润亚影视制作有限公司	陈铁铭	由　甲	张多福	王　笛 邱胜翊(中国台湾) 曹　磊

续 表

剧名	集数	出品单位	联合出品单位	制片人	编剧	导演	主要演员
我家的四菜一汤	30	北京金牌伙伴影视传媒有限公司、海润影视制作有限公司、浙江常升影视制作有限公司、寰宇天下（北京）影视传媒有限公司	——	陈　宁	郑晓阳	陈国星	张国立 蒋　欣 高　鑫 杨梓嫣 韩丹彤
致单身男女	46	寰亚时代影视文化（北京）有限公司、海润影视制作有限公司、北京风雷动文化传媒有限公司	寰亚时代影视文化（北京）有限公司、海润影视制作有限公司	罗君辉	彭美凤	蔡晶盛	陆　毅 张　俪 耿　乐
暗战	30	海润影视制作有限公司	——	赵浚凯 台娅彤	李　昂	邢键军 栗心博	郭昊伦 邓丽欣 孙鹏滨

华谊兄弟传媒股份有限公司

剧名	集数	出品单位	联合出品单位	制片人	编剧	导演	主要演员
小爸妈	40	浙江华谊兄弟影业投资有限公司	上海荷风影视文化有限公司	伊钦华	庆　华 张　洁	毛小睿	任　重 高　露
卧底	40	浙江华谊兄弟影业投资有限公司	——	张海东	王海洲 张子洋 凌　云	蒲腾晋 李志强	傅程鹏 周丽淇

国立常升影视文化传播有限公司有限公司

剧名	集数	出品单位	联合出品单位	制片人	编剧	导演	主要演员
爱的追踪	36	北京国立常升影视文化传播有限公司、浙江常升影视制作有限公司、华策影业（天津）有限公司、公安部金盾影视文化中心、上海润金文化传播有限公司	浙江常升影视制作有限公司	郭现春 朱克虎 陈　励 杨琦燕	郑泉宝 李若楠 卢　雷 王　丰 李　硕 武　然	张国立 陈昆晖 （中国台湾）	张国立 闫　妮

北京小马奔腾壹影视文化有限公司

剧名	集数	出品单位	联合出品单位	制片人	编剧	导演	主要演员
黄金大劫案	29	北京小马奔腾文化传媒股份有限公司	东阳映月影视文化传媒有限公司	李立功 邢爱娜	慕　星 刘博盈 仟　米	钟澍佳	杜　淳 马　苏 武　强 李若嘉 谢　园
翻手为云覆手雨	29	北京小马奔腾文化传媒股份有限公司、万达影视传媒有限公司、安徽广播电视台、北京小马奔腾壹影视文化发展有限公司、西安小马腾飞影视文化发展有限公司、泰海影视文化（上海）有限公司	北京小马奔腾壹影视文化发展有限公司、万达影视传媒有限公司、安徽华星传媒投资有限公司、上海小康时代电影有限公司	李立功 刘开珞	张晓峰	郭宝昌	雷佳音 赵　柯 孟　丽 韩童生 俞灏明

续 表

剧名	集数	出品单位	联合出品单位	制片人	编剧	导演	主要演员
少帅	48	长春电视制片厂、北京小马奔腾文化传媒股份有限公司、华彬集团、北京世纪伙伴文化传媒有限公司、西安稼轩星乐影视传媒有限公司、千和影业（北京）有限公司	北京电视台、上海东方娱乐传媒集团有限公司、中国国际电视总公司、中国广播电影电视节目交易中心、盛达思（北京）文化传播有限公司、北京则翰动飞文化传播有限责任公司、山东广播电视台、吉林电视台	胡　凡 李立功 陈　颖	江奇涛	张　黎	文　章 李雪健 宋　佳 张歆艺 柳　岩 高丽雯

北京东王文化发展有限公司

剧名	集数	出品单位	联合出品单位	制片人	编剧	导演	主要演员
领养	44	北京东王文化发展有限公司	湖北长江华晟影视有限责任公司、北京华晟泰通传媒投资有限公司、湖北广播电视台、北京兴源和利广告公司	孟凡耀	李　娃	李　妮	丁海峰 濮存昕 袁咏仪 胡杏儿

大唐辉煌传媒有限公司

剧名	集数	出品单位	联合出品单位	制片人	编剧	导演	主要演员
守婚如玉	42	大唐辉煌传媒有限公司	——	孟凡耀	薛晓璐 王　越 张高兴	刘　飚	蒋雯丽 许亚军 蒋　欣 王耀庆 张　瑶

续 表

剧名	集数	出品单位	联合出品单位	制片人	编剧	导演	主要演员
藏宝图	36	大唐辉煌传媒有限公司	——	李　琮	王婧淇 朱　勇 李　琮 范　伟	麦贯之	陈键锋 杜若溪
欢天喜地过大年	36	大唐辉煌传媒有限公司、上海昆成文化传媒有限公司、辽宁东安影视文化传媒有限公司	——	李　氢 金　峰	秦卫东 王士勇	常晓阳	秦卫东 李菁菁 句　号 黄晓娟 王晓曦 于莉红
警花与警犬	44	大唐辉煌传媒有限公司	北京市公安局	李玉晶	李刚蔡 郁　苇	谷锦云	于和伟 侯梦莎
幸福我们在路上	34	大唐辉煌传媒股份有限公司、北京东方今鸣文化传媒有限公司	——	倪　娜	周　游 章文武	朱锐斌	凌潇肃 王媛可 曾　江 王丽云

北京东方飞云国际影视股份有限公司

剧名	集数	出品单位	制片人	编剧	导演	主要演员
新边城浪子	30	北京东方飞云国际影视股份有限公司	总制片人：白彩云，总出品人：白旭飞、白月飞	王潇涵 王　茵	黄祖权	朱一龙 张馨予 焦恩俊 张峻宁 邱心志 于青斌 贡　米 王艺瞳 杨净如

书报刊出版

2015年北京市广播影视书报刊一览表

公开出版物

类别	报刊名称	主管单位	主办单位
周报	《北京广播电视报》	北京广播电视台	北京广播电视报社
周报	《北京广播电视报·人物周刊》	北京广播电视台	北京广播电视报社
周刊	《北京电视》周刊	北京广播电视台	北京广播电视报社
周报	《新广播》报	北京人民广播电台	北京人民广播电台
周刊	《音乐周刊》	北京人民广播电台、京报集团	北京广播公司
年刊	2015《北京广播影视年鉴》	《北京广播影视年鉴》编委会	北京市新闻出版广电局
年刊	2015《北京电视台年鉴》	北京电视台	北京电视台

类别	书 籍 名 称	主管单位	作　者	出版单位
图书	《北京电视台发展研究文集》(2014年卷)	北京电视台	北京电视台编著	中国广播影视出版社出版时间：2015.12
图书	《网生代与中国电影》	北京市委宣传部	中国电影博物馆汇编	中国轻工业出版社出版时间：2015.9
图书	《新生代："轻"电影与思想能量》	北京市委宣传部	中国电影博物馆汇编	中央文献出版社出版时间：2015.4
图书	《北京广播影视发展研究文集(2014年)》	北京市新闻出版广电局	北京广播电影电视研究中心汇编	北京出版社出版时间：2015.

内部出版物

类别	报刊名称	主管单位	主办单位
月刊	《北京广播影视》	北京市新闻出版广电局	北京市广播影视学会
半月刊	《宣传业务》	北京人民广播电台	北京人民广播电台总编室
半月刊	《听众反映专辑》	北京人民广播电台	北京人民广播电台总编室
月刊	《电视文摘》	北京电视台	北京电视台研发部
月刊	《影博·影响》	中国电影博物馆	中国电影博物馆
月刊	《北京广播影视决策参考》	北京市新闻出版广电局	北京广播电影电视研究中心
月刊	锐—国际电视节目模式	北京电视台	北京电视台研发部
月刊	BTV观察	北京电视台	北京电视台研发部

2015年北京市广播影视书报刊简介

《北京广播电视报》

以导听导视为特色的生活服务型周报。《北京广播电视报》创刊于1979年9月，是面向家庭、以导听导视为主的全方位的生活服务型周报。2015年《北京广播电视报》坚持自身定位，积极配合北京电视台和北京人民广播电台以及北京广播电视台所属兄弟单位做好相关节目及主持人的宣传工作，做好百姓收视指南、养生保健服务方面的报道。同时进一步加强评论编辑工作，着力于增加评论的种类、样式及人员参与的广泛性。此外，报纸的生活服务类版面以其服务于家庭和百姓健康的特色而受到读者的喜爱。4开40—48版。

《北京广播电视报》还办有《人物周刊》。《北京广播电视报·人物周刊》创办于2003年8月，其主要内容为：报道新闻中的人物和人物中的新闻，用故事解读人生，在人生中寻觅故事。介绍真善美的情操感染人，揭示奋斗进取的精神鼓励人，挖掘不为人知的故事讲述给人，暴露丑陋劣质的人生经历警示人。2015年《北京广播电视报·人物周刊》在保持可读性强特点的同时，加强版面和选材的多样性，让版面变得更加丰富。4开28版。

北京广播电视报

出彩中国人这样出彩

江珊：

中国当代著名书法家

赵学敏

上善若水 同舟共济

《北京广播电视报》2015年第2554期封面

（北京广播电视报社）

《北京电视》周刊

《北京电视》周刊创刊于1998年7月，是一本集文化、娱乐、消费生活于一身的进入大众家庭的杂志，同时是具有中国特色的电视收视精选手册。《北京电视》周刊的内容以收视热点、独家娱乐报道、情感故事、传奇揭秘、时尚生活几方面为主，具备非常明显的可读性、耐读性和很高的传阅率。2015年《北京电视》周刊增加选题策划的针对性，重点选题策划以娱乐圈为主，提高趣味性和可读性。坚持跟踪影视圈热点，报道行业走向。4开56页。

《北京电视》周刊2015年第20期封面

（北京广播电视报社）

《新广播》报

《新广播》报是北京电台投资出版的一份周报。主要报道听众关心的北京电台动态消息、重要活动，推介重点广播节目，介绍广播技术、新发展，讲述广播人台前幕后的故事，刊登听众对广播节目、活动的互动评议以及依托广播节目内容的生活服务资讯等。

《新广播》报全彩印刷，8开24版，每周日出版。在北京五环路内200余家中石化、中石油加油站等处免费赠阅，并辅以电话订阅送报上门。

《新广播》报封面

（北京人民广播电台）

FM97.4《音乐周刊》

FM97.4《音乐周刊》是北京人民广播电台为实现多元化发展和跨媒体运作而创办的互动性娱乐周刊。自2004年3月24日创刊以来，一直遵循“时尚音乐资讯大全，青年娱乐消费指南”定位，与北京电台娱乐音频节目联手共作、全面互动为独家特色。

2015年，全年出版纸质刊物24期，发行10万份，主要为报摊销售和精确地点派送，除了每月在三里屯、什刹海两条酒吧街、新街口、琉璃厂两条乐器街、通州大学城、中国音乐学院等音乐人口密集地区都进行周刊展示、派送活动。同时，音乐周刊还通过十几家新媒体单位进行电子发行。全年音乐周刊网上阅读量超过260万次，每期周刊阅读量超过10万次。

在2014年底由中国新闻出版研究院等权威部门评选的数字阅读影响力期刊排行榜中，《音乐周刊》获中国移动阅读第15名，中国电信阅读第19名，数字教育阅读第21名。

（北京人民广播电台）

FM97.4《音乐周刊》2014年第327期

2015《北京广播影视年鉴》

2015《北京广播影视年鉴》是由北京广播影视年鉴编委会编纂（北京市新闻出版广电局主持，北京广播电视台、北京人民广播电台、北京电视台、中国电影博物馆、区县文委及广电中心等协编）的一部资料工具书，创刊于2005年，每年编纂一卷，由中国广播影视出版社公开出版发行。

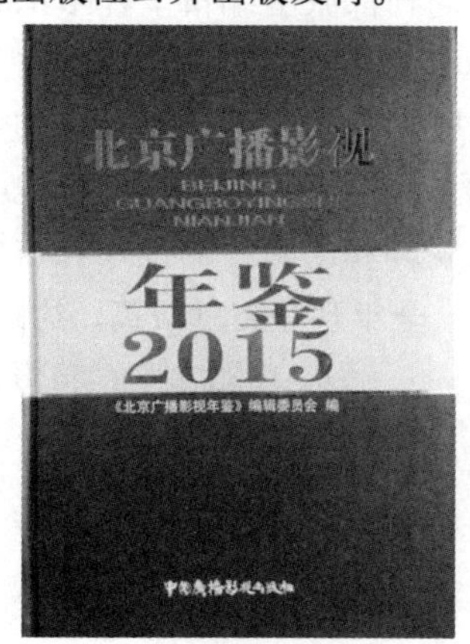

2015《北京广播影视年鉴》封面

《北京广播影视年鉴》以马克思列宁主义、毛泽东思想、邓小平理论、“三个代表”重要思想、科学发展观为指导，坚持实事求是的编辑方针，贯彻“贴近实际，贴近生活，贴近群众”的编纂原则，全面反映北京市广播影视的基本情况和发展变化风貌，客观记述上一年全市广播影视业的新情况、新资料，为广播影视研究、决策服务，为广播影视大发展大繁荣服务。

2015《北京广播影视年鉴》为第11卷，共有18个栏目：图片、专项纪事、概况、频率频道、节目栏目、产业发展、新媒体、技术、电影、电视剧、书报刊出版、受众调查、组织机构、获奖作品、典型经验、交流合作、统计、大事记等。全书65.8万字，发行1200册。国内书号：ISBN 978-7-5043-7564-3。

（北京市广播电影电视局史志办）

《北京广播影视》

《北京广播影视》是由北京市新闻出版广电局主管、北京市广播影视协会主办的内部资料性出版物，创于1988年。原称《北京广播电视研究》（季出），1994年更名为《北京广播电视》（双月出），2007年1月改版为《北京广播影视》（月出）。

《北京广播影视》封面

该刊定位为北京市新闻出版广电局机关内部资料性出版物和北京市广播影视协会的内部学术资料；是北京市广播电影电视行业的政策指导、经验交流、学术探讨的平台。内容具体包括：1.宣传广播电影电视领域的政策，介绍北京以及全国广播影视界动态；2.国内外广播影视理论探索与研究成果；3.北京市主要媒体单位（含北京人民广播电台、北京电视台及区县媒体单位）和影视改革探讨及工作经验交流；4.优秀广播影视工作者事迹及作品推广。此内部资料全彩色印刷，刊物为大16开76页，一年出版12期，每月1期。

2015年全年《北京广播影视》共编印12期，稿件300余篇，照片800余张，总字数百万余字。

《北京广播影视》坚持紧密配合北京市新闻出版广电局中心工作，积极反映北京广播影视行业发展的新热点，反映北京广播影视行业同仁们的探索与实践，共刊登各类文章300多篇；广泛组织有关中国梦主题、纪念中国人民抗日战争暨世界反法西斯战争胜利70周年、传统媒体与互联网深度融合等文章及时刊登；及时反映北京市广播影视协会工作动态；充分发挥了作为北京市广播影视行业发展展示平台的作用。

纪念中国人民抗日战争暨世界反法西斯战争胜利70周年是贯穿2015年全年报道的主线，《北京广播影视》积极组织相关稿件，共计29篇，其中有各级组织开展纪念活动的报道，有创作纪念中国人民抗日战争暨世界反法西斯战争胜利70周年节目、电影、电视剧的体会或评论。为积极配合第五届北京国际电影节，编辑部派出编辑全程跟踪报道，重点关注相关论坛动态，共刊登消息和理论文章11篇，4万多字；对电视剧创作依然保持密切关注，期刊及时反映电视剧创作的新成果以及市场的变化。北京春、秋季电视节目交易会，期刊都派出编辑全程跟踪，及时反映活动进展情况及理论探索成果。为加大对电影电视剧和动画片创作和市场的关注，今年新开辟了《影视观察》栏目，专门组织有关电影电视剧和动画片的创作和市场分析的稿件刊登，全年刊登文章27篇，约13万字。

（北京市广播影视学会）

《宣传业务》

《宣传业务》是由北京人民广播电台总编室主办，旨在促进台内外业务学习、交流的内部刊物。创刊于1992年1月15日。半月刊、标准16开，2015年共编印16期。刊物下设栏目：专家评议、业务漫谈、探索与研究、体会与心得、听众论坛、业务动态等。《宣传业务》作为北京人民广播电台的内部业务刊物，既是业务交流的园地，也是学术、理论探讨的阵地。办刊20年来，北京电台广大采、编、播人员及各相关职能部门紧密联系工作实际，全方位开展业务交流、学术探讨，撰写了许多优秀的理论文章。

（北京人民广播电台）

《听众反映专辑》

《听众反映专辑》由北京人民广播电台总编室主办，听众服务中心负责编辑出版，是北京电台反馈听众意见的内部刊物。该刊于1994年1月创刊，半月刊（“听评月”活动期间可增刊）、标准16开。截止到2015年12月31日，累计出刊691期。2015年《听众反映专辑》全年出刊33期（含《听评月专刊》），约70万字。

该刊遵循“精说成绩、细挑毛病、多提意见、建言献策”的方针，客观反映听众意见，刊载听众对北京电台的意见和感受，为北京电台与听众沟通起到了桥梁作用，为北京电台调整节目、提高节目质量提供了积极、客观的参考。

2015年，刊物以专业广播分类设置有“新闻广播”“城市广播”“故事广播”等栏目，同时还不定期设有“综合评议”“听众服务热线摘编”“短信精选”“微信公众平台摘编”“正音正字”“听友交流”“北京广播网”等栏目。

（北京人民广播电台）

《电视文摘》

《电视文摘》杂志创刊于1998年1月1日，由北京电视台主管、研发部主办，属内部出版刊物。办刊宗旨是荟萃信息精华，浓缩真知灼见。

2007年年底，该刊从内容编辑、栏目定位、版面设计等方面进行了改版。刊物的主要内容有：动态传真——电视界重要会议、重大改革举措、频道栏目建设以及经营管理等方面的最新动态；理论研究类——媒体改革探索、发展战略研究、节目经营管理、频道栏目理论文章及部分受众包括专家学者对电视发展、建设的建议和评论；业务指导类——电视台具有影响的节目策划、运作、选题和广告经营发展方面的经验；人物介绍类——电视从业人员成长过程、创业经历、个性特点和开拓精神；海外信息类——世界各国电视行业的发展现状、机构设置、管理模式及最新节目动态。刊物现为月刊，大16开，64页，每期印制500册。

《电视文摘》封面

（北京电视台总编室）

《锐——国际电视节目模式》

《锐——国际电视节目模式》杂志创办于2006年，由北京电视台主管、研发部主办，属内部出版刊物。刊物现为月刊，60页左右。主要发放对象为台领导、各节目中心以及相关职能部门。

杂志旨在分享最新国际电视信息，速

递传媒市场动态，分享国外节目模式，汇集专家观点，聚焦主题探讨。杂志的主要内容有：动态——国际传媒市场资本变动和营销举措、国外主要电视台新节目编排的最新动态；模式——每期介绍40余个国外节目模式，按节目类型划分为真人秀、游戏类、纪录片、脱口秀等八个类别，结合国际最新流行节目和我台节目特点给出“参考频道”和“推荐理由”；观点——就一个热点话题采访业界、学界专家和一线节目制作人员，汇集各方不同观点；专题——根据近期国内国外电视节目特点，登载两篇原创研究文章。

（北京电视台）

《影博·影响》

《影博·影响》封面

《影博·影响》（中国电影博物馆馆刊）是中国电影博物馆主办的一份独具特色的电影类综合性内部刊物，其宗旨是传播电影文化，拓展电影博物馆公共文化职能，开展电影文化教育和科普教育，服务电影、博物馆观众和行业人士，为电影观众、爱好者和业界搭建沟通桥梁。

密切关注电影发展动态，宣传推广优秀国产影片，积极开展与业界的联系与交流，发挥好桥梁纽带作用。重点报道《狼图腾》《闯入者》《道士下山》《百团大战》《山河故人》等国产影片创作情况，报道第五届北京国际电影节、第18届上海国际电影节、第22届北京大学生电影节等国内重要电影活动。重点报道了导演彭三源、王小帅、陈国星、陈苗，制片人安晓芬、陈祉希，演员葛优、郭晓冬、冯绍峰、沙溢、杨子珊、董子健、王千源等多位影人的艺术创作和近况。

围绕年度重点主题，梳理电影发展历史与现状。在内容方面，围绕年度重点主题，回顾了电影编剧、导演、制片、摄影、美术、剪辑等行当和电影专资、中外合拍、电影收藏、电影教育等方面的发展史，请各行当的代表性影人，如史超、于洋、翟俊杰、祖绍先、傅正义等老艺术家，回忆当年的电影创作历程；请抗战电影研究专家从多个视角对抗战电影全面深入解读与探讨，梳理了抗战电影创作脉络和史学价值等内容；向支持、参与我馆筹备和建设的馆内外各界人士广泛约稿，形成系列内容，体现出较强的主题特色。

大力宣传馆办的各类重要活动。全面报道了北京国际电影节“探寻电影之美高峰论坛——剪辑的力量”，第六届少儿配音大赛，纪念中国电影诞生110周年主题影展、“法国电影周”“在大海里航行——于洋和他的‘电影之家’”专题展，“冒着敌人的炮火，前进！”专题展，以及电影大讲堂、光影知识乐园等特色活动和品牌活动。

继续培育刊物的史观性。继续介绍馆内藏品的征集故事，刊载回忆电影人及电影往事的文章。

编办主题专期。全年围绕“纪念中国人民抗日战争暨世界反法西斯战争胜利70周年”、“纪念中国电影诞生110周年”和“纪念中国电影博物馆落成10周年”三个重点主题开设专栏，并编办前两个主题的专期（9、12期），获得了读者的关注。

影评人俱乐部建设进一步创新模式。为突出学术定位，进一步提高影评质量，增强影评文章的史观性、厚重感，今年调整了影评人俱乐部活动模式，改为邀请专家开展集中座谈交流活动，加强与影评人的联系和培养。

2015年，《影博·影响》年发行量为3.2万册，其中固定读者群超过80%。读者对刊物的满意率维持在90%以上。许多电影学界、业界人士普遍认为，《影博·影响》作为电影历史文化知识传播平台、电影业界与观众联系平台、学术研究与观点讨论平台、馆内信息与业界动态发布平台、与读者互动沟通的平台等方面的功能进一步加强。

（中国电影博物馆）

《北京广播影视决策参考》

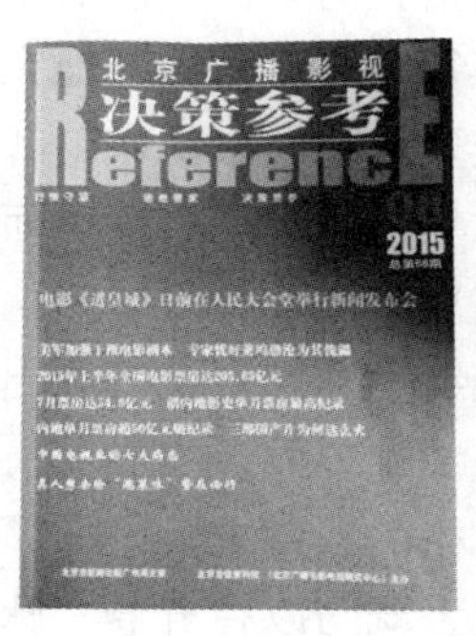

《决策参考》封面

《北京广播影视决策参考》月刊是由北京市新闻出版广电局主管、北京音像资料馆（北京广播电影电视研究中心）主办的新闻出版广播影视研究性期刊，内部刊物。

该刊紧围绕“行情守望、信息管家、决策要参”的功能定位，设有特别刊载、行业动态、摘要与综合、创作与生产、运营与管理、监管与服务、前沿论点、政策解读、境外观察、来稿选登等。

（北京广播电影电视研究中心）

《北京广播影视发展研究文集(2014年)》

《北京广播影视发展研究文集(2014年)》，是由北京市新闻出版广电局主管、北京音像资料馆（北京广播电影电视研究中心）汇编、北京出版社出版的理论研究性图书。在整个2014年的北京广播电影电视局课题成果、科学发展观调研报告、处级以上干部理论文章和学刊发表的文章中，优选、编辑了来自局、北广传媒集团、中国电影博物馆、北京广播电视台、北京电视台、北京广播电台、区县中心的最新优秀研究成果及多项重大课题，总计61篇48万字，共印刷600册。

该书含管理篇、广播篇、电视篇、电影篇、课题报告篇五个部分，较系统地反映了北京新闻出版广播影视业当前的发展状况和研究水平。

《北京广播影视发展研究文集(2014年》封面

（北京广播电影电视研究中心）

《北京电视台发展研究文集》（2014年卷）

《北京电视台发展研究文集》（2014年卷）于2015年年底编印出版，主要辑录2014年全台干部职工在思想理论及业务实践中的心得体会。

本卷《文集》编辑工作一如既往地得到了全台干部职工的大力支持和踊跃参与。自年初启动征稿以来，共收到学术论文、实践总结、心得手记等各类文章150余篇，文章数量、质量较往年进一步提升。经过三轮认真审稿，本卷《文集》最终收文62篇，根据内容主题分为专稿、创新求索、新闻业务、节目编播、媒介传播、传媒技术、经营管理等七个板块。文章紧扣时代特点、年度重点和行业焦点，有关于国庆65周年、足球世界杯、APEC会议等年度重大活动宣传报道工作梳理总结；也有基于新媒体浪潮下的传媒竞争思考、节目形态分析、新兴技术探索和广告经营革新等的探索思考。从大型国际性重点报道活动到社会民生热点事件，《文集》记录了BTV人感知时代冷暖、体察社会脉搏的思考与积淀，展现了全台职工积极思索、锐意进取的精神。

为确保本书紧跟时代发展，确保每篇文章在理论价值、实践创新上均有所建树，台领导班子成员亲自带头撰稿，并对所有稿件进行终审把关；北京电视台办公室牵头组建了《文集》（2014年卷）编辑部，邀请了十余位来自职能、节目、技术等部门且熟悉相关业务的同志组成了《文集》编辑部，对所征集到的稿件进行了认真评选，对拟收录的稿件进行了两轮细致改稿。所有参与编辑校改工作的人员，均秉持严谨的学术态度，字斟句酌，反复核对，高标准地完成了任务。为让这本凝聚了全台干部职工智慧与心血的卷册顺利结集出版，呈现最优面貌，办公室负责同志高度重视、精心组织，工作人员细致做好征稿约稿、编辑统筹、出版协调等各项工作。在装帧方面，本卷《文集》在坚持朴素大方风格的基础上，设计了全新的封面和页面版式，既与以往五卷一脉相承，又让人耳目一新；在出版环节，办公室工作人员与中国广播影视出版社密切合作，一丝不苟地做好图文排版、三轮校对、印刷质控等工作，推动《文集》正式问世出版。

（北京电视台）

《网生代与中国电影》

《网生代与中国电影》封面

《网生代与中国电影》是由北京市委宣传部主管、中国电影博物馆汇编、中国轻工业出版社出版的学术研究性图书。该书汇集了2014中国电影博物馆学术活动的成果和论文。

2014中国电影博物馆学术活动是中国电影博物馆和北京师范大学艺术与传媒学院共同举办的“中国电影产业发展趋势研讨”活动，该活动以“‘网生代’与中国电影产业发展”为主题，首都高校的知名学者、专业研究机构的专家和电影业界的领导人物20余位，围绕网络时代的电影创作特征、网络时代的电影资本特征与市场运营、竞争还是共赢——互联网与传统盈利模式、网络时代的电影市场走向与观众需求等论题，进行了学术演讲、研讨和交流，共300余人参加活动。该书分为主题专论、学者观点、论坛争鸣三部分，总计13篇，20万字，共印刷150册。

（中国电影博物馆）

《新生代："轻"电影与思想能量》

《新生代："轻"电影与思想能量》是由北京市委宣传部主管、中国电影博物馆汇编、中央文献出版社出版的学术研究性图书。该书汇集了2013中国电影博物馆学术活动的成果和论文。

2013中国电影博物馆学术活动以"新生代：'轻'电影与思想能量"为主题，来自电影管理和研究机构的专家学者、国有和民营电影机构的从业人士，以及影人代表等近60位嘉宾，围绕着"轻"电影的市场诉求与思想能量、"轻"电影的叙事探索与文化建构、未来电影发展趋向与人才培养之道等议题见仁见智、深入研讨，共600余人参加活动。该书分为年会现场、2013中国（北京）电影学术年会研讨现场实录、"轻"电影现象的文化与发展的思考、"轻"电影类型创作特征及文化内涵、"轻"电影的营销与传播、对"轻"电影时代的影人思考几部分，总计37篇41万字，共印刷200册。

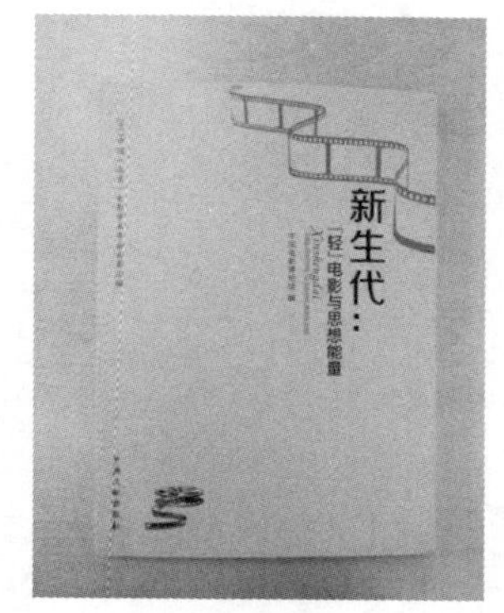

《新生代："轻"电影与思想能量》封面

（中国电影博物馆）

受众调查

北京广播市场竞争态势分析

北京广播市场竞争态势分析，是根据索福瑞北京地区广播收听数据调查形成的。索福瑞提供的数据，采用的是日记卡法连续365天不间断调查的结果，样本数量共300户。

一、北京广播市场提供收听率小幅回暖

从索福瑞近八年提供的收听数据来看，北京广播市场从2008年起整体收听率逐年下降，到2010年降至最低点。在经历了2011年的短暂回暖之后，2012年、2013年持续下降，其中2013年降至最低点。2015年，北京广播市场整体收听回暖。

在听众规模方面，2015年北京全年累计有781.4万人收听过广播，比2014年增加50.8万人；平均每天有472.5万人收听广播，比2014年增加44.3万人。在人均收听时长方面，2015年听众平均每天收听广播时长为134.2分钟，比2014年减少7分钟。

2015年，平均每天有172.2万人在车上收听广播，较去年减少了11.4万人；人均收听时长为117.5分钟，比2014年增加了3.1分钟。

二、北京“三大台”竞争情况：北京电台份额攀升，中央电台、国际电台份额下降

2015年，北京电台的市场份额达到71.604%，与2014年相比提升0.341个百分点。中央电台市场份额下滑3.57%，降至19.993%。国际电台自2013年以来市场份额持续下滑，2015年下降10.11%，降至4.221%。

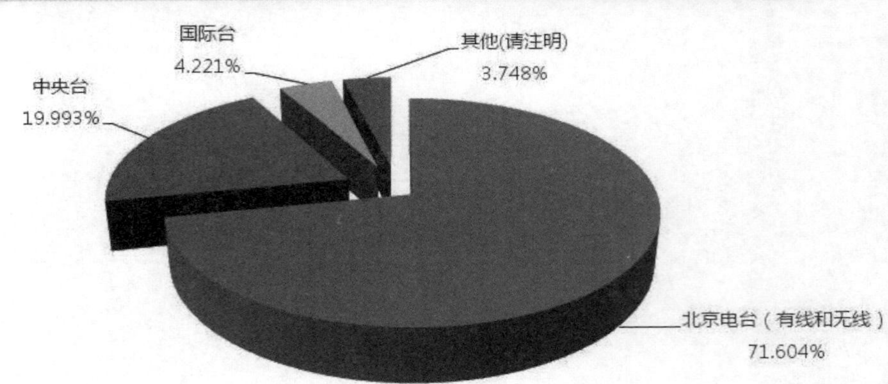

从听众规模来看，2015年北京电台听众达到737.4万人，比2014年增加57.7万人，涨幅为8.49%；中央电台听众规模为450.1万人，比2014年增加6.4万人，涨幅为1.44%；国际电台听众规模为192万人，比2014年增加6万人，涨幅为3.23%。三大台听众规模均有上涨。

从收听时长来看，三大台均有下降，北

京电台、中央电台2015年收听分钟数分别为120.8分钟和102分钟；国际电台听众平均收听时长下滑最为显著，比2014年减少18.7分钟，仅为96.1分钟。

三、北京电台音乐广播、中央电台音乐之声两大音乐频率份额齐上涨，排名分别上升一位

2015年，北京电台音乐广播和中央电台音乐之声市场份额齐上涨，音乐广播同比市场份额增长量排名第一，上涨1.436个百分点，排名上升一位，排至第4位；音乐之声同比市场份额增长量排名第二，上涨1.186个百分点，排名上升一位，位列第6。

四、北京电台高收入、高学历听众比例逐年增多

北京电台2015年男女听众比例分别是53.7%、46.3%，近三年变化不大。听众年龄更年轻了，40岁以下的听众比例有所增加。其中，20岁以下听众比例上升0.8个百分点，21岁−30岁听众比例上升1.1个百分点，31岁−40岁听众比例上升1.7个百分点。40岁以上听众中，41岁−50岁、51岁−60岁以及60岁以上听众比例分别下降1.9、0.9和0.8个百分点。

2014年至2015年北京广播市场22个频率市场份额变化情况（%）

频道	2015年	2014年	差值	2015年排名	2014年排名	排名变化
北京人民广播电台交通广播（FM103.9/CFM95.6）	29.595	31.011	-1.416	1	1	→
北京人民广播电台文艺广播（FM87.6/CFM93.8）	13.575	14.782	-1.207	2	2	→
北京广播电台新闻广播（FM100.6/AM828/CFM90.4）	10.106	10.564	-0.458	3	3	→
北京人民广播电台音乐广播（FM97.4/CFM94.6）	8.248	6.812	1.436	4	5	↑
中央人民广播电台第一套节目中国之声	6.218	8.546	-2.328	5	4	↓
中央人民广播电台第三套节目音乐之声	4.311	3.125	1.186	6	7	↑
中央人民广播电台第二套节目经济之声	3.373	2.363	1.010	7	9	↓
北京人民广播电台体育广播（FM102.5）	3.314	2.603	0.711	8	8	→
中央人民广播电台第九套节目文艺之声	3.051	3.516	-0.465	9	6	↓
中国国际广播电台环球资讯广播（FM90.5/AM900）	2.068	2.105	-0.037	10	10	→
中国国际广播电台劲曲调频（CRI HIT FM）	1.715	1.858	-0.143	11	12	↑
中央人民广播电台第四套节目都市之声	1.586	1.925	-0.339	12	11	↓
北京城市广播（FM107.3/AM1026/CFM91.9）	1.272	0.702	0.570	13	15	↑
北京人民广播电台故事广播（AM603/CFM89.1）	1.109	0.919	0.190	14	13	↓
中央人民广播电台第十套节目老年之声	0.701	0.533	0.168	15	16	↑
中国国际广播电台轻松调频（CRI EASY FM）	0.438	0.733	-0.295	16	14	↓
中国高速公路交通广播（FM99.6）	0.410	0.028	0.382	17	21	↑
中央人民广播电台娱乐广播	0.240	0.351	-0.111	18	17	↓
北京人民广播电台爱家广播（AM927/CFM92.7）	0.201	0.341	-0.140	19	19	→
北京人民广播电台外语广播（AM774/CFM97.8）	0.198	0.308	-0.110	20	20	→
中央人民广播电台中国乡村之声	0.105	0.346	-0.241	21	18	↓
北京人民广播电台动听调频（Metro Radio Fm94.5）	0.069	0.000	0.069	22	22	→

听众的收入构成进一步优化，低收入听众比例继续下降，中高收入听众比例大幅提升。个人月收入3000元以下的听众比例由2014年的40.6%下降至28%，目前占比不到三成；个人月收入3001元至5000元和5001元至8000元的群体占比分别上升4.8个和3.3个百分点，达到41.2%和13.4%，中等收入群体已经连续五年呈上升趋势；个人月收入8000元以上的高收入人群也连续五年上涨，已达到6.9%。

听众的职业构成，公务员和白领阶层依然是最稳固的中坚收听群体，占比稳中有升，上升1个百分点，达到32.8%；退休人员比例次之，下滑2.6个百分点，为26%。

另外，听众的受教育程度近年来持续提高，2015年，接受过高等教育的听众比例再升3.7个百分点，达到27.8%。

（北京电台）

北京电台听众特征分析

在媒体形式繁杂及新技术不断涌现的复杂媒体环境下，北京人民广播电台为了适应广播发展的需要和追踪现代化技术的不断变化，2015年委托益普索公司对北京地区广播受众的现状及特征进行了分析调研。

一、北京电台听众特征分析

本次研究北京地区广播听众人群男女性别比例为60%：40%，被访者的平均年龄在38岁，20%的听众有本科及以上学历。

他们大多就职于国有企业和民营企业，其中普通员工和中层管理者占多数，平均家庭月收入13228元，平均个人月收入为6866元。

本次研究显示，整体北京广播市场中有35%是驾车听众，他们中男性占绝大多数，比例达79%，年龄集中在30–49岁，这也代表着更高的收入群体和更高的学历群体。

二、听众广播收听行为特征分析

收听时段。工作日收听呈现四个高峰，其中早/晚上下班收听高峰分别出现07:00–08:30和17:00–18:30，夜间收听高峰出现在21:00–22:00，另外，午间休息12:00–13:00也会出现一个收听次高峰。

休息日在午间和晚间也出现两个收听高峰，但其峰值明显低于工作日，尤其是晚高峰时段，但休息日的夜间高峰不弱于工作日，但要比工作日更加前移，出现在20:00–21:00左右。

从收听时段人群特点来看，不同时段有着不同的收听人群特点，包括清晨的中老年群体，晚高峰上班族群以及夜间的青年群体。

具体来看，工作日早间收听高峰主要是中年及老年群体，午间收听主要是老年群体，晚间下班收听高峰主要是中年群体，青年群体则是在夜间睡前的收听高峰表现明显。周末老年群体的早间收听高峰回落较年轻群体更少，说明其收听不受节假日影响，夜间收听高峰则以青年群体更为显著。

收听地点。家中是收听的主要地点，以老年群体表现更为显著；其次是私家车和公共交通上的移动收听，分别以中年群体和青年群体为主；老年群体也比年轻群体更多的选择在户外进行收听。

北京电台广播收听地点一览表

(%)	总体	男	女	青年	中年	老年
Base：N=	796	477	319	238	398	160
家中	71.7	69.6	74.9	72.3	65.8	85.6
私家车上	50	54.1	43.9	44.5	59.3	35
公共交通(地铁/公交等)	33.2	31.7	35.4	37	34.7	23.8
户外(马路/公园/小区等	18.7	19.3	17.9	16	18.8	22.5
办公室	12.1	13.2	10.3	11.8	13.3	9.4
学校	2.4	2.5	2.2	6.7	0.5	0.6
其他	0.8	1	0.3	0.8	1	-

D18：您通常在一下那些地点收听广播？（单选）

收听时长。整体而言，北京地区的广播听众在工作日和周末的日平均收听时长分别为1.2小时和1.24小时，周末收听比工作日长，男性群体在工作日的日平均收听时长略高于女性；老年群体的日平均收听时长略高于中青年群体。

北京电台广播收听时长一览表

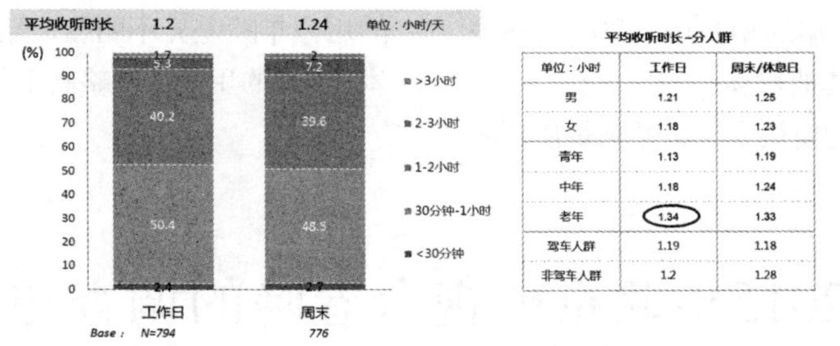

平均收听时长–分人群

单位：小时	工作日	周末/休息日
男	1.21	1.25
女	1.18	1.23
青年	1.13	1.19
中年	1.18	1.24
老年	1.34	1.33
驾车人群	1.19	1.18
非驾车人群	1.2	1.28

M4/M6：过去一周内，在工作日/周末或休息日，您平均每天听广播的时间大约有多长？（单选）

收听频次。北京地区的广播听众每周平均收听5.7次广播，男性群体的收听频次略高于女性，中老年群体的收听频次高于青年群体，驾车人群的收听频次也高于非驾车群体。

北京电台广播收听频次一览表

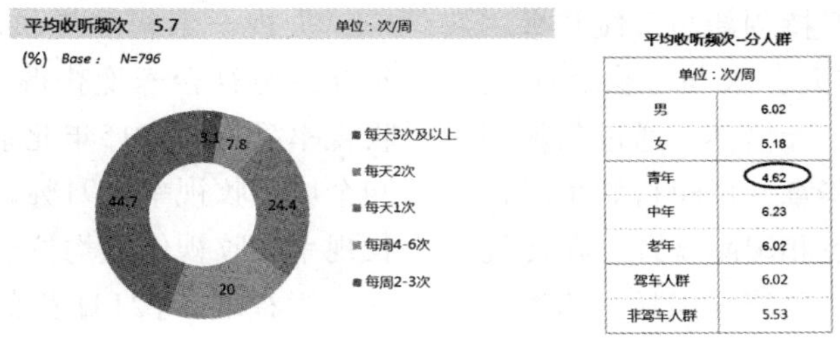

平均收听频次–分人群

单位：次/周	
男	6.02
女	5.18
青年	4.62
中年	6.23
老年	6.02
驾车人群	6.02
非驾车人群	5.53

SB：请问您平时收听广播的频率是怎样的？（单选）

收听设备。在“互联网+时代”，广播的收听终端是以传统收音机、车载和智能终端构成的三元主体市场，手机自带收音机成为最主要的收听设备，其次是车载收音机，手机/平板客户端的使用渗透达23%；从使用地点的交叉分析来看，除了车载，其他移动收听中，手机是最重要的收听终端。

北京电台广播收听设备情况一览表

(%)	Base：N=796	家中	私家车上	公共交通(地铁/公交等)	户外(马路/公园/小区等)	办公室	学校
Base：N=		571	398	264	149	96	19
手机自带收音机	56.4	50	10	69	66	52	53
车载收音机	46.0	N/A	92	N/A	N/A	N/A	N/A
传统收音机	37.6	44	5	8	24	19	21
手机/平板客户端	22.9	20	5	22	17	24	26
MP3/MP4	11.8	8	4	11	15	13	21
PC电脑互联网	8.9	9	N/A	N/A	N/A	27	21

D19：使用的收听工具/方式是什么？（多选）

收听设备的使用也分人群，手机自带收音机的使用在各年龄段的分布比较均匀，而车载收音机使用集中在20岁-49岁中青年群体，传统收音机以50岁-60岁的老年人群为主，手机/平板客户端的用户中，20岁-29岁群体比重明显高于其他群体。

从电台客户端的使用来看，酷狗是使用渗透最高的音频客户端，其次是蜻蜓FM和豆瓣FM，再次是喜马拉雅。客户端的使用均以男性群体居多，其中豆瓣和喜马拉雅的使用群体中男性用户比例更明显高于女性；四大客户端的用户年龄差异不明显，酷狗的用户群体中40岁-49岁的用户比例略高于其他客户端。

（北京电台）

关于2015年北京电视台春晚的调查与分析

《2015年北京电视台春节联欢晚会》于2月19日大年初一在北京卫视和北京电视台文艺频道、青年频道、BRTN网站、BTV大媒体客户端同步播出。这台晚会，以“和美北京中国梦”为主题，坚持创新与节俭并举，整台晚会蕴含着人与人、人与社会、个人与国家之间的小情愫、大情怀，通过创新创意的艺术化呈现时代华章、反映百姓生活，展现出鲜明的北京特色和国际视野，在传统与现代、经典与原创、民族与国际、草根与明星的多重碰撞中谱写出一曲有温度、有品味、有特色的华美乐章。为了总结春晚的创作经验，探索春晚的创作规律，北京电视台文艺节目中心依托央视—索福瑞提供的调查数据，对2015年春晚的特点进行了分析。

央视—索福瑞提供的数据表明，2015年北京电视台春晚获得“三个第一”：一是收视率第一。2015年北京电视台春晚在全国34个城市收视率1.91%，市场份额5.83%，收视率和收视份额均位居同时段第一位。央视—索福瑞2月21日发布的数据还表明：在北京地区2015年北京电视台春晚北京卫视收视率为13.01%，市场份额为36.08%，并机播出的BTV文艺收视率为4.06%，市场份额为11.27%；BTV青年收视率为2.3%、市场份额为6.44%。北京卫视、BTV文艺和BTV青年三频道合计收视率为19.30%，较去年增长了8.1%，市场份额为53.49%，较去年增长了14.2%，即在大年初一晚北京春晚播出时段，北京地区超过一半的电视观众锁定了北京电视台春晚，共有近600万名北京观众观看了晚会；二是微信互动第一。晚会播出同时通过微信摇一摇参与互动的观众人数达700万人次，页面访问1.1亿次，在当天各卫视春晚中排名第一。摇一摇980万次，分享语音贺卡2300万张，送出滴滴打车红包420万份；三是微博互动第一微博话题#北京电视台春晚#阅读数截至发稿前已达2亿次，春晚播出时段稳居热门话题榜第一名。

根据索福瑞提供的资料分析2015年北京电视台春晚的经验，主要有五点：

一、守正出奇　原创节目亮点频出

北京电视台将“大美品质”作为春晚晚会的艺术追求，积极展开创新思路，在内容和形式上寻求突破，努力打造一台“有筋骨、有道德、有温度”的春晚。

舞台是展现给观众的第一位“演员”。这次春晚的舞台设计独具新意，凤冠造型大气典雅，灵感来源于京剧旦角的发饰，在突显浓郁北京特色的同时，又呈现出变化多姿的视觉特效，得到观众一致好评。

整台晚会的创新点是大力打造原创节目。晚会新创及改编节目占90%，从节目收视走势来看，原创节目也屡次出现收视高点，成为网友和观众热议的话题。如让人印象深刻的舞蹈《莲花心》，由晚会总导演孙仝、孙勤联袂策划，著名舞蹈家杨丽萍编导、爱徒杨舞出演，集合了两代“孔雀公主”打造的《莲花心》是此次晚会原创节目的重头戏。“中通外直，不蔓不枝，香远益清，亭亭净植”，舞者用婀娜摇曳的体态身姿展现出莲花“出淤泥而不染”的高洁之美，加上幽静唯美的舞台效果，令人称道。

喜剧演员范明和美声花腔女高音歌唱家么红的另类混搭《羊年说羊》则令人感到一份热闹的惊喜。在范明的幽默诙谐的现场表演之下，么红素来的端庄大气范儿也能瞬间变得调皮可爱。还有国家一级指挥高伟春和国际首席爱乐乐团的伴奏，让世界名曲《威廉退尔序曲》变成了一首爆点十足的《羊年说羊》，其中穿插的“咩咩”叫声，令这首歌童趣盎然。总导演孙仝在创意这个节目时把音乐戏剧化，还突破性地在节目中加入时下流行的“弹幕”评论，网友的幽默吐槽貌似突如其来，但搭配着生动有趣的音乐，毫无违和感，也得到了观众的点赞。

二、立意深刻　创作有温度的节目

由2014年《中国达人秀》冠军得主尹中华表演的杂技独舞作品《逐梦》视觉呈现上可谓美轮美奂，在传递美的同时，还向观众传达出一种对梦想矢志不渝的追求、一种大美大爱的人生境界。总导演孙勤带领演员历时三个月精心打造并深入挖掘节目内涵，独特的扇面道具配合中国风的视频特效，描绘出一个普通人几经磨砺化茧成蝶的故事。杂技中融合舞蹈，古典与现代相结合、唯美与曼妙相遇、力量与技巧兼具，加上视觉效果营造出意境的空灵与古典，使得这个节目极具观赏性与艺术性，让观众如置身于优美的幻境之中，令人赞叹。节目表演完成后，导演组另安排了一幕特别的温情时刻，将尹中华的母亲和全家人请到节目现场，实现了一家人的团聚，弥补了这位普通农村青年多年的遗憾，这也是北京台春晚“大爱在北京、圆梦在北京”精神在细节处的体现。网友对这种逐步递进的情感铺陈方式表示肯定和赞许，一位微博用户忍不住感叹：“北京台春晚更有百姓范儿。这是首善之区、成熟都市的范儿！”

中国人过年，过的是一种人情味。北京电视台春晚更是看重这份情感内核。京剧是国粹，更是北京人喜爱并引以为豪的艺术形式，谭鑫培的谭家和梅兰芳的梅家，这两个京剧世家延续了百年情谊。谭鑫培人生低谷时，梅兰芳的爷爷鼎力相助；19岁的梅兰芳又受到65岁的谭鑫培提携同台演出；后来，梅兰芳又对谭家后人提携有加。2015年北京台春晚上，观众看到梨园界两个传承百年的世家传人现场合作了一出经典剧目《坐宫》，这也是谭、梅两家合作最多的剧目。谭家第七代嫡传人谭正岩饰演杨四郎，梅葆玖唯一男旦弟子胡文阁饰演杨四郎的妻子铁镜公主。两个人堪称天衣无缝的表演，不仅上演了一出难得的精品好戏，更是绵延着两家人百年的情谊。

三、扎根生活“小人物” 故事更出彩

语言类节目一直是北京台春晚的特色和优势，它们题材源自老百姓身边的事例，表现着小人物的喜怒哀乐。2015年春晚的语言类和小品类节目的创作量比往年有明显增长。白凯南携手小提琴演奏家叶飞、冯巩女弟子表演的小品《音药节拍》，让音乐释放出奇妙药效来治疗怪病，令人忍俊不禁；去年春晚上因相声《满腹经纶》而人气飙升的苗阜、王声带来爆笑相声《智取威虎山》，诙谐幽默中带领观众重温经典。

此外，在北京台“2014北京喜剧幽默大赛”上荣获一等奖的作品《开会请关手机》与观众见面，这个春晚语言类节目的“秘密武器”“笑果”果然不同凡响，表演者陈印泉、侯振鹏、刘金霏、陈曦、徐涛这五人因说学逗唱样样在行，被喜爱他们的观众笑称为“嘻哈五虎将”，他们将时下大家随时随地手机不离手的生活习惯作为题材，进行了艺术化加工和喜剧化处理。这种取材生活的小品，令观众感到亲切熟悉的同时，也深含教育意义。

语言类节目内容扎根于生活，取材于生活，令观众感受到一份亲切的幽默，而在北京台春晚的节目创作中，找寻“小人物”的故事和寻求身边的感动更是让观众产生了情感共鸣。一位普通的父亲却有一位并不普通的身患自闭症的儿子，为了换来孩子难得的笑容，父亲开始学习模仿易中天、范伟、刘能等，这些夸张的语言及动作令孤僻寡言的儿子展露笑容。这位名叫赵玉琨的父亲走进春晚，他甘愿在儿子面前当一名小丑，自己脸上的笑暗藏心中的泪，这份真切的情感打动着台下和电视机前的观众。之后歌手姜育恒带来的点题歌曲《小丑》更是将父亲这份心酸融化在动人的旋律中。观众的情绪逐渐升温，节目的精心编排在此时更是推波助澜，由Martin Hurkens演唱的《You Raise Me Up》，其歌词深意和激昂旋律直指人心，歌者在天使光芒之下的演唱画面，定格在每一位观众的心里。

四、整合资源 简约节俭不失精彩

春晚是北京电视台的品牌节目，整台晚会不请高价明星，不靠奢华舞美，不玩烧钱的高科技，在演员选择、节目创意、编排布景等方面全方位整合资源，实现简约而不简单、节约不失精彩的传播效果。

2014年北京台打造的季播节目《最美和声》、《超级演说家》和《造梦者》都取得了良好的社会反响和收视效应，其节目导师如萧敬腾、刘嘉玲、张卫健、姚晨等也成为本届春晚锁定的明星嘉宾。多年未曾开口唱歌的刘嘉玲以一袭黑底红花的镂空旗袍惊艳亮相，献唱了一首邓丽君经典歌曲《原乡人》，旗袍、翠伞、柔美的歌声，刘嘉玲用

歌声把最温暖的祝福献给母亲和诸位观众，同时也是用歌声向邓丽君致敬。梦想导师姚晨，以一袭淡蓝色曳地长裙亮相，演唱的曲目正是她之前2014年主演的电视剧《离婚律师》的主题曲——《别让爱迷路》。这首曲调轻快、现代都市色彩浓厚的歌曲刚好体现这位新晋辣妈的好心情，也再次证明了姚晨能歌善舞会表演的综合实力。《超级演说家》中名副其实的“亮点”导师张卫健在本场晚会上不仅献唱歌曲，表演即兴脱口秀，更是担当主持重任，展现自己的好口才。去年首次参加北京台春晚的“王牌导师”萧敬腾，结识了李光羲、刘秉义、杨洪基三位老歌唱家，今年当他再次看到三位爷爷时，献歌一曲《小男人大男孩》，延续这份男孩与男人的忘年情缘。而在去年获得一片赞誉的三位老顽童组合，今年挑战的摇滚歌曲《花房姑娘》，不仅曲风大胆突破，而且搭档北京电视台文艺频道《我家有明星之天才宝贝追梦春晚》中脱颖而出的谢豪、袁铭辰几位小朋友，以及信乐团和beyond乐队叶世荣等，用全新方式演绎了这首经典老歌。

五、媒体融合　打造深度互动平台

2015年北京电视台春晚的另一大突出特点就是强化媒体融合，全面打造深度互动平台。针对本次春晚的宣传推广，文艺节目中心提前布局、精心策划，宣传推广团队广泛发动互联网媒体而且多层次定向锁定移动互联网产品，并与具有大型节目全国宣传推广经验的卫视节目中心宣传团队和具有强大新媒体运营平台的北京电视台新媒体发展中心深度融合，制定了与平台气质相契合的、符合市场规律和全媒体传播特点的营销推广策略和执行方案，各团队密切配合、协同作战，取得了春晚宣传推广全媒体整合营销的骄人战绩。北京台羊年春晚播出期间，北京网络广播电视台打造了新的网络直播形态。通过BRTN网站、北京电视台官方微信电视、App大媒体客户端同步进行了网络直播。登录BRTN北京网络广播电视台观看北京台春晚、参与互动的独立访问人数超过500万人次，点击相关页面总数达到1500万页，观看并参与评论和互动的峰值出现在20:47TFboys的演出时间，超过15万用户同时在线。

除了联合几大主要的门户、视频网站展开宣传攻势，还开展了与蘑菇街、墨迹天气、滴滴打车等生活类手机App的深度合作，同时在微博发起#北京台春晚#主话题的讨论，北京电视台全台微博矩阵联动，春晚播出期间共发布微博3000条。此外，还专门开发了北京台春晚的微信摇一摇页面，在2月19日早上7:00到23:30，观众收看北京卫视，就可以通过微信摇一摇互动，获得北京台春晚打造的王力宏、刘嘉玲、TFboys、萧敬腾、华晨宇、吴亦凡、黄渤等人气明星的专属语音拜年贺卡。在春晚节目播出期间，微信红包功能开启，对着屏幕摇动手机，就可以一起分享总价值高达2.19亿元的打车红包，100%中奖。截至2月20日零点，北京台春晚微信互动参与人数700万次，在当天播出所有春晚中排名第一，摇一摇980万次，页面访问1.1亿次，分享语音贺卡2300万张，送出打车红包420万份。

北京台春晚还打造了全新形态的春晚直播——春晚总导演与网民边看边聊。与以往网络直播不同的是，这一次两位春晚总导演孙仝、孙勤与部分主创人员受邀进入北京网络广播电视台，开启导演评论陪伴的春晚观看模式，联动电视、网站与手机，在网络上与观众一起边看边聊，述说春晚创作过程的理念，介绍春晚节目亮点，实时与网友互动交流，以一种别开生面的新鲜形态完成了一次春晚直播的“真互动”，带给观众与网友全新的收看互动体验。到23点30分晚会结束，参与“边看边聊”的网民总数达到70余万人，同时在线人数峰值达到10万余人，共发布评论26万余条。

（北京电视台）

组织机构

北京市新闻出版广电局（市版权局）

（统计截至2015年底）

领导成员：

党组书记、局长：李春良

党组成员、副局长：王野霏

局党组成员、纪检组长：戴维

副局长：杨培丽

党组成员、副局长：王霞

党组成员、副局长：韩昱

副巡视员：卞建国

副巡视员：张苏

副巡视员：董明

内设机构：

办公室、政策法规处、规划发展处（产业促进处）、公共服务处（安全监管办公室）、综合审批服务处、新闻报刊管理处、出版管理处（古籍整理出版规划办公室）、数字出版处、印刷发行处、出版物市场管理处、宣传管理处、电影管理处、传媒机构管理处、网络视听节目管理处、版权管理处、科技处（三网融合协调处）、财务处、人事处、机关党委、工会、驻局纪检组监察处

部室主任：

办公室：

主任：李伟；副主任：卢川、洪华中

政策法规处：

处长：赵红仕

规划发展处（产业促进处）：

处长：王伟；副处长：李国新

公共服务处（安全监管办公室）：

处长：王亦君；副处长：刘民武

综合审批服务处：

处长：贾丁丁

新闻报刊管理处：

处长：喻萍；副处长：张俊杰

出版管理处(古籍整理出版规划办公室)：

处长：冯献省；副处长：丁惠

数字出版处：

处长：王会友；副处长：桑润勤

印刷发行处：

处长：李国荣；副处长：王春平、邓勇

出版物市场管理处：

处长：冷文波

宣传管理处：

处长:韩云升；副处长：石东正、柴成

电影管理处：

处长：韩方海；副处长：王海楠

传媒机构管理处：

处长：马德献；副处长：谢杰

网络视听节目管理处：

处长：丁梅；副处长：许立国、夏斐

版权管理处：

处长：卢志鹏；副处长：邢芳英、满向伟

科技处（三网融合协调处）：

处长：陈煜；副处长：安凭、张春彦

财务处：

处长：秦华；副处长：杨燕春、荣学良

人事处：

处长：单志忠；副处长：解楠、张秋生

机关党委：

专职副书记：杨春青

驻局纪检组监察处：

处长：刘学文

地址：北京市东城区朝阳门内大街55号

邮编：100010

电话：010-64081079

网址：www.bjrt.gov.cn

北京市广播电影电视局工会

领导成员：

工会主席：王野霏

经审委主任：刘国军

女工委主任：路梅

第一届工会委员会委员：王野霏、苗本长、刘国军、谢杰、满向伟、黄景兰、路梅、程玉生、林芳建、赵晨、马妍

工会其他组成人员：

组织委员：苗本长、刘国军、林芳建

宣传委员：程玉生

文娱艺术委员：满向伟、赵晨

健身体育委员：谢杰、马妍

安全委员：黄景兰

经审委委员：张秋生、刘若昕、于娟娟、彭泰

女职工委员：安凭、赵鹤、刘思思、姚佳

下属工会单位：

北京联合出版公司工会

地址：北京市东城区朝阳门内大街55号

邮编：100010

电话：010−65158118

北京市广播电影电视局离退休人员管理服务中心

领导成员：

主　任：钱富奎

副主任：郑兵

地址：北京市朝阳区建外大街甲14号

邮编：100022

电话：010−64081125

北京市广播电影电视局后勤服务中心

领导成员：

主　任：王晶

副主任：邵顺荣、杨子君

内设机构：

综合科、房管科、保卫科、车管科

地址：北京市朝阳区建外大街甲14号

邮编：100022

电话：010−64081266

传真：010−64081878

北京市广播电影电视局信息中心

领导成员：

主　任：郑新梅

副主任：路梅

地址：北京市朝阳区建外大街甲14号

邮编：100022

电话：010−65157503

北京市广播电视监测中心

领导成员：

主　任：魏利明

副主任：朱祥锋、吉春

内设机构：

综合科、监测科、安播科、技术科、网管科

地址：北京市朝阳区建外大街14号

邮编：100022

电话：010-65155241

北京音像资料馆（北京广播电影电视研究中心）

领导成员：

副馆长：韩浩（兼研究中心副主任）

副馆长：段燕燕（兼研究中心副主任）

内设机构：

办公室、资料部、制作部、研究部、史志部

地址：北京市东城区安乐林路18号

邮编：100075

电话：010-87258004

北京市广播影视作品审查中心

领导成员：

主　任：智黎明

副主任：周红颜、刘文东

内设机构：

办公室、电视剧审查科、电影审查科、网上境外剧审查科

地址：北京市朝阳区建外大街14号

邮编：100022

电话：010-85012424

北京国际影视交流促进中心

领导成员：

主　任：黄培

副主任：崔岩

内设机构：

办公室、评奖展映部、项目协调部、宣传推广部、接待安保部

地址：北京市东城区朝阳门内大街甲55号新闻出版大厦二期407室

邮编：100010

电话：010-64081926

北京市广播影视协会

（第六届理事会）

领导成员：

会　长：杨淑琴

副会长：何桂芝、宋春华

秘书长：智黎明

副秘书长：孙巍、史椰森、何拥军、周红颜

监事长：王立平

监　事：秦华、石鸿印

《北京广播影视》主编：杨淑琴、张晓爱

执行主编：胡亚利

内设机构：

秘书处、《北京广播影视》编辑部

地址：北京市朝阳区建外大街14号704室、711室

邮编：100022

电话：010－85012430／85012429

北京电影协会

领导成员：

会　长：刘洪鹏

副会长：于冬、马月庆、韩方海、王长田、邓永宏、叶宁、许建海、陆瑶、高军、燕羽

秘书长：闫于京

监事长：刘学文

地址：北京市朝阳区建外大街甲14号

邮编：100022

电话：010－85013326

传真：010－85013326

中国电影博物馆

领导成员：

馆　长：（暂缺）

党委书记、副馆长：陈志强

党委副书记、纪委书记：李米莉

副馆长：李志斌、王健

内设机构：

办公室、财务部、组织人事部、保障部、保卫部、研究部（馆刊编辑部）、技术部（网络信息中心）、藏品部、社会教育部、活动管理部、展陈部、影院部、开发部（基本建设办公室）

部室主任：

组织人事部：

主任：冯雪梅

研究部（馆刊编辑部）：

主任：苏志军；副主任：高宁

藏品部：

主任：张树新

社会教育部：

主任：许鹰；副主任：齐英

活动管理部：

主任：王宁

展陈部：

主任：米兆田；副主任：王小华

办公室：

副主任：孙丽

财务部：

副主任：马懿

保障部：副主任：林青

技术部（网络信息中心）：

副主任：赵晓清

影院部：

副主任：谢野

开发部（基建办公室）：

副主任：白俊峰

地址：北京市朝阳区南影路9号

邮编：100015

电话：010-64311588（办公室）

010-84355959（总机）

010-51654567（服务咨询电话）

传真：010-64311588（办公室）

网址：www.cnfm.org.cn

北京广播电视台

领导成员：

党委书记、台长兼北京电视台党委书记、台长：李春良（2015年11月任党委书记、台长、北京电视台台长；2015年12月任北京电视台党委书记）

党委书记：刘志远（2015年11月免）

党委副书记、台长兼北京电视台党委书记、台长：赵多佳（2015年11月免）

党委副书记、常务副台长兼北京人民广播电台党委书记、台长：席伟航

纪委书记、工会主席兼北京北广置业有限公司董事长、北京北广传媒地铁电视有限公司董事长：王伟

副台长兼北京歌华有线电视网络股份有限公司党委书记、董事长：郭章鹏

副台长兼鼎视传媒股份有限公司董事长、北京中广传播有限公司副董事长：苏仁先

副台长：窦晓东（2015年1月任）

内设机构：

党委办公室、办公室、研究发展部、运营管理部、媒体管理部、技术部（技术资源运行中心）、法律事务部、财务部、纪检监察部、审计部、人力资源部、工会办公室

部门领导：

党委办公室：

主任：杨秀英；副主任：蔡廷杰

办公室：

主任：张常珊；副主任：李增明、李剑

研发部：

主任：石鸿印（2015年8月免）；副主任：石群峰

运营管理部：

主任：陈乐天；副主任：曹军（正处级）

媒体管理部：

主任：张冬林；副主任：耿雪梅、李洪兴（兼团委书记）

技术部（技术资源运行中心）：

主任：王建

法律事务部：

主任：孙辉（2015年11月免）

财务部：

主任：余维杰；副主任：姜春海

纪检监察部：

主任：侯召国；副主任：林松雪

审计部：

主任：刘惠

人力资源部：

主任：孟庆存；副主任：刘晓辉

工会办公室：

主任：罗霄

地址：北京市朝阳区建外大街14号

邮编：100022

电话：010—65157259

传真：010—65157259

网址： www.bmn.net

北京人民广播电台

领导成员：

台长：席伟航

总编辑：王秋

常务副台长：陈晓红

纪委书记：赵泽勤

副总编辑：陈晓海、张松华、李秀磊

副台长：秦晓天、边建

总工程师：李晓晖

台长助理兼节目制作中心主任：李捷

内设机构：

办公室（保卫部）、总编室、党委办公室、纪检监察审计办公室、人力资源部、计财部、广告管理部、播音主持管理部、工会、总工办、技术中心、网络媒体中心、媒体资料和版权部、八零四发射台、广播发展研究中心、品牌传播部、产业发展部、节目制作中心、新闻台、城市管理台、故事台、体育台、音乐台、文艺台、交通台、外语台、爱家台、青年台、广告经营中心（属北京广播公司内设机构，负责电台广告经营）

部门领导：

办公室：

主任：牟燕文；副主任：吴曦、梁磊（试用期自2015年5月14日）、徐学军（聘期自2015年8月7日）

总编室：

主任：孙巍；副主任：刘莹、谢先进

党委办公室：

主任：许秀玲；副主任：平建学、马兴

纪检监察审计办公室：

纪委副书记兼主任：陈云；副主任：王辉（试用期自2015年1月22日）

人力资源部：

主任：周燕玲；副主任：游良婕

计划财务部：

主任：陈春梅；副主任：李淼、吕放

广告管理部：

主任：陈晖；副主任：张秋萍、罗燕萍（试用期自2015年1月15日）

广告经营中心：

总监（主任）：郑金诗；行政总监（副主任）：李康；营销总监（副主任）：陆彤；副主任：殷宗林（试用期自2015年9月18日）

播音主持管理部：

主任：张树荣；副主任：陈雪瑾（聘期自2015年6月19日）

工会：

主席：范晓茜；副主席：张丽、任怀珠

技术中心：

主任：张旭（试用期自2015年1月20日）；副主任：刘爽、谷会敏、高素萍（聘期自2015年5月14日）

网络媒体中心：

主任：张军（聘期自2015年9月22日）；副主任：边江、刘彤

八零四发射台：

台长：张国强；副台长：邓亚程、王春平

广播发展研究中心：

主任：景兵；副主任：崔海丰

媒体资料和版权部：

主任：张苹；副主任：孙超（聘期自2015年8月7日）

节目制作中心：

副主任：吕雪瑞、伍洲彤、王金成（试用期自2015年9月18日）、牛力（试用期自2015年10月22日）

新闻广播：

台长：罗湘萍；副台长：张红力、李哲

勇、宋梓祯

城市广播：

台长：李革（聘期自2015年9月22日）；副台长：张晶宇（聘期自2015年8月21日）

故事广播：

台长：孟庆煜；副台长：李琳

体育广播：

台长：蔡明可；副台长：张友信

音乐广播：

台长：陈京英；副台长：郑晓慧

文艺广播：

台长：李唯唯，副台长：王为

交通广播：

台长：唐琼；副台长：罗霄兵、延安

外语广播：

台长：纪烈鸿；副台长：曹军生（试用期自2015年9月18日）

爱家广播：

台长：傅珊珊；副台长：王伟

产业发展部：

主任：秦学刚（聘期自2015年9月22日）；党支部书记兼广播公司党支部书记：郑海涛；副主任：杨雯静（聘期自2015年8月21日）

品牌传播部：

主任：空缺；副主任：空缺

地址：北京市朝阳区建外大街14号

邮编：100022

电话：65159125

网址：www.rbc.cn

北京电视台

领导成员：

党委书记（2015年12月任）、台长（2015年11月任）：李春良

党委书记（2015年12月免）、台长2015年11月免）：赵多佳

党委副书记（2016年1月任）、总编辑（2015年12月任）：王珏

党委副书记、常务副台长：韦小玉

党委副书记、纪委书记：彭司海

党委委员、总工程师：田方

副总编辑：朱江

副台长：王澎、李岭涛

副总编辑：艾冬云、徐滔

内设机构：

党委办公室、办公室、监察审计办公室、人事部、工会办公室、计划财务部、行政部、保卫部、基建办公室、研究发展部、总编室、广告部、经营管理部、新媒体发展中心、离退休干部工作办公室、总工程师办公室、制作部、播出部、动力部、技术设备管理部、转播传送部、信息网络管理部、卫视节目中心、新闻节目中心、文艺节目中心、科教节目中心、影视剧中心、财经节目中心、体育节目中心、生活节目中心、青少年节目中心、海外节目中心、动画节目中心、纪实频道节目中心

内部机构：

办公室—史志办、监察审计办公室—招投标办公室

注：青少年节目中心、海外节目中心，在台内合并为青少·海外节目中心

部门领导：

党委办公室：主任：郝洪

副主任：孙书明

办公室：主任:宋莲

副主任:王昕、李晗

总编室：主任:史椰森

副主任:高蒿、刘虎

副总工程师：毕江
总工程师办公室：主任:林平
副主任：王立冬、徐志军
研究发展部：主任：秦新春
党支部专职书记：马克燕
副主任：李文升、刘晓隽
监察审计办公室：主任：周久兰
副主任：周志豪
工会办公室：主任：钱毅
副主任：李迎军
人事部：主任：杨建忠
副主任：高扬、陈冬
计划财务部：主任：孙成刚
副主任： 汪红、王京梅
行政部：主任:王开平
副主任:纪勇、卢英锁
保卫部：主任:钟强
副主任:赵修明、马世飞
广告部：主任：张晓耕
基建办公室：主任：冯平
党支部专职书记：张宇青
副主任兼招投标管理工作
领导小组办公室主任:朱晓宇
经营管理部：主任:孙洪斌
副主任：戴巧玲、买剑平
卫视节目中心：主任:马宏
副主任:张丽、李利影、邵晶
新闻节目中心：主任:张庆
新闻编辑部主任:周永萍；副主任:王毅
副主任兼要闻采访部主任：徐京玲
要闻采访部副主任：张晓鲁
社会新闻采访部副主任:袁朴
副主任兼社会新闻采访部主任:丁晓阳
社会新闻采访部副主任:袁朴
副主任兼新闻评论部主任:刘民
副主任兼新闻专栏部主任：黄瑨
综合管理部主任：李大功

青少年节目中心：主任：袁子勇
副主任：陈晔、姚大禹、张苏
文艺节目中心：主任：潘全心
党总支书记：李兰
副主任：齐建彤、庄小红
科教节目中心：主任:杜研
副主任：张宾、宁文茹、王勇
影视剧中心：主任：张恒
副主任： 郭跃进、严澍、朱礼庆
财经节目中心；主任：宗燕红
副主任:岳民、蓝霖、白平
体育节目中心：主任：焦少波
副主任:邱大卫、宋健生、王少华
生活节目中心：主任：赵彤
副主任:刘学军、任友红、白艳军
动画节目中心：主任：张帆
副主任:周方
纪实频道节目中心：主任：陈大立
副主任：严崴
新媒体发展中心：主任：蒋虎
副主任：赵志成、张红、史月光
播出部：主任：王方
副主任：刘宏亚、金强、刘威
制作部：主任：郑星
副主任：王浩、程军、孙海峰
转播传送部：主任：朱雨稼
副主任： 韩士聪
动力部主任：王晓龙；
副主任：刘颖、侯宏炜
技术设备管理部：主任：刘晓光
副主任：章泽群
信息网络管理部：主任：周旭辉
副主任：李湧、李程
史志办公室：主任：赵福明
副主任：闫军才
老干部工作办公室：主任:刘绍芬
副主任：孟传妍

北京卡酷传媒有限公司：
总经理：齐学耕
北京电视产业发展集团：
总经理：刘方平
北京京视卫星传媒有限责任公司：
总经理：牛振青
北京京视电广传媒有限责任公司：
总经理：赵峥铮；副总经理：刘泓
新纪实（北京）传媒投资有限公司：
总经理：曹征
行政部主任助理：李雅涛
北京紫禁城影业有限公司：
总经理：许建海
正处级干部：宗昊（援藏）
纪实频道节目中心：
副主任：赵波（援藏）
副处级干部：翟涛（援疆）
地址：北京市朝阳区建国路甲98号
邮编：100022
电话：010-85336688（总机转）
传真：010-85338000
网址：www.btv.com.cn

北京歌华文化集团

领导成员：

党委书记、董事长：王建琪
总经理：李丹阳
副董事长：姜建秋
党委副书记、纪委书记
副董事长： 苏春华
副总经理：葛立智、陈工、张莉、黄春雷、王昱东、李斌
工会主席：黄光显
总工程师：陈刚
总经理助理：石海燕、高颖、蒋南风、秦玉良、戴迎春

内设机构：

集团办公室、党委办公室、人力资源办公室、计划财务办公室、企业管理办公室、研究宣传办公室

部门领导：

集团办公室：主任：李丹
副主任：佟芳
党委办公室：主任：杨志华
副主任：汪健
工会副主席：卢海红
人力资源办公室：主任：杨志华（兼）
副主任：黄月欣；总监：李文武
计划财务办公室：主任：李峰
副主任：苏京
企业管理办公室：主任：肖红
副主任：冯玉、焦宁
安保总监：胡培生
研究宣传办公室：主任：李斌（兼）
副主任：梁一雯；研究总监：范颖

直属机构

北京歌华文化中心有限公司：
董事长：黄春雷（兼）
总经理：陈彩云
党总书记：张滨
北京歌华投资中心有限公司：
董事长：李丹阳（兼）
总经理：蒋南风（兼）
党总支书记：王利
歌华文化贸易中心：
董事长：姜建秋（兼）
总经理：高颖（兼）
党总支书记：朱会东
地址：北京市东城区北小街青龙胡同1号歌华大厦14层

邮编：100007　　　　传真：010—84186001
电话：010—84186060　　　　网址：www.gehua.com

北京歌华有线电视网络股份有限公司

领导成员：

党委书记、董事长：郭章鹏

党委副书记、副董事长、总经理：卢东涛

党委副书记、纪委书记、工会主席（2015年1月5日任）、副董事长、常务副总经理：马健

董事、总会计师：胡志鹏

副总经理：何拥军、康朝晖、吴铭、唐文伟

董事、副总经理、董事会秘书：梁彦军

总工程师：曾春

总经理助理：姜宏志、韩霁凯

工会主席：张家祥（2015年1月4日退休免职）

副总经理：罗小布（2015年11月27日辞职免职）

总经理助理：王奇之（2015年10月8日退休免职）

内设机构：

战略投资部、党群工作部、纪检监察部、办公室、行政部、人力资源部、财务部、营帐中心、规划设计部、计划建设部、维护管理部、重要用户保障部、物资管理部、传送部、网管中心、信息部、集团客户部、市场营销部、新媒体中心、媒资部、大样本数据中心、稽核管理部、总工办、播控部、法务部、安全保卫部

另设：城中、朝阳、海淀、丰台、石景山、门头沟、房山、大兴、通州、顺义、昌平、怀柔、密云、平谷、延庆15个分公司；北京歌华有线工程管理有限责任公司、歌华有线数字媒体公司、北京歌华益网科技发展有限公司、涿州歌华有线电视网络有限公司、歌华有线投资管理有限公司、北京歌华视讯文化有限公司6个一级控股子公司；北京歌华益网广告有限公司、北京歌华有线客户服务信息咨询有限公司2个二级控股子公司

部门领导：

副总工：刘磊（2015年2月10日退二线免职，聘为工作顾问）、吴建林、石江明、王厚信、卢春梅、沈文（2015年4月8日任）

副总经济师：田秋

副总会计师：王琰（2015年10月14日任）

党群工作部：主任：黄卫京；

副主任：赵国庆、杨云

纪检监察部：常务副主任：余孝纬

稽核管理部：主任：傅蕾红；副主任：乔晓欢

办公室：副主任：丁颖磊

行政部：主任：张宁；副主任：张为尧

人力资源部：主任：方丽；副主任：王晓芳、张宇航（2015年2月10日任）

法务部：副主任：朱瑞明

财务部：主任：吴春燕（2015年10月14日任）；副主任：居冬辉、李铭、杨启薇

信息部：主任：沈文（2015年4月21日兼任）；副主任：孙灵芝、王霍南

市场营销部：主任：韩霁凯（兼）；副主任：王苑苑（2015年2月10日退二线免职）、马麟祥（2015年5月13日任）、仉福江（2015年10月14日任）

规划设计部：主任：黄枫；常务副主任：黄国安；副主任：顾志强

传送部：主任：王厚信（兼）；常务副

主任：汤军；副主任：徐长江、李军炜

播控部：主任：黄美莹；副主任：赵宇、李清、陈森（2015年2月10日任）

物资管理部：主任：吴铭（2015年10月14日兼任）、于海旺（2015年10月14日退二线免职，聘为工作顾问）；常务副主任：史言（2015年2月10日任）；副主任：白莹、杨楠

安全保卫部：主任：李洪；常务副主任：曲伟

计划建设部：主任：黎江；常务副主任：孟宇明（2015年10月14日任）；副主任：满全安、夏鹏

维护管理部：常务副主任：刘建平；副主任：于金生

重要用户保障部：主任：赵宏伟（2015年10月14日任）；副主任：马刚（2015年10月14日任）

战略投资部：主任：黄铁军；常务副主任：于铁静；副主任：刘贞（2015年2月10日任）、李昂（2015年2月10日任）

集团客户部：主任：成锐；副主任：时晨阳、庄永（2015年2月10日任）、葛原（2015年10月14日任）

新媒体中心：主任：姜宏志（兼）；副主任：赵文、胡佚、丁晓旭

媒资部：主任：张婕；副主任：张俭、李雷（2015年10月14日任）

大样本数据中心：主任：姜宏志（2015年1月20日兼任）；常务副主任：刘晓杰（2015年1月20日任）；副主任：吉钰丽（2015年1月20日任）

营帐中心：主任：孙景红；副主任：李燃

网管中心：主任：卢春梅（兼）；副主任：魏柏林、周捷（2015年5月13日任）

总工办：主任：曾春（兼）；常务副主任：沈彤；副主任：林霖、范新伟

城中分公司：总经理：潘铭；副总经理：贾文杰、石连成

朝阳分公司：总经理：鞠维铭；副总经理：李秀珍、范雪峰、江庆红

海淀分公司：总经理：刘宇明；副总经理：马鑫、王星

丰台分公司：总经理：王军；副总经理：叶海星、刁立军

石景山分公司：总经理：陈慕风；副总经理：王彬、周晓平

大兴分公司：总经理：田秋（兼）；常务副总经理：赵寿强；副总经理：代国平

房山分公司：总经理：郑林；副总经理：李云鹏

通州分公司：总经理：石江明（兼）；常务副总经理：宋宝贵

门头沟分公司：总经理：吴建林（兼）；常务副总经理：王艽军（2015年8月10日任）

延庆分公司：总经理：王国庆；党支部书记：许文学（2015年11月12日退休免职）；副总经理：王芳

顺义分公司：总经理：王志亚；常务副总经理：李庆江；副总经理：王晓光

昌平分公司：总经理：高巍；常务副总经理：刘芳

怀柔分公司：总经理：綫继东；副总经理：黄宇东

平谷分公司：总经理：李明生；常务副总经理：权晓宇

密云分公司：总经理：郭国林；党支部书记：白宝林（2015年8月2日退休免职）；副总经理：王小明、周继旺（2015年10月14日任）

北京歌华有线工程管理有限责任公司：董事长：唐文伟（兼）；总经理：王刚；副总经理：卓志祥、沈德忠；党支部副书记：朱慧珍（2015年4月21日任）

北京歌华有线数字媒体有限公司：董事长：梁彦军（兼）；总经理：刘光华；常务

副总经理：刘严

涿州歌华有线电视网络有限公司：董事长：唐文伟（兼）；总经理：周彭生；常务副总经理：贺磊（2015年8月10日任）；副总经理：赵守礼、孙广智

北京歌华有线客户服务信息咨询有限公司：董事长：康朝晖（兼）；总经理：钱正；首席顾问：熊英（2015年10月14日退二线免职，聘为工作顾问）；常务副总经理：闫宝利、邹玉华

北京歌华益网科技发展有限公司：董事长：吴铭（2015年8月6日兼任）；总经理：王刚（2015年8月6日兼任）

东方嘉影电视院线传媒股份公司：董事长：姜宏志（2015年12月28日兼任）；副总经理：王琰（2015年10月14日任）；财务总监兼综合管理中心总监：王琰（2015年10月14日兼任）；产品技术中心总监：刘夫涛（2015年10月14日任）；工程维护中心总监：钟军（2015年10月14日任）；院线运营中心总监：李兰（2015年10月14日任）

地址：北京市东城区北小街青龙胡同1号歌华大厦7层

邮编：100191

电话：96196

网址：www.bgctv.com.cn

歌华有线电视网络股份有限公司旗舰营业厅一览表

序号	营业厅名称	联系地址	联系电话
1	东城小街桥	东城区东直门北小街青龙胡同1号歌华大厦一层	59260846
2	东城夕照寺	东城区夕照寺街东玖大厦B座101（绿景馨园13号楼101）	59260848
3	西城南小街	西城区西直门南小街133号101（西派国际公寓底商）	59260847
4	西城南华里	西城区南横东街南华里10号楼底商	59260849
5	朝阳团结湖	朝阳区水碓子北里2号楼西侧底商 （朝阳区地方税务局第二税务所对面）	59260842
6	朝阳劲松	朝阳区南磨房路16号院禧福汇底商7—3 （平乐园路口向西200米路南）	59260841
7	朝阳管庄	高碑店街道朝阳路67号院财满街8号楼三层0301室	59260840
8	朝阳香河园	朝阳区朝阳区柳芳北里12号楼底商	59260843
9	朝阳望京	朝阳区望京街道望京西路首开知语城312号楼底商	59260845
10	海淀清河	海淀区清河小营桥（G6辅路）向北500米第一个路口 向东100米，福美苑小区底商	59260400 59260401
11	海淀花园村	海淀区车公庄西路花园村社区8号楼1层	59260427
12	海淀五棵松	海淀区万寿路街道西四环中路39号万地名苑底商39—6	59260438 59260439
13	海淀海淀路	海淀路50号北大资源楼东楼一层1117室	59260470 59260471
14	丰台方庄	丰台区方庄紫芳园六区4号楼2—106（“方庄6号”底商）	59260860

续 表

序号	营业厅名称	联系地址	联系电话
15	丰台云岗	丰台区长云路2号院珠江御景（北门）底商10－17号	59260836
16	丰台马家堡	丰台角门18号枫竹苑2区1号楼103、203室	59260835
17	丰台科技园	丰台区科兴路恒富中街2号院1号楼（欧尚超市往东700米）	59260861
18	丰台卢沟桥	丰台区小屯西路109号院万科假日风景6号楼底商	59260837
19	石景山古城	石景山区古城大街75号院3号楼底商	59260862
20	石景山首钢	石景山区苹果园路临26号	59260863
21	昌平天通东苑	天通苑东二区1号楼15门（农行东侧）	59260830
22	大兴黄村	大兴区黄村镇兴华南路25号（黄村火车站广场北面）	59260867
23	房山良乡	房山区长虹西路63号	59260870
24	门头沟	门头沟区绿岛水岸小区底商（京煤集团服务大厅北侧）	59260873
25	顺义	顺义区拥军路2号	81490036
26	怀柔	怀柔区红乐园小区1号楼	51595909
27	延庆	延庆区东外大街57号	59260879
28	密云	密云区西大桥路18号	59260872
29	平谷	平谷区文乐胡同12号	59260871
30	通州富河园	通州区富河园4号楼商4－110（富河园碧水明珠小区）	59260869

北京电视艺术中心有限公司

领导成员：

董事长、总经理：张平

副总经理：沈然

艺术总监：郑晓龙

创作总监：李晓明

项目总监：宋志鹏

内设机构：

总经理办公室、计财部、宣发中心、剧本创研中心、技术部、导演工作室、制片人工作室、编剧工作室

下属单位：北京电视艺术中心音像出版社有限公司

地址：北京市海淀区皂君庙甲2号

邮编：100098

电话：010－62127625

传真：010－62115814

网址：www.btac.cn

公众微信号：beiyi1982

北京中北电视艺术中心有限公司

领导成员：

董事长：杨群

总经理：陶玲玲

内设机构：

办公室、财务部、经营部、宣传部、制作部、总编室

地址：北京市朝阳区建外大街14号

邮编：100022

电话：010−65150607

传真：010−65150607

邮箱：zb01@zbtvart.com

网址：www.zbtvart.com

北京广播电视报社

领导成员：

社　长：李浩

总编辑：张彪

工会主席：宋杰

内设机构：

办公室（含组织人事部、研发部）、财务部、总编室、《北京广播电视报》编辑部、《北京广播电视报·人物周刊》编辑部、《北京电视》周刊编辑部、广告经营部、广告管理部、活动部、发行中心

地址：北京市东城区安乐林路18号

邮编：100075

电话：010−67117161

传真：010−67134365

网址：www.bgtv.com.cn

北京音像公司

领导成员：

总经理：颜丙利

内设机构：

企划出品部、节目制作部、技术工程部、财务部、办公室

地址：北京市东城区安乐林路18号

邮码：100075

电话：010−67262518

传真：010−87268961

电子信箱：bavc@bavc.com.cn

网址：www.bavc.com.cn

北京瑞特影音贸易公司

领导成员：

总 经 理：何公明

市场总监：顾炜

工程总监：秦磊

财务总监：孟春敏

办公室主任:赵丽艳

内设机构：

办公室、财务部、市场部、工程部

地址：北京市朝阳区建外大街14号一层

邮编：100022

电话：010-65155284/65159086/65158729-620~627

传真：010-65155285

网址：http://www.ruite.cn/

北京广播电视台服务中心

领导班子：

党支部书记、主任：郭长征

副主任：褚天元、常斌、张业京

总工程师、工会主席：于进军

内设机构：

办公室、人事部、财务部、房屋产权管理部、后勤服务部、维修部、设备动力部、安全保卫消防部、职工食堂部

地址：北京市朝阳区建国门外大街14号

邮编：100022

电话：010-85012302

传真：010-65150630

北京北广传媒数字电视有限公司

领导成员：

董事长、总经理：何公明（兼北京瑞特影音贸易公司总经理）

副总经理：艾禾、梁自珍、梁燚

内设机构：

节目部、市场部、数据部、播出部、财务部、办公室

地址：北京市海淀区皂君庙甲2号

邮编：100098

电话：010-56317887

传真：010-56317980

网址：www.bjdtv.com

北京北广传媒移动电视有限公司

领导成员：

董事长、总经理：罗晓军

副总经理：许新德、张楠

内设机构：

办公室、资产财务部、广告管理部、节目部、播出部、技术研发部、品牌部、制作部（2015年6月成立）

地址：北京市东城区北小街青龙胡同1号歌华大厦A座809室

邮编：100007

电话：010-59260500

传真：010-59260501

网址：www.bj-mobiletv.com

北京北广传媒影视有限公司

领导成员：

董事长兼总经理：刘亚辉

副总经理：郭涛、刘国华、张光北

内设机构：

办公室、财务部、策划部、制作部、发行部、演艺经纪部

地址：北京市东城区北小街青龙胡同1号歌华大厦B座821室

邮编：100007

电话：010-59260180

传真：010-59260181

邮箱：bamc_tv@bamc.com.cn

北京北广传媒城市电视有限公司

领导成员：

董事长、总经理：罗艳红

副总经理：李伟

总经理助理：崔娟娟

内设机构：

行政部、技术部、媒体开发部、媒体运营部、企划部、客户服务部

地址：北京市东城区东直门北小街青龙胡同1号歌华大厦A801室

邮编：100007

电话：010-59260088-8000

传真：010-59260066

客户专线：4007000086

网址：www.citytv.com.cn

微信服务号：bj-citytv

北京北广传媒地铁电视有限公司

领导成员：

董事长：王伟

总经理：阎伟力

副总经理：满向阳

总经理助理：辛双百

内设机构：

办公室、财务部、技术部、运营管理部、节目部

地址：北京市东城区北小街青龙胡同1号歌华大厦A座818室

邮编：100007

电话：010-62232209

传真：010-62232209

鼎视传媒股份有限公司

领导成员：

总经理：蔡恒平

常务副总经理：王健

副总经理：秦敏

技术总监：曾平

总经理助理：马宁、高朋、柳轶

董事会秘书：王文旭

内设机构：

销售部、市场部、传输业务部、云鼎网项目管理部、财务部、技术部、行政部、总经办

地址：北京市东城区东直门北小街青龙胡同1号歌华大厦B820室

邮编：100007

电话：010-59260099

传真：010-59260138

网址：www.topv.com.cn

北京北广置业有限公司

领导成员：

执行董事：王伟（北京广播电视台纪委书记兼）

总经理：裴成虎

副总经理：张克英

内设机构：

办公室、财务部、前期部

北京北广传媒集团有限公司授权管理单位：

北京影视城管理中心

北京现代电视艺术发展公司

北京东方艺苑物资仓储服务中心

地址：北京市朝阳区崔各庄乡南影路2号小白楼

电话：010-64325207

传真：010-64321062

邮箱：sr6567@163.com

北京中广传播有限公司

领导成员：

总经理：张树桐

副总经理：陈炳岩

内设机构：

综合部、市场部、技术部、节目部、广告部

地址：北京市朝阳区南皋路129号4号楼

邮编：100015

电话：010-65900262

传真：010-65900262-8099

北京紫禁城影业有限责任公司

领导成员：

董事长：赵多佳

总经理、书记：许建海

内设机构：

办公室（财务部）、电影部、电视剧部、第一创作室、电视节目部、演艺经纪部

地址：北京市西城区北三环中路乙6号伦洋大厦901室

邮编：100120

电话：010-62019597、62014931

传真：010-62019597、62014931

网址：www.fcmovie.com

北京市东城区文化委员会

领导成员：

党委副书记、主任：王伟东

党委书记、副主任：张恩东

副主任：郑亚东、骆桦、魏瑞峰、戚家勇

副书记：刘进

纪委书记：杨春兰

工会主席：付东亮

行政执法队队长：杨勇

内设机构：

党委办公室、监察科、办公室、公共文

化事业科、文化市场管理科、文物管理科、综合审批科、演艺产业发展促进科、人事科、财务科

直属单位：

北京市东城区文化委员会行政执法队、北京市东城区第一文化馆、北京市东城区第二文化馆、北京市东城区第一图书馆、北京市东城区第二图书馆、北京市东城区文物管理所、北京市袁崇焕祠文物保管所、北京市文天祥祠文物保管所、北京市东城区第一图书馆会议中心、北京市钟鼓楼文物保管所、北京王府井古人类文化遗址博物馆、北京市东城区羊市口文化站、北京市东城区花市电影院、北京市东城区天坛南里文化娱乐中心、北京市东城区文化馆剧场、北京燕京评剧团、北京包装资料馆、北京东方国际文化交流中心

地址：北京市东城区崇文门外大街7号正仁大厦二段

邮编：100062

电话：010-67091091、67091092

传真：010-67091090

邮箱：dcqwhw@163.com

北京市西城区文化委员会

领导成员：

主任、副书记：孙劲松（兼区委宣传部副部长）

书记、副主任：张云裳

副主任：孟盼、吕丹、赵晓波（2015年6月12日调离）、古杨利、王顺、侯志伟

纪检组长：李海霞（2015年12月15日调离）余涛（2015年12月15日调入）

工会主席：王来明

行政执法队队长：董伟民

内设机构：

办公室、政策法规科、公共文化科、非物质文化遗产科、文化产业科、文化市场管理科、文物科、财务审计科、党群工作办公室、人事科、监察科

直属机构：

行政执法队、西城区第一文化馆、西城区第二文化馆、西城区第一图书馆、西城区第二图书馆、西城区青少年儿童图书馆、西城区文物保护研究所、西城区文物管理处、北京宣南文化博物馆管理处（北京长椿寺管理处）、西城区非物质文化遗产保护中心、北京历代帝王庙管理处、北京李大钊故居管理处、西城区社会文化管理所

地址：北京市西城区后广平胡同26号

邮编：100035

电话：66561230

传真：66561231

网址：wenhua.bjxch.gov.cn

北京市朝阳区文化委员会

领导成员：

书记：李洋

主任：高春利

纪委书记：吕玫

副主任：潘小俪、马骏

行政执法队队长：吴刚

内设机构：

办公室、文化科、文物管理科、出版发行管理科、电视音像管理科、组宣人事科、财务基建科、文化行政执法队

地址：北京市朝阳区东三环北路36号

邮编：100026

电话：010-65014855

传真：010-65086844

网址：www.risingsun.org.cn

北京市海淀区文化委员会

领导成员：

书记：刘建朝

主任：陈静

副主任（行政执法队队长）：邱文忠

副主任：张国斌、齐艳艳、柳阑

纪检组组长：张树杰

内设机构：

办公室、组织宣传科、公共文化科、审批管理科、法制督察科、文物科

下属执法机构：文化行政执法队

下属事业单位：海淀剧院、区电影管理处、区评剧团、区文化馆、区图书馆、区文物保护中心（博物馆）

地址：北京市海淀区颐和园路12号区政府综合办公楼

邮编：100080

电话：010-82617811

网址：whw.bjhd.gov.cn

北京市丰台区文化委员会

领导成员：

书记：史文彬

主任：王虹

副主任：刘颖

副主任：韩天顺（9月任）

行政执法队长：李正平

内设机构：

办公室、文化科、文物科、文化市场管理科（出版发行科、版权科）、组织人事科

所属行政执法机构：文化行政执法队（下设办公室、一分队、二分队、三分队）

下属事业单位：文物管理所、图书馆、文化馆

地址：北京市丰台区西四环南路64号

邮编：100071

电话：010-83811361

传真：010-83811360

北京市石景山区文化委员会

领导成员：

党委书记：杨文钢

党委副书记、主任：王亚迅

党委副书记：刘跃华

副主任：郭明（文联主席兼）、董聪慧、杨光、王浩

纪委书记：郑彬

执法队队长：王援朝

内设机构：

办公室、文化科、文物科、市场科、组织人事科、监察科

地址：北京市石景山区石景山路18号

邮编：100043
电话：010−68607158
传真：010−88680857

北京市门头沟区文化委员会

主要领导：

党组书记：曲书法
党组副书记、主任：常蓉
纪检监察组组长：董国岭
副主任：巩旭东、马骐
行政执法队队长：李军朝
副调研员：张银星

内设机构：

办公室、计划财务科、文化科、文物科、市场管理科、政策法规科、纪检监察科、信息举报中心、执法一分队、执法二分队、执法三分队

地址：门头沟区门头沟路8号
邮编：102300
电话： 69843315
传真： 69860988

北京市房山区文化委员会

领导成员：

主任：胡淑苹
副主任：刘开平、郝金英、韩民东
行政执法队队长：苏文江
纪检组长：刘利英

内设机构：

办公室、文物科、文化科、市场科、行政执法队

地址：北京市房山区良乡西潞南大街甲12号
邮编：102488
电话：010−69352012、69352106
传真：010−69352106
网址：whw.bjfsh.gov.cn

北京市大兴区文化委员会

党组成员：

大兴区委宣传部副部长、大兴区文化委党组书记、主任：王健
党组成员、副主任：石铭远、郝泽宏、马宪颖
党组成员、行政执法队队长：周武军
工会主席：张洁

内设机构：

办公室、人事教育科、文化文物科、文化市场管理科、监察科、内审科、文化执法队

下属单位：
图书馆、文化馆、文物所、影剧院、新华书店

地址：北京市大兴区兴华大街3段15号行政服务中心16层
邮编：102600
电话：010−81296732
传真：010−81296734
网址：www.dxwh.gov.cn

北京市通州区文化委员会

领导成员：

主任、书记：王立生

副书记：赵益富（2015年11月免）

副主任：杨根萌、林长春、王琦茜

纪检书记：李瑞红（2015年10月调离）

刘江姝（2015年10月任）

执法队长：贾海科（2015年11月免）、彭绍常（2015年11月任）

内设机构：

办公室、文化市场管理科、公共文化科、政工科、财务科、非物质文化遗产保护科、文化行政执法队（下设法制科、执法一队、执法二队）

直属单位：

通州区文化馆、通州区图书馆、通州区博物馆、通州区文物管理所、通州区电影管理中心、新华书店

地址：北京市通州区中仓街道车站路27号

邮编：101100

电话：010-80574354

传真：010-80574413

北京市顺义区文化委员会

领导成员：

书记、主任：马朝龙

副主任：张中茂、赵保东、白桦、王辉

党组成员：张中茂、赵保东、白桦、王辉、孟云会、张永山

调研员：陈永祥

工会主席：杭志强

内设机构：

办公室、政工科、计划财务科、文化文物管理科、文化市场管理科、著作权（广播电影电视）管理科

所属单位：文化委行政执法队（副处级）、文化馆、图书馆、文物管理所、北京焦庄户地道战遗址纪念馆、电影放映服务中心、影剧院、新华书店

地址：北京市顺义区光明南街拥军路

邮编：101300

电话：010-69443669

传真：010-69443757

网址：

http://www.wenhua.bjshy.gov.cn/

北京市平谷区文化委员会

领导成员：

主任、书记：王振国（2015年2月免）

主任：王文忠（2015年2月任）

书记：胡九军（2015年2月任）

纪检书记：张东胜

副主任：逯艳敏、王振红

工会主席：刘东彪

执法队长：闫建华

内设机构：

办公室、政工科、文化文物科、市场科

（2015年9月23日撤销）、审批科（2015年9月23日设立）

直属单位：

文化行政执法队、图书馆、文化馆、博物馆、文物管理所、上宅文化陈列馆、电影发行服务中心、影剧院、新华书店

地址：北京市平谷区府前西街1号

邮编：101200

电话：010-69962871

邮箱：bgs2871@163.com

北京市怀柔区文化委员会

领导成员：

主任：夏占利

书记：陈宝明

纪检组长：鲍云贤

副主任：郭大鹏、田正科、王冠蘅

执法队长：曾春根

工会主席：武学兵

副调研员：钟宏城

内设机构：

办公室、政工科、监察科、文化科、演艺活动服务中心、行政许可和服务科、行政执法队（副处级）

直属企、事业单位：

文化馆、图书馆、博物馆、电影发行放映服务中心、文物管理所和新华书店、北京炫影丽声电影放映有限公司、雁栖湖艺术团

地址：北京市怀柔区迎宾北路7号

邮编：101400

电话：010-69623483

传真：010-69633250

网址：www.hrwh.gov.cn

北京市昌平区文化委员会

领导成员：

主任、书记：刘全新

副书记：贾月林

纪委书记：王勇

副主任：杨广文、李爱武、胡南

工会主席：史功岐

执法队队长：刘庆华

内设机构：

办公室、文化科、文物科、市场科、监察科

直属单位：

文化行政执法队、文化馆、图书馆、文物管理所、影剧院、新华书店

地址：北京市昌平区府学路10号

邮编：102200

电话：010-69742257

传真：010-80110182

网址：http://cpwhw.bjchp.gov.cn/default.aspx

北京市密云县文化委员会

领导成员：

党组书记、主任:李洪仕

党组副书记:邓德喜

文化行政执法队长:李卫革

副主任:李冬雨

纪检组长:李向红

副主任：胡书英

工会主席：柴军

内设机构：

党政办公室、文化活动指导科、文化市场管理科、法制科、文化行政执法队

直属单位：文化馆、图书馆、文物管理所、大剧院、电影中心、新华书店、博物馆

地址：北京市密云县西门外大街2号

邮编：101500

电话：010-69041925

传真：010-69085706

北京市延庆县文化委员会

领导成员：

主任：张迁

书记：叶东

调研员：程金龙

纪委书记：王淑奎

副主任：孙立民、王燕青、刘满利、节红霞

行政执法队队长：王燕青（兼）

副调研员：杨喜元

内设机构：

政办室、财务审计科、文化科、文物科、文化市场管理科、文化行政执法队

直属单位：

文化馆、图书馆、电影发行放映管理处、文物管理所、后勤服务中心、新华书店、夏都文化传播有限公司

地址：北京市延庆县高塔街57号

邮编：102100

电话：010-69182872

北京经济技术开发区社会发展局

领导成员：

开发区工委委员、管委会副主任、管委会办公室主任、分管社会发展局工作：沈永刚

社会发展局局长：常宸

社会发展局副局长、文体广电科负责人：张小戎

社会发展局文体广电科科长、开发区体育中心主任：王娜

社会发展局分管广电工作人员：李哲晖、杨阳

地址：北京经济技术开发区荣华中路15号

邮编：100176

电话：010-67885647

传真：010-67880347

网址：http://sfj.bda.gov.cn/cms/

北京市朝阳区广播电视新闻中心

领导成员：

中心主任：潘竞

党委书记：孙帅

副主任：洪剑斌、李昕宇、梁雪琴

专职副总编：王曦

内设机构：

办公室（保密科）、总编室、人事科、财务科、资料室、新闻科、电视采访科、电视摄像科、电视编辑科、电视技术保障科、报纸采访科、报纸编辑科

下属事业单位：

北京朝阳传媒中心

朝阳传媒影视技术服务中心

地址：北京市朝阳区六里屯西里3号

邮编：100026

电话：010－65025172

传真：010－65022498

网址：http://www.chynews.cn

北京市海淀区新闻中心

领导成员：

中心书记、主任：王言敏

副主任：张庆洁、刘德兴

主任助理：关心、许虔、卫东

内设机构：

办公室、人事科、财务科、总编室、编辑制作部、新闻采访一部、新闻采访二部、专题部、技术播出部、播音主持部、动漫制作部、媒资室、事业发展部、特刊部、要闻部、新媒体事业部

地址：北京市海淀区西四环北路11号海淀区政府第二办公区

邮编：100195

电话：010－88437116

传真：010－88487250

网址：http://www.bjhdnet.com

北京市丰台区广播电视中心

领导成员：

党组书记、主任：何岳飞（区委宣传部副部长兼）

党组成员、副主任：卢劼、李三鹏、刘宇

内设机构：

办公室、组织人事科、财务科、总编室、新闻部、社会教育部、专题部、制作部、广告部、技术播出部、新媒体部

地址：北京市丰台区西四环南路64号

邮编：100071

电话：010－63821570

传真：010－63814362

网址：http://www.ftgdzx.com

北京市石景山区广播电视中心

领导成员：

主任、党总支副书记：王国强

党总支书记、副主任：刘长成

副主任：贺启公

内设机构：

办公室、党务办公室、总编室、新闻部、节目部、技术播出部、广告部、财务部

地址：北京市石景山区古城大街61号

邮编：100043

电话：010－68840434

传真：010－68840434

北京市门头沟区广播电视中心

领导成员：

党组书记、主任：宋奇

副主任：王幸国、苏燕平、班书臣

内设机构：

办公室、总编室、新闻部、专题部、制作部、播出部、广告部、电台

地址：北京市门头沟区新桥大街36号

电话：69843348

传真：69843348

邮编：102300

北京市房山区广播电视中心

领导成员：

主任、党委副书记：路建华(区委宣传部副部长兼)

党委书记：吕井财

党委副书记、纪委书记：于海军

副主任：朱惠强、马琳、武宏

内设机构：

办公室、人事科、财务科、总编室、时政要闻部、社会新闻部、电视专题部、电视文艺部、广告经营部、电台直播部、电台专题部、网络运营部、评审培训部、新媒体建设部、技术科、播出部、后勤事务部、安保部、事业发展部、监察科（内设）

地址：北京市房山区良乡西潞南大街6号

电话：010－69374235

传真：010－69370104

邮编：102488

邮箱：FTVbgs@163.com

北京市大兴区广播电视中心

领导成员：

党组书记兼主任：巴洪栓（区委宣传部副部长兼）

党组成员兼副主任：杜桂玲、卫东海

副主任：赵长军（2015年10月调离）

党组成员兼纪检组长：侯晨侠

党组成员兼总工程师：汪俊涛

内设机构：

办公室、总编室、电台、电视台、人事教育科、内部审计科、财务管理科、全媒体运营部、技术发展部、广告管理部、媒资管理部、播出部

地址：北京市大兴区兴政街7号

邮编：102600

电话：010－69244977

传真：010－69244977

网址：www.zhhxw.com

邮箱：yufuzi123@sohu.com

北京市通州区广播电视中心

领导成员：

书记：陈立军（区委宣传部副部长兼，2015年9月免）

书记：王志刚（2015年9月任）

主任：王志刚（2015年10月免）

副主任：王雪征、王小利、高玉强

内设机构：

办公室、政工科、总编室、新闻部、专题部、评论部、电台编辑部、网络部、技术科、播出部、财务科、广告部

地址：北京市通州区新华西街1号

邮编：101149

电话：010－69545860

传真：010－69545860

邮箱：tzgdbgsh@126.com

北京市顺义区广播电视中心

领导成员：

党委书记、主任：宋森

副主任：李素华、杨文武(纪委书记)、张海泉、王会永（工会主席）

内设机构：

中心：办公室、政工科、财务科

广播电台：综合部、新闻部、专题部、文艺部

电视台：新闻部、专题部、文艺部、总编室、技术部、新媒体部、广告部、媒资管理部

《顺义时讯》报社：办公室、采编部、事业发展部

地址：北京市顺义区拥军路4号

邮编：101300

电话：010－69466677

传真：010－69463670

邮箱：sytv1994@yahoo.cn

北京市平谷区广播电视中心

领导成员：

主任：龚士宏

党组书记：王久武

副主任：于刚、邱胜章、贾春节

内设机构：

办公室、政工科、财务科、总编室、新闻科、专题科、播音科、播出科、技术科、文艺科、广告科、后勤事务科

地址：北京市平谷区旧城街8号

邮编：101200

电话：010－69961255

传真：010－89983716

邮箱：guangdianzhongxin@163.com

北京市昌平区广播电视中心

领导成员：

党委书记、主任：刘晓梅

党委委员、纪委书记：王洪

党委委员、副主任、工会主席：刘大宾

党委委员、副主任：王纲、田东伟

总工程师：王少冲

总编室主任：王江萍

内设机构：

办公室、政工科、财务科、总编室、事业科、宣传科、节目审查科、广播电视台、广播电视网络信息管理中心、广播电视节目制作中心、昌北音像广告中心、永安城影视

传媒中心

地址：北京市昌平区南环东路1号

邮编：102200

电话：010－69746088

传真：69742578

网址：www.cprt.com.cn

北京市怀柔区广播电视中心

领导成员：

主任：刘剑

党组书记：常金壮

副主任：刘金凯、杨桂霞

工会主席：赵海清

内设机构：

办公室、政工科、监察科、总编室、编辑部、新闻部、外宣部、专题部、文艺部、电台部、广告部、广播影视制作部、技术部、播出部、汤河口分站

地址：北京市怀柔区府前街19号

邮编：101400

电话：010－69632646

传真：010－69644232

邮箱：gdzx@bjhr.gov.cn

北京市密云县广播电视中心

领导成员：

主任、副书记：孙明朝（县委宣传部副部长兼）

书记、副主任：王慧平

党组成员、副主任：陈宝国、廖玉雄

班子成员、总编室主任：石晓访

党组成员、节目制作科科长：赵雪松

内设机构：

办公室、人事科、财务科、党办室、差转台、总编室、广播电台、节目制作科、技术科、新闻科、播音科、经济科、社教科、法制科、广告文艺科、音像资料室、行政事务科、“村村响”有线广播节目播出管理中心

地址：密云区西大桥路18号

邮编：101500

电话：010－89095645 010－89096037

传真：010－89095645

邮箱：guangdianzhongxin@126.com

北京市延庆县广播电视中心

领导成员：

书记、主任：郭东亮

纪检组长：卢书华

党组成员、副主任：贺农林、胡玖梅、孙守锴

内设机构：

办公室、人事科、财务科、总编室、新闻科、专题科、文艺科、广播科、社教科、广告科、纸媒采访科、纸媒编辑科、媒体融合科、技术科、播控科、播音科

所属单位：

区广播电视转播站、区广播电视记者站、区广播电视服务部

地址：北京市延庆区高塔街73号

邮编：102100

电话：010－69103462

传真：010－69103462

邮箱：yqtv102100@sina.com

北京光线传媒股份有限公司

领导成员：

法人代表：王长田

内设机构：

总裁办、财务部、内审部、证券事务部、人力行政部、法务部、品牌部、采购部、明星影业、项目部、发行部、宣传部、新媒体宣传组、视频组、营销中心、制片部、游戏部、艺人经纪部、彩条屋影业、青春光线影业

地址：北京市东城区和平里东街11号航星科技园3号楼3层

邮编：100013

电话：010-64516000

传真：010-84222188

网址：www.ewang.com

华谊兄弟传媒股份有限公司

领导成员：

法人、董事长兼首席执行官：王忠军

副董事长、总经理：王忠磊

内设机构：

以电影、电视剧、艺人经纪、音乐、影院、娱乐营销等业务为代表的影视娱乐板块；以电影公社、文化城、主题公园、实景演出等业务为代表的品牌授权与实景娱乐板块；以游戏、新媒体、粉丝社区等业务为代表的互联网娱乐板块

地址：①北京市朝阳区朝外大街18号丰联广场A座908室

地址：②北京市顺义区天竺温榆河楼台段

邮编：100020/101312

电话：010－65805800/64579338

传真：010－65881518/64571299

网址：www.huayimedia.com

海润影视制作有限公司

领导成员：

董事长：刘燕铭

总裁：赵智江

总裁办主任：王柘涵

副总裁：赵浚凯、张小军、霍胜

发行总监：陈迪

发行二部总监：常君艾

新媒体总监：张春雨（兼研发中心总监）

财务总监：陈艳

法务总监：唐凡

行政总监：王存林

海外中心总监：梁汉辉

广告总监：王庆华

人力资源总监：刘葳葳

音乐总监：陈世翀

内设机构：

总裁办、发行部、发行二部、法务部、文学部、宣传部、财务部、新媒体部、信息档案中心、行政部、海外中心、广告部、人力资源部、研发中心、音乐部

地址：北京市朝阳区北苑媒体村天畅园3号楼1、2层

电话：010-64897799

传真：010-64935440

邮编：100107

网址：www.hairunmedia.com

北京京都世纪文化发展有限公司

领导成员：

董事长：尤小刚

副总经理：周玮、董煊、尤文铮

企业运营管理总监：陆凤莲

人事行政总监：周敬淙

内设机构：

经营部、宣传部、演艺经纪部、影视基地、办公室、财务部

地址：北京市东城区广渠门外广渠家园名敦道商厦4号楼1206室

邮编：100022

电话：010－67110812

传真：010－67177299

邮箱：jd01@jdshiji.com

网址：www.zjdtv.com

北京鑫宝源影视投资有限公司

领导成员：

总经理：丁芯

内设机构：

总经办、财务部、广告部、发行部、演艺部、新媒体中心、编辑部、制作部、法务部、行政部

地址：北京市朝阳区北苑路86号院311号楼

邮编：100101

电话：010-57805288

传真：010-57561288

北京东方飞云国际影视策划有限公司

领导成员：

董事长：白彩云

总经理：白旭飞

艺人总监：李婵

艺人宣传：计特特

经纪人：邓正宁

人事：李亚伟

宣传：景颢

后期总监：郭洋

财务：李秀芳　张宝增

内设机构：

财务部、行政部、后期制作部、艺人部、宣传部

地址：北京市朝阳区北苑路86号院311号楼

邮编：100101

电话：010-57805288

传真：010-57561288

网址：www.dongfangfeiyun.com

北京小马奔腾文化传媒股份有限公司

领导成员:

董事长:李莉

总　裁:张亮

副总裁:李立功

内设机构:

财务部、行政部、人力资源部、法务部、宣发部、制作部

地址：北京市朝阳区北辰东路8号（汇欣大厦）1号楼5层B511室

邮编：100101

电话：010--84976197

传真：010-84976199

网址：www.xmbt.com.cn

北京东王文化发展有限公司

领导成员:

董事长：张晓武

总经理：潘洪业

办公室主任：于莉

内设机构:

发行部、宣传部、演艺经纪部、办公室、财务部

地址：北京市朝阳区朝外大街3号山水广场B座1102

邮编：100020

电话：010－65516019（传真转8002）

邮箱：dwwh2601@sina.com

网址：www.bjdwwh.cn

北京国立常升影视文化传播有限公司

领导成员:

董事长：张国立

总经理：马保华

制作部主管：张国强

策划部主管：卢雷

经纪部主管：李消杰

综合部主管、发行、责编：张皓

内设机构:

综合部、策划部、宣传部、制作部、财务部、经纪部

地址：北京市东城区安德路12号中景濠庭B座1501室

邮编：100011

电话：010－64478855

传真：010－64478800

邮箱：dwwh2601@sina.com

大唐辉煌传媒有限公司

领导成员:

董事长：王辉

常务副总经理：袁春雨

内设机构:

文学策划部、制作部、电影事业部、新媒体部、发行部、娱乐营销部、艺人经纪

部、宣传策划部、影视基地、财务部、人力资源及行政部、法务部

地址：北京市朝阳区慧忠里233号中南影业大厦3层

邮编：100101

电话：010－82961395

010－82961399

传真：010－82961396

网址：www.dthh.com.cn

北京唐德国际文化传媒有限公司

领导成员：

法人代表、董事长：吴宏亮

总经理：李欢

副总经理：王大庆、刘芳

内设机构：

财务部、策划管理中心、制作管理中心、营销管理中心及北京声动唐德影视科技有限公司

地址：北京市海淀区花园路16号

邮编：100088

电话：010－82025868

传真：010－62367673

网址：www.tangde.com.cn

北京唐德国际电影文化有限公司

领导成员：

法人代表、董事长：吴宏亮

总经理：任衣万

副总经理：张哲

内设机构：

财务部、策划部、项目部、制作部、营销部、国际部及数据管理中心

地址：北京市海淀区花园路16号

邮编：100088

电话：010－82025868

传真：010－62367673

网址：www.tangde.com.cn

四达时代集团

领导成员：

董事长兼总裁：庞新星

内设机构：

董事会办公室、总裁办、研究院、传媒事业部、大视频事业部、终端事业部、技术支持事业部、海外事业部、海外市场拓展中心、海外拓展支持部、品牌市场部、移动通讯部、媒体合作部、媒体数字化事业部、投资管理部、技术中心、运维中心、人力资源中心、财务中心、商务中心、信息中心、法务中心、监审部、行政中心、宣传部、公共关系部、项目融资部、预算管理部、战略采购办公室、项目管理办公室、秦皇岛管理部

地址：北京经济技术开发区科创十四街5号院

邮编：100176

电话：010－010－53012998

传真：010－53012997

网址：www.startimes.com.cn

获奖作品

2014年度北京市优秀广播电视作品评选获奖作品一览表

一、广播类作品

广播新闻（33件）

短消息：北京首个央企成功搬迁邯郸　无污染输出成为一体化新主题

北京人民广播电台 王劲清

长消息：四小时两千公里爱心急速递，12岁男童移植21岁心脏完成生命接力

北京人民广播电台 马骁骁

系列报道：大江北去——南水北调中线工程系列报道

北京人民广播电台 集体

评论：违法不该成为一笔划算的买卖

北京人民广播电台 高翔

专题：失联66小时

北京人民广播电台 程艳、王琛琛、杨帆

现场直播：共饮一江水——北京南水北调中线一期工程通水直播

北京人民广播电台 集体

栏目：《资讯早八点》

北京人民广播电台 陈彦旭、李锐、康利坡、刘慧、许骏飞、张悦、杨萌、张博

新闻访谈：离埃博拉最近的中国人

北京人民广播电台 李锐

新闻编排：2014年1月1日《新闻大视野》

北京人民广播电台 陈瀚

组织策划：它山之石——国外民生制度面面观

北京人民广播电台 集体

短消息：宁泽涛游出亚洲人100米自由泳最好成绩47秒70

北京人民广播电台 曹力

短消息：北京新机场正式开工，计划2019年建成投入使用

北京人民广播电台 王丹

长消息：锡盟到山东特高压工程今天开工，今后北京将不再新建电厂

北京人民广播电台 肖佳佳

长消息：北京大气条例今起实施　零点行动查处“新法第一案”

北京人民广播电台 刘莹莹

连续报道：送考路上，爱心接力

北京人民广播电台 黄缘缘

系列报道：北京电动自行车废铅酸电池回收乱象调查

北京人民广播电台 程艳、王琛琛、任雪娇

评论：回归公益或继续收费，高速收费何时是尽头

北京人民广播电台 朱艳婷

专题：乡村医生苦等不来，卫生室竟成了摆设

北京人民广播电台 王晓颖

专题：完赛比取胜更重要——2014北京马拉松赛纪实

北京人民广播电台 陈妹

新闻访谈：寻找父亲

北京人民广播电台 陈彦旭、许骏飞

系列报道：美丽乡村行

怀柔区广电中心 李晓红、吴晶晶、张倩、孟晓芹、雷宇光、杜炜

短消息：“鸟中大熊猫”北京安新家

房山区广电中心 朱晶、李盼、汪学武、詹捷

长消息：无芯藕　有心人

延庆县广电中心 赵倩女、颜飞、刘杨

连续报道：农村垃圾该去哪儿？

顺义区广电中心 王桂斌、赵福艳、赵娜、张雨欣、强强

长消息：咱有自己的“评理团”

平谷区广电中心 王健、靳寅

长消息：梨花村成立全市首家村级信用互助合作社　农民贷款又快又省心

大兴区广电中心 房晓鹏、于蕾、靳石萌、曹蕾

长消息：老菜农　小微信　大市场

房山区广电中心 张佳佳、王维佳、王雨佳、王磊

系列报道：第二届北京农业嘉年华系列报道

昌平区广电中心 李阳、孙学进、陈宏

评论：为节能小手点赞

延庆县广电中心 赵财

栏目：《我的社区我的家》

密云县广电中心 黄晨昭、孔亚青、池立军、张爱红、齐晓迎、王立伟

长消息：居民健康卡让新农合百姓得实惠

怀柔区广电中心 李晓红、任欢、张倩、刘学

新闻专稿：守在雪域高原的鸿雁

顺义区广电中心 焦朋、强强、王桂斌、赵福艳

长消息：社区支持农业：一种新兴的农业模式

通州区广电中心 田波、赵旭飞、李跃

广播境外播出（4件）

专题：北京是我家

北京人民广播电台 刘兴宇

专题：回家——两位普通中国人的抗战寻访之路

北京人民广播电台 刘兴宇、李锐、许骏飞

专题：颐和百年

北京人民广播电台 秦鲁一、刘兴宇

专题：从歌剧到电影

北京人民广播电台 徐帅

广播播音与主持（10件）

播音作品：儿童故事《晚安，黛西》

北京人民广播电台 左小群

主持作品：公益律师的妇女维权路

北京人民广播电台 李锐

主持作品：企业家30年做公益报答解放军救命之恩

北京人民广播电台 于晓丹

主持作品：年少骢骏本识途——马季青年时期相声欣赏

北京人民广播电台 尚远

主持作品：所有付出都值得——访北京男篮主教练闵鹿蕾

北京人民广播电台 张晓亮

播音主持：“北京小西藏”——山野蒲洼

房山区广电中心 朱晶

播音主持：2014年6月25日《今日农村》

延庆县广电中心 刘杨

播音主持：“APEC给怀柔留下丰富的遗产”系列新闻综述之一——众志成城和衷共济办大事

怀柔区广电中心 任欢

播音主持：温暖陪伴回家路

顺义区广电中心 张雨欣

播音主持：夕阳依伴 贵在诚信

通州区广电中心 周思思

广播文艺(14件)

音乐节目：不能忘怀的纪念

北京人民广播电台 刘慧、梁言、冯健、陈京英

音乐节目：爱是我的眼

北京人民广播电台 张欣、林贺、孟孟、冯健

音乐节目：黄河大合唱之魂

北京人民广播电台 关晓松、罗兵、马笑宇

音乐节目：《音乐来了》小柯专访

北京人民广播电台 罗兵、李宓

文学节目：铭记——介绍传记文学作品《张纯如：无法忘记历史的女子》

北京人民广播电台 关晓松、酒杰、东方

文学节目：水调歌头·大运河

北京人民广播电台 郝卫群、张美华、杨洋、李立宏

戏曲曲艺节目：牡丹亭中传承梦

北京人民广播电台 尚远

戏曲曲艺节目：张淑桂的评剧人生

北京人民广播电台 唐甜甜、张雅佼

长篇连播节目：闹市口

北京人民广播电台 张璐、梁言、马笑宇

长篇连播节目：南渡北归

北京人民广播电台 周海燕、郝卫群、徐北威、李立宏

综艺节目：抗战的号角

北京人民广播电台 张鹏飞、郭兆龙、晏积暄、张利华、王暄

广播剧：香港仔北漂记

北京人民广播电台 徐然

广播广告节目：国人自述我的梦

北京人民广播电台 集体

广播广告节目：放下手机——情景篇

北京人民广播电台 何劼、王柯、张晓冬

二、电视类作品

电视新闻（50件）

长消息：雨儿胡同听民声：我们把心里话说给总书记听

北京电视台 徐京玲、张晓鲁、吴静、陈静岩

短消息：聚焦APEC：百种宣传品免费取阅　《习近平谈治国理政》最受欢迎

北京电视台 曲馥、王一

长消息：中关村创业大街开街　中国首个创业生态系统形成

北京电视台 李烨、王晓龙

系列报道：地铁票价调整的背后

北京电视台 张新蕾、张春明

系列报道：南水北调中线行

北京电视台 兰玲、金蕾、王陆华、王晓龙

评论：京津冀，大棋局需要大局观！

北京电视台 集体

评论：黑客来了，你该怎么办？

北京电视台 赵蕾、国培源、刘祺、王建忠

新闻访谈：中国军情——最新一艘056型护卫舰将部署西沙？

北京电视台 崔笑田、吴筠、李文慧、李东魏

现场直播：家国梦　岁月情——新中国成立65周年抒怀

北京电视台 集体

新闻编排：2014年3月8日《特别关注》

北京电视台 李颖、段忠俊、方园、申京辉

社教专题：《伟大的抗美援朝》第三集——《英雄》

北京电视台 集体

社教专题：我的心肝宝贝

北京电视台 张丽、邵晶、刘书含、李强

社教专题：砥柱中流——伟大的敌后抗战（第三集）

北京电视台 集体

纪录片：《大引擎》第五集——《梦想》

北京电视台 何雷宇、王磊、陈纲、孙珉

短消息：带孩看病突发心梗　儿童医院紧急救治

北京电视台 贾湧强、侯卫

长消息：著名歌唱家王昆去世

北京电视台 杨行、徐立、陈姝燕、李旭

社教专题：看遍百味北京城　共享一碗炸酱面

北京电视台 霍雯、王昱斌、郭红、刘小雪

社教专题：陈景润是这样的人

北京电视台 韩斗斗、左博、李春颂、佘小君

社教专题：村民强占新房　官民对簿公堂

北京电视台 王晓、段欣然、郭瑾辉、安天宇

栏目：《书香北京》

北京电视台 吴玮、白钢、吕楠、张雪奇、周清青、于晓琳

组织策划："改变·无止境"——2014生活微行动新年特别节目

北京电视台 集体

新闻专题：割舍不下援疆情

北京广播电视台 李超毅、张然、段红蕊、白宝林

社教专题：八十春秋吊忠魂

北京广播电视台 王文辉、邱虹程、张然、陈寒青、赵克沙、陈枫

社教专题：难不倒的“田先生”

北京广播电视台 姚禹彤、刘浩臣、段红蕊、白宝林

社教专题：修复历史的记忆（上、下）

北京广播电视台 强夏甜、邱虹程、陈寒青、赵克沙、陈枫

新闻专题：他们的APEC

北京广播电视台 朱丹、杜宽、程雅纯、康宁

组织策划：同在蓝天下 爱心1+1

北京广播电视台 集体

新闻专题：电动汽车 行需有方

北京广播电视台 栾溪、赵菲、刘浩臣、张然、柳秀彬

新闻专题：守护春运 让旅客脚步更从容

北京广播电视台 李颖、杜宽、程雅纯、康宁

长消息：北京调价首个工作日 早高峰客流略减

北京广播电视台 陈艳琼、王钦沛、陈园园、杨志涛、陈潇

社教专题：爹妈有话说

北京广播电视台 张哲、杨玫、赵雪、张红镝、栗小农、史冬宁

系列报道：京津冀协同发展 丰台企业率先外迁

丰台区广电中心 卢劼、徐贵锋

长消息：“一城三街”“织”就中关村创新梦

海淀区新闻中心 郑永龙、吴新安

专题：蓝色“地中海” 健康新“网咖”

密云县广电中心 王熙鹤、姚俊虎、卢安拿、于晓旭、王立伟

长消息：国内首单生猪价格指数保险兑现理赔

顺义区广电中心 刘全军、李虹键

社教专题：呼唤回来的花季

门头沟区广电中心 李鹏、段云朝、高蕾、杨央

长消息：通州区新华大街燃气泄漏起火险情排除

通州区广电中心 王鹏威、王文君、田波、钟岩

专题：文化馆人徐伟

朝阳区广电中心 朱剑

专题片：京城汉子

石景山区广电中心 魏志安、穆慧、徐晓洁、靳晶、杨国栋、穆青、仲然、康小利

栏目：《十分关注》

大兴区广电中心 庄猛、王剑秋、刘通、王真、廉海涛

系列报道：百姓故事

怀柔区广电中心 杜治平、冀莹、崔颖、张倩、刘学、肖军

长消息：92岁老人自制《儿孙探望排行榜》

昌平区广电中心 王颖、张美鸾、田志强

专题：天使仁心——蔡红霞

昌平区广电中心 岳禹宁、王强、田野、刘洋

专题：古稀老人的牵挂

房山区广电中心 郗琳、史建聪

社教类栏目：《文明风尚汇》

海淀区新闻中心 《文明风尚汇》栏目组

系列报道：《小故事　正能量》系列报道

延庆县广电中心 颜飞、徐春雨、武增宇、古大鹏

专题：一泓碧水映会都

怀柔区广电中心 陈丽云、张立明、国连、闫国强

长消息：种植户有了“电子保姆”

平谷区广电中心 王健、闫帅

专题：共创法治蓝天

平谷区广电中心 李晓燕、孙晓光、于海生

系列片：村庄的记忆——大型顺义村史系列片

顺义区广电中心 李朔峥、刘悦、孙艳洁、罗颖、袁伯伟、方攀

电视境外播出（3件）

专题：中国女人眼中的阿富汗

北京电视台 徐剑、袁磊、车洁

消息：顶级餐厅亲民价格——北京餐厅周

北京电视台 严崴、沈澜、高晰、肖鹏

消息：中国医疗队赴西非抗击埃博拉

北京电视台 袁子勇、严崴、沈澜、高晰

电视播音与主持（14件）

主持作品：老来不做“小糖人”2

北京电视台 刘洪悦

主持作品：一赛季　一生情

北京电视台 李晶

主持作品：直播北京——珠海航展特别节目

北京电视台 邬晔纬

主持作品：《冰雪北京　诚邀五环——2015北京新年倒计时》现场直播

北京电视台 李杨薇

主持作品：郭兰英——从艺80周年　风雨人生路

北京电视台 曹扬

播音主持：新能源汽车：几多欢喜几多忧

大兴区广电中心 苏健

播音主持：《创新中关村·核心区》第19期

海淀区新闻中心 刘文婷

播音主持：挽救生命“急”不可待

昌平区广电中心 岳禺宁、薛鑫

播音主持：2014年12月31日《魅力新农村》

延庆区广电中心 满桐轩

播音主持：2014年11月20日《密云新闻》

密云区广电中心 杨洋

播音主持：2014年12月5日《怀柔新闻》

怀柔区广电中心 张旸、赵明霞

播音主持：2014年12月24日《顺义新闻》

顺义区广电中心 袁俊杰、姜晶

播音主持：2014年12月23日《朝阳新闻》

朝阳区广电中心 杨荣

播音主持：通州区新华大街燃气起火调查

通州区广电中心 王文君

电视文艺(19件)

动画节目：戚继光

北京电视台 李严、朱业、王沛珊、杨瑒

动画节目：熊出没之夺宝熊兵

北京电视台 张帆、杨晓轩、李严

综艺节目：2014北京电视台春节联欢晚会

北京电视台 孙仝、毕鲁克、刘昊雪、尹迪、郭妍、马远

综艺节目：BTV2014环球春晚

北京电视台 集体

综艺节目：《2014北京喜剧幽默大赛》晋级赛第五场

北京电视台 郭悦、秦峥、刘帆、尹迪、一弛、苗毅

综艺节目：名著翻拍

北京电视台 孙仝、毕鲁克、郭妍、马远

戏曲节目：《寻找国粹小明星》2014年度颁奖典礼

北京电视台 孔洁、吴国华、马鸥、刘昊雪

原创歌曲：《戚继光》主题曲——《啸烽烟》

北京电视台 李严、朱业、王沛珊、杨瑒

广告节目：首善媒体　大美品质——北京电视台建台35周年宣传片

北京电视台 集体

广告节目：《预防煤气中毒》系列公益宣传片

北京电视台 张冬林、史椰森、罗丽红、薛润洁

歌舞节目：为爱情点赞北京大运河七夕情歌会

北京电视台 李雪萍、杨澜、刘昕冉、时大蕾

文艺专题：《东方红》传奇五十年(上)

北京电视台 赵楠、夏羽、张索

纪录片：一个法国人的红楼梦

北京电视台 袁子勇、王赤、吕敬、谢磊

纪录片：大漆

北京电视台 邢川、付裕、康兆伟

科普节目：揭秘降压黄金食谱

北京电视台 吴犁犁、刘琥、潘浩、陈芊潼

少儿节目：卡酷动物园

北京电视台 集体

文艺栏目：《笑动2014》

北京电视台 郭悦、李鹏、刘枫、张琳、刘雅婷

文艺栏目：《秀逗爱生活》

北京广播电视台 集体

广告栏目：《饭饭团第14067期母亲节特别节目》

北京广播电视台 孙为、孙宇

三、报刊类作品

《新广播》报（2件）

消息：触摸国家大剧院

北京人民广播电台 吉宁

通讯：祖国万岁

北京人民广播电台 邱桂垣

（北京市广播影视协会）

注：获得“2014年度北京市优秀广播电视节目奖”作品名单不再在各单位获奖名单中体现。

2015年度北京广播电视台节（栏）目创新奖获奖作品一览表

栏目创新奖

金奖：

《生命缘》

北京电视台卫视节目中心

银奖：

《联e会》

北京人民广播电台交通广播

节目创新奖

金奖：

《甲午推想》

北京电视台青少·海外节目中心

《档案：砥柱中流——伟大的敌后抗战》

北京电视台卫视节目中心

银奖：

《早安音乐秀》

北京人民广播电台音乐广播

《工体之声》

北京电视台体育节目中心

《2015年北京电视台春晚》

北京电视台文艺节目中心

节目形态创新奖

《微言大义：东方快车　一带一路》

北京电视台新闻节目中心

《幸福绽放·劳模你报道》

北京电视台新闻节目中心

《童心不停机之最好的礼物》

北京电视台动画节目中心

节目制作创新奖

《2015年北京电视台春晚》

北京电视台制作部

《激情赛场》

北京人民广播电台体育广播

《第五届北京国际电影节开幕式》

北京电视台青少·海外节目中心

主题宣传创新奖

《家国梦 岁月情——新中国成立65周年抒怀》

北京电视台新闻节目中心

《生活微行动——袋袋来了》

北京电视台生活节目中心

数字电视节目创新奖

《互联网思维下的电视流量模式运营——IPTV看吧》

北京网络广播电视台

《秀逗爱生活》

北广传媒移动电视

新媒体视听节目创新奖

《2015BTV春晚抢先看》

北京网络广播电视台

《北京电台仁川亚运会新媒体报道》

北京人民广播电台网络媒体中心、体育广播

《梁书之土话新说》

北京人民广播电台体育广播

注：获得“2015年度北京广播电视台节（栏）目创新奖”作品名单不再在各单位获奖名单中体现。

北京市2014—2015年度广播类公益广告作品扶持项目名单（19个）

类别	序号	作品名	制作机构
一类	01	南水北调之水滴独白篇	北京人民广播电台
	02	漂在北京之快递篇	北京人民广播电台
	03	珍爱生命　早日戒烟	延庆县广电中心
二类	01	世界艾滋病日之在一起篇	北京人民广播电台
	02	漂在北京之有梦想篇	北京人民广播电台
	03	避免踩踏之人多有序篇	北京人民广播电台
	04	好读书　读好书　读书好	延庆县广电中心
	05	诵读国学经典　涵咏幸福人生	密云县人民广播电台
三类	01	奉献爱心　从我做起	延庆县广电中心
	02	文明遛狗别把文明“遛”走了	延庆县广电中心
	03	安全带的历史	北京人民广播电台
	04	诚信面对未来	密云县人民广播电台
	05	交通安全	通州区人民广播电台
	06	社会主义核心价值观 从娃娃抓起	房山区广播电视中心
	07	植被保护公益广告	北京音像公司
	08	清明节公益广告	怀柔区人民广播电台
	09	雷锋纪念日之日行一善	北京人民广播电台
	10	饮水思源	个人(周广兵)
	11	中国梦　我的梦　陈领的农民梦	顺义区广播电视中心

北京市2014—2015年度电视类公益广告作品扶持项目名单（28个）

类别	序号	作品名	制作机构
一类	01	见义勇为——司马光篇	北京电视台
	02	回家　陪伴篇	中视金桥国际传媒集团有限公司
	03	森林火灾你我共防	门头沟区电视台

续表

二类	01	防踩踏公共安全　预防篇	北京电视台
	02	寄语新春　京剧梦	北京电视台
	03	平安北京建设	北广传媒数字电视
	04	最好的瓜献给最美的人	大兴区广播电视中心
	05	让雷锋精神永远传承	昌平区广播电视中心
三类	01	拒绝家庭二手烟　爸爸的画像	中视金桥国际传媒集团有限公司
	02	寄语新春　新农业梦	北京电视台
	03	善待老人　数字篇	北京电视台
	04	影院消防安全 A	北京音像公司
	05	回家	百度视频
	06	低碳生活始于足下	门头沟区电视台
	07	美丽乡村　筑梦有我　曹宇篇 A	北京北广新新传媒有限责任公司
	08	职责	怀柔区广播电视中心
	09	关爱候鸟　保护环境	密云县广播电视中心
	10	铭记历史警示未来	丰台区广播电视中心
	11	活出自己的价值	昌平区广播电视中心
	12	金融青年阳光助残	北京健农电视技术有限责任公司
	13	规范守信市场	通州电视台
	14	净化网络 有你有我	北京网络广播电视台
	15	“妫”的传说	延庆县电视台
	16	党在我心中	石景山区广播电视中心
	17	三十年的坚守	房山区广播电视中心
	18	多一份关爱　少一点艰辛	丰台广播电视中心
	19	爱护公共设施　红绿灯篇	顺义区电视台
	20	幸福美好在平谷	平谷区广播电视台

北京市2014—2015年度传播机构类公益广告作品扶持项目名单（17个）

类别	序号	作品名	制作机构
一类	01	北京广播电视台	机构
	02	昌平区广播电视中心	机构

续表

	03	通州区广播电视中心	机构
二类	01	大兴区广播电视中心	机构
	02	顺义区广播电视中心	机构
	03	延庆县广播电视中心	机构
	04	密云县广播电视中心	机构
	05	石景山区广播电视中心	机构
三类	01	怀柔区广播电视中心	机构
	02	门头沟区广播电视台	机构
	03	爱奇艺	视频网站
	04	房山区广播电视中心	机构
	05	北京浅蓝深蓝文化发展有限公司	公司
	06	平谷区广播电视台	机构
	07	丰台区广播电视中心	机构
	08	朝阳区广播电视新闻中心	机构
	09	海淀区新闻中心	机构

（北京市新闻出版广电局传媒管理处）

注：获得“北京市2014—2015年度广播、电视、传播机构类公益广告”的作品名单不再在各单位获奖名单中体现。

2015年北京市优秀网络视听节目征集评选优秀名单

序号	获奖名称	获奖名称	获奖机构
1	优秀原创网络剧	废柴兄弟2	爱奇艺
2		侠岚	视友网
3		匆匆那年	搜狐网
4		执念师	搜狐网
5		燃烧的蔬菜	爱奇艺
6		名侦探狄仁杰	优酷网
1	优秀原创网络电影长片	谁的青春不热血	爱奇艺
2		太行骄子	搜狐网
3		快递先生	爱奇艺
4		村小	爱奇艺
5		她认出了风暴	爱奇艺

续 表

1	优秀原创网络电影短片	暖阳	爱奇艺
2		家的味道	爱奇艺
3		包里的秘密	爱奇艺
4		霾没了	视友网
5		死后三天	优酷网
6		爱·从心发现	优酷网
7		失眠笔记	优酷网
8		6号赛车	优酷网
9		临时监护人	爱奇艺
10		回家	爱奇艺
11		阿嬷的童谣	爱奇艺
12		警花路放	爱奇艺
13		真实	搜狐网
14		姜楠的一天	宣讲家网站
15		不该屏蔽的爱	搜狐网
1	优秀原创网台联动视听节目	汉字英雄第三季	爱奇艺
2		2015BTV春晚抢先看——BRTN全媒体互动节目	北京网络广播电视台
3		小曹跑两会	北京网络广播电视台
4		梁书之土话新说	菠萝网
5		2015辽视春晚风行网第二现场	风行网
6		大魔术师	爱奇艺
7		1039行动派　挑战50公里公益徒步	菠萝网
8		大型全媒体健康帮助类节目健康到家	北京网络广播电视台
9		拐杖医生石志利	房山广电传媒网
10		真情故事	昌平广播电视网
1	优秀原创网络视听公益节目	爱的代驾	爱奇艺
2		孩子，你在哪儿	爱奇艺
3		国安赛场故事——文明引导员	菠萝网
4		传递中国梦之将爱延续	艺人网
5		正益论	优酷网
6		最好吃的饭	爱奇艺
7		青少年生态环境大学堂（第二季：水）	北京网络广播电视台
8		新年晒xin系列公益节目	北京网络广播电视台
9		签名的力量	汽车之家
10		如果有一天你听不见了	视友网
11		致命遇险一百种自救	视友网
12		南水北调系列节目——寻源叩问秦山汉水	宣讲家网站

续表

13		无烟生活 你我共享	昌平广播电视网
14		最美慈善义工十大榜样团体访谈录	千龙网
15		爱 回家	房天下
1	优秀原创专业类视听节目	侣行3	优酷网
2		我和我的国家引擎 系列动画	优酷网
3		晓松奇谈	爱奇艺
4		爱上超模	爱奇艺
5		超级比赛日	乐视网
6		真相：亲历者讲述也门撤侨 生死时速	优酷网
7		先锋人物	搜狐网
8		720° 全景APEC	北京网络广播电视台
9		旅行纪实类纪录片——丝绸之路	风行网
10		影像录	优酷网
11		都嘟	优酷网
12		真相：无名不朽 清明致敬抗战英烈	优酷网
13		真相："任性"申冬奥 节俭办奥运	优酷网
14		奇葩说第一季	爱奇艺
15		星月私房话	乐视网
16		时光对话	时光网
17		古典音乐频道(国家大剧院官网栏目)	国家大剧院官方网站
18		投资理财微视频栏目	金融界投资理财网
19		音悦V榜特别企划 EP88 遇见.苏打绿	音悦网
20		原声带	酷六网

（北京市新闻出版广电局传媒管理处）

注：获得"2015年北京市优秀网络视听节目征集评选优秀作品"的品名单不再在各单位获奖名单中体现。

2015年北京人民广播电台获奖作品一览表

奖项名称	获奖作品	体裁	届数	奖项等级	获奖部门及人员
中国新闻奖	失联66小时14分22秒	广播专题	25届	三等	王琛琛、杨帆、程艳
中国新闻奖	回家——两位普通中国人的抗战寻访路 12分53秒	国际传播（广播专题）	25届	三等	刘兴宇、李锐、许骏飞

续 表

奖项名称	获奖作品	体裁	届数	奖项等级	获奖部门及人员
中国广播影视大奖	四小时两千公里爱心急速递，12岁男童21岁心脏完成生命接力	消息	2013—2014年度	影视大奖	北京人民广播电台
中国广播影视大奖	失联66小时	专题	2013—2014年度	影视大奖	北京人民广播电台
中国广播影视大奖	爱的梦想	对外宣传	2013—2014年度	影视大奖	北京人民广播电台
中国广播影视大奖	转山法官（共3集）	广播剧	2013—2014年度	影视大奖	北京人民广播电台
中国广播影视大奖	不能忘怀的纪念	广播文艺	2013—2014年度	影视大奖	北京人民广播电台

（北京人民广播电台）

2015年度北京电视台获奖作品一览表

奖项名称	获奖作品	届数	奖项等级	部门
中国新闻奖	《无影灯下的生死博弈》	第25届	一等奖	卫视节目中心
中国新闻奖	2014年11月11日《北京新闻》	第25届	二等奖	新闻节目中心
中国新闻奖	李岭涛 论文：《三线立体互动传播：电视媒体的必由之路》	第25届	二等奖	台领导
中国新闻奖	《京津冀 大棋局 需要大局观！》	第25届	三等奖	新闻节目中心
中国新闻奖	《中国医疗队赴西非抗击埃博拉》	第25届	三等奖	青少·海外节目中心
飞天奖	《平凡的世界》	第30届	优秀电视剧奖	影视剧中心
飞天奖	《老有所依》	第30届	提名荣誉奖	影视剧中心

续表

奖项名称	获奖作品	届数	奖项等级	部门
飞天奖	《青年医生》	第30届	提名荣誉奖	影视剧中心
飞天奖	《红色》	第30届	提名荣誉奖	影视剧中心
飞天奖	《产科医生》	第30届	提名荣誉奖	影视剧中心
中国广播影视大奖	习总书记赴庆丰 排队点餐取餐自己来	2013—2014年度	影视大奖	新闻节目中心
中国广播影视大奖	空中别墅，违建，必清！	2013—2014年度	影视大奖	新闻节目中心
中国广播影视大奖	书香北京	2013—2014年度	影视大奖	青少·海外节目中心
北京新闻奖	雨儿胡同听民声：我们把心里话说给总书记听	第24届	一等奖	新闻节目中心
北京新闻奖	中关村创业大街开街 中国首个创业生态系统形成	第24届	一等奖	新闻节目中心
北京新闻奖	《北京新闻》——南水北调中线行	第24届	一等奖	新闻节目中心
北京新闻奖	《锐观察》——京津冀，大棋局需要大局观	第24届	一等奖	新闻节目中心
北京新闻奖	《档案》——伟大的抗美援朝第三集——《英雄》	第24届	一等奖	卫视节目中心
北京新闻奖	聚焦APEC：百种宣传品免费取阅 《习近平谈治国理政》最受欢迎	第24届	二等奖	新闻节目中心
北京新闻奖	《红绿灯》——地铁票价调整的背后	第24届	二等奖	新闻节目中心
北京新闻奖	《生命缘》——我的心肝宝贝	第24届	二等奖	卫视节目中心
北京新闻奖	《家国梦 岁月情——新中国成立65周年抒怀》	第24届	二等奖	新闻节目中心
北京新闻奖	《锐观察》—黑客来了，你该怎么办？	第24届	三等奖	新闻节目中心

续 表

奖项名称	获奖作品	届数	奖项等级	部门
北京新闻奖	《书香北京》	第24届	三等奖	青少·海外节目中心
北京新闻奖	《档案》—砥柱中流——伟大的敌后抗战（第三集）	第24届	三等奖	卫视节目中心
北京新闻奖	中国军情—最新一艘056型护卫舰将部署西沙？	第24届	三等奖	青少·海外节目中心
北京新闻奖	2014年3月8日《特别关注》	第24届	三等奖	新闻节目中心
北京新闻奖	生活2014——“改变无止境”2014生活 微行动新年特别节目	第24届	三等奖	生活节目中心
北京新闻奖	《大引擎》 第五集—《梦想》	第24届	三等奖	财经节目中心
北京新闻奖	《较量》	第24届	三等奖	体育节目中心

（北京电视台）

2015年度北京紫禁城影业有限责任公司获奖作品一览表

奖项名称	获奖作品	体裁	届数	奖项等级	获奖部门及人员
北京国际电影节最佳导演奖	《狼图腾》	年代	第五届	国际奖项	导演
北京国际电影节最佳视觉效果奖	《狼图腾》	年代	第五届	国际奖项	出品方
中澳国际电影节最佳故事片奖	《狼图腾》	年代	第二届	国际奖项	出品方
中澳国际电影节最佳导演	《狼图腾》	年代	第二届	国际奖项	导演

续表

奖项名称	获奖作品	体裁	届数	奖项等级	获奖部门及人员
中澳国际电影节优秀制片人	《狼图腾》	年代	第二届	国际奖项	制片人
中国金鸡百花电影节金鸡奖最佳影片奖	《狼图腾》	年代	第30届	国家级奖项	出品方
加拿大电影电视节最佳影片“金美洲豹”奖	《狼图腾》	年代	第二届	国际奖项	出品方
巫山神女杯艺术电影周优秀故事片奖	《对风说爱你》	历史	第二届		出品方
北京电影春燕奖	《飞越老人院》	现实	第三届	市级奖项	出品方

（北京紫禁城影业有限责任公司）

2015年度北京广播电视报社获奖作品一览表

奖项名称	获奖作品	体裁	届数	奖项等级	获奖部门及人员
中国广播电影电视报刊协会好新闻奖	《这样的舶来节目还要火多久——引进电视节目越来越多引发的忧思》	评论	2014年度	一等奖	张毅
中国广播电影电视报刊协会好新闻奖	《荧屏刮起传统文化风》	通讯	2014年度	一等奖	李雪源
中国广播电影电视报刊协会好新闻奖	《宋丹丹：每天我都如履薄冰》	专访	2014年度	二等奖	刘颖
中国广播电影电视报刊协会好新闻奖	《毒舌无妨，但别不善》	评论	2014年度	三等奖	邢大军
省级广播电视报新闻奖	《化解直播中的惊魂时刻》	通讯	24届	一等奖	王青、陈文、鄢利平、冷梅
省级广播电视报新闻奖	《一张稿费单听众保存了60年》	消息	24届	二等奖	陈文

续 表

奖项名称	获奖作品	体裁	届数	奖项等级	获奖部门及人员
省级广播电视报新闻奖	《像预报天气一样准时播报警情》	消息	24届	三等奖	王青
省级广播电视报新闻奖	《唱衰文马也唱衰了自己》	评论	24届	三等奖	张琳

（北京广播电视报社）

2015年度北京北广传媒数字电视有限公司获奖作品一览表

奖项名称	获奖作品	届数	奖项等级	获奖部门及人员
2014年度全国优秀广播电视栏目推荐表彰活动		2014年度	2014年度全国优秀节目制作机构	北京北广传媒数字电视有限公司
中国广播电视数字付费频道行业2014年度创优评析频道评优	四海钓鱼频道	2014年度	行业最受目标观众欢迎频道	四海钓鱼频道
中国广播电视数字付费频道行业2014年度创优评析频道评优	《爹妈有话说》	2014年度	2014年度全国播出频道三等优秀栏目	优优宝贝频道

（北京北广传媒数字电视有限公司）

2015年度北京市平谷区广播电视中心获奖作品一览表

奖项名称	获奖作品	体裁	届数	奖项等级	获奖部门及人员
纪念抗日战争胜利及暨法西斯胜利70周年优秀纪录片奖	《平谷人民救助美国飞行员》	纪录片		三等奖	专题科 王娟 李立明
纪念抗日战争胜利及暨法西斯胜利70周年优秀纪录片奖	《用心种出厚德果》	纪录片		二等奖	专题科 张春燕 李立明

续表

奖项名称	获奖作品	体裁	届数	奖项等级	获奖部门及人员
优秀科技声像论文	《浅析地域性语言在科教电视节目中的作用》	论文	第十一届	优秀奖	专题科 王学俭

（北京市平谷区广播电视中心）

2015年度北京市昌平区广播电视中心获奖作品一览表

奖项名称	获奖作品	体裁	届数	奖项等级	获奖部门及人员
2014年北京市普法微视频征集展映活动中荣获普法公益广告类优秀作品奖	《切实维护农民工的合法权益，构建和谐的雇佣关系》	公益广告	2014年度	优秀作品奖	宣传科 范竞
2014年北京市普法微视频征集展映活动中荣获普法公益广告类入围作品奖	《预防青少年犯罪 保护青少年合法权益》	公益广告	2014年度	入围作品奖	昌北音像广告中心 杨素娟
2014年北京市普法微视频征集展映活动中荣获普法公益广告类入围作品奖	《学法守法用法 构建和谐社会》	公益广告	2014年度	入围作品奖	昌北音像广告中心 焦瞰
北京市文化创新发展专项资金2015年度扶持项目单位奖项	《金玲姐姐的魔法屋》第二季	影视作品	2015年度	文化创意产业优秀少儿影视作品	

（北京市昌平区广播电视中心）

2015年度华谊兄弟传媒股份有限公司获奖作品一览表

奖项名称	获奖作品	体裁	届数	奖项等级	获奖部门及人员
金鸡奖	《失孤》	电影	30届	最佳导演处女作提名	彭三源
金鸡奖	《失孤》	电影	30届	最佳男演员提名	刘德华
金鸡奖	《失孤》	电影	30届	最佳男配角提名	井柏然
金鸡奖	《失孤》	电影	30届	最佳摄影提名	李屏宾
浙江电影金凤奖	《失孤》	电影	7届	优秀故事片	
浙江电影金凤奖	《微爱之渐入佳境》	电影	7届	优秀故事片	
威尼斯国际电影节	《老炮儿》	电影	72届	闭幕影片	
台湾金马奖	《老炮儿》	电影	52届	最佳男演员	冯小刚
亚洲电影大奖	《老炮儿》	电影	10届	最佳电影（提名）	
亚洲电影大奖	《老炮儿》	电影	10届	最佳导演（提名）	管虎
亚洲电影大奖	《老炮儿》	电影	10届	最佳男主角（提名）	冯小刚
亚洲电影大奖	《老炮儿》	电影	10届	最佳摄影（提名）	罗攀
多伦多电影节	《老炮儿》	电影	40届	特别展映单元	

（华谊兄弟传媒股份有限公司）

2015年度海润影视制作有限公司获奖作品一览表

奖项名称	获奖作品	届数	奖项等级	获奖部门及人员
北京影视春燕奖	《木府风云》	18届	最佳长篇电视剧奖	海润影视制作有限公司
“金熊猫”奖	《大刀记》		国际电视剧评选活动长篇电视剧类入围奖	海润影视制作有限公司
2015国剧盛典十大影响力电视剧	《北上广不相信眼泪》			海润影视制作有限公司
反法西斯胜利七十周年优秀主题电视剧“金天使”奖	《地雷战》			海润影视制作有限公司
中美电影节	《地雷战》		入围奖	海润影视制作有限公司

（海润影视制作有限公司）

2015年度北京小马奔腾文化传媒股份有限公司获奖作品一览表

奖项名称	获奖作品	体裁	届数	奖项等级	获奖部门及人员
中国电视剧“飞天奖”	《十送红军》	近代革命	30届	入围	北京小马奔腾文化传媒股份有限公司

（北京小马奔腾文化传媒股份有限公司）

2015年度北京国立常升影视文化传播有限公司获奖作品一览表

奖项名称	获奖作品	体裁	届数	奖项等级	获奖部门及人员
中国电视剧“飞天奖”优秀电视剧奖	30集电视剧《原乡》	现代涉台	第30届	政府类奖项	《原乡》摄制组全体成员及北京国立常升影视文化传播有限公司全体工作人员

（北京国立常升影视文化传播有限公司）

2015年度四达时代通讯网络技术有限公司获奖作品一览表

奖项名称	奖项等级	获奖部门及人员
坦桑政府特别证书	感谢证书	四达传媒（坦桑尼亚）有限公司
世界质量委员质量奖	质量金奖	四达传媒（坦桑尼亚）有限公司
尼日利亚阿比亚州乌土鲁地区酋长头衔	酋长头衔	NTA—四达电视网络有限公司首席执行官刘金泉
Uganda Consumers Preference Awards (CPA)	2015年度“最佳数字和付费电视公司”	四达数字电视（乌干达）有限公司

（四达时代通讯网络技术有限公司）

典型经验

北京广播电视台推出“美丽乡村 筑梦有我”大型公益活动

2015年，北京广播电视台联合北京市委农工委、市农委、北京农商银行推出“美丽乡村 筑梦有我”大型公益活动。在启动仪式上，市委常委、统战部部长牛有成，市委常委、宣传部部长李伟讲了话；副市长林克庆主持活动Logo发布。此次活动中，北京广播电视台135位广播电视节目主持人与“北京最美的乡村”和低收入村牵手结对，为乡村发展提供智力支持、信息支持、舆论支持，把乡村当作深化“走转改”、践行“三贴近”的舞台和课堂，发现传播社会正能量。活动结束时，还评选出主持人在牵手乡村过程中落地的好创意，奖励了20名优秀乡村代表和主持人代表。此次活动呈现出四个特点：

特点一：注重价值引领，让“走转改”成为自觉行动和职业追求

“美丽乡村 筑梦有我”大型公益活动的目的就是要引导新闻工作者牢固树立以人民为中心的工作导向，进一步解决好为了谁、依靠谁、我是谁这个问题。为引导主持人积极参与公益活动，北京广播电视台组织数次踩点工作，让知名主持人到乡村实地踏勘，与村支书、村民面对面交流，在对话交流、思想碰撞中激发他们助力新农村建设的信心与信念。此外，活动要求参与的主持人做到“五个一”：助力一件乡村实事、实现一次宣传推广、开展一次公益行动、挖掘一个乡村故事、提出一份改进建议。在价值创造中，促使大家主动践行“走转改”。

活动得到主持人踊跃响应。北京广播电视台所属北京人民广播电台、北京电视台、北广传媒移动电视、北广传媒数字电视的135名主持人报名参加对接135个村庄。这些村庄既有在历年寻找“‘北京最美的乡村’宣传评选活动”中选出的“北京最美的乡村”及提名村，也有正在积极进取、奋力拼搏、亟待社会各界关注和帮扶的低收入村。

特点二：聚焦新农村建设，在“走转改”中发现并解决实际问题

活动要求主持人沉下身来深入基层，利用一至两个月的时间了解各自牵手村庄的实际情况，结合村庄特点初步确定进驻牵手村庄开展公益活动的方案和时间进度。主持人和组织的智囊团队与牵手村庄共同组织各种类型的公益活动，推介美丽乡村优质资源，帮助村庄解决实际困难，积极参与新农村建设。北京电视台主持人聂一菁的牵手村——顺义区石家营村，虽有樱桃采摘、樱花林、豆腐磨坊、骑马等旅游资源，但宣传效果甚微，很多人不知道。于是，她联系有关旅游设计专家帮助该村设计了一日游方案。北京电台主持人郭炜的牵手村——房山区南窖乡水峪村，是历史悠久的古村落，但由于身处大山深处依然是低收入村。于是郭炜制订的第一步计划就是促成他们与门头沟爨底下村结为对子，交流开展旅游致富的经验，然后再进一步帮扶。

特点三：传递社会正能量，在“走转改”中弘扬社会主义核心价值观

基层天地广，源头听民意。主持人深入基层，扎根人民，紧紧围绕培育和践行社会主义核心价值观开展活动，充分挖掘村庄的优势资源、风土民情、传统文化以及体现和谐、文明、敬业、诚信、友善等精神的好人、好事儿，用实事说话，用典型推动，用贴近生活、生动有趣的表达方式传播乡村故事，采写编发弘扬主流价值的新闻报道，唱响正气歌，激发、凝聚并传递正能量，弘扬社会主义核心价值观。

特点四：改进文风，在“走转改”中增强报道的吸引力、感染力

从直播间到乡间，一步之遥的距离，“美丽乡村 筑梦有我”大型“走转改”年度公益活动便是主持人们迈出的一大步。打造这样一个平台，主持人不仅身入，而且心入、情入，向广大农民朋友学习，广泛听取乡情民意。选题贴近百姓，素材取自基层，内容鲜活生动，自然提升了新闻报道的吸引力、感染力。

（北京广播电视台供稿）

市新闻出版广电局注重增强干部培训的实效性

市新闻出版广电局着眼于首都新闻出版广电事业发展大局，以增强党性、提升素质为重点，探索创新干部教育培训的有效机制，着力增强教育培训工作的针对性和实效性。

一、加强服务保障，确保培训工作落到实处

组织保障。市新闻出版广电局把干部教育培训工作作为提升队伍素质、促进事业发展的重点工作，作为局绩效考评和干部考核的重要内容，局党组高度重视。党组书记李春良亲自抓，每年把培训工作列入局长办公会重要议题，审定年度培训计划，定期了解培训工作开展情况。组织、纪检、宣传及各业务处室各司其职、统筹推进干部培训工作，通过调研掌握不同岗位、不同层次、不同类别的干部培训需求，科学制定培训方案，合理设置培训课程，增强教育培训工作的针对性、计划性、严肃性。

经费保障。将干部教育培训经费列入本级财政预算，按照干部管理权限和业务分工统筹使用培训经费。加大培训经费投入，专款专用，确保重点培训项目圆满完成。

纪律保障。制定了《北京市新闻出版广电局教育培训管理办法》，将参加培训情况作为培养、发现、考察、识别干部的重要标准，作为干部考核、晋升、奖惩的重要依据。对于行业培训，每期专题培训班都制定了严格的上课、作业、考试、考勤、请假及生活纪律管理规定，不参加培训或考核未通过的不颁发培训证并向学员单位、部门反馈考勤结果。

二、整合培训资源，实现干部人才培训全覆盖

主渠道培训。党校、行政学院和军转培训中心等干部学院是干部教育培训的主阵地、主渠道，市新闻出版广电局充分利用这些优质教育培训资源，为全面提高干部人才队伍能力素质服务。2014年组织局系统干部参加学习贯彻习近平总书记系列讲话精神、十八届四中全会精神、加强党风廉政建设等主题培训班，完成调训和轮训500余人次。

网络培训。充分发挥北京市干部教育网作用，让每名党员干部不出家门、不进校门就有机会得到优质高效培训。2014年，共有154人完成干部在线学习任务，处级以上干部达到50学时以上，其他干部达到80学时以上，总体通过率99.35%。市新闻出版广电局还与国家新闻出版广电总局人才交流中心签订了传媒云学苑远程教育分平台构建合作协议，市新闻出版广电局系统干部职工与总局干部网上培训同待遇。2015年云学苑远程教育培训的重点是信念教育和提高执法能力建设两大主题，提供学习时间达到150学时。

自主培训。2014年，以组建新闻出版广电局为契机，加强干部职工的培训力度，客观上起到了统一思想、凝心聚力、规范秩序的作用。局组织开展了以提高能力素质为主题的专题培训，涉及《公务员法》、《公务员处分条例》、《党政领导干部选拔任用工作条例》、《预算法》、《机关事务管理条例》、党风廉政教育、保密安全、文秘、消防安全、综合业务平台使用等内容。组织各类综合培训11次，1205人次，人均培训达到56学时。

职业培训。充分发挥高校基地、社会培训机构、各级新闻出版广播影视机构职能作用，利用好电台、电视台、区县广电中心"日出东方"微信群及中央在京高校、市属出版单位专技人员培训负责人QQ群等平台，为从业人员提供业务技能等职业培训。2014年，局充分利用首都丰富的培训资源，分别组织了新闻出版行业领导岗位、新闻采编人员职业资格、印刷企业负责人法规、版权业务、影视安全监管、广播影视法律法规、传媒机构业务培训、广播影视技术培训等专题业务培训班66个，8305人次。

三、突出主题教育，坚持理论武装与能力培训并重

开展理想信念和党风党纪教育。以加强中国特色社会主义理论体系学习为首要任务，全面推进理论武装、党性教育、能力培训和知识更新，把党风党纪教育作为每期培训班的必修课。结合教育实践活动，开设了党章学习、党史教育、党的理论解读等专题课程，采取观看警示教育专题片和图片展等方式，全面提升党员干部的党性意识、宗旨意识、纪律意识。2015年，市新闻出版广电局在市委宣传部的指导下，在市属出版行业深入开展马克思主义新闻出版观培训，培训人员将达到1450人。

开展方针政策和形势任务教育。2015年，组织干部职工以习总书记写序的全国干部学习培训教材为重点，开设专题课程，系统解读中央和市委、市政府的重大部署、重要会议、重大活动，使党员干部深入学习贯彻中央及北京市的战略部署和工作要求，开阔思维视野、增强大局观念，不断提高知识化、专业化水平和履职尽责的能力。

开展领导能力和职业技能教育。精心组织干部职工参加中央业务主管部门、市综合部门的各类专业培训，并组织好信访工作、保密工作、群众工作等业务培训，帮助党员干部增强领导组织管理能力，提高业务工作水平。

四、搞好三个结合，推进培训工作机制创新

组织需要与个人需求相结合。按照局党组部署要求，围绕广电事业发展和岗位职责需要，将政治理论学习和能力培训作为规定动作，对每位干部的集中培训、网络学习，都有最低学分的硬性要求。同时根据干部的个性化需求，开设了各类专题培训班，供干部人才自主选择培训时间和内容，兼顾了学员个性化、差异化的需求。通过将"规定学"与"自主学"有机结合，有力提升了干部人才参加培训的积极性，增强了学员对培训的认同感和参与度。

课堂授课与互动交流相结合。注重教师与学员、学员与学员的良性互动，开展学习讨论，激发学习兴趣，促进思维碰撞。同时，局领导及时了解学员讨论发言情况，将其作为发现干部、考察干部的重要方式。对行业培训中学员反映的涉及行业发展、作风建设、行政审批流程等方面的问题或合理化建议，局领导都要求进行汇总，并责成相关

部门研究，进行答复。

教育培训与培养使用相结合。认真执行《党政领导干部选拔任用工作条例》的规定，凡提拔担任党政领导职务的，都要经过党校、行政院校或者组织部门认可的其他培训机构的培训，培训时间都要达到干部教育培训的有关规定要求。坚持在局系统范围内公示干部年度培训情况，无故不参加培训或未完成年度培训任务的，年终考核不得评为优秀等次；无正当理由不参加培训的公务员，根据情节轻重，给予批评教育。

（北京市新闻出版广电局）

北京电台纪念抗战胜利70周年宣传报道经验

在纪念中国人民抗日战争暨世界反法西斯战争胜利70周年的宣传报道中，北京电台本着提早策划、围绕重点、深入基层、突出特色、整合资源的原则，10个专业广播和北京广播网通过组织大型采访报道和品牌活动，把抗战宣传报道作为一次高潮迭起的持久战，调动精兵强将，点线面结合，多维度、成系统、大规模、有声势地展开宣传攻势。从年初开始，截至9月5日，各专业广播共开设专栏8个，播出录音报道310篇，专题180篇，访谈节目26期，消息490余篇，现场连线130个，创作文艺作品70集，策划主办了2场文艺演出，播出小说作品9部、广播剧3部，播出抗战歌曲累计时长110小时，创作公益广告38个，播出公益广告2700多条次。

9月3日8点至13点，北京电台10个频率并机共同推出5小时直播特别节目——“神圣的战争 伟大的胜利”。其间，除了全程转播纪念大会和阅兵式外，还邀请了亲身经历“七七”卢沟桥事变的历史见证人、抗战中上阵杀敌，胜利后亲历受降仪式的老战士共同回忆那段难忘的历史。纪念大会和阅兵式结束后，来自中央党史研究室、国防大学、北京大学、中国社会科学院的专家学者对这次纪念活动进行了深度解读。9月2日至4日，10个频率播出抗战主题节目累计600小时，其中阅兵式重播17次。

北京广播网推出专题2个，百余条报道点击量超10万次，推出网络音频专辑3个，点击超5万次。官方两微持续推送“让历史告诉未来”、阅兵式等70多篇，总阅读量5万次。

在纪念抗战胜利70周年的宣传报道中，北京电台确定了以新闻广播、交通广播为龙头，整合各专业广播资源，形成了远与近、内与外、新闻与文艺、直播与转播、记者视线与听众视角相结合的宣传报道格局，妥善地处理了以下五个关系：

一、处理好远与近的关系

北京电台纪念抗战胜利70周年报道，按远、中、近划分了三个阶段：第一个阶段4月至7月初，以清明节、全面抗战爆发日、抗战展览等为重要节点形成宣传高潮。2015年清明节期间，为突出缅怀先烈主题，新闻广播《北京新闻》《整点快报》采制了《“清明节的铭记”征集北京地区抗日英雄故事》《市民自发缅怀先烈》《录音述评：让死不起不再成为话题》等报道。5月，北京电台除在《北京新闻》《资讯早八点》《行走天下》等栏目中开设专栏对“京华英雄”做了大量报道，还组织全国最知名的评书艺术家录制播讲了70集大型“京华英雄”评书，通过抗战英雄故事让更多的群众了解、感知北京地区的抗日英雄。6月27日晚，在北京首都体育馆联合主办了中国三大男高音“英雄”音乐会，为首都12000名观众奉上一台精彩纷呈的“英雄颂歌音乐之夜”。7月7日全民族抗战爆发纪念日，北京电台新闻、交通广播并机推出大型直播节目，并全天整点播出特别节目“抗战中的北平故事”，通过宛平枪声、老帽山六壮士等，展现北平人民的爱国行动。围绕“伟大胜利 历史贡献”抗战主题展览，新闻、交通、文艺、音乐广播等连续一周每天都有抗战展览相关新闻，累计播发稿件50多篇，形成了声势。

第二个阶段，7月中旬至8月底，抗战70周年报道全面开花，通过公益广告、宣传片花、新闻资讯、新闻专题、评书、小说等，多角度、全景式营造热烈氛围。80集专题节目“让历史告诉未来”7月7日起在新闻广播《北京新闻》《新闻2015》、交通广播《行走天下》、外语广播《听世界》每天同步播出。故事广播《纪实传奇》《传奇书场》、文艺广播《午夜拍案惊奇》《小说连播》等精心制作《雪冷血热》《南渡记》等抗战题材的曲艺、文学作品。文艺、故事广播集中播出大型评书“京华英雄”。交通、文艺、音乐广播持续播出抗战歌曲。新闻、城市、交通、文艺、音乐、外语等频率的新闻资讯节目及时报道“勿忘国耻 圆梦中华”主题团日活动、“京剧交响音乐会”“两岸同声呼唤和平”音乐会、“战火青春”、抗战主题文艺作品发布会等重要纪念活动。所有频率滚动播出抗战主题公益广告和各界人士抗战有声“留言板”。

第三个阶段，9月1日至5日，全方位、立体式报道盛大阅兵式，9月3日达到最高潮。为强调庆典活动的隆重程度，北京电台10个频率从9月3日8点至13点连续5小时并机直播，2日、3日、4日所有频率、所有节目均设计与抗战主题相关的内容，重新编排，4日之后搞好回溯报道和追踪性报道。

听众在此期间打开收音机，就可以收听到纪念活动动态、抗战故事、音乐、小说、评书等丰富多彩的内容。从9月1日开始，新闻、交通广播大篇幅报道阅兵新闻。特别是新闻广播全天12档整点新闻三分之二是阅兵内容。

9月3日8时至13时，北京电台10个频率播出纪念中国人民抗日战争暨世界反法西斯战争胜利70周年大型直播节目“神圣的战争 伟大的胜利”。新闻广播和交通广播的4名男主持人共同担纲本次直播，共有3名前方记者，分布在广场观礼台不同位置。阅兵前后，他们把自己的所见所闻所感以及采访到的相关情况与直播间进行9次连线。节目邀请6名嘉宾走入演播室，4名嘉宾连线访谈。

二、处理好内与外的关系

中国人民抗日战争胜利暨世界反法西斯胜利70周年是一个全球视角的主题。北京电台是一个地方媒体，为更好地扩大新闻报导效果，加大了主题报道异地采访活动的策划力度，形成了开放报道模式。“让历史告诉未来”组建60人的报道团队，分国内、国外两个方面、共12条采访线路，实地走访“二战”主要战场、纪念馆和博物馆，寻访典型音响，探寻运输生命线，通过事件亲历者、见证者、研究者的讲述，典型人物的真实经历，历史人群的认知，记者观察等，对比事件发生地点今昔变化，深刻反映战争给普通人、社会带来的变化，记录当地居民对惨烈战争的回忆和反思，展现抗战胜利的伟大意义。这些采访，不是对历史档案的重复描摹，而是以反法西斯“声音档案”为线索，以“散文化”方式进行报道。记者在广西采访到98岁国民党老兵，重温了昆仑关会战的情景；在重庆市万州区西山公园烈士墓，采访重创日军的原苏联飞行大队长库里申科的感人事迹；在桂林秧塘机场探秘美国飞虎队，让当代人了解当年美国盟军为战胜共同的敌人而英勇奋斗；在德国达豪集中营采访当年中国参加战斗过程，以及为世界反法西斯做出贡献的犹太人等。此次系列采访报道，共采集录音素材240小时，视频素材240小时，制作系列专题80篇，此外，12路采访记者还陆续在直播节目中发回近百篇口头连线报道。“让历史告诉未来”大型专栏持续播出五个多月，涉及中国22个省市、世界15个国家。

三、处理好新闻报道和文艺展现的关系

北京电台纪念抗战胜利70周年的报道，在充分挖掘新闻报道潜力的同时，还积极创新形式，推出大量文艺作品。70集《京华英雄》评书，在文艺广播《空中笑林》《评书连播》节目及故事广播连播。音乐广播与市委宣传部离退休干部处联合推出24期《难忘的歌声——纪念抗战胜利70周年系列专题音乐节目》。文艺、音乐、交通广播7月16日起每天滚动播出6次抗战歌曲，持续到10月11日。

此外，北京电台还联合主办中国三大男高音“英雄”音乐会，为1.2万名观众奉上英雄颂歌。与北京演艺集团共同主办《两岸同声呼唤和平》音乐会，协办国家大剧院“京剧交响音乐会”，凸显珍爱和平、铭记历史的主题。25篇以抗战为主题的公益广告，从8月11日开始，每个频率每天播出4次至6次；9月1日至7日，所有100个公益固定点位每天集中播出。9月2日至4日，所有频率全面停播日系产品广告，全力营造浓重庄严的纪念氛围。

四、处理好直播和转播的关系

北京电台对庆典长达5小时的不间断直播采用的是直播+转播的方式，全程转播阅兵式保持了庄重与严肃的元素，而直播评述+记者连线+精选录音报道+嘉宾评论的方式，则凸显了电台在重大主题报道上的个性化特点，整个过程包含了访谈、连线、录音、垫乐、片花、串场等几乎新闻直播节目的所有要素，它所要表现的主题是多元的、立体的、运动的，具有多层次、多变化、多维度的特征。

五、处理好记者视线和群众视角的关系

北京电台在此次报道中融入更多群众元素。9个频率8月17日至9月3日滚动播出“北京市民、各界人士纪念抗战胜利有声留言板”公益片花，每个频率每天播出7次。“留言板”片花包括“让历史告诉未来”国内线采访精编，北京榜样、各界名人对抗战胜利感言，街头采访市民寄语等，凸显了爱国主义教育意义，同时为电台9月3日大型直播做了良好铺垫。

（北京电台）

北京电台节目团队化运作模式初见成效

2015年，北京电台节目团队作为实施产业改革、推进创新发展的“重要战略环节”，坚持将电台资源、技术、人才、创意等资源与市场创新环境进行整合对接，大力扶持各系列专业广播节目制作人员进行早期创业，成功开启了广播节目新的营运模式，圆满实现社会效益与经济效益双丰收。

截至2015年12月31日，爱车团队等6个第一批节目团队共计实现总收入3257.77万元，其中增量收入为1201.02万元，占比总收入36.87%。线上广告增量收入为914.09万元；线下增量为286.93万元，其中，活动收入171.62万元；宣传收入115.31万元。

一、节目团队创新创优，社会经济效益双提升

2015年，北京电台成立第一批节目团队，其中包括五个创收型团队和一个品牌型团队。经过一年发展，六个节目团队快速发展，顺利实现了从节目制作个体到节目团队的蜕变，已逐渐走上有序、健康、可持续性发展轨道。

节目团队全线发力，成为拉动电台创收新增长点。一是线上增量指标超额完成，最高增幅达112%。截至2015年12月31日，首批5个创收型团队共计实现线上广告收入2959.84万元，其中增量收入为903.09万元，增幅达30.51%。增幅最高的团队为王东工作室团队，增幅达112%，爱车团队增幅为43%，吃喝玩乐大搜索团队与教育面对面团队增幅均为23%。二是线下收入从无到有，最高创收额达79.38万元。截至2015年12月31日，首批5个创收型团队共计实现线下收入269.22万元。其中，创收额最高的团队为爱车团队，创收额达79.38万元；排名第二的教育面对面团队创收额也高达74.62万元。三是团队利润收益颇丰，利润额最高达264.75万元。截至2015年12月31日，首批五个创收型团队共计实现团队利润683.13万元。其中，利润额最高的团队为王东工作室，爱车团队同样表现不俗，实现利润228.49万元。四是品牌型团队积极探索，全力打造品牌影响力。“乐童工作室”节目团队于2015年5月26日与电台正式签约。6月15日，其团队成功竞标文艺广播儿童类专题节目“听听糖耳朵”，并于2015年7月正式开播，这是北京广播市场上唯一的亲子互动类专题节目。半年来，节目团队通过“借力造势”的品牌推广策略，不仅与蒲蒲兰、接力、外研等国内优质出版机构达成供稿协议，保证了节目收听率稳中有升，更积极参与组织筹划嫣然慈善亲子夏令营、“原创十年　绘本原画展”等大型活动，使“听听糖耳朵”品牌效应在短时期内得到迅速攀升。目前，《听听糖耳朵》同名微信公众号营运仅半年，累计关注人数（粉丝数）已达2.4万人，日活跃用户数量0.5万人，日PV（页面浏览量）达到0.5万人次以上，社会效益显著。

节目团队创新发展，品牌特色促社会效益节节攀升。在发展过程中，节目团队在保证不影响其广播节目质量的前提下，积极开拓线下市场，逐渐形成以下五个特色：

一是理念上，全方位贴合百姓生活需求。节目团队成立后，在保证收听率和市场占有率的前提下，实际上对节目内容的把控有了更多的自主权。他们在对传统节目内容进行合理化改造的同时，更注重对文化精神脉络、文化传统、文化资源等的传承与开发利用，注重与经济和社会发展现状的结合与呼应，时刻将百姓生活需求放在首位。这一做法，不仅突出了节目的社会效益，更对节目品牌的对外输出发挥了重要的推动作用。例如，“1039交通服务热线”针对社会热点问题继续秉承快速反应、客观评论的节目风格，被听众亲切地称之为“消费者的娘家人”。2015年，他们在节目前增加了《爱车全知道》这一环节内容，无论是在汽车业内、社会上、听众中均得到广泛好评和深度认可。

二是形式上，适时改变以吸引更多受众。节目团队在策划活动初期，均以自身节目为基础，大力拓展对节目内容的深度开发。通过深度开发周边多样化衍生品，将抽象的广播节目内容实现产品化，从而实现内容产品的不断增值，形成节目团队自身不可复制的核心竞争力。例如，吃喝玩乐大搜索团队2015年携手京城著名餐饮品牌“大董”联合订制推出了100盒价格亲民、品质上乘的“大董五人月饼”，反响热烈。节目团队的首次“互联网＋”模式试水得到了良好的认可，为以后的节目商业模式探索提供了新的思路和经验。

三是战略上，全面塑造可持续发展的品牌活动。在发展过程中，节目团队充分认识到，只有将节目研发与创新纳入到电台发展更高的层面上加以布局和考量，才能够消除各种壁垒，更好地聚集与优化资源，从而推动团队的向前发展。于是，在经历“自发性、临时性、个案性”的小活动之后，节目团队将目光聚焦到具有可持续发展的节目创新策略选择上来。例如，2015年，教育面对面团队举办了12场“大而优”的大型中高招系列讲座活动，同时举办了9场“小而美”的《名嘴探名校》高校探访系列活动，观众吸引度、认可度均达到历年最高。从数据上看，此团队线下活动创收占比总收入73.12%，发展思路及方向与电台战略规划最为贴合。可以说，团队在充分借助电台宣传优势平台的基础之上，闯出了一条具有一定活动规模和创收能力的系列活动创收之路。

四是营销方式上，抓住时机与新媒体进行深度合作。2015年，节目团队除了做好线上节目与线下活动之外，在与新媒体的融合上也做了深度试水，效果显著。“微信摇一摇”创新广播节目新玩法。“娱乐东道主”“吃喝玩乐大搜索”等节目团队纷纷利用电台广告经营新模式——“摇一摇”功能，将广播与听众紧密结合，增加了听众的粘性，提高了节目的互动，增强了广告客户的曝光，收益显著。“微信公众号”扩大广播节目认知率。目前，除朱红工作室外，其余已签约节目团队均有自己的微信公众号。节目团队通过更新、推发相关文章，不断提升用户黏合度，扩大节目影响力。目前，“爱车一点半”“吃喝玩乐大搜索”等两档节目的微信公众号经营一年即有5万人以上的活跃粉丝量，乐童工作室成立半年即吸附粉丝2.4万人，影响力可见一斑。“微店”开启广播购物新途径。吃喝玩乐大搜索团队在“五人月饼”营销模式获得成功之后，悄然开启微店营销新模式，目前，拥有“蜂蜜礼盒”“酸奶套装”等商品8款。

五是未来发展上，探寻合作模式促团队公司化运作转型成功。北京电台成立节目团队的初衷，即以团队化模式推进节目制作人专业化建设，通过寻求新的盈利模式，促进团队化向公司化转型发展。2015年，朱红工作室准确把握喜剧舞台剧这一商业文化契机，决定重点打造北京乃至全国崭新的喜剧品牌“喜剧研习社”。此后，团队一方面积极争取电台创投基金对该剧进行投资，另一方面举全台之力、搭配主流频率优质资源，对本剧进行多角度全方位宣传，最终使该剧一演即火，团队也顺利转型为公司化运作，为电台发挥媒体优势寻求新的盈利增长点做出了有益实践。

二、灵活的运营机制，助推节目团队健康发展

为更好地协调节目团队与各系列广播、各职能部门、各公司之间的合作，保障节目团队改革工作顺利实施，电台在第一批团队签约之初，即成立“节目团队协调办公室”，在台党委和“扩大台务会”的领导下，负责团队的管理、服务和监督等具体工作。一年来，节目团队协调办公室狠抓以下三方面工作，为团队顺利发展提供政策保障。

（一）平台建设上，强调鼓励协同发展。一是让节目团队运营工作在顶层设计中有序开展，为团队发展营造适应创新形式的优质平台。一年来，节目团队协调办公室召集电台人事部、银龙公司计财部、广播公司、广告经营中心等多部门定期召开沟通会，在维护广告行业代理制、电台人事财务审批制度的前提下，积极寻找团队与各运营机构、职能部门之间的利益平衡点，充分协商、合力破解节目团队在运营发展中遇到的难点问题，形成整体规划、互惠互利、有序推进的节目创新改革新格局。二是让自主经营权向节目团队下放，真正实现搭建团队扁平化管理平台。目前成立的两批共9个节目团队，此种运营模式极大的激发了团队成员特别是团队负责人的工作热情与责任感，使团队成员在目标制定上、价值观取向上产生共

鸣，在工作中形成团队合力。除此之外，给予团队负责人更多的人权与财权，有利于团队自主运作壮大与内部的良性循环。三是让节目团队创新活动横向拓展，形成多方共赢的协同创新合力。在加强节目团队与广播公司子公司建立合作关系的同时，允许团队与电台外部新媒体公司、品牌宣传公司、营销推广公司进行广泛合作，促进创新资源的互动和共享，扩大线下收益，实现共赢。

（二）政策推行上，注重激励优先。一是考核指标以激励为主，极大地调动团队成员工作积极性。自节目团队通过电台评审后，在边建副台长、李捷台长助理等电台相关领导的带领下，节目团队协调办公室积极开展运营协议的起草、与各节目团队负责人的谈判工作。通过设置基础指标、奖励指标及新媒体拓展指标，有针对性地对团队经营行为进行奖励，力争在全面提高创收额及收听率的同时，大大拓展节目在新媒体平台的影响力，推动节目与经营的深度融合。二是适当调整台内相关运营管理政策，促进节目团队发展。在团队运营过程中，电台深刻意识到，制度吸引力是促使节目团队发展最大的吸引力。节目团队的营运模式是一种新的创新模式，因此不可避免地要触及电台很多传统的制度设计，会遇到不少制度上的阻力。一年来，节目团队协调办公室在电台的指导下，在创新团队管理模式、人员聘任机制、人才培养模式、考核评价机制、广告经营机制等方面实现有效突破，极大地给予团队政策支持，以便团队运营有章可依、有效管理。

三、创新活力延续，第二批创收型节目团队脱颖而出

2015年9月23日，在电台第二批节目团队评审会上，经过评委会的评议和投票，“玉龙小段工作室”（段玉龙）、“我爱问医生”（刘彬）、“运动体验”（张婧琳）等三个节目团队的方案获得了评委的全票通过，顺利成为北京电台第二批节目团队。

目前，节目团队协调办公室正联合各相关系列广播、电台广告经营中心、电台研究室等相关职能部门，与三个团队就运营协议考核奖励指标进行研究优化，并对预算进行细化，争取尽早完成2016年运营协议签署工作。

（北京电台）

创新为先　打造品牌栏目

北京电台《一路畅通》栏目创办经验

曹　倩

北京电台交通广播《一路畅通》创办于2000年1月1日，是一档集路况信息、新闻资讯、生活提示、话题交流为一体的大型互动直播栏目。开播15年来，《一路畅通》始终践行“大家帮助大家”的理念，以优质的节目内容，创新的节目理念，赢得了广大听众和业内同行的认可，常年稳居北京广播市场收听率及市场占有率首位。

2004年，《一路畅通》获得中国广播奖“十佳社交类栏目”奖；2003年、2014年两次获得北京新闻奖“最佳栏目”奖；2009年获得由国家广电总局评选的“影响新中国60年60个广播电视节目”称号；2013年底，《一路畅通》被认定为北京市名牌商标，这是传媒界第一个被认定为名牌商标的栏目。此外，《一路畅通》连续六届被评为“北京电台听众喜爱的十佳栏目”，先后有5位主持人获得中国播音主持最高奖“金话筒奖”。

在坚守中创新

创新并不是全盘推翻过去的做法另起炉灶，而是在既有的良好基础上，继承优良传统，坚守已经经受住时间的考验、获得市场认可的做法，在坚守中不断创新。

《一路畅通》开创了“综合节目”的形态，在两个小时的碎片化传播中，将交通、新闻、音乐、娱乐、话题交流等内容融合为一体，在主持人与听众的亲切互动中，传递各种实用信息。栏目的三对主持人搭档风格各异，在长期的节目主持中形成了特有的语言方式，为听众所喜闻乐见。主持人的能力是《一路畅通》的核心竞争力，以主持人为中心打造个性化节目，是《一路畅通》一直坚持的原则之一。

在沿袭节目整体形态、重点打造主持人风格的基础上，《一路畅通》更多地把创新思路定为：以内容环节的创新带动栏目创新。如《我爱北京》小栏目，从2012年5月底开始推出，每天播出一期，以生活在北京的形形色色的普通人为中心，适应媒体碎片化传播的特点，用大约1分半钟的时间，从这些普通人的职业出发，以他们琐碎的日常生活为切入点，用声音来记录这一切；以对人、事、物、景的感情为线索，突出这些普通人的喜怒哀乐，展示他们在这个城市中的经历，以及对北京这座城市的热爱。《我爱北京》的采访对象涵盖了社会各个领域，节目还不定期推出富有特色的系列内容。三年来，《我爱北京》已经播出近900期，成为《一路畅通》在节目内容上的一项重要创新，在广大听众心目中留下了深刻的印象。

2012年，《一路畅通》推出季播节目《胡同那么多》，分两季播出，共40集，每集时长3分半。这个节目围绕北京的多条胡同，展示胡同的历史、文化和发展现状，展现胡同居民的生活，具有很强的人文色彩，获得了听众的一致好评。季播节目由此也成为了《一路畅通》节目的一大特色。

2014年巴西足球世界杯举办期间，《一路畅通》在晚间版时段精心打造的世界杯特别节目《说进世界杯》，更是全方位体现了节目的创新思想。在长达一个月的时间里，每期内容以一个互动话题为主线，除了提供足球知识和赛事分析以外，将游戏、娱乐、生活、文化、竞技等元素都融在其中，致力于打造一档“不是最专业，但却是最好玩的足球节目”。另外，注重打好“嘉宾牌”，一些名人明星陆续做客直播间，每天都为听众奉献不一样的精彩。

正是这些特色栏目、系列节目、特别节目的推出，让《一路畅通》在保持自己既有形态和风格的基础上与时俱进，不断呈现出一种新的面貌，带给听众一种新鲜感。

在新媒体环境下创新

传统媒体必须与新媒体结合，探索属于自己的发展模式。《一路畅通》顺应形势，注重与新媒体结合，充分利用栏目的官方微信、官方微博等平台，在推送的形式和内容上不断创新，拓展自身传播优势，延伸节目内容，将新媒体打造成栏目宣传的一个重要窗口。

《一路畅通》的微信公众平台是广大听众参与互动的主要渠道，2014年正式运行以来，到目前为止，微信服务号粉丝人数已经突破了20万；每期节目的信息互动数量平均超过了4000条。《一路畅通》在微信公众号上还推出了会员积分制，听众实名注册成为会员后，每天登录微信签到，参与话题互动，回答节目所出题目，参与微信投票等都能获取积分。听众凭借自己的积分，可以换取奖品，或者争取参与节目举办的某些活动的优先权。事实证明，这是一种很有效的激励制度，加强了节目与听众之间的黏度。

配合《一路畅通》的各种活动，微信平台还不断推出相关页面。比如2014年巴西足球世界杯期间，微信平台推出了语音竞猜比分的系统，微信消息发送次数日均9万条以上，截至2014年7月14日，期间最多的一天达到了170069条。2015年，《一路畅通》又先后举办了“畅通家庭过大年”“畅通车生活”“1039行动派有爱抱团善行启动”等活动，听众可以通过微信平台报名，参与相关话题互动。

在微信公众号发展相对成熟后，《一路畅通》又推出了微信订阅号“一路畅通club”，每天推送和节目相关的内容，为听众提供他们所需的实用信息，以弥补服务号推送数量有限的缺陷。同时，结合官方微博，通过文字、图片、音频等形式，全面宣传主持人和节目内容以及节目活动，帮助听众了解更多台前幕后的故事，拉近听众与主持人、与节目的距离。可以说，《一路畅通》在对新媒体的使用方面进行了多方面的创新尝试，推动了节目的发展，扩大了其在听众中的影响力。

在互联网思维下的创新

在互联网飞速发展的时代，听众的需求也在不断变化，他们需要更加新颖的话题，更加实用的信息，更具有个性化的服务。《一路畅通》除了利用好新媒体这个强大的平台之外，也在不断加强团队建设，优化工作流程，秉承互联网的思维模式，打造互联网时代符合受众需求的广播产品。

首先，从2014年开始，《一路畅通》整个团队都进行了调整，除了6位主持人以外，还引入了编辑岗位，这是《一路畅通》在团队建设方面的一项创新。编辑和主持人一起确定节目话题，对节目进行整体规划并准备相关资料，同时，编辑还要负责新媒体的维护等工作。团队的壮大和优化，使得节目策划可以更加完善，内容更加讲究。最重要的是，可以有更多的力量去实现一些创新的思路。

其次，引入编辑后，在话题设置方向上也做出了调整，更加关注社会热点，与互联网结合更加紧密。加强了话题的时效性，在角度设计上更加新颖。另外，减少了一些表层的描述性的话题，增加了更多具有讨论性质、富有思辨性的话题。在抛出话题的同时，还经常辅之以微信网络PK投票，以及和节目内容有关的微信问答等形式，将广播本身和新媒体结合起来，激发了听众收听的积极性。

再次，《一路畅通》更加注重对节目的包装，在节目之外，先后举办过“说进世界杯——今夜我们一起说足球”大Party、人缘大赛、“畅通家庭过大年”等活动，将传统广播和互联网紧密结合，强化了自身的品牌影响力。

（摘自《北京电台宣传业务》）

原汁原味的坚守　勤恳认真的挖掘

——《徐徐道来话北京》创作经验

张世强

《徐徐道来话北京》是北京电台交通广播的一档日播节目，2011年元旦开播，经过四年多节目制作，节目组人员得出一个深刻的体会，那就是广播节目的创新并不一定都要和最新科技、时尚潮流相结合，原汁原味的坚守，勤恳认真的挖掘，同样是一种创新，并且能获得听众和专家的认可。

首先，在节目内容上，做到原汁原味的

坚守，勤恳认真的挖掘。

北京是一座拥有悠久历史的文化名城，北京城的各个角落都有与众不同的故事。近年来，身在北京城想了解北京文化的人越来越多。特别是2008年北京奥运会之后，越来越多的外地朋友和国外友人也越发关注北京文化。正是在这样的大环境下，在各类媒体上出现了很多涉及北京文化的栏目和节目，成为人们认识北京、了解北京的窗口。不过这类节目也存在一些共同的问题，比如：过多地请专家学者讲述，注重知识性，节目欣赏性不够；追求节目花俏，忽略了节目的真实性。而《徐徐道来话北京》节目，更加注重节目内容的京味特色和故事性，在主持人、相声演员徐德亮声情并茂的讲述中，给听众身临其境的感觉，避免那种照本宣科、枯燥乏味的空讲。

为了做到原汁原味的坚守，节目组成员虽有轮换，但一直保持清一色的北京人。由于他们北京生、北京长，京味文化潜移默化深入骨髓，原汁原味的京腔京韵浑然天成。他们常常从自己最了解的北京风土人情入手，鲜活准确地讲述北京的故事。遇到自己不熟悉的内容，则查阅资料，请教民俗专家，实地考察，采访座谈，力争让每一期节目中介绍内容既生动有趣，又地道权威。

2012年是相声大师侯宝林先生诞辰95周年。《徐徐道来话北京》节目从2011年年初开始播出系列节目《侯门往事》，到2012年2月7日共播52回。最后一期节目的内容，是曲艺杂家崔琦和侯宝林的弟子丁广泉对侯大师的回忆，还有精选的侯宝林和侯耀文生前的珍贵录音，播出了很多鲜为人知的故事，让听者感受到一位北京的艺术大师在人生晚年和弥留之际的真挚情怀。最后，节目请侯宝林先生的儿子侯耀华总结了侯大师的一生，使这期节目增加了史实的厚重感，给人笑中含泪的感受，实现了寓教于乐的完美结合。听本期节目，可以在侯宝林先生的往事中，真切感受到一位老北京人对北京的热爱，对观众、友人和弟子的关爱。

再如，2011年11月3日《徐徐道来话北京》播出了专题节目《景泰蓝古今谈》。在本期节目中，有妙趣横生的关于景泰蓝形成的传说故事，通过记者对非遗传承人的采访，听众直观了解了北京的传统精品手工艺文化的发展以及古往今来的辉煌成就。

在《徐徐道来话北京》已经制作播出的1600多期节目中，很多专题都别具特色，并且京味十足。如《从“让子弹飞”到北京南站》《五环以外的北京土著》《北京人说您》《北京人说劳驾》《毛泽东第一次北京之行》《同仁堂——穿越古今的光明》《舌尖上的北京》《地铁七号线站点故事》系列等，节目内容通过徐德亮妙语连珠地讲述，让听众在欢声笑语中对北京的各个领域获得全新的认识和了解。

此外，在《徐徐道来话北京》节目中，由徐德亮演唱录制了近400段颇具北京特色的单弦岔曲作品，这是之前所有北京文化节目无法匹敌的。在《徐徐道来话北京》前三年播出的每期节目中，特别辟出播放单弦岔曲的“北京小曲”单元，这是这个节目的一大亮点。单弦岔曲是北京市级非物质文化遗产，已经具有200多年历史，但目前仍然还在传唱的却不足百段。在《徐徐道来话北京》节目中，徐德亮发掘演唱、录制了近400首单弦岔曲，在传承发展单弦岔曲这一北京市级非物质文化遗产的过程中，也为交通广播保留下一批珍贵的单弦岔曲独家有声资料。可以说，岔曲成为《徐徐道来话北京》节目的典型标志。2015年，节目还邀请了北京京剧院青年京剧艺术家、著名京剧名家孟广禄先生的弟子富博洋创作并演唱了京腔京味的节目主题歌《徐徐道来话北京》，众多听众纷纷索要歌曲录音和歌片学唱。

其次，在表现形式上，做到原汁原味的坚守，勤恳认真的挖掘。

《徐徐道来话北京》节目以评书、单口相声这两种听众喜闻乐见的艺术为表现形式，在轻松快乐的气氛中，引领听众走近北京文化，感受北京文化的独特魅力。评书和单口相声，都是北京的地方曲艺形式，在北京听众中具有强大的影响力和传播力，也是京味文化保持原汁原味的独特表现形式。此外，根据节目故事的内容风格不同，也尝试过配乐诗歌朗诵、情景栏目剧等形式，同样获得了听众的认可和喜爱。

再次，在节目主持上，做到原汁原味的坚守，勤恳认真的挖掘。

北京人说北京话，讲北京的故事，自然也离不开北京俚语和京味风格。为了演播好每一期节目，主持人徐德亮和节目编辑会对稿件进行京味语言的再加工，有时，甚至能将初稿改得面目全非，以达到原汁原味的京腔京韵。为了让外埠听众也能听懂这些京味语言，节目组还特别开辟了“北京话”单元，经常用普通话讲解节目中出现的北京土话。此外，节目中，还经常利用京味影视剧录音片段来展现北京风情的曲艺作品，让听众感受北京话的语言魅力，强化主持人的京味主持风格。

最后，在后期合成录音制作上做到原汁原味的坚守，勤恳认真的挖掘。

《徐徐道来话北京》节目充分利用徐德亮会播讲评书、会说相声的语言优势，将新老北京的传说故事、人物故事及新鲜事，用地道的京味语言徐徐道来，广播节目加入了评书相声的元素，成为一档具有鲜明时代特征的现代京味怀旧节目。在节目中，可以听到传统评书的帅气，也可以听到相声中包袱的幽默，让人从故事中感受到城市精神“润物细无声”的完美表达。为了能让听众具有听书、听相声的感觉，在后期合成制作中，特别加入了醒木、快板、笑声等音效，让评书、相声的表现形式更有现场感。在有的节目中，音乐、片花、音效的合理运用，结合了广播剧的情景特征，从内容和形式都给听众前所未有的听觉美感和听觉享受。

《徐徐道来话北京》的最大创新之处，就是节目创作组一直以来孜孜不倦追求的坚守，并且是原汁原味的坚守，勤恳认真的挖掘。为了制作《徐徐道来话北京》节目，节目制作团队收集购买了各类介绍北京的图书2000多种（册），其中包含清代、民国和新中国早期出版的古籍，再加上节目组对老北京民俗专家、非遗传承人的采访，使节目持续保证精彩和创新成为可能。

（北京电台交通广播）

《带本书给家乡的孩子》传递爱心

2015年，北京电视台《北京您早》连续播出大型公益节目《带本书给家乡的孩子》。节目跳出程式化的“献爱心捐书”活动报道，以书为媒，实地走进接受捐赠的孩子生活的大山和村落，倾听他们的故事，了解一本书撑起的一个梦想。节目忠实记录，真诚感人，制作精良，如同观看一本电视公益之“书”，逐页翻开孩子的梦，逐句感受爱心的暖。

书为载体，透视背后人和事

“西藏 尼木·多吉 11岁。即使放牛时也书不离手。然而他却不曾拥有一本属于自己的书。”

“河北 兴隆 胡小英 乡村小学教师。她的学校里只有6个学生，但她却坚守了30年。她的愿望是，为孩子建一所图书室”……

这是每一期《带本书给家乡的孩子》的开场白。散文化的笔触，让它不仅像一个电视节目，也像一本书的扉页。

以9月27日播出的节目为例：记者走进新疆和田，本期的主人公是8岁的艾丽菲热。为了上学，她每天天不亮就要起床，然后帮家里喂鸭子。可以看到，记者的采访注重融入孩子的生活，自然地在一旁以聊天式的方法进行采访。记者与艾丽菲热一起搭上去学校的公车。在车上，记者旁白：“当远处一辆火车经过，小姑娘脸上立刻显现出兴奋的表情……”艾丽菲热喜欢火车，是因为她从来没有离开过家乡。“古尔邦节，她希望得到的礼物是一本书。”所以，书和“火车”一样，在她的眼里，都是外面的世界的标志和载体。因为，孩子们对外面世界的了解，几乎全部源自于书本。节目以书为媒，讲述书籍背后的人物和故事，用平白的叙事方式，忠实记录一个孩子一天的日常生活，感受她的心灵，理解她对于书的渴求。这样的报道方式最能打动人心。

镜头画面，直击动人细节

“初秋的和田已经天气微凉，8岁姑娘的单薄身影，让我觉得有些心疼。”记者陪同小姑娘一起等车，此时镜头采用了仰角度拍摄，孩子的背影在广阔的天地间显得愈发单薄。画面对准了主体的背影，展现了主体所在的环境，渲染了氛围，也留给了观众更多的想象空间。这样的镜头画面处理，加强了主题的表现力。

镜头还善于捕捉细节并特写。记者跟随艾丽菲热来到学校，看到的情景是：学校因办学条件有限，缺少桌椅，现有桌椅也老旧残破。镜头对准了一把椅子，左边的椅子腿已经断了一截，“只能依靠孩子自己保持平衡才能坐在上面听课。”两个孩子凑在一起看书，阅读的乐趣和专注，在眼神和动作中表露无遗。

以上，镜头对于细节的掌控，对画面语言的追求，让节目在真实记录的过程中有的放矢，具有强烈的感染力。

人文关怀，传递公益温暖

从节目总体策划来看，《带本书给家乡的孩子》这一主题本身很出彩，具有人文关怀，通过“书”传递了公益的温暖。

有可操作性。在当今这个流动的社会，尤其是逢年过节回到老家，提醒人们“带本书”，一个细微的善举也许就会改变一个孩子的命运。

有丰富的内涵。它让“献爱心”明确而有指向。采取纪录片的方式，真实有力。如果没有走进这片土地，就无从知晓一个孩子对一本属于自己的书的渴求。

综上，这一系列节目像是一面窗口，让更多的观众，看到各地的每个角落里都有渴望阅读的心，从而激发起参与其中的热情，接力爱心，温暖孩子的童年。

（北京电视台）

北京卫视《幼儿缘》用精彩纪实传播育儿理念

2015年10月20日，北京卫视《幼儿缘》栏目播出“六旬母亲和五岁龙凤胎”节目。这期节目有三个特点：

一是公益化理念。

节目主要讲述了一个六旬母亲如何养育一对龙凤胎的故事，因而是一个带有社会普遍意义的育儿问题。节目中，详细展现了这个特殊家庭在日常生活中所遇到的各种难题，尤其是妈妈在教育子女方面遇到的方方面面困惑。面对此问题，育儿专家阿达丽参与其中，通过实地调查、心理实验等方式为这一家庭遇到的问题提出解决办法，而且对其进行了爱心捐助。专家在跟踪、分析和帮助的过程中，从专业视角传达出很多专业知识，如通过心理测验探寻孩子的心理需求问题，不仅对该家庭各种困惑的解决大有裨益，而且对遇到类似问题的观众具有启发作用。因此，节目的公益性突出，具有很强的人文情怀和社会教益。

二是纪实化风格

整个节目采取“用事实说话”的编创理念，用真实的镜头、实况画外音的运用以及必要的解说给观众以身临其境之感。例如，编创者用摄像机如实记录了这一家人的生活环境、日常交流、遇到问题时的尴尬，以及育儿专家的全程跟踪调研与解决途径。这种“真实的力量”让观众感到节目中的当事人似乎就在身边，因而亲切感十足。此种纪实性风格使节目贴近生活，拉近了和观众之间的距离。

三是故事化讲述

节目在叙述的过程中，通过悬念开场、跌宕讲述等手法，以一种故事化的形式吸引观众的注意力。例如，节目开头即讲道：“一位54岁女性生出一对龙凤胎……”这便引发了观众的观看兴趣。节目进行过程中，当育儿专家准备为这个家庭装一个上下铺时，又意外地遭到母亲的强烈反对，这样的一波三折又令观众欲罢不能。因而，此种故事化的讲述风格大大增强了节目的观赏性和吸引力。

（北京卫视）

“拾说什刹海”用百姓故事展现北京精神气质

北京电视台生活频道从2015年11月25日开始播出的《四海漫游》“拾说什刹海”，以细腻写实的手法记录了什刹海地区的人文样本和情感百态，从普通人的故事入手，展现了老北京的风貌和北京城的精神气质。

制作精良

一是主题鲜明。“拾说什刹海”每集分上下两期播出，以统一主题讲述什刹海百姓的故事。如11月25日、26日播出的“家传”，展现了什刹海的传统式家族经营者，在面对传统文化与现代商业的碰撞时，所进行的改革与创新。12月9日、10日播出的“守艺”，记录了一些手艺人在古代文明与当代文明的对视中，所选择的坚守与传承。二是角度新颖，作为一部文化类纪录片，“拾说什刹海”没有枯燥的历史介绍，也没有对教授学者的老套采访，而是选取最接地气的什刹海寻常百姓，或是年近百岁的修表店老师傅，或是新老两代冰刀王，或是义务九年为敬老院包饺子的交通引导员曹大姐，记录这些对什刹海最有发言权的寻常百姓的琐碎生活，让观众感受到生活的真切与温度。与此同时，以类似口述历史的形式融入历史、人文、遗迹故事，减少观众对正襟危坐式采访的抵触情绪。三是声画精致。片中使用了大量的延时素材，跨越四季，除了精致的构图、讲究的色彩，鼓楼、拱桥、垂柳、门墩等京味符号的画面也为片子增色不少。此外，片中保留大量车铃、吆喝、湖水、雨水等同期声，为故事的叙述、转场、积累情绪提供了重要作用。

解说隽永

“拾说什刹海”的整体解说风格平实自然，且每期节目中总有一些隽永细腻的解说，为全片作了总结升华，使得观众有余音绕梁之感。如“有段电影台词说：所谓大时代不过就是一个选择，或去或留。有人选择留在了自己的岁月，那是他们最快乐的日子。而经历过很多大时代的什刹海，从始至终都有自己最特别的岁月”，巧妙地将原本抽象的什刹海类比成人，拉近与观众的可感距离；同时，将什刹海置于时空背景之中，营造出历史的厚重感，调动观众进一步了解的兴趣。再如，“什刹海的包容和开放，让这片水一直波澜不惊。而守着这片水的人，以水滴石穿的姿态，对抗着现实的诱惑；不管外界多么的嘈杂，一直守着内心的含蓄与平静”，则准确地找到什刹海和附近百姓之间的相似性，通过二者的勾连，自然地传递出“踏实”“坚守”“执著”等精神内核。

立意深远

“拾说什刹海”以人带景，通过居住在不同地区的各个主人公，展现了不同视角下什刹海的美景。立意方面，却不止于美景，而是传递了平凡普通的什刹海百姓的不平凡的精神与情感。如12月2日、3日播出的“情分”，曹水蓉、刘晓东对街坊四邻数年来的帮助、容易先生对传统建筑的保护、捷克人杨凯博对什刹海胡同的热爱，无不体现了在飞速变化的今天，“情分”“精神气质”这些却是不变的，也正是这些什刹海真正的主人，带着不变的北京精气神儿，与古老又年轻的什刹海，在历史与新生中相伴同行。

（北京电视台生活频道）

北京电视台《锐观察》国庆特别节目
角度新　立意深　内容实

2015年10月1日至6日，北京电视台新闻频道《锐观察》推出特别节目“山河岁月 相约抗战游”，将重点放在“抗战游”这个主题上，关注红色旅游景点，兼具服务性和教育性。

分组呈现，内容翔实，带领观众回顾历史

节目邀请的嘉宾是旅日学者和军事专家，三位观察员一同为观众解读抗战历史。10月1日，“抗战游”相约宛平城“七七”事变，2日“抗战游”相约山海关长城抗战，3日“抗战游”相约北京昌平南口会战，5日“抗战游”相约北京顺义地道战，6日“抗战游”相约白洋淀和狼牙山。每期节目的开篇都播放几分钟短片，带领观众回顾历史，走进当年的抗日战场。然后，记者走访抗日战场，将所见所闻所感传递给观众，增强了真实感和贴近性。史料、视频影像、专家解读相互交叉，营造出良好的节奏感，内容更显丰富翔实。如第四期北京顺义地道战，节目先播放资料短片，接着记者出镜向观众介绍如今成为旅游景点的抗战遗址，即顺义焦庄户地道战遗址纪念馆，随后记者亲身体验重走地道，并说出所见所感，让人觉得直观真切。同时画外解说对地道的相关功能进行补充说明，视频影像和现实体验双窗口模式出现在屏幕上，造成一种视觉冲击，加之观察员的详细解读，观众在观看中便收获了历史文化知识。节目还向观众展现了这些抗战遗址现在的风土人文，如特色美食、生活观念等等，历史与现实交叉，更有深度和广度。

穿针引线，层层深入，展示细节抽丝剥茧

节目在讲述抗战历史时善于抓细节讲故事，不枯燥不说教，用穿针引线、抽丝剥茧的方法一层层介绍抗战背后鲜为人知的故事，更加生动感人。如第一期宛平城“七七”事变，观察员首先为观众详细解读了宛平城情况和发生在这里的历史，细说了一些故事和趣闻，接着将视线引向宛平城外的卢沟桥和发生在卢沟桥上的抗战以及参与此次抗战而光荣牺牲的将领。其中最巧妙的设计在于介绍抗战牺牲将领的方式，节目用北京三条以人物姓名命名的道路赵登禹路、佟麟阁路、张自忠路为切入点，先介绍烈士墓，展示其生平经历，然后又再次深入，讲述他们的英勇事迹，将爱国将领在战场上临危不惧、血洒疆场的形象和气势传递给观众，激发观众的爱国之情和崇高敬意。在讲述赵登禹将军率领的大刀队的英雄事迹时，用广为传唱的《大刀进行曲》作为切入点，歌曲加影视资料、历史影像，还原了29军大刀队如何用大刀打败敌军，创造喜峰口抗战传奇的事迹，更加振奋人心。

这五期节目的主题严肃宏大而不说教，文风生动有趣而不轻妄，内容丰富翔实而不拖沓，情感真实朴素而不造作，在展示祖国大好河山的同时，也向观众传达出深厚的历史文化内涵，具有很强的教育意义。

（北京电视台新闻频道）

《法治中国60分》“西藏武警哨所边疆行”系列报道真实感人

北京电视台科教频道《法治中国60分》栏目2015年10月17日至29日播出“西藏武警哨所边疆行”系列报道，将视线聚焦西藏武警哨所及官兵的责任和使命，主题深刻、内容全面、情感真挚，彰显了媒体责任，体现了当代核心价值观。

主题深刻

20世纪90年代，由于盗伐盗猎猖獗，西藏高原的森林面积和野生动物数量急剧下降，一些国家级保护动物濒临灭绝。西藏特殊的地理位置和自然资源，其气候变化对我国乃至世界都有很大影响。2002年10月，党中央批准在西藏成立中国武警西藏森林总队，担负守卫高原脆弱生态的艰巨使命。2015年10月，《法治中国60分》“西藏武警哨所边疆行”摄制组深入武警森林部队，将镜头聚焦于这些森林守护战士，表现他们过硬的业务素质、心系藏民的奉献精神、扎根西藏的坚定意志，报道他们鲜为人知的感人故事。栏目组在西藏采访报道15天，与武警森林战士同吃同住同行，选择这一主题做系列报道，立意深刻，视角独特，将人们不了解的、未涉足的领域或事件通过镜头展现在观众面前，彰显了媒体的责任意识。

选题多样

在这一系列报道中，覆盖范围比较广，内容丰富具体。栏目组跟踪武警西藏森林总队的不同支队、执行不同任务、深入不同地区，拍摄了大量视频资料，如10月17日节目，表现他们课余训练的全过程，反映他们如何练就过硬的身体素质；10月18日节目，跟踪他们巡山，反映他们在复杂地质环境下如何开展工作，怎样对可疑的着火点或有隐患的林木进行排查和清除；10月19日节目，记录森林部队防火演练的全过程；10月21日节目，检查站的武警官兵对过往车辆进行查处，打击和震慑非法采伐和偷运木材的不法分子，在条件最苦的地方与不法分子斗智斗勇，展现官兵的生活和工作状态；10月25日节目，为藏族同胞的生活提供帮助，与藏族群众一同进行入冬前的森林防火宣传和野生动物保护工作；10月29日节目，挽救西藏同胞的生命财产安全，保障他们的生产生活等等。报道选题非常多样，内容丰富扎实。

带入感强

在这15天时间里，栏目组全程与战士同吃同住同行，这种亲身体验的方式能迅速掌握拍摄对象的工作和生活，捕捉拍摄对象的心理活动，获得第一手资料，真实度高，带入感强。记者对武警战士的采访报道具体实在，充满人文情怀，如记者采访武警战士，跑步："早上起来有时候啥事都不干，有点喘不过气来，有时候严重的话还会流鼻血""现在习惯了就好"；执行任务："爬到半山腰，腿快受不了，但是最后还是坚持下去了，因为我们的职责就是保护森林资源，不能在需要我们的时候退缩"；林政执勤："因为工作需要就上来了，这是一个有荣誉的地方"。通过镜头，观众看到了武警官兵工作的艰辛，所处环境的危险，同时也看到了西藏独有的优美壮丽的自然资源和风景，官兵在恶劣环境中表现出的积极乐观的情绪，完成任务后的荣誉感，与藏民相互帮助的温情，总体基调昂扬向上，在背景音乐的使用上也比较恰当，烘托了武警官兵完成守护使命的坚定意志。

《法治中国60分》"西藏武警哨所边疆行"系列报道，完全依靠镜头实现表达，真实质朴，真情感人。

（北京电视台科教频道）

"温暖冬日"系列报道聚焦小人物凸显严冬温情

2015年12月5日至12日，北京电视台《北京您早》推出"温暖冬日"系列报道，报道从小人物入手，关注严冬里为老百姓服务的劳动者，凸显严冬温情。

颂扬劳动者聚焦小人物

"温暖冬日"系列报道关注的都是小人物，其中包括公交夜班车司机、快递小哥、出租车司机、地铁修建工人、小区保安、清洁工等。这些劳动者有共同特点：一是在户外工作；二是多在夜间工作。冬日里黑夜漫长，天气寒冷，户外和夜间劳动者工作环境差，难度强。节目选取此类劳动者，将严冬时节与工作特点相结合，聚焦小人物，契合了"温暖冬日"的主题，同时又彰显这些小人物的奉献精神，以环境衬托人物，凸显人物形象。

跟进式拍摄，伴随式采访

由于报道对象多在工作时起早贪黑，节目在报道时采用了跟进式拍摄、伴随式采访。比如《温暖冬日：尹兆勤——我在黑夜扮靓这座城》，报道一开篇讲到“清晨四点四十五分，天还未亮，四十二岁的环卫工尹兆勤已经起床梳洗，准备上班去。”由此开始对尹兆勤一天工作的跟进式拍摄。在采访过程中，尹兆勤一边收拾东西，一边叙述自己的工作和家庭情况。跟进式拍摄以时间和地点的转移来展开报道，突出报道对象的工作特点和工作环境。伴随式采访使得画面生动，具有生活气息。《冬日里的温暖：善良“的姐”为乘客送爱心风雨无阻》《周涛——夜班司机干就要干好》《温暖冬日：出租司机——真诚沟通贴心服务让乘客感受温暖》都采用了这种报道方式，可见记者采访深入，报道下足了工夫。

双向“温暖”升华报道主题

通常的冬日走基层报道都集中于刻画劳动者在寒冷中为老百姓辛苦工作，送来温暖。“温暖冬日”系列报道不仅如此，同时强调冬日里老百姓为劳动者送来温暖，感谢他们的辛勤工作。如此双向“温暖”，把劳动者与老百姓结合在一起，升华了报道主题。比如《温暖冬日：一杯热水暖人心》的报道，就讲述了便利店的职工为夜间环卫工人送来一杯热水，以表对环卫工人的敬意；《冬日里的温暖：善良“的姐”为乘客送爱心风雨无阻》的报道，讲述了热心的老人为每天早起接她去医院的“的姐”做好早饭；《24小时的温暖守候》报道讲述了每天都有住户向保安小景道一声谢谢与辛苦。这种双向“温暖”，更契合“温暖冬日”的主题。

（北京电视台）

交流合作

2015年北京市广播影视对外交流合作情况

2015年9月20日(当地时间)，“中国优秀影视剧英国展播季”在伦敦举行，中国国务院副总理刘延东（左五）出席开幕式并致辞

2015年，北京市广播影视系统继续坚持“走出去”与“请进来”相结合，加强“推进境外节展活动、巩固北京交流平台、加强对外出访多项合作业务、做好来访接待、办好外宣节目、探索文化贸易方向”六个方面的力度，注重出访实效，对外宣传与交流合作取得丰硕成果。据统计，北京市新闻出版广电局出访团组20批38人次；北京广播电视台出访团组27批163人次，进一步推进广播影视“走出去”工程。

一、继续推进影视剧境外办展参展活动

北京市新闻出版广电局、北京广播电视台组织广播影视机构参加国外影视节展及相关活动十余次，展出一批优秀影视作品，扩大交流合作路径。突出特点是，自主办展和参展并举，有效提升北京广播影视业的国际化水平和影响力。

4月12日至15日（当地时间），北京市新闻出版广电局组团赴法国参加戛纳春季电视节并举办“北京日”活动，组织国内影视制作行业优秀的电视剧、纪录片、动画片制作单位共30家企业50余人参加节展，各国百人参加该项活动。

4月22日至27日（当地时间），北京紫禁城影业有限责任公司随中国电影制片人协会代表团赴美国参加纳什维尔国际电影节暨首届中国专场，通过搭建企业对话平台寻求沟通合作。

5月13日（当地时间），由北京市人民政府新闻办公室、中国电影博物馆和俄罗斯联邦文化部、俄罗斯国立东方博物馆联合主办，中国驻俄罗斯大使馆指导支持的“中国电影国际巡展——纪念中国电影110周年赴俄展”在俄罗斯国民经济成就展览中心举行。展览为期三个月，内容包括“中国电影110年”展览、放映中国抗战题材影片《咆哮无声》《风声》和《咆哮无声》主创见面会、

电影大课堂等。

5月19日（当地时间），北京国际电影节组委会在戛纳举办推介会。华沙电影节主席史蒂芬·劳丁、美国电影协会中国区总裁冯伟、著名导演菲利普·弥勒等中外著名影人，以及来自各大洲的著名导演、制片人，欧美各大电影公司高层，来自北京的多家电影公司代表共百余名电影业界人士出席活动。推介会上，北京国际电影节组委会负责人介绍第五届北京国际电影节的总体情况和成果，以及第六届北京国际电影节七大主体活动，并向中外电影人发出邀约。

6月6日至9日（当地时间），在加拿大班芙市第36届班芙国际媒体节上，由北京市新闻出版广电局主办、北京海润影业有限公司承办的“北京日”活动在媒体节上刮起“中国风”。

北京广播电视台、北京人民广播电台、

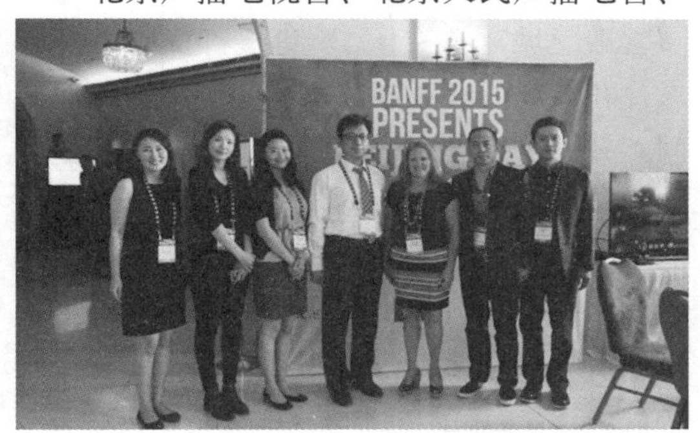

北京代表团与加拿大电影节官员合影

北京电视台、北京海润影业有限公司、北京紫禁城影业有限责任公司、北京完美影视传媒有限公司等影视机构参加展览推介等主题活动，并为组委会制作北京影视宣传片，向世界媒体展示《狼图腾》《喊山》《咱们结婚吧》《对风说爱你》《神机妙算刘伯温》等一批最新影视作品片花和海报，吸引来自世界各地的电视台、影视制作公司、新媒体及广告公司的大批高层管理人员参加。

7月8日（当地时间），北京广播电视台在德国慕尼黑举办“北京国际电影节纪录单元与北京纪实频道联合推介邀约会”。德国传媒界代表均表示愿与北京电视台建立合作关系，争取共同制作出高水准的纪录片作品。中国驻慕尼黑总领馆代总领事孙瑞英应邀出席并致辞。

9月9日至17日（当地时间），北京市新闻出版广电局组团赴加拿大参加第40届多伦多国际电影节，邀请多伦多国际电影节艺术总监卡梅隆·贝利先生担任北京国际电影节推介优秀的北美选片人；了解多伦多国际电影节的电影市场特色。并顺访阿根廷马塔布拉塔国际电影节，为第六届北京国际电影节海外形象宣传、影片邀约、嘉宾邀请、项目合作打下坚实基础。

9月20日（当地时间），由北京市新闻出版广电局主办、西京文化传媒（北京）股份有限公司承办的“中国优秀影视剧英国展播季”系列活动在英国伦敦举行。系列活动由中国影视剧展播、中英影视剧企业交流会、新片播映会等内容组成。其中，由中国影视剧制作企业选送的《亲爱的》《催眠大师》等20余部影视剧在英国普罗派乐卫视的黄金时间段进行集中展播，同时英国观众也可通过该台的网站进行网络点映。活动期间，中英影视界的专业人士就中英影视的合作合拍、交流发展、影视新媒体发展等议题进行讨论与交流。正在英国出席中英第三次人文高级别交流会议的国务院副总理刘延东出席开幕式并致辞，随后与英国文化、媒体和体育部国务部长爱德·维泽共同为展播季揭幕。

9月22日（当地时间），由北京市新闻出版广电局主办、四达时代集团承办的“南非中国年——北京周”活动之一“2015北京影视剧非洲展播季”活动在南非约翰内斯堡隆重举行。2015年展播季是2014年的延续和发展，在五个方面进行丰富、完善和创新：一是展播种类更加丰富，除电视剧外增加电影，活动更名为“北京影视剧非洲展播季”。二是展播剧目优中选优，包括《青年医生》《小儿难养》《老米家的婚事》《平凡的世界》等4部电视剧和《失恋33天》《重返20岁》《分手合约》《左耳》等4部电影，均为反映当代中国生活的优秀作品。三是展播实现常态化，时间从2015年9月到2016年9月，从原来的半年延长到一年，展播的影视剧总量接近30部。四是展播剧目译制语种大幅增加，从英语扩大到英、法、斯瓦西里、豪萨、约鲁巴、依波和乌干达等7个语种。五是推介交流活动更加丰富，在举行启动仪式前，主办方还在肯尼亚、坦桑尼亚、南非三国，举办新闻发布会、主创见面会、北京影视剧非洲展播季图片展、与国外影视机构交流洽商等活动。北京市副市长林克庆、中国驻南非大使田学军及南非相关官员出席启动仪式。

10月30日至11月1日（当地时间），由北京广播电视台所属歌华文化中心承办的北京国际体育电影周“北京展映”活动在第33届米兰国际体育电影电视节上举办成功，提升了北京奥促会和体育电影周的国际形象。特别是“北京——冰雪千年的奥林匹克之城多媒体影像展”，作为北京、张家口联合申办冬奥会成功后首次国际亮相，对申办工作起到了积极的作用。

11月4日（当地时间），北京国际电影节组委会在洛杉矶圣莫尼卡美国电影交易市场举行“北京之夜”北京国际电影节暨北京电影推介会，宣传推广北京电影和北京国际电影节，与国际电影业进行交流沟通。

北京新闻出版广电局代表团与美国电影交易市场主席出席“北京之夜”活动

推介会上展映《狼图腾》《失恋33天》《我是女王》《煎饼侠》《钟馗伏魔》等7部影片。北京电影股份、北京紫禁城影业、万达影视、大盛国际、君舍文化、华美时空及港澳台地区电影机构和电影人出席推介会。

11月22日至26日（当地时间），由北京市新闻出版广电局组织，北京雷禾文化传媒有限公司、北京三多堂传媒股份有限公司、东方良友影视传媒（北京）有限公司等近20家首都纪录片发展协会成员单位组成北京纪录片代表团参加阿姆斯特丹国际纪录片节。纪录片节上，首都纪录片发展协会的《第三极》《宋之韵》《缪斯之旅》《河西走廊》《宫殿之城》《三十二》等多部优秀国产纪录片在节展所有业内放映之前滚动播映。期间，还举办“北京与你同行”主题推介活动，参加“决策人晚宴”特别活动，先后与阿姆斯特丹纪录片节组委会主席、荷兰国家电影基金会和荷兰公共广播电视台等机构负责人会晤，与德国纪录片协会签署战略合作协议。

12月1日至5日（当地时间），北京市新闻出版广电局组团赴新加坡参加第20届亚洲电视论坛，20多家影视制作机构组成北京影视代表团，在展区搭建展台现场展示交流洽商，成功举办“京华风韵·圆梦东方”北京日主题活动，并在现场举行签约仪式。与菲律宾、泰国、老挝达成11部电视剧共计495小时的节目购买协议。

二、巩固国内交流合作平台

在国内交流合作平台建设上，继续重点打造北京国际电影节、北京电视节目交易会，以及北京国际摄影周、北京国际设计周、世界数独锦标赛等品牌项目，包括新开创的中国——东盟微电影大赛，均取得新成果。

1.巩固北京电视节目交易会平台。3月31日至4月3日和10月20日至22日举办的2015年春季、秋季两季北京电视节目交易会参展机构，进一步由境内拓展到海外，发挥融资、交流、学术和交易等功能，并持续引起许多海外媒体的关注。突出特点是，两季参展国内外电视节目制作及产业机构均突破300家，春季达346家2000余人，秋季达350家1800余人，规模再创新高。参展电视剧数量均突破600部，春季达621部，秋季达664部。此外，还分别展出数十部纪录片、电视栏目和动画片。展出内容突出以社会主义核心价值观、讴歌中国梦主题、激发爱国主义精神为主的作品，如电视剧《巨浪》《铁血军歌》《生死三八线》《岁月如金》，动画片《戚继光》，纪录片《宋之韵宋词》等。其中《金水桥边》《赎罪门》《黎明决战》等一批主旋律精品剧得到市场和专家的认可。

2.着力打造北京国际电影节国际品牌。4月16日至23日举办的第五届北京国际电影节，坚持“大师、大众、大市场”风格特色，组织“天坛奖”评奖、开幕式、北京展映、北京策划·主题论坛、北京电影市场、电影嘉年华、闭幕式暨颁奖典礼七大主体活动，以及“注目未来”单元、纪录单元、“经典京剧电影”单元、“华语电影新焦点”单元、微电影单元、电影音乐会等多项相关活动，累计270项。吸引50余个国家和地区的340余家电影机构、1.4万余名嘉宾和业界人士参加电影节各项活动，来自境内外350余家媒体的1500余名记者参与电影节报道，群众直接参与超百万人次。实现“活动规模、活动质量、大众参与程度、活动效益、中外合作以及节展传播力和影响力”六个新突破。评选出“天坛奖”十大奖项，《狼图腾》等影片、主创获奖；在全市23家影院、学术机构和8所高等院校，展映中外电影佳作360部、800余场次；电影市场签约项目36个，签约总额138.45亿，同比增长32%。

3. 联合举办中国——东盟微电影大赛。5月至9月，为推动“丝绸之路影视桥工程”和“一带一路”建设，北京市新闻出版广电局与广西壮族自治区新闻出版广电局、国家海洋局宣传教育中心联合举办“中国——东盟微电影大赛”。大赛吸引东盟国家和英国、美国、澳大利亚参赛，共征集137部微电影作品，其中北京、上海、广西、广东、福建等各省、市、自治区参赛作品122部，中国与澳大利亚合拍作品一部，中国与美国合拍作品一部，泰国、英国、韩国、伊朗、印度尼西亚等送来的参赛作品13部。经评审，29部优秀微电影获奖，其中北京、广西等国内作品25部，东盟国家作品2部，美国和澳大利亚作品各一部。

4.举办首个国际电影展映周。10月20日至25日，由北京市政府外事办公室和中国电影博物馆共同主办的首个电影展映周——法国电影周开幕。展映周历时六天，共展映法国影片《月球旅行记》《非凡旅程》《天堂的孩子》《大幻影》《勒阿弗尔》《乌鸦之日》6部20场次。

5.举办多种国际文化交流活动。北京广播电视台继续利用北京国际摄影周、北京国际设计周、中国数独锦标赛等国际交流活动，广泛接触国际文化和传媒机构，扩大北京广播影视的影响力。如10月24日至11月1日，北京歌华文化发展集团承办的北京国际摄影周吸引来自美国、德国、英国、法国、西班牙、荷兰、意大利、比利时、马尔他、印度、孟加拉、阿根廷、新加坡等13个国家的摄影节主席、摄影机构负责人、摄影大师、策展人近500人参加。“专题摄影展推介平台”展出25个国家的31个专题摄影展。此外，北京广播电视台再次成功承办“2015年中国数独锦标赛”世界青少年数独锦标赛等数独系列赛事。

三、加强对外出访多项合作业务

3月1日至5日，应美国有线电视实验室邀请，北京歌华有线电视股份有限公司4人组团赴美国弗洛里达州奥兰多市参加有线电视实验室冬季年会。

4月12日至19日，应法国戛纳电影节、意大利环球时代传媒集团邀请，北京广播电视台、北京北广传媒数字电视公司组团赴法国参加戛纳电影节，并赴意大利进行影视节目交易洽谈。

4月下旬，北京人民广播电台派人随团赴匈牙利、克罗地亚、捷克出访，推动三国首都城市的文化合作。

5月3日至23日，北京广播电视台派人随北京市委组织组部组团赴德国执行城市治理体系与治理能力建设专题研究班培训任务。

5月中下旬，北京人民广播电台5人组团赴英法德三国采访，纪念反法西斯胜利70周年大型专题报道——欧洲本土路线。

5月中下旬，北京人民广播电台5人组团赴俄罗斯、波兰、捷克三国采访，纪念反法西斯胜利70周年大型采访之东欧战场。

5月下旬，北京人民广播电台5人组团赴日本、加拿大、美国，进行纪念世界反法西斯胜利70周年专题采访—美日加亚太战场。

5月27日至6月1日，应米兰工商业、农业联合商会邀请，北京广播电视台3人组团赴意大利米兰世博会北京周活动，进行北京—米兰合作商务洽谈。

5月底至6月初，北京人民广播电台派人随团赴美国、墨西哥、古巴三国进行访问，并与三国新闻出版广播影视机构开展合作交流活动。

6月上旬，北京人民广播电台5人组团赴希腊、塞尔维亚、克罗地亚采访，纪念反法西斯胜利70周年专题报道——巴尔干战场路线。

6月下旬，北京人民广播电台5人组团赴意大利、埃及、黑山、波黑执行纪念反法西斯胜利70周年大型采访任务。

7月17日，海润影视制作有限公司电影《逆转之日》在韩国首尔开机。

7月，北京电视台4人组团应邀赴德国、西班牙、葡萄牙三国，就北京电视台纪录片的国际推广与合作事项进行商务洽谈。

7月26日至8月2日，北京电视台31人组团赴马来西亚进行采访与报道。

8月底至9月初，北京广播电视台派人随北京市外办赴美国参加培训。

8月下旬，应澳大利亚悉尼大学邀请，北京人民广播电台25人组团赴澳大利亚执行类型化音乐电台的新媒体推展培训任务。

8月30日至9月19日，应英国盛联公司邀请，北京广播电视台25人组团赴英国参加传统媒体与新媒体融合与创新发展培训。

9月中旬，北京人民广播电台3人组团赴加拿大、阿根廷、巴西执行落实奥运会冬奥会采访报道及采访足球体制改革任务。

10月1日，海润影视制作有限公司组团赴韩国参加第20届韩国釜山电影节，并携电影《逆转之日》展映。

10月13日至22日，应瑞士耐瑞唯信公司邀请，北京广播电视台派人赴瑞士、法国、西班牙进行多媒体技术应用与交流。

10月11日至10月18日，应世界智力谜题联合会、斯托杰尼亚“逻辑俱乐部”邀请，北京广播电视台2人组团赴捷克、保加利亚参加并采访世界青少年数独锦标赛及世界谜题锦标赛大会任务。

10月中旬，北京电视台组团赴希腊、葡萄牙和意大利三国，就高清电视节目制作播出、多媒体业务法律法规的执行管理及技术平台建设方案进行调研。

10月底，北京电视台20人组团赴加拿大

参加电视节目的构建与创意培训班。

11月1日至9日，北京北广传媒影视股份有限公司2人组团赴美国参加中美电影节，洽谈影视节目合作，推介国产影视剧作品，参展的电视剧《我的二哥二嫂》荣获“评委会金天使奖”。

11月至12月期间，北京电视台组团赴日本、韩国，与两国邀请方就广播专业器材新技术、新产品的实际应用情况进行交流与商洽。

四、利用来访开展交流合作

北京市广播影视继续充分利用与外国政要、使节、驻京机构高管接触方便的条件，把做好接待来访作为开展对外交流的重要渠道。交流洽谈的内容主要有节展合作、影视交易、拍片以及技术引进等事项。具体情况是：

1月12日，以色列康思公司总裁戴夫格林先生到访北京广播电视台，商讨在中国大陆市场合作开发数独移动客户端产品的相关事宜，并达成基于康思在线谜题技术等事宜。

8月7日，北京人民广播电台在京与韩国京畿道放送签署制作节目的框架合作协议。合作协议由北京外语广播负责制作一档介绍韩国京畿道旅游文化节目。

8月18日，拉美国家广播电视资深媒体人士研修班代表到北京网络广播电视台参观交流。

8月，韩国株式会社副总裁一行5人到访北京广播电视台，就节目模式引进及联合研发等进行座谈交流。

11月，北京电视台纪实频道在京与日本广播公司NHK举行年度会议，就双方合作拍摄的4K纪录片《最后的沙漠守望者》进行座谈交流。

年内，乌干达总统穆塞韦尼、赞比亚总统埃德加·伦古、喀麦隆总理菲勒蒙、刚果（金）总统卡比拉、苏丹总统巴希尔、埃塞俄比亚总理海尔马里亚姆、马拉维总统穆塔里卡、利比里亚总统瑟利夫等非洲国家领导人，在京分别接见四达时代集团公司（数字电视投资运营商）总裁、副总裁，他们对四达时代集团公司开展的数字电视多种终端产品，包括投影电视、智能电视、太阳能供电系统及智能手机等表现给与高度评价。

五、办好外宣节目扩大国际影响力

广播电视节目继续利用各个平台、渠道开展对外播出，放大北京声音，对外节目国际传播覆盖与影响不断扩大，对外宣传工作取得新成效。

北京广播电视台继续组织北京电台、电视台与西方主流媒体展开全面战略合作，在英语新闻播出、互办电视节、合拍纪录片、大型活动等签署一批合作项目。

北京人民广播电台继续利用联合国电台中文网、澳洲广播电台中文网、纽约中国广播网、美国洛杉矶1300电台、加拿大中文台，澳大利亚澳华之声和新西兰华人之声电台播出介绍北京发展情况的中文节目。北京外语广播与澳大利亚堪培拉首都双语台建立新闻交流渠道，《今日北京》节目9月起在澳播出；韩国京幾广播电台也与北京外语广播合作推出旅游资讯节目；“新北京广播故事”多篇稿件通过中国国际广播电台在海外落地播出。

北京电视台节目继续以长城平台、加拿大城市电视台、黄河台、美国纽约中文卫视、美国中文电视英语频道对外播出中国节目8000小时以上，讲好中国故事。如在长城平台，精编各类优秀节目，重新编排50分钟综合性新闻节目《新闻50+》，增加“生活2015”“首都经济报道”“体育新闻”“文娱午报”等栏目，全年播出（含重播）5076小时；在加拿大城市电视台每周提供《养生堂》《食全食美》《这里是北京》等栏目约200分钟；在黄河台提供周播栏目《这里是北京》37分钟，覆盖北美和中南美地区400多所大学、7000多所中学和50多个城市的有线教育电视网，受众1500万人。在美国纽约中文卫视每周提供北京文化特色的节目约680分钟；继续与美国中文电视英语频道合作，编译优秀品牌节目面向纽约观众播出。

六、继续探索文化贸易和文化创意产业发展方向

5月1日至7月5日，北京歌华文化发展集团承办的“奥地利百年绘画展1860—1960”，展出1860—1960年间奥地利艺术家的绘画作品共90件。展览作为中奥建交44周年文化交流活动的重要组成部分，对新时期中奥关系良好发展起到积极的促进作用。

9月23日至10月7日，北京歌华文化发展集团承办的2015北京国际设计周在京举办，围绕“设计之都·智慧城市·产业融合”的主题，以中华世纪坛设计会展平台、歌华大厦设计服务平台、天竺文化保税园设计贸易平台三个平台为核心，以设计市场为导向，通过设计服务、经典设计奖、智慧城市、设计之夜、设计贸易、主宾城市和设计之旅七项主体内容，组织各类设计活动420余项，集中展示、推介京津冀地区文化创意的新成果，促进国内外设计市场的交流与交易。韩国、丹麦、波兰、挪威、意大利、荷兰等30多个国家与设计周展开深入的项目合作。美国有线新闻网CNN、路透社、意大利晚邮报、英国墙纸杂志*WALLPAPER*等众多国际重量级媒体刊发新闻、专题超过百余篇。

11月7日至8日，北京歌华文化发展集团为促进中国创客与世界创客的交流发展，推进本土创客项目的市场化，引进并承办的“2015北京创客盛会”在中华世纪坛举办。“创客盛会”以“文化+科技+教育”为特色，既有充满未来科技感的新奇产品，还有手工艺品、北京地域特色的非物质文化遗产，以及创客教育领域的论坛、课程等。在“创意市集”活动上，来自美国、韩国、日本、台湾、北京、上海、深圳等多个国家和城市的150余个知名创客团体和个人参加，展示3D打印旗袍、语音交互玩偶、可穿戴摄影设备、智能体感游戏机、创意首饰、智能机器人等兼具趣味性和科技性的作品。

（北京市新闻出版广电局、北京广播电视台）

北京市广播影视对台港澳交流合作情况

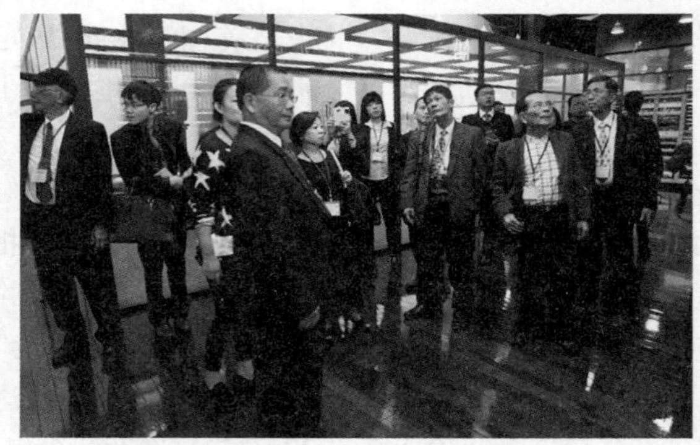

“2015北京·台湾广播发展与合作交流会”代表参观北京电台

2015年，北京市广播影视系统继续保持与台港澳同行的交流合作关系，注重实效，促进两岸三地广播影视的繁荣发展。主要情况是：

10月12至14日，由北京人民广播电台承办的“2015北京·台湾广播发展与合作交流会”在京举行，来自台湾中华广播商业同业公会和来自台北市广播节目制作业职业工会的50多位电台负责人和广播从业者，与大陆广播界围绕媒介变革、内容创新、产业发展以及京台两地合作模式等进行交流研讨。京台广播发展与合作交流活动自2013年起已连续举办三年。

10月30日至11月14日，“京台电视精品栏目交流与合作研讨会”10月30日在台北召开。在会上，北京电视台与台湾中天电视台亚洲台签署《书香北京》入岛播出合作协定。11月14日起，该栏目已在台湾中天电视台亚洲台播出。中共北京市委副秘书长、市委宣传部副部长严力强在签约仪式上表示，希望北京电视台与中天电视台以此次协议为起点，形成长久合作平台，为更多的观众朋友展示两岸文化的精彩、生活的美好，以及博大精深的中华文化之美，促进两岸人民之间的交流。

11月26日至29日，北京北广传媒影视股份有限公司一行到台北参加“第一届海峡两岸影视节目展”，展出电视连续剧《我的二哥二嫂》，参加论坛和交流。该节目展由中华广播影视交流协会、九洲文化传播中心及台湾中华节目内容制作生产业发展协会共同主办。

（北京市新闻出版广电局、北京广播电视台）

统 计

2015年广播电视播出机构及节目开办情况

项目	单位	数量
一、机构情况	—	—
市级广播电视台	座	1
区县广播电视台	座	10
区县广播电视站	座	4
乡镇广播电视站	座	37
企事业广播电视站	座	9
二、开办广播电视节目情况	—	—
公共广播节目	套	25
其中：市级	套	16
区县级	套	9
付费广播节目	套	2
公共电视节目	套	26
其中：市级	套	12
区县级	套	14
对外电视节目	套	1
付费电视频道	套	11

2015年北京市广播电视播出情况

指标名称	单位	合 计	市级	区县
广播播出	—	—	—	—
公共广播节目	套	25	16	9
播出时间	小时	171702	123823	47879
播出自制节目时间	小时	135025	104840	30185

续 表

指标名称	单位	合 计	市级	区县
付费广播节目	套	2	2	—
播出时间	小时	17520	17520	—
电视播出	—	—	—	—
公共电视节目	套	26	12	14
播出时间	小时	128143	98025	30118
播出自制节目时间	小时	57616	37395	20221
电视剧播出数	部	483	423	60
	集	17834	15689	2145
付费广播节目	套	11	11	—
播出时间	小时	96360	96360	—
对外广播节目	套	1	1	—
播出时间	小时	8760	8760	—

2015年广播电视节目制作情况

项　　目	单位	广播节目	电视节目
制作广播电视节目时间	小时	178853	179737
新闻咨讯类	小时	19489	13801
专题服务类	小时	24800	56646
综艺类	小时	41382	33947
广播（电视）剧	小时	6011	17358
广告类	小时	17260	7669
其他类	小时	69911	50316
广播（电视）剧部数	部	4	75
广播（电视）剧集数	集	237	2878

注:此表的统计范围是指各类广播影视节目制作机构。

2015年北京市广播电视播出传输情况

项目	单位	2015年
中短波转播发射台	座	1
	千瓦	160
调频转播发射台	座	17
	千瓦	40.95
电视转播发射台	座	15
	千瓦	99.3
广播综合人口覆盖率	%	100
电视综合人口覆盖率	%	100
有线广播电视传输干线网络总长	万公里	18.96
有线广播电视用户数	万户	569.13
高清交互数字电视用户	万户	460.00
付费数字电视用户数	万户	61.34
农村有线广播电视用户数	万户	79.07
农村有线广播电视入户率	%	73.69%
总人口	万人	2151.6
农村总人口	万人	243.6
总户数	万户	522.7
农村总户数	万户	107.3

注:此表中付费数字电视用数2014年数据口径有问题，本年调整。

2015年北京市广播影视创收总收入情况

单位：亿元

项目	2015年	2014年	增减额	增速(%)	占总创收收入(%)
总计	525.12	427.04	98.08	22.97%	100.00%
1. 广告收入	215.35	175.39	39.96	22.78%	41.01%

续 表

项目	2015年	2014年	增减额	增速(%)	占总创收收入(%)
其中：广播广告收入	12.71	10.38	2.33	22.45%	2.42%
电视广告收入	62.00	78.17	−16.17	−20.69%	11.81%
2. 广播电视节目销售收入	68.79	52.92	15.87	29.99%	13.10%
3. 有线广播电视收视费	11.51	10.86	0.65	5.99%	2.19%
4. 付费数字电视收入	0.57	2.05	−1.48	−72.20%	0.11%
5. 三网融合业务收入	5.73	5.52	0.21	3.80%	1.09%
6. 电影票房收入	31.51	22.82	8.69	38.08%	6.00%
7. 其他创收收入	191.66	157.48	34.18	21.70%	36.50%

2015年北京市广播影视创收收入构成图

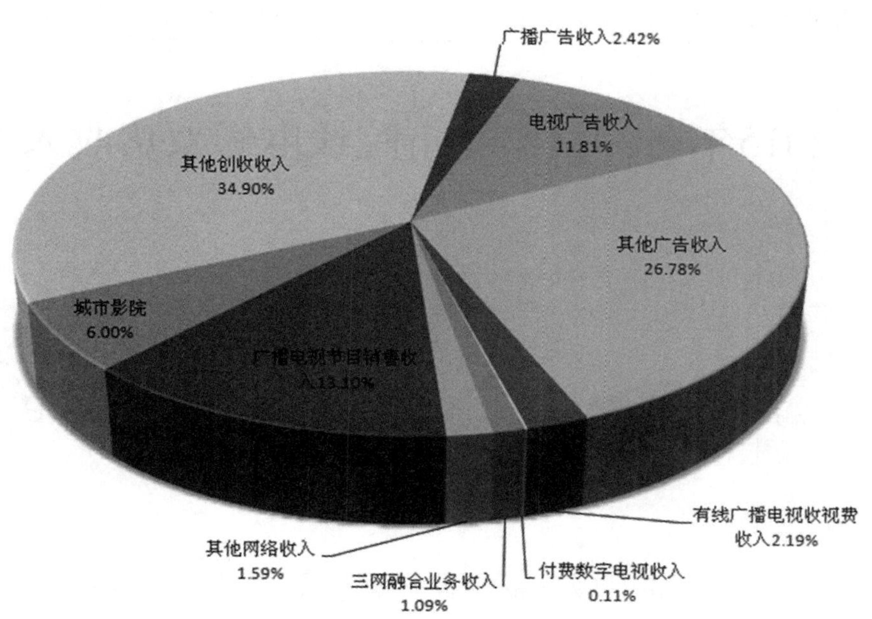

2015与2014年电影基本情况对比

项目	计量单位	2015年	2014年	增(减)量(±)	增(减) 比率(%)
电影院线数量	条	23	23	0	0
电影院数量	家	182	169	13	7.69%
银幕数	块	1050	963	87	9.03%
其中：IMAX巨幕	块	14	11	3	27.27%
影院座位数	万个	17.34	16.3	1.04	6.38%
院线放映场次	万场	197.98	162.47	35.51	21.86%
院线票房收入	亿元	31.51	22.82	8.69	38.08%
院线观众人数	万人次	7164.21	5184.57	1979.64	38.18%
公益电影放映场次	万场	17.79	17.36	0.43	2.48%
流动放映场次	万场	1.44	1.74	−0.3	−17.24%
固定放映场次	万场	16.35	15.62	0.73	4.67%
公益电影观影人次	万人次	801.7	869.5	−67.8	−7.80%
流动放映观众人次	万人次	97.82	137.61	−39.79	−28.92%
固定观众人次	万人次	703.88	731.89	−28.01	−3.83%

2015年与2014年城市院线电影票房收入对比

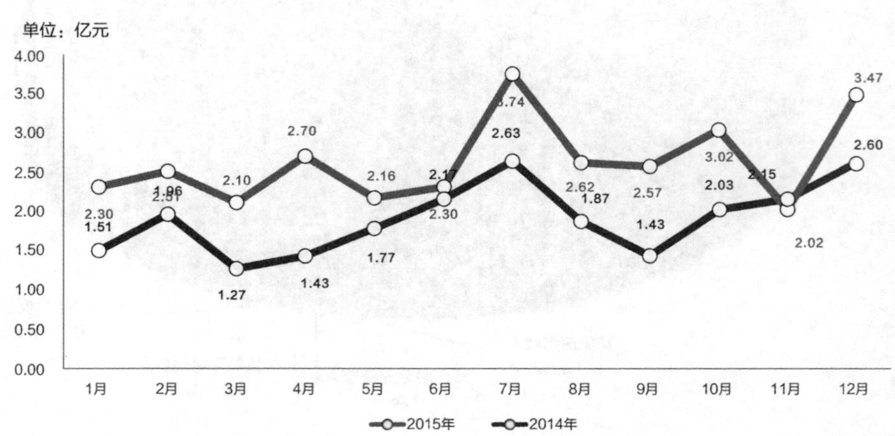

2015年北京市广播电视主要指标在全国的排位

项目	单位	全国总量	北京市	排位数	北京市所占比重(%)
资产总额	亿元	17740.32	1609.64	1	9.08%
增加值	亿元	1767.48	106.24	5	6.01%
广播电视创收收入	亿元	3952.27	493.61	1	12.49%
其中:广告收入	亿元	1529.54	215.35	1	14.08%
有线电视收视费收入	亿元	475.15	11.51	16	2.43%
节目销售收入	亿元	280.57	68.79	2	24.52%
有线电视用户数	万户	23556.92	569.13	19	2.42%
数字电视用户数	万户	19766.55	506.68	18	2.57%
付费数字电视用户	万户	5548.82	61.34	22	1.11%
制作广播节目时间	万小时	771.82	17.89	20	2.4%
制作电视节目时间	万小时	352.02	17.97	5	5.1%
制作电视剧	部	394	75	2	19.04%
	集	16540	2878		17.40%
制作电视动画片	部	275	12	12	4.37%
	万分钟	13.83	0.48		3.47%
电视剧出口量	部	381	53	2	13.91%
	集	15902	2116		13.31%
电视剧出口额	万元	37704.63	6210.53	2	16.48%
从业人员	万人	90.01	5.72	2	6.36%

2015年北京市广播电视节目交易情况

项目	单位	数量
全年广播电视节目销售收入	亿元	68.79
其中：电视剧销售收入	亿元	34.48
全年电视剧制作投资额	亿元	42.56
全年动画电视制作投资额	亿元	1.63
广播电视节目进出口总额	万元	56461.55
进口总额	万元	49229.91
出口总额	万元	7231.64
广播电视节目进出口量	小时	20390
进口量	小时	18211
出口量	小时	2179

大事记

2015年北京市广播影视大事记

1　月

1月1日　北京人民广播电台打造的《北广购物》节目在5个频率同时开播。该节目是一档以广播为主媒介，辅以网络、手机App、型录、集商品宣传推广、组织销售为一体的购物节目和商务平台，包括新闻、体育、城市、故事和爱家在内的5个频道实现播出，每日总计播出超过5个小时；同时还在交通、文艺、音乐3个频道，不定期投放各类广告及在部分频道通过为获奖听众提供相关产品等形式，提升品牌知名度，引导听众在线收听。

1月1日　北京电视台进一步开展“走转改”活动，组织记者到密云县古北水镇、司马台新村及干峪沟村采访，并推出两版“记者好形象，社会正能量”主题宣传片在北京卫视播出。

1月1日　北京歌华文化发展集团承建的国家对外文化贸易基地（北京）企业集聚区服务中心启动试运营，工作重点是招商、为客户提供接待、洽商、政策咨询、楼宇租赁等综合服务。

1月4日　江西省委常委、宣传部部长姚亚平一行，到北京歌华有线电视网络股份有限公司调研考察，就高清交互网络改造及数推工作、高清交互平台及云平台建设、中国电视院线平台及有线网络收视数据分析系统建设、资本运作等方面座谈交流，并希望京赣两地有线电视网络公司在资本、技术、内容、业务等方面全面加强合作。北京市委常委、宣传部部长李伟，副部长张淼，北京市新闻出版广电局局长李春良，北京广播电视台党委书记刘志远，北京广播电视台副台长兼歌华有线公司董事长郭章鹏，歌华有线公司总经理卢东涛等陪同调研。

1月4日　北京人民广播电台《教育面对面》推出《2015北京教育蓝图展望》特别节目，节目以广播新闻发布会的形式展现，由家长、媒体组成提问团，通过现场、电话连线、短信、微信等方式发问，围绕“2014年系列政策给孩子带来的实惠是什么？”“政策之间关联性、连贯性何在？”两大问题，与北京市教委相关领导展开问答。

1月4日　北京歌华文化产业投资基金管理有限公司成功发行“歌华通达”闭环式私募基金，期限1年，年利率9.4%，募集规模为7500万元，全部用于重庆市政府投资的公益性项目建设。

1月8日、16日　北京市新闻出版广电局分别组织15家业绩突出的重点电影制作机构及电视剧制作甲种证单位负责人，召开2015年北京影视剧题材规划会。会议以贯彻落实习近平总书记文艺座谈会讲话精神为指导，听取与会单位重点影视剧题材规划，征求各单位需要政府提供的相关服务和支持事项。会议在总结2014年全市影视剧生产取得新成就的基础上，部署2015年影视剧创作生产再上新台阶的具体目标。国家新闻出版广电总局电影局副局长毛羽、电视剧司副司长杨铮、北京市委宣传部常务副部长王海平、北京市新闻出版广电局局长李春良和中宣部文艺局、市委宣传部、局相关部门负责人参会。

1月8日　北京广播电视台与北京云基地合作的云鼎网上线运营。该网是视频产品在线交易的B2B电子商务平台，能够降低视频产品的交易成本，来自全国各地和海外的上下游合作伙伴已达230余家，已上架的视频产品约4万小时，涵盖影视、综艺、娱乐、社会、休闲、动漫、纪实、教育等多种类型。

1月8日 北京广播电视报社与中国联通合作项目“沃邮箱”资讯移动端上线。

1月9日 北京市委常委、宣传部部长李伟，常务副部长王海平，副部长严力强，张淼，巡视员崔耀中，秘书长张劲林及相关单位负责人一行，到北京电视台新媒体基地调研。北京广播电视台党委书记刘志远、北京广播电视台台长兼北京电视台台长赵多佳等陪同。

1月10日 中国电影博物馆举办电影大讲堂“向中国电影诞生110周年致敬——中国电影诞生110周年概览”讲座，主讲人电影史学家陈山。

1月12日 北京市委常委、宣传部部长李伟主持召开专题研讨会，听取北京电视台关于纪录片《档案——解密西藏》（暂定名）的专题汇报，要求从主权、人权、宗教三个方面做好纪录片的内容策划。西藏自治区党委宣传部部长董云虎、常务副部长张晓峰、北京市委宣传部常务副部长王海平、副部长严力强，北京广播电视台台长兼北京电视台台长赵多佳、西藏电视台常务副台长丹增等参加。

1月16日至23日 北京市新闻出版广电局与市经信委、北京市工商局、北京市质监局联合组成“北京市整治非法卫星电视接收设施专项督查组”，对“非法卫星电视接收”问题进行专项督查行动。经对一批相关科技公司、宾馆、饭店、住宅小区检查，均未发现违法销售和私自安装使用非法卫星地面接收设施现象。北京市新闻出版广电局副局长王霞参加督查组沟通会。

1月23日 北京歌华文化发展集团与鹏博士电信传媒集团股份公司在国家对外文化贸易基地（北京）天竺文化保税园签订战略合作框架协议，双方将在离岸数据中心、基地信息化基础设施建设、文化跨境电子商务等方面进行全面合作。歌华集团董事长王建琪参加。

1月25日至26日 北京市人大常委会主任杜德印和北京市政协主席吉林分别看望和慰问参加北京市人大、政协“两会”报道的本市媒体记者。

1月26日至27日 北京北广传媒影视有限公司等出品的电视剧《罗龙镇女人》，在《南方盛典·电视剧》年会上获“电视剧收视贡献”奖。

1月30日 北京北广传媒数字电视有限公司制作的《水疗康复中的“小蝌蚪”》节目，在广东电视台举行的2014首届“红棉奖”公益视频大赛获公益纪实类一等奖；《真情手递手》栏目“永不消失的爱心热线”等两期节目同时获公益节目类三等奖。

1月30日 北京歌华有线电视网络股份有限公司推出全国首个“国学诵读”公共文化服务项目，该项目采取中小学生喜欢的“移动终端+分享+评价模式”的应用呈现方式，通过电视发布国学诵读经典篇目的标准诵读，北京市教委以部署寒假作业的方式，已向全市小学生普及推广。

1月 北京人民广播电台成立广播剧创作团队，以公益参演的方式打造10集“2014北京榜样”系列广播剧，播出后听众反映良好，并以此作为2015年开年剧目在春节重播。

2 月

2月1日 国家新闻出版广电总局副局长田进、童刚和北京市委常委、宣传部部长李伟率调研组到北京市怀柔区调研，考察第五届北京国际电影节开·闭幕式场地，听取电影节开闭幕式筹备和中国(怀柔)影视产业示范区情况的汇报。调研组强调：要在以往成功的基础上，进一步精心设计各环节活动，将北京国际电影节办成有风格有特色的高水平国际节展；要积极探索影视节展专业性和群众性相结合的途径，吸引更多市民参与其中，将北京国际电影节办成群众的文化盛事；要立足北京文化中心这个定位，争取更多国际性、全国性大型奖项落户怀柔，提升怀柔影视品牌知名度。电影频道节目中心主任曹寅、中国电视艺术委员会秘书长王丹彦、北京市委宣传部常务副部长王海平、北京市新闻出版广电局局长李春良、怀柔区区委书记齐静、怀柔区区长常卫等陪同调研。

2月1日 北京电视台《2015环球春晚》在BTV大剧院录制完成。北京市委宣传部常务副部长王海平、北京市委宣传部秘书长张劲林、北京广播电视台党委书记刘志远、北京广播电视台台长兼北京电视台台长赵多佳和外交部、国侨办等单位有关负责人，俄罗斯、以色列、西班牙驻华大使及澳大利亚、瑞士、韩国、南非、泰国、美国、德国、荷兰、加拿大等国家的驻华使节到场观看。

2月3日 北京市委常委、宣传部部长李伟主持召开专题会，听取北京电视台2015春节联欢晚会筹备情况汇报，提出两点要求：一是要传播主流价值观，将晚会情感节目做得生动感人；二是要严格把控底线，拒绝低俗内容。

2月4日 “2015年北京人民广播电台十六区县新闻报道合作交流会”举行。会上对2014年度各区县送评的新闻进行评选，共评出一等奖2篇、二等奖6篇、三等奖4篇。2014年下半年，部分区县记者和通讯员通过北京电台日间新闻编辑部的“快速通道”直接发稿近100篇，包括连线、录音、口播和文字。北京电台总编辑王秋对于市属媒体与区县的合作前景提出三大尝试，分别是：第一，尝试整合区县与电台的“选题会商平台”；第二，尝试在区县报道合作中更多融入“新媒体平台”元素；第三，尝试加强“人才平台”交流，逐步启动“十六区县记者和通讯员来电台短期体验活动”。

2月5日 人民日报社副总编辑阎晓明一行到北京歌华有线电视网络股份有限公司考察调研，并就业务及资本合作进行交流。北京市委副秘书长、市委宣传部副部长严力强，北京广播电视台党委书记刘志远，北京广播电视台副台长兼歌华有线公司董事长郭章鹏，歌华有线公司总经理卢东涛等参加。

2月5日 北京市新闻出版广电局召开2014年度民主生活会。北京市委常委、宣传部部长李伟出席并讲话。局党组书记、局长李春良主持会议，代表局领导班子做对照检查并表态发言。班子成员逐一开展批评与自我批评。市委第26指导组组长董颖做点评，市委组织部副部长李世新、市纪委常委韩索华，市委宣传部和市委第26指导组有关负责人参加会议。

2月8日 北京人民广播电台节目制作中心完成2012、2013北京榜样人物的十集系列广播剧《北京榜样》。该剧在创作方面，特别外邀经验丰富的知名编剧组成创作班子，除严格要求创作人员对每一位榜样人物面对面进行采访外，还对当时的报道记者进行求证，反复修改，十易其稿；在演员选择邀请冯远征、杨立新等知名艺人出演角色。

2月11日 北京人民广播电台为推进产业改革实行的节目团队建设举行签约仪式。北京广播电视台常务副台长兼北京电台台长席伟航与5个节目团队负责人签署运营协议，北京电台总编辑王秋和北京电台常务副台长陈晓红向节目团队颁发节目运营授权书。

2月11日 北京电视台举办《生命缘》栏目研讨会。国家新闻出版广电总局宣传管理司司长高长力，国家卫生计生委宣传司司长、新闻发言人毛群安及中国社会科学院、清华大学、北京市卫生计生委等相关单位领导、专家出席。参会领导和专家对《生命缘》节目高度评价，认为属于真正的现象级节目，摒弃某些节目“有意思、没意义”的导向，坚持做“有意义、有价值”的节目。

2月12日 北京人民广播电台为全面报道2015年春运工作，首次将卫星转播车开进首都机场3号航站楼停机坪，主持人和机场运行控制中心、空管中心及安检部员工在转播车上直播特别节目《平安飞回家》。

2月13日 北京市新闻出版广电局召开2015年党风廉政建设工作会议，局长李春良作题为《始终坚持党要管党从严治党，切实把主体责任扛在肩上抓在手上》的讲话。纪检组长戴维传达上级党风廉政建设会议精神，总结2014年党风廉政建设工作，部署2015年工作要点。局领导、局机关全体党员干部及局属事业单位的科级以上领导干部180余人参会。

2月13日 北京人民广播电台召开第十三届精神文明建设“五个一工程”奖表彰座谈会。北京电台创作的广播剧《让我陪你看夕阳》和报送的歌曲《时间都去哪了》，获第十三届精神文明建设“五个一工程”奖；广播剧《转山法官》《香港仔北漂记》以及歌曲《孝和中国》《美丽中国》《心无暇》《梦想》代表北京市参加第十三届精神文明建设“五个一工程”奖评选。

2月15日 北京市委常委、宣传部部长李伟和副部长严力强到北京电视台看望新闻采编播和技术工作人员。北京广播电视台台长兼北京电视台台长赵多佳等台领导陪同。

2月15日、16日 北京人民广播电台羊年春节特别节目以“洋洋得意喜羊羊，‘听听’广播过大年”为主题，分别推出3小时的“暖洋洋”和“喜洋洋”专场。节目内容以语言类相声为主，100多位观众和主持人在直播间参加互动。9个专业广播和北京广播网、“听听FM”手机客户端同步音视频播出。

2月19日 《2015年北京电视台春节联欢晚会》在北京卫视和文艺频道、青年频道、BRTN网站同步播出，整台晚会以“和美北京中国梦”为主题，蕴含人与人、人与社会、个人与国家之间的小情愫、大情怀，展现北京特色和国际视野。

3　月

3月3日 北京电视台文艺频道正式进行24小时播出，成为北京电视台第6个实现24小时播出的频道。

3月4日 由北京市委宣传部、首都文明办等部门主办，北京人民广播电台承办的“传承的力量”——北京市2015年学雷锋志愿服务主题推动日活动，在北京国际会议中心举行。仪式上，北京市委常委、宣传部部长、市志愿服务联合会常务副会长李伟，为榜样人物代表授予团队旗帜，北京广播电视台常务副台长兼北京电台台长席伟航发布北京榜样志愿服务团队名单。中国志愿服务联合会副会长兼秘书长赵津芳等出席。

3月3日、5日 北京北广传媒移动电视、城市电视、地铁电视等新媒体对全国政协、人大开幕式以及李克强总理的政府工作报告进行全程现场直播。

3月6日 北京歌华有线电视网络股份有限公司通过定向增发方式融资33亿元，用于新媒体优质版权内容平台建设和全媒体云聚合服务平台升级及应用拓展项目，引入中国电影股份有限公司、百视通新媒体股份有限公司、中信证券股份有限公司等9家战略投资者。

3月9日 上海广播电视台台长、上海文化广播影视集团有限公司总裁王建军，百视通新媒体股份有限公司总裁凌钢，上海东方明珠（集团）股份有限公司总裁徐辉一行到北京歌华有线电视网络股份有限公司访问，双方就落实战略合作协议，推进资本及业务合作事宜进行交流洽谈。北京广播电视台党委书记刘志远、北京广播电视台副台长兼歌华有线公司董事长郭章鹏、歌华有线公司总经理卢东涛参加洽谈。

3月10日 第五届北京国际电影节组委会召开现场运行指挥部第一次会议，研究部署电影节组织协调、新闻报道、环境宣传、安全保障等。会议由市政府秘书长李伟主持，国家新闻出版广电总局电影局副局长栾国志，市委常委、宣传部部长李伟出席会议。

3月10日至12日 《对话京津冀》广播特别节目在北京新闻广播、天津新闻广播、河北新闻频道同步播出。《对话京津冀》推出三期全国两会特别直播节目，邀请三省市出席全国“两会”的人大代表、政协委员走进直播间建言献策，提出对深化京津冀协同发展的期盼、建议和意见。

3月至5月 北京市广播影视协会开展“2014年度北京市优秀广播电视节目评选”活动。在各会员单位推荐上来的246件作品中，共评选出优秀作品149件。其中，北京广播电视台103件（含北京人民广播电台45件、北京电视台46件、其他下属机构12件）、各区广播电视中心46件，并完成获奖证书的发放。

3月19日 第五届北京国际电影节组委会办公室举行第一次新闻发布会，发布并介绍“天坛奖”国际评委会评委、第五届电影节筹备情况、特色亮点、“北京展映”单元的进展情况以及电影嘉年华活动的准备情况，揭晓本届电影节官方海报。国家新闻出版广电总局电影局副局长、北京国际电影节组委会副秘书长栾国志，市新闻出版广电局副巡视员、北京国际电影节组委会常务副秘书长赵志勇，市新闻出版广电局副巡视员、北京国际电影节组委会副秘书长张苏，中国电影资料馆副馆长、北京国际电影节组委会副秘书长张小光，中共北京市怀柔区区委常委、宣传部部长、北京国际电影节组委会副秘书长胡东等出席。

3月21日 北京电视台举办“影视剧新春答谢会”。会上颁发4大类24个奖项，其中，《红高粱》《大丈夫》《我的儿子是奇葩》《勇敢的心》获BTV年度金奖；《北平无战事》《产科医生》《红色》获BTV年度品质奖；8部影视剧获BTV年度最佳收视奖；9部影视剧获BTV年度收视贡献奖。国家新闻出版广电总局电视剧司副司长杨铮、北京广播电视台台长兼北京电视台台长赵多佳及影视剧中心负责人参加。

3月22日 北京人民广播电台《教育面对面》首届学生记者团成立大会举行。34名来自北京市大中小学的学生通过面试、笔试、才艺展示等考核成为首批小记者。《教育面对面》合作资源单位教育部中教国际交流中心主任孙洪墨、北京市教委新闻中心副主任王成等出席大会，并为小记者颁证。

3月22日 由北京市委宣传部、首都文明办、市水务局、北京人民广播电台联合主办的“学榜样我行动”之节水活动在朝阳区十里堡北里社区举行。北京市委宣传部副部长赵卫东、首都文明办主任滕盛萍、北京广播电视台常务副台长兼北京电台台长席伟航等主办单位领导、水务专家、节水志愿者及社区居民代表、首都各大媒体记者共百余人参加。

3月24日 中国电视艺术家协会举办“2015年北京电视台春节联欢晚会研讨会”，围绕晚会的创作经验、艺术探索、节目创新等话题开展深入交流。中国视协分党组书记、驻会副主席、秘书长张显，中国视协分党组成员、副秘书长张彦民，中国视协会理论研究部主任赵彤，中央电视台总编室节目研发中心、《中国艺术报》和北京电视台相关负责人、春晚主创人员参加。

3月25日至26日 北京广播电视台分别召开党委中心组（扩大）会和党风廉政建设工作会。在党委中心组（扩大）会上邀请中纪委委员、国家新闻出版广电总局党组成员、纪检组组长李秋芳作题为《清醒认识意识形态领域复杂情况，切实做好维护政治纪律工作》的专题报告。在党风廉政建设工作会上，学习贯彻中纪委、市纪委全会精神的情况，部署2015年度的党风廉政建设工作，台纪委书记王伟就做好党风廉政工作提出五点要求。全台处级干部200人参加上述两会。

3月26日 北京市新闻出版广电局召开2015年北京市整治非法卫星电视接收设施工作会议，传达总局关于整治非法卫星电视接收设施工作精神，就加强本市对非法生产、销售、安装卫星电视接收设施的管理和查处力度做出部署，副局长王霞出席。

3月24日至26日 北京广播电视台台长兼北京电视台台长赵多佳带队赴湖南广播电视台、上海广播电视台调研，学习交流广电行业机制创新、事业产业融合发展等方面的经验做法。北京广播电视台和北京电视台相关人员参加。

3月26日至28日 鼎视传媒股份有限公司在第二十三届中国国际广播电视信息网络展览会，重点展出“云鼎网：云视频交易服务平台”项目，引起业界关注。

3月27日 2014年度北京广播电视台节（栏）目创新奖颁奖仪式举行。101件作品参加评选,48件作品入围终评,17件作品获奖。中华全国新闻工作者协会党组书记翟惠生、国家新闻出版广电总局宣传司司长高长力、北京市新闻出版广电局副局长王霞、北京市新闻工作者协会主席梅宁华，北京广播电视台刘志远、赵多佳、王伟出席。北京电台、电视台各频率、频道负责人及业务骨干，户外媒体有关负责人及获奖作品代表百余人参加。

3月28日 北京北广数字传媒电视有限公司在“梦的绽放”第三届寻找北京最美慈善义工颁奖大会上获“最美公益媒体合作单位”奖，公司员工黄晨获“最美善行记录者”证书。

3月31日至4月3日 由北京市新闻出版广电局、北京市怀柔区人民政府联合主办的2015春季北京电视节目交易会在北京会议中心举行。交易会吸引346家影视公司参展，621部电视剧、33部纪录片和电视栏目、28部动画片在春交会期间集中展示。与往年相比，有三个显著特点：一是参展规模创新高，共吸引346家影视公司参展，尤其是参展电视剧突破600部，为历届之最；二是参展剧作精品迭出，电视剧《巨浪》《铁血军歌》《生死三八线》《岁月如金》，动画片《戚继光》，纪录片《宋之韵宋词》等广受关注；三是举办论坛提升品质，举办“电视剧的质量效益之路”为主题的业务论坛，发挥交易会促进行业交流作用。

3月 北京广播电视台圆满完成全国“两会”宣传报道：一是通过4G传输等技术抢发新闻，第一时间编发相关稿件514条，采访人大代表、政协委员200余人次，三大户外媒体集成制作播出节目6档、播发新闻800余条、完成人大、政协开闭幕会及新闻发布会的转直播工作；二是精心打造《小曹跑“两会”》等品牌栏目，丰富报道形式和内容，北京电台联合津冀两地电台推出三期直播新闻访谈节目《对话京津冀》，北京电视台开设专栏《政府报告这样影响我们的生活》，专栏《外媒看两会》通过BBC、路透社、《华尔街日报》等外国主要媒体的独特视角观察“两会”声音；三是北京网络广播电视台推出“中国向前进”全媒体报道专题，并通过BTV大媒体手机客户端、官方微博微信多渠道呈现，累计浏览量达550万余次。

3月至10月 北京市新闻出版广电局组织全市123家持证视听网站开展“中国人民抗日战争暨世界反法西斯战争胜利70周年网络主题宣传活动”。期间，推出相关影视剧、网络剧、微电影的展播展映活动。专题专栏播放量达8亿次，展播展映电影166部；电视剧152部；专题片、纪录片68部；网络剧、微电影共12部。

3月 北京歌华有线电视网络股份有限公司获“2015中国消费诚信企业榜”称号。

4 月

4月2日 国家新闻出版广电总局副局长童刚，北京市委常委、副市长陈刚，市委常委、宣传部部长李伟，国家新闻出版广电局电影局局长张宏森，市委宣传部常务副部长王海平，国家新闻出版广电局电影局副巡视员周建东赴怀柔，视察第五届北京国际电影节开、闭幕式等活动的筹备情况。

4月2日 国务院台湾事务办公室新闻局副局长安峰山到北京人民广播电台就举办“第三届京台广播发展与合作交流会”事宜进行调研沟通。北京广播电视台常务副台长兼北京电台台长席伟航对前两届京台交流会成果做汇报总结，希望在此基础上能够引入台湾广播优秀的节目资源和广播购物产品，推动两岸广播业的互动从文化交流向经济合作过渡，实现发展共赢。

4月2日 北京人民广播电台举行2014年度获奖听众交流会，5位听众代表结合自身听评广播的经历和130位与会听众交流撰写评议稿件、提出建设性意见的体会。北京电台总编辑王秋向听众介绍北京电台2015年主要工作，希望听众继续为电台的节目和发展建言献策。

4月5日 由北京电视台发起，联合上海、广东、江苏、四川、湖北、天津、河南、山西等地电视台共同推出“永远的丰碑——纪念中国人民抗日战争暨世界反法西斯战争胜利70周年”大型系列直播报道开播。

4月7日 北京电视台纪实频道与新纪实（北京）传媒公司、国家地理频道共同推出公益环保主题活动“我和海洋有个约会”暨大型纪录片《多灾之年》的全球首映仪式。

4月8日 由北京2022年冬季奥林匹克运动会申办委员会、北京奥运城市发展促进会、北京市人民政府新闻办公室指导，北京广播电视台、北京人民广播电台主办的“《我的冬奥梦》北京（张家口）青少年英语大赛”正式启动。北京奥运城市发展促进会副会长蒋效愚、中宣部对外新闻局副局长陈晓林、北京广播电视台党委书记刘志远、北京人民广播电台总编辑王秋等出席启动发布会。

4月8日 由中国广播电影电视社会组织联合会（原中国广播电视协会）与北京人民广播电台共同主办的第八届“赢在创意”全球华语广播大赛举行。

4月8日 北京歌华有线电视网络股份有限公司牵头承办的公共文化服务项目——“中国电视院线”正式落地天津，与北京地区统一页面、统一编排、统一定价、统一更新，首批上线包括《星际穿越》《第七子：降魔之战》等30部影片。

4月9日 北京歌华文化发展集团国家对外文化贸易基地（北京）二期项目正式取得北京市发展改革委立项批复。国家对外文化贸易基地（北京）天竺文化保税园被列入北京市政府扩大内需重大项目绿色审批通道，由歌华集团在顺义区投资建设。

4月12日至15日（当地时间） 北京市新闻出版广电局组团赴法国参加戛纳春季电视节并举办“北京日”活动，组织国内影视制作行业优秀的电视剧、纪录片、动画片制作单位共30家企业50余人参加节展，各国百人参加该项活动。

4月15日 第五届北京国际电影节电影嘉年华活动在怀柔雁栖公园启动。市委宣传部常务副部长、组委会副主席王海平，怀柔区区长、组委会副主席常卫，著名表演艺术家许还山分别在仪式上致辞，启动电影嘉年华怀柔会场活动。

4月15日至23日 第五届北京国际电影节"天坛奖"国际评委会主席吕克·贝松，和费多尔·邦达尔丘克、陈可辛、罗伯特·马克·卡门、金基德、费尔南多·梅里尔斯、周迅等6名评委从15部入围影片中投票产生"天坛奖"10个奖项：《暮年困境》（墨西哥）获"天坛奖"最佳影片奖，《狼图腾》（中国/法国）导演让·雅克·阿诺获最佳导演奖，《白夜》（俄罗斯）主演阿尔捷米·齐平、《女狙击手》（俄/乌克兰）主演尤利娅·佩里希尔德分获最佳男、女主角奖，《智取威虎山》（中国）演员梁家辉、《孩子》（斯洛伐克/捷克）演员艾娃·班德尔分获最佳男、女配角奖，《孩子》（斯洛伐克/捷克）获最佳编剧奖和最佳摄影奖，《格鲁伯·特蒙特》（奥地利）获最佳音乐奖，《狼图腾》（中国/法国）获最佳视觉效果奖。

4月16日 国家新闻出版广电总局局长蔡赴朝在北京市委常委、副市长陈刚和北京市委常委、宣传部部长李伟的陪同下看望梅葆玖等老艺术家。

4月16日 中宣部副部长、国家新闻出版广电总局局长蔡赴朝，北京市委常委、副市长陈刚，市委常委、宣传部部长李伟，共同慰问梅葆玖等参加第五届北京国际电影节开幕式的老艺术家。

4月16日 第五届北京国际电影节在怀柔北京雁栖湖国际会展中心开幕。开幕式由北京电视台承办。北京市市长王安顺宣布开幕，国家新闻出版广电总局局长蔡赴朝、美国知名演员阿诺德·施瓦辛格、本届"天坛奖"国际评委会主席吕克·贝松分别致辞，评委会成员集体亮相。北京国际电影节组委会副主席、国家新闻出版广电总局电影局局长张宏森代表电影节组委会向英国电影学会表示感谢并赠予证书。来自海内外的300余家媒体、近600名影迷也参加了当天的红毯仪式。

4月16日 北京电视台承办的《第五届北京国际电影节开幕式》在雁栖湖国际会展中心成功举行。

4月16日 海润影视制作有限公司董事长刘燕铭和威秀电影亚洲有限公司总裁兼首席执行官艾秋兴在北京国际电影节签订合约，宣布双方进入电影电视剧制作的战略合作阶段。同时公布《喊·山》《低俗交易》《纽约人在北京》《捉迷藏2015》及好莱坞警匪片的翻拍等五部电影合作计划。

4月16日至23日 北京市新闻出版广电局与北京市网信办联合举办第五届北京国际电影节微电影展映和微电影发展趋势论坛。优酷、搜狐视频、爱奇艺、腾讯视频四大视频网站开辟北京国际电影节微电影单元专题页面，对50部优秀微电影进行为期1周的集中展映。21日在北京饭店举行"共享·展望·微电影创作研讨及行业交流会"，北京市新闻出版广电局副局长王霞、副巡视员张苏以及国内大批电影制作人、制片人等参加。

4月16日至23日 第五届北京国际电影节"北京展映"在北京23家商业影院、艺术影院和8所高校，展映360部优秀中外影片，共放映800余场次，观影人数达21万余人次，总票房近800万。

4月17日 第五届北京国际电影节中外电影合作论坛在北京饭店举行。论坛由中国电影家协会副主席、著名导演黄建新主持，国家新闻出版广电总局副局长、北京国际电影节常务副主席童刚致辞。法国导演让·雅克·阿诺、美国制片人汤姆·德桑托、英国电影协会CEO阿曼达·内维尔、韩国希杰娱乐公司CEO郑泰成、美国导演达伦·阿伦诺夫斯基、香港导演徐克、美国导演余仁英，分别围绕“国际合拍的新趋势”“新语境下跨文化电影合作”两个主题展开对话。国家新闻出版广电总局电影局局长、组委会副主席张宏森，北京市委宣传部常务副部长、组委会副主席王海平，北京市新闻出版广电局局长、组委会副主席李春良，中国电影集团公司董事长焦宏奋，电影频道节目中心主任曹寅，华夏电影发行有限责任公司董事长傅若清等嘉宾出席论坛。

4月17日至20日 第五届北京国际电影节电影市场在中华世纪坛举办。来自全球25个国家和地区的1.2万余名中外展商和业界人士参加，注册展商275家，国际展商140家，实现签约项目36个。

4月18日 第五届北京国际电影节国际影业集团高峰论坛在北京饭店举行。论坛围绕“创新电影科技，缔造电影传奇”展开讨论。

4月18日 北京北广传媒数字电视有限公司在第三届中国广播电视栏目创新峰会暨2014年度优秀广播电视栏目推荐表彰活动上获2014年度全国广播电视优秀节目制作机构和2014年度全国广播电视优秀主持人奖。

4月20日 北京电视台举行2014年度青年创新工作站命名表彰仪式，对获得首批青年创新工作站称号的媒体内部文化与执行力青年创新工作站（办公室）等10个集体进行隆重表彰。

4月21日 北京人民广播电台故事广播在北京农业嘉年华举行2014年“北京最美乡村”大型故事征集颁奖暨2015年活动启动仪式。该活动自2013年举办以来，得到社会各界关注和好评，已成为北京市农村宣传“社会主义核心价值观”的重要活动。

4月22日 第五届北京国际电影节探寻电影之美高峰论坛在中国电影博物馆举办。业界专家围绕“电影剪辑技法的创新与发展”“电影剪辑的人才培养”“剪辑师是导演最亲密的合作伙伴”三个主题进行研讨交流。北京市新闻出版广电局副巡视员、组委会常务副秘书长赵志勇，中国电影博物馆党委书记陈志强分别致辞。国家新闻出版广电总局电影局副局长梁戈，驻北京市新闻出版广电局纪检组长、组委会副秘书长戴维出席活动。

4月22日 为推进第46个“世界地球日”主题宣传活动，北京人民广播电台与北京科普发展中心共同发起的“科学环保，有问必答——2015共建‘绿色北京’”全媒体互动传播公益行动启动。北京新闻广播、交通广播、文艺广播、外语广播、“听听FM”APP手机客户端、北京广播网、百度百科音视频同步直播。北京电视台纪实频道推出大型系列纪录片《多灾之年》特别节目在全球同步首播。

4月22日至27日（当地时间）北京紫禁城影业有限责任公司随中国电影制片人协会代表团赴美国参加纳什维尔国际电影节暨首届中国专场，通过搭建企业对话平台寻求沟通合作。

4月23日 由中国文学艺术界联合会特别支持、中国电影家协会主办，中国电影博物馆、中国文联电影艺术中心承办的“百年又拾·光影记忆”纪念中国电影诞生110周年电影藏品展开幕式暨中国电影家协会电影收藏工作委员会成立大会在中国电影博物馆举行。饶曙光、胡子光、陈志强、杨步亭等领导和王晓棠、翟俊杰等著名表演艺术家，以及来自全国各地的100余位电影收藏家出席。

4月23日 由北京广播电视台参与主办的"美丽乡村·筑梦有我——就爱你阅读"公益活动在京举行。

4月23日 第五届北京国际电影节闭幕式暨颁奖典礼在北京雁栖湖国际会展中心举行。闭幕式以"光影汇聚，梦想交融"为主题，宣布本届电影节成果，现场揭晓"天坛奖"奖项，"天坛奖"评委会主席吕克·贝松发表总结陈词。国家新闻出版广电总局副局长童刚，北京市常委、副市长陈刚等出席。

4月27日 北京电台、北京电视台启动京津冀协同发展大型主题宣传报道活动。北京电台城市广播联合中央人民广播电台经济之声、中国经济广播网及津、冀两地经济广播推出全媒体联播节目《聚焦京津冀》。北京电视台联合津、冀电视台推出大型采访报道"京津冀协同发展正当时"。活动突出以下特点：重大题材主要展现一年多来三地的"共识、举措、变化、愿景"；三地媒体共同策划、同步实施；强调记者深入一线收集线索，内容涉及交通一体化、产业转移升级、通关一体化等。

4月28日 由北京市委宣传部、首都文明办与首都绿化委员会办公室共同主办，北京广播电视台、北京人民广播电台承办的"学榜样我行动"之绿化志愿活动在密云县古北口村举行。活动中，"北京榜样"还与市民志愿者一起种植榜样树。

4月28日至7月1日 由北京市委宣传部、北京市新闻出版广电局联合举办8期马克思主义新闻观培训班，每期三天，共900多人参加。

4月29日 北京市广播影视作品审查中心被中共北京市委、北京市人民政府授予"2015年北京市模范集体"称号。

4月29日 北京广播公司与北京歌华有线电视网络股份有限公司合作设立文化产业投资基金。该基金目标规模为5亿元，初始实缴资金规模为2.5亿元，其中北京广播公司和歌华有线公司各出资1亿元，成为共同的初始发起人。

4月30日 北京外语广播2015年新开办的公益普法类节目"京城大律师"社区服务站举行授牌仪式，并成立"京城大律师"公益服务团，为首批律师志愿者颁发聘书，还举行现场法律公益咨询会。

4月 北京歌华有线电视网络股份有限公司云游戏平台在中国国际广播电视信息网络展览会上获2015年"CCBN年度创新奖——产品创新杰出奖"。

4月 中国电影博物馆根据第一次全国可移动文物普查工作部署，开始藏品普查工作。普查工作历时八个月，投入400余人次，共对15个分类、4万余件电影物品，进行鉴选、拍照、审核、信息上传。

5 月

5月1日至3日 北京广播电视台圆满完成"五一"期间宣传报道工作。各频率频道围绕节日主题，策划推出《幸福绽放》《劳动者之歌》等50余个系列报道、专题专栏、特别节目和3部公益宣传片。北京电视台、北京网络广播电视台联合市总工会启动"幸福绽放"大型主题宣传活动，集中展现各行各业劳动者风采，弘扬社会主义核心价值观。精心策划组织"奥地利百年绘画展""摄氏2014年度摄影师作品展"等涵盖绘画、摄影、手工艺等多种艺术门类在内的国内外文化展览及活动。实时播发旅游、交通、天气、文化演出等服务信息，丰富市民假期生活。

5月1日 由北京人民广播电台城市广播、中央人民广播电台经济之声、天津广播电视台经济广播、河北经济广播、石家庄经济广播、唐山经济生活广播和中国经济广播网联合打造的全媒体联播节目——《聚焦京津冀》，正式在三地经济广播和中国经济广播网同步播出。首期节目主题为“京津冀协同发展进程中的出行与旅游”，北京台、河北台、石家庄台、唐山台分头采访集成制作。

5月4日 北京紫禁城影业有限责任公司获邀出席中宣部文艺局组织召开的在京重点影视企业工作座谈会，汇报电影《帅孟奇》《终极胜利》、电视剧《八一南昌起义》《秘密》《义士安重根》等重点项目的创作生产规划。中宣部文艺局副局长王强主持会议，北京市委宣传部常务副部长王海平、北京市新闻出版广电局局长李春良等参加。

5月6日 北京北广传媒城市电视有限公司与北京市国资委及市属10家大型集团企业联合召开“北京国企+城市电视”业务拓展交流会。

5月8日 北京广播电视报社官方微信上线，内容按照固定日期进行发布，定期推出微信活动、话题。

5月10日 北京人民广播电台纪念中国人民抗日战争暨世界反法西斯战争胜利70周年大型采访报道《让历史告诉未来》启动，报道团队开赴华南三省——广东、广西、福建展开采访报道。

5月12日 中国广播电影电视社会组织联合会（原中国广播电视协会）会长张海涛、副会长张丕民等到北京人民广播电台调研，了解北京电台在体制创新、内容创优、媒体融合等方面的工作情况。北京广播电视台常务副台长兼北京电台台长席伟航、北京电台总编辑王秋等台领导和相关部门人员参加座谈。

5月13日（当地时间） 由北京市人民政府新闻办公室、中国电影博物馆和俄罗斯联邦文化部、俄罗斯国立东方博物馆联合主办、中国驻俄罗斯大使馆指导支持的“中国电影国际巡展——纪念中国电影110周年赴俄展”在俄罗斯国民经济成就展览中心举行。展览为期三个月，内容包括“中国电影110年”展览、放映中国抗战题材影片《咆哮无声》《风声》和《咆哮无声》主创见面会、电影大课堂等。代表团团长、北京市委宣传部常务副部长王海平，中国电影博物馆党委副书记李米莉等6人参加活动。

5月13日至14日 北京歌华有线电视网络股份有限公司“歌华物联网”“歌华视联网”“歌华有线多媒体云服务平台”参展第十八届中国北京国际科技产业博览会，展示歌华最新科技成果。

5月14日 新华网总裁田舒斌、创联教育集团董事长路行到北京歌华有线电视网络股份有限公司考察调研，北京广播电视台副台长兼歌华有线公司董事长郭章鹏、歌华有线总经理卢东涛陪同考察调研，三方就开展在线教育、新闻、健康等内容的业务合作进行交流洽谈。

5月14日至15日 由北京北广传媒移动电视有限公司和中国广播电影电视社会组织联合会交宣委移动电视分会共同主办的2014年度中国移动电视节目创优评析评审会召开。

5月15日 北京歌华有线电视网络股份有限公司发布公告，投资16.5亿元人民币建设智慧云项目，并在河北涿州开发区新征土地62亩，形成云计算中心、客服中心、子公司办公服务综合体及服务性工程建筑等五个功能区。

5月18日 北京人民广播电台第10套频率——青年广播正式开播，对外呼号“北京人民广播电台动听调频MetroRadio FM94.5”，是北京电台第七套开路调频广播频率，定位于北京国际都市频率，面向青年群体，发射功率10千瓦，全天24小时滚动播出欧美流行音乐和时尚都市资讯。

5月18日 “2015国企楷模·北京榜样”主题活动系列宣传片，在北京北广传媒移动电视、城市电视（楼宇电视联播网及大屏联播网媒体平台）、地铁电视等新媒体滚动播出。

5月19日（当地时间） 北京国际电影节在第68届戛纳国际电影节举办推介会。华沙国际电影节主席史蒂芬·劳丁、美国电影协会中国区总裁冯伟、法国著名导演菲利普·弥勒等中外著名影人，以及来自各大洲的著名导演、制片人，欧美各大电影公司高层，来自北京的多家电影公司代表共百余名电影业界人士出席活动。推介会上，介绍第五届北京国际电影节的总体情况和成果，并向中外电影人发出邀约。

5月19日 由北京广播电视台参与主办的“美丽乡村·筑梦有我”公益活动助力乡村文化建设举行。

5月21日 第五届北京国际电影节工作总结会召开，市委宣传部常务副部长王海平主持会议，国家新闻出版广电总局电影局副局长栾国志、市政府副秘书长王晓明，市委常委、宣传部部长李伟，副部长严力强等出席。会议要求组委会继续坚持正确办节方向，打造具有“国际水平、中国特色、北京风格”的文化盛事。

5月21日 北京北广传媒城市电视有限公司运营的“北京楼宇电视联播网”和“LED户外大屏联播网”在中国户外百强媒体评选中获“中国十大户外综合媒体”称号，“世贸天阶LED大屏”被推为“北京地标户外媒体”。

5月22日 北京歌华有线电视网络股份有限公司牵头承办的公共文化服务项目——“中国电视院线”在河北落地，实现在“京津冀”地区有线电视平台上线，开启三地一体化运营、互联互通模式。

5月22日至24日 北京歌华有线电视网络股份有限公司国学诵读和在线作文辅导教育服务应用在青岛全国教育信息化应用展览会参展，教育部副部长杜占元、刘利民参与体验并听取工作汇报。

5月26日 北京电视台召开系列纪录片《西藏》研讨会。国家新闻出版广电总局理论文献影视片创作领导小组副组长金德龙、中央文献研究室副主任杨胜群、中央统战部《中国西藏》杂志社前社长张晓明和军事科学院、中央档案馆、中宣部理论局、国家新闻出版广电总局宣传司、中央人民广播电台、中央电视台、北京市委宣传部新闻处等单位领导和专家出席会议，围绕纪录片文稿、主题、立意等方面内容进行研讨。

5月26日 北京歌华有线电视网络股份有限公司举行“歌华电视”4K融合一体机新闻发布会。该一体机具备数字电视双向交互功能内置、硬件配置强大等优势，无需外接机顶盒即可提供海量、独家节目内容，特设4K影片专区，累计储备节目50万小时，还可提供云游戏、云飞视、北京数字学校等多个精品游戏、视频、教育类应用。同时，不受外网带宽限制，北京全市全网均可使用，无需额外支付宽带费用，具有极高的市场性价比。北京广播电视台党委书记刘志远、北京市新闻出版广电局副局长杨培丽，北京广播电视台副台长兼歌华有线公司董事长郭章鹏、歌华有线公司总经理卢东涛，相关合作单位领导、行业专家及公司高管近300余人参加发布会。

5月27日 北京电视台与中国人民对外友好协会共同策划的“北京卫视《养生堂》革命老区全国巡讲”启程。该巡讲是北京电视台首次将演播室搭建在偏远革命老区，并邀请医疗健康专家与老区人民面对面交流。

5月28日 北京歌华有线电视网络股份有限公司高清交互平台“纪念中国人民抗日战争暨世界反法西斯战争胜利70周年主题专区”启动仪式在东城区史家小学举行。北京市委常委、教育工委书记苟仲文，北京市委宣传部副部长赵卫东，北京市教委副主任付志峰，委员李奕，北京广播电视台党委书记刘志远，歌华有线公司总经理卢东涛出席。

5月28日至6月1日 北京人民广播电台新闻、文艺、交通、外语、爱家五个专业广播在官园中国儿童中心童书博览会现场搭建直播间，进行13场、12小时35分钟的现场直播。

5月29日 北京市委常委、宣传部部长李伟先后到北新桥街道社区文化站点和北京歌华有线电视网络股份有限公司调研，提出四点要求：一要保障好群众在看电影、数字阅读等基本公共文化服务的需求；二要做好升级改造工作，如“电影下乡”服务等；三要进行深入调研，由北京市文化局牵头，北京市新闻出版广电局等部门配合，北京广播电视台、歌华有线公司具体落实；四要努力打造首都公共文化服务新名片，树立全国公共文化服务新典范。

5月下旬 北京市新闻出版广电局选送的“2014年度国产纪录片及创作人才扶持项目”揭晓：7类项目入选国家新闻出版广电总局年度扶持项目；8个具体项目被评为年度扶持对象，占全国广电系统年度扶持项目总数的13.3%；北京三多堂传媒股份有限公司制作的《宋之韵》被评为优秀系列片；北京广播电视台纪实频道《纪实天下》被评为优秀栏目；北京广播电视台纪实频道、北京三多堂传媒股份有限公司被评为优秀制作机构；北京广播电视台纪实频道被评为优秀播出机构；北京市新闻出版广电局宣传管理处被评为优秀组织机构。

5月至9月 北京市新闻出版广电局与广西壮族自治区新闻出版广电局、国家海洋局宣传教育中心联合举办“中国——东盟微电影大赛”。大赛征集137部微电影作品，其中北京、上海、广西、广东、福建等各省、市、自治区参赛作品122部，中国与澳大利亚合拍作品1部，中国与美国合拍作品1部，泰国、英国、韩国、伊朗、印度尼西亚等送来的参赛作品13部。经评审，29部优秀微电影获奖，其中北京、广西等国内作品25部，东盟国家作品2部，美国和澳大利亚作品各1部。

5月 中国电影博物馆被授予全国科普教育基地（2015-2019）称号。

6 月

6月1日 由北京人民广播电台交通广播发起的1039青年公益基金参与捐建的四川省雅安市天全县程家小学竣工开学，116名小学生告别板房教室，在全新的教学楼内开始上课。程家小学也正式更名为北京爱心希望小学。1039青年公益基金成立于2012年“7.21北京特大暴雨”之后，曾援建在水灾中受损严重的房山区娄子水小学。

6月1日 中宣部副部长孙志军到北京电视台新媒体基地和北京歌华有线电视网络股份有限公司调研。孙志军对两单位的改革创新发展和公共文化服务等方面取得的成绩给予充分肯定，希望加快转型升级，努力实现持续健康快速发展。北京市委常委、宣传部部长李伟，副部长张淼、北京广播电视台党委书记刘志远、北京广播电视台台长兼北京电视台台长赵多佳陪同调研。

6月1日 文化部部长雒树刚在北京市委常委、宣传部部长李伟陪同下到北京民营企业——四达时代集团调研，四达时代集团总裁庞新星汇报集团发展情况。

6月1日 北京北广传媒数字电视有限公司《弈坛春秋》频道与新合作方北京星洵文化传播有限责任公司签订合作协议后，重新开播。该频道全面改版，开设包括《猫哥讲定式》《极速点评》《超好用布局》《葛道网训》等栏目，突出围棋频道的观赏性和竞技性。首播时间改为早8点整，时长4小时。

6月3日 北京电视台举行大型电视探访

活动《非常丝路·千年穿越》启动仪式。文化部、商务部、国务院新闻办、国家新闻出版广电总局和北京市委宣传部、北京市政府新闻办、北京市外办、北京市侨办、北京大学等单位相关负责人，泰国、希腊、白俄罗斯、波兰、塔吉克斯坦等国驻华使节出席，北京广播电视台台长兼北京电视台台长赵多佳主持仪式。

6月3日 北京市新闻出版广电局与北京市公安局、北京市文化市场行政执法总队、北京市无线电管理局联合打掉一批非法侵占广播专用频段并干扰中央、北京市广播电台正常播出的非法频率，在朝阳、海淀、丰台等7个区取缔非法广播电台10处14个频率，抓捕作案嫌疑人5人。

6月4日 北京北广传媒影视有限公司正式更名为北京北广传媒影视股份有限公司。

6月5日 北京电视台发起的第七届“北京影响力”启动仪式暨“京津冀协同发展主题论坛”举行。北京市发改委副主任、北京市京津冀协同发展办公室副主任刘伯正、北京广播电视台台长兼北京电视台台长赵多佳等台领导和京津冀三地的30余位企业家参加。

6月8日（当地时间）在加拿大班芙市第36届班芙国际媒体节上，由北京市新闻出版广电局主办、北京海润影业有限公司承办“北京日”活动举行。期间，北京广播电视台、北京人民广播电台、北京电视台以及北京海润影业有限公司、北京紫禁城影业有限责任公司、北京完美影视传媒有限公司等影视机构参加展览推介等主题活动，并为组委会制作北京影视宣传片，向世界媒体展示《华丽上班族》《狼图腾》《喊山》《咱们结婚吧》《对风说爱你》《神机妙算刘伯温》等一批最新影视作品片花和海报，吸引来自世界各地的电视台、影视制作公司、新媒体及广告公司的大批高层管理人员参加。

6月8日 北京电视台新一批援疆记者赴新疆和田北京电视台记者站启程。北京电视台自2010年开始派记者援疆，共派出21名驻站记者报道北京市的援疆成就及和田的人文风情。北京广播电视台台长兼北京电视台台长赵多佳率队前行。

6月9日 由中国广播电影电视社会组织联合会和北京人民广播电台联合主办的第八届“赢在创意”全球华语广播大赛终评评审会结束。经评委评议，24件作品分别获“原创广播节目类”“创新广播节目类”“原创广播公益广告类”的金奖、银奖、铜奖和优秀奖。

6月11日 中共北京市新闻出版广电局机关委员会和机关纪委（两局合并后）召开首届选举大会，成立第一届机关委员会和机关纪律检查委员会。

6月11日 北京电视台科教节目中心《第三调解室》栏目获得全市优秀公益品牌，被授予北京市社会组织公益服务品牌银奖。

6月12日 北京紫禁城影业有限责任公司携电视剧《永不低头》《创业伙伴欢乐多》参展第21届上海电视节，推广公司作品。

6月上旬 北京北广传媒城市电视有限公司与北京市发改委联合推出《共话十三五，共绘新蓝图》系列专题栏目播出。该栏目为一档“社会人物采访建言类”节目，每周一期。

6月中旬 北京电视台在端午节推出特别节目——《“精彩延庆，喜迎端午”——第七届北京端午文化节》大型直播节目，播出赛龙舟、非遗展、诗画会等一系列端午特色节日活动。

6月中旬 北京歌华有线电视网络股份有限公司发起组建“中国电视院线”运营公司。其中，包括中国电影股份有限公司、中国广播电视网络有限公司和阿里创业投资有限公司、金砖丝路投资（深圳）公司、北京北广传媒集团有限公司等。公司注册资本为5

亿元，其中歌华有线出资3.1亿元，持股比例为62%；中影股份、国网公司分别出资5000万元，占比10%；阿里等其余三家公司分别出资3000万元，占比6%。“中国电视院线”已在天津、河北、贵州和深圳等地上线。

6月15日 北京歌华有线电视网络股份有限公司召开“GAME+融合开创未来”电视游戏产业联盟筹备会，会议围绕广电行业电视游戏运营和电视游戏产业未来发展等方面进行探讨，并发起成立“电视游戏产业联盟”的倡议。上海东方有线、天津广电等全国近30家省市有线电视网络公司、百度、阿里巴巴、腾讯等互联网企业以及盛大游戏、永新视博等15家游戏公司100余人参会。

6月16日 北京紫禁城影业有限责任公司摄制出品的电影《对风说爱你》在上海举行首映礼。同时，该片入围2015年上海国际电影节金爵奖的评选。

6月16日 北京电视台与青海省委宣传部、青海广播电视台共同举办的“2015青海国际水与生命音乐之旅——世界防治荒漠化和干旱日主题音乐会”在青海贵德举行。音乐会以“敬畏自然、颂扬河流、关爱生命、建设生态文明”为主题，邀请天津交响乐团及汉族、藏族、蒙古族、土族艺术家等，通过交响乐、原生态民歌、组合演唱等形式表达热爱自然、热爱生活、热爱生命，共筑美丽中国的心声。

6月17日 台湾云林县神农电台台长戎屏国率当地听众代表一行20人在国台办有关领导陪同下到北京人民广播电台参观访问，并促进两岸农业及其他领域的互通和发展方面举行座谈会。会后，参访团一行还参观考察广播直播间。

6月18日 由北京广播电视台和北京老干部局主办的《我与抗战——讲述抗战故事，传承革命精神》大型主题系列活动启动，91岁高龄的朝阳区离休干部张轩老人讲述他在战场上被碎弹片击伤的经历。该活动持续两个月。活动期间，北京广播电视台派出60名青年媒体人，走近亲历抗战的30位老同志，以二加一结对子的形式，与老同志面对面交流。挖掘出的抗战故事将以图文、视频、音频等形式在北京广播电视台所属媒体上播出。

6月18日 北京北广传媒数字电视有限公司开办的《爱家购物》频道获“中国电视购物联盟会员单位证书”。

6月23日 北京电视台主办的“共圆冬奥梦，京张心连心”第十九届京张心连心大型文艺演出在河北省张家口市怀来举行，来自怀来县的4000名青少年观众与百名群众广场舞团一起参与仪式。

6月24日 北京广播电视台媒体播控中心正式启用开播。播控中心开播后，可进一步提高户外媒体节目制播水平，增强安全播出保障能力，同时实现户外媒体节目制播系统的统一运行、统一管理。

6月25日 北京广播电视台副台长兼歌华有线公司董事长郭章鹏就“全国有线电视大样本数据联盟”合作事宜，带队到中国广播电视网络有限公司进行交流洽谈。中国广播电视网络有限公司董事长赵景春、总经理梁晓涛参加洽谈。

6月26日 北京广播电视台召开纪念中国共产党建党94周年暨表彰会活动。

6月26日 北京歌华有线电视网络股份有限公司召开电视院线控股有限公司筹备会，来自重庆、广东等17家确定出资组建控股公司的有线电视网络公司参会，会议就《发起人协议》和《公司章程》达成一致。

6月27日 由北京人民广播电台和三高文化艺术有限责任公司共同主办的“英雄——中国三大男高音北京音乐会”在首都体育馆举行。“中国三大男高音”魏松、莫华伦、戴玉强先后演唱《松花江上》《长城谣》《嘉陵江上》《黄河颂》《延安颂》《毛主席的话儿记心上》《八路军进行曲》等经典抗战歌曲。北京电台音乐广播FM97.4现场直播。本场音乐会是北京电台纪念反法西斯战争胜利70周年系列宣传的重要活动之一。

上半年 北京电台与北京电视台卡酷频道首次联合推出卡通版短剧。北京电台原创节目《娱乐72变》在北京电视台卡酷频道推出3集卡通版短剧“十分开心”，并在优酷网试播，总播放量175608次，单集平均点击数58536次。

7 月

7月1日 八一电影制片厂、中影公司、北京紫禁城影业公司、北京中联华盟文化传媒联合出品的电影《百团大战》在北京举行“热血来袭”新闻发布会，宣布9月1日在国内公映。同时，宣布启动“百城百家全国影院大型互动体验活动”的影院招募和 “百城万人爱国留言”签名活动。中宣部文艺局、国家新闻出版广电总局电影局、北京市委宣传部有关领导出席。

7月2日至3日 北京广播电视台承办的“广播影视教育培训管理”高级研修班正式开班。此次研修班是市里批复的50个市级研修项目之一，邀请中国人事科研所、北京市人力社保局的专家学者围绕人才能力建设与评价、人才发展项目管理实践、教育培训管理等内容授课，并开展交流研讨。来自区县广电中心及台属企事业单位人力资源管理从业人员50余人参加培训。

7月8日（当地时间） 北京广播电视台在德国慕尼黑举办“北京国际电影节纪录单元与北京纪实频道联合推介邀约会”。德国传媒界代表均表示愿与北京电视台建立合作关系，争取共同制作出高水准的纪录片作品。中国驻慕尼黑总领馆代总领事孙瑞英应邀出席并致辞。

7月13日 北京市新闻出版广电局会同相关部门查处位于丰台区和门头沟区的三处4套非法广播电台设备。截至7月，全市已查处非法广播电台窝点二十四处，收缴调频广播发射设备28套。

7月15日 北京人民广播电台新闻广播实施公益广告整点播出机制，全天16个整点前播出60秒公益广告。

7月17日 北京市新闻出版广电局召开北京地区《北京志·广播电视志》编纂工作会议。国家新闻出版广电总局办公厅、中央三台、中国教育台、北京两台，以及市局五个处室撰稿责任人参加。会议要求各单位以试写稿为基本格式，进一步提交短缺的资料稿。北京市新闻出版广电局副巡视员卞建国出席。

7月17日 北京电视台在北京卫视运用杜比5.1环绕声新技术播出电视剧《异镇》。5.1环绕声新技术多应用于电影制作和影院环绕声放映模式。

7月22日至26日 北京市新闻出版广电局为配合阅兵村电视大屏幕安装播放工作，组织北京电视台进入阅兵现场，对电力和通信实地勘察，并派出转播车、工程抢修车、勤务车及柴油发电车进入现场作业，经演练，圆满完成阅兵各时段电视大屏幕播放任务。

7月22日 北京广播电视台召开半年经营工作会。会议传达学习本市上半年经济形势分析会精神，全面梳理全台经营工作存在的困难和问题，提出下半年重点工作思路：以贯彻落实《京津冀协同发展规划纲要》为契机，加快产业顶层设计和布局，筑牢全台产业转型升级的基石；树立融合发展理念，抢抓“互联网+”机遇，依托自身内容生产优势，加快打造新兴版权产业；充分发挥企业资本平台作用，改变单纯依靠广告收入模式，积极走向市场，吸引和引进社会资本，开展对外投资合作，丰富产业业态，完善和延伸产业链。加强人才建设，创新人才管理机制，充分调动现有人才创新发展主动性的基础，为各项事业产业发展提供坚强的人才支撑。台领导班子成员及相关部门90余人参加会议。

7月23日 北京歌华有线数字媒体有限公司为外交部驻外使领馆工作人员随任子女开通“国学诵读”服务账号，身处海外的外交部阳光学校中小学生均可通过“国学诵读”客户端，接受中华优秀传统文化教育。

7月23日至25日 北京广播电视台参与主办的2015世界青少年数独锦标赛在京举行。来自中国、俄罗斯等九个国家和地区的青少年数独选手参加。中国队包揽全部三个组别的团体赛及个人赛冠军。赛事期间，200余名中外青少年数独选手及爱好者共同完成“世界最大连体数独吉尼斯世界纪录”挑战项目。

7月下旬 北京广播电视台积极布局京津冀协同发展，重点推进四项工作：一是依托广电优势，加强与津冀广播电视台版权合作，发展壮大广电版权产业；二是依托国家文化贸易基地（北京）天竺文化保税园，加大对津冀文化企业招商力度，打造歌华文化贸易服务品牌；三是依托秦皇岛·歌华营地、北京电视台黄金海岸培训中心，打造文化旅游产业；四是依托歌华有线广电龙头企业的带动作用，加快投资16.5亿元的智慧云项目（涿州）建设，推进京津冀有线电视传输网络互联互通、歌华电视院线、有线电视大数据联盟等项目在津冀落地，实现广电产业共赢。

7月27日 北京人民广播电台2015年《市民对话一把手》启动。北京市发改委主任卢彦做客节目解读“疏解北京非首都功能”相关工作。该栏目自2006年创办以来，连续十年邀请各委办局和区县政府近300名领导，就城市发展、民生改善等重点难点问题，通过广播、网络音视频直播的方式与市民直接对话，成为北京电台品牌。

7月29日 北京电视台召开频道独立经营改革工作会议。会议总结四个独立经营主体上半年的经营情况的同时，要求节目生产要与产业经营深度融合，坚持栏目信息公开，改变单一销售变为多元化营销，正确对待改革中出现的问题。北京广播电视台台长兼北京电视台台长赵多佳、北京电视台常务副台长韦小玉等台领导及相关职能部门、节目中心和京视卫星公司、京视电广公司、京视体育公司、新纪实（北京）投资有限公司负责人参加。

7月30日 北京歌华有线电视网络股份有限公司高清交互数字电视平台“快乐学堂”栏目上线。栏目集成50家品牌教育机构的优质教育内容，推出“孕婴、幼教、小学、中学、职业考试、艺术生活、家长课堂”七大教育课程体系，提供幼儿画报、培生英语、鲨鱼公园、Discovery等优质教育产品。

7月31日 北京获得2022年冬奥会举办权揭晓。北京人民广播电台推出《冰雪五环、聚焦冬奥——2022年冬奥会举办城市揭晓》特别节目；北京电视台9:00—21:30在北京卫视、新闻频道、体育频道和BRTN北京网络广播电视台同步推出申冬奥大型直播《通向2022》。

8 月

8月4日 由北京市委宣传部、安徽省委宣传部、扬州市委宣传部、北京市新闻出版广电局、安徽省新闻出版广电局联合摄制的电影《进皇城》（原名徽班进京），在人民大会堂召开新闻发布会，宣布摄制工作启动。北京市委常委、宣传部部长李伟，常务副部长王海平，安徽省委常委、宣传部部长曹征海，副部长汪家驷，国家新闻出版广电总局电影局局长张宏森，北京新闻出版广电局局长李春良、副局长韩昱，安徽新闻出版广电局局长车敦安等出席并致辞。

8月6日 北京北广传媒移动电视有限公司ISO9001质量管理体系完成体系再认证，取得认证证书。

8月6日 由北京市委宣传部、中国关心下一代工作委员会（简称中国关工委）作指导单位，中国电影博物馆主办的“少年儿童电影才艺展示活动暨第六届少年儿童电影配音大赛”颁奖仪式在中国电影博物馆举行。第十届全国人大常委会副委员长、中国关工委主任顾秀莲，中国关工委常务副主任闵振环，中国关工委副秘书长朱萍，北京市委宣传部巡视员崔耀中，北京市教育委员会委员李奕和中国电影博物馆党委书记陈志强等出席。北京市台办等有关单位负责人、著名艺术家和少年儿童200余人参加。

8月7日 韩国京畿放送与京畿旅游发展局一行6人到北京人民广播电台进行友好访问，双方签订战略合作协议和节目合同。根据合同，京畿放送在北京外语广播付费投放一档中文旅游节目，每周一期，每期30分钟。

8月8日 北京广播电视报社在北京传奇时代影城举行超媒体公益少年记者团成立仪式，同时推出记者团筹划的青少年真人秀《鹰眼先锋》栏目全国媒体新闻发布会暨首映礼。来自全国的电视媒体、网络媒体和平面媒体，以及各界贵宾包括各级政府单位，支持单位、投资、商界人士200多位嘉宾出席。

8月9日 北京紫禁城影业有限责任公司出品的故事影片《飞跃老人院》获第三届北京电影春燕奖最佳故事片奖。

8月13日 北京市委宣传部、北京市文化局、北京市新闻出版广电局联合召开新闻发布会，介绍纪念中国人民抗日战争暨世界反法西斯战争胜利70周年主题影视作品、重点出版物、舞台剧创作生产情况：推出《百团大战》等20部影视作品、《北平抗战实录丛书》等51种图书作品、《中流砥柱——伟大的敌后抗战》等31个音像、电子主题出版物；北京电视台《档案》栏目推出历史文献纪录片《伟大的贡献》，《养生堂》推出特别系列节目“养生堂抗日战争老区行”，北京电台推出大型报道“让历史告诉未来”、录制70集系列评书《京华英雄》，推出24期《难忘的歌声——纪念抗战胜利70周年系列专题音乐节目》等，视听新媒体38家网站已开设专题专栏，展播展映电影166部，电视剧152部，专题片、纪录片68部，网络剧、微电影12部。

8月14日 大型系列纪录片《西藏》审片会在北京电视台召开。中央统战部七局副局长金志国，中央统战部藏研中心宗教研究所所长李德成及藏研中心研究员陈庆英，国家新闻出版广电总局理论文献影视片创作领导小组副组长金德龙，中央文献研究室副主任杨胜群，中央人民广播电台副总编辑杨文延，北京市委宣传部副部长严力强，西藏自治区社科院党委书记车明怀，西藏自治区文联党组书记沈开运等，以及来自中央统战部、中央党史研究室、军事科学院、中央档案馆、中央电视台、西藏自治区党委宣传部等单位有关人员和专家参加，对《西藏》予以充分肯定。

8月17日 由北京电视台联合湖北广播电视台、杭州广播电视台、辽宁广播电视台，以“众筹”模式摄制的纪念中国人民抗日战争暨世界反法西斯战争胜利70周年特别节目——12集大型纪录片《钢铁记忆》举行开播仪式。北京广播电视台台长兼北京电视台台长赵多佳在开播仪式上致辞，抗战老战士代表、总政治部群众工作部原部长宋英奇和总后勤部十八分部原参谋长陶尊贤以及国防大学教授房兵、旅日作家萨苏等嘉宾出席并发言。

8月18日 北京市新闻出版广电局和怀柔区共同召开“中国（怀柔）影视产业示范区配套政策”课题研究会。会议围绕首都核心功能、京津冀协同发展和突出怀柔影视基地的功能定位为目标，对配套政策初稿进行研究。北京市新闻出版广电局副局长杨培丽，怀柔区委常委、宣传部长胡东等相关负责人参加会议。

8月18日 2015年拉美国家广播电视资深媒体人士研修班到北京电视台新媒体基地参观交流，来自古巴、巴拿马、玻利维亚、巴西、阿根廷、苏里南、智利、巴哈马、厄瓜多尔、格林纳达、秘鲁等国主流媒体和媒体主管部门约25位编辑、记者及相关管理人员参加。研修班由国家新闻出版广电总局与商务部联合举办。

8月19日 北京电视台举行“铭记历史 致敬英雄”——《伟大的贡献》《养生堂——革命老区巡讲特别节目》首播发布会。中国友好和平发展基金会、光明日报、北京市委宣传部、北京电视台相关领导参加。

8月20日 北京市新闻出版广电局为确保“9·3”大阅兵和田径世锦赛期间北京广播电视安全播出，召开全市广播电视安全播出动员部署会，安排部署阅兵和世锦赛期间具体保障任务，副局长杨培丽主持会议。

8月21日 北京歌华有线电视网络股份有限公司与北京市教委、拉萨市教育局、拉萨市广播电视台共同签署《“国学诵读进拉萨”教育合作框架协议》，北京市教委委员李奕、歌华有线公司总经理卢东涛、拉萨市教育局党委书记康吉美朵、拉萨市广播电视台台长关健华分别代表各方签约。

8月21日 为保障庆祝中国人民抗日战争暨世界反法西斯战争胜利70周年阅兵暨系列纪念活动顺利进行，北京市新闻出版广电局会同市公安局、北京市文化市场行政执法总队、北京市无线电管理局以及相关区县文化委员会、属地派出所联合执法，打掉严重干扰中央和北京正常广播秩序的非法广播电台6处，收缴调频广播发射设备6套，抓获犯罪嫌疑人2名。

8月22日 北京电视台运用直播、口播、专访、特写、编后、集锦、MV等多种形式，对第十五届世界田径锦标赛进行全天候、全方位、多角度报道。

8月24日 北京电视台大型系列纪录片《伟大的贡献》在北京卫视首播。《战火之源》作为序篇，揭露日本军国主义的发端和形成，总结中国对世界反法西斯战争的贡献点。《中国日报》《中国青年报》等媒体大篇幅图文报道首播消息；福建、甘肃、山西、陕西等地报刊也发文予以关注；各大门户网站在重点位置、以较大篇幅进行报道；多个微信公众号累计阅读量在两天之内突破12万。

8月26日至28日 北京广播电视台组织北京人民广播电台、北京电视台、歌华有线、数字电视、移动电视、城市电视、地铁电视等7家所属单位，参展第24届北京国际广播电影电视展（2015BIRTV），集中展示“听听FM”“电视院线”等最新广电技术成果。

8月27日 由北京人民广播电台和北京市老龄委共同举办的第二届“银发达人秀”评选活动正式启动。该活动征集具有积极生活态度、有突出才能或才艺老年人的生活故事，通过网络、手机投票和专家评选结合的方式，评选出10位（组）“银发达人”，并在节目中展现风采；活动首次使用微信公众平台和摇一摇功能，增加参与活动的娱乐性和互动性。

8月 北京广播电视台推进“美丽乡村筑梦有我”年度大型公益活动，播出相关报道500余分钟，财经频道推出一周双播的52期大型专栏《美丽乡村好计划》，台属媒体平台播出宣传片40余部、新媒体平台推送相关照片8000张。

8月至年底 北京市新闻出版广电局成立网上境外影视剧管理工作领导小组，制定网上引进境外影视剧行政许可工作流程、审查工作程序、环节和时限，组建100多人的专家审核队伍，正式对实施网上引进传播境外影视剧管理工作。截至年底，全市具备网上引进境外影视剧资质有10家持证网站。

8月底 第十八届北京影视春燕奖颁奖活动在北京电视台举行。中国文联副主席、中国电视艺术家协会主席赵化勇，北京市文联副主席、北京视协主席孙向东等领导出席并颁奖。北京电视台共有13部电视作品和2位电视工作者获得表彰。其中，《2014北京电视台春节联欢晚会》获“最佳综合电视文艺节目奖”，动画片《我的朋友猪迪克》获“最佳电视美术片奖”，电影《飞越老人院》获“最佳故事片奖”；吕军、孙仝获得“电视十佳工作者”称号。

9　月

9月1日 由北京市委宣传部指导、中国电影博物馆主办的“《冒着敌人的炮火，前进！》——纪念中国人民抗日战争暨世界反法西斯战争胜利70周年中国电影专题展览”举行。开幕仪式由中国电影博物馆党委书记陈志强主持，北京市委宣传部秘书长张劲林、北京市新闻出版广电局副局长韩昱等出席，电影专家代表朱天纬、著名导演翟俊杰等发言。

9月3日 北京人民广播电台在10个专业广播及北京广播网推出大型直播节目“神圣的战争，伟大的胜利”，全面报道“纪念中国人民抗日战争暨世界反法西斯战争胜利70周年”纪念大会及阅兵式，通过“胜利前后”“民族记忆”“伟大时刻”“永远铭记”四个主题，讲述中国军民历经十四载艰苦抗战终获胜利的情景。

9月3日 为隆重纪念中国人民抗日战争暨世界反法西斯战争胜利70周年，北京电视台12个频道并机推出《永远的丰碑》大型直播特别报道（含并机直播央视《纪念中国抗日战争暨世界反法西斯战争胜利70周年大会》）。

9月3日 北京北广传媒移动电视、城市电视、地铁电视等新媒体同步转播央视《纪念中国人民抗日战争暨世界反法西斯战争胜利70周年大会》和文艺晚会。

9月9日至17日（当地时间） 北京市新闻出版广电局组团赴加拿大参加第40届多伦多国际电影节，邀请多伦多国际电影节艺术总监卡梅隆·贝利先生担任北京国际电影节推介优秀的北美选片人；了解多伦多国际电影节的电影市场特色。并顺访阿根廷马塔布拉塔国际电影节，为第六届北京国际电影节海外形象宣传、影片邀约、嘉宾邀请、项目合作打下坚实基础。

9月11日 北京人民广播电台赴澳大利亚培训团21天的学习考察任务按计划完成。学员们先后在澳大利亚莫奈什大学传播、电影与新闻学院，澳大利亚广播公司ABC国际部，Audio Boom数字语音公司等高等学府、广播电台和互联网公司，就新形势下广播和音频行业的现状与未来和澳大利亚相关人员研讨交流。培训考察期间台领导还与悉尼大学、澳大利亚广播公司等相关部门负责人交流洽谈，签署相关合作协议。

9月12日至21日 由中国扶贫基金会、北京人民广播电台交通广播联合主办的2015年

"善行者"公益徒步活动在居庸关举行。此次活动交通广播共派出15支"1039行动派"队伍参与50公里公益徒步。截至21日，该活动共筹集到478.89万元用于贵州省威宁彝族回族苗族自治县的贫困儿童。

9月14日 北京人民广播电台城市广播《健康加油站》栏目推出系列访谈节目——"市民对话市属医院一把手"。该节目由北京市医院管理局与北京电台城市广播共同策划，邀请22家市属医院院长做客直播间，就市民关注的就医问题展开讲解。节目一经播出，社会反响热烈。《北京晚报》《晨报》《北京青年报》《京华时报》《新京报》《生命时报》等多家传统媒体跟进报道；北京市政府门户网站"首都之窗"对"市民对话医院一把手"进行全程网络视频和图文直播；人民网、新华网、新浪网等多家新闻媒体争相转载。

9月18日 北京电视台举办大型系列纪录片《伟大的贡献》《西藏》研讨会。《光明日报》原总编辑、原西藏自治区党委常委、宣传部部长苟天林，北京市委宣传部副部长严力强，西藏自治区委宣传部副部长张晓峰，国家新闻出版广电总局重大理论文献影视片创作领导小组副组长金德龙，以及国家有关部门和北京市相关人员参会。

9月19日 北京紫禁城影业有限责任公司、中国电影股份有限公司联合出品的电影《狼图腾》，在吉林市举办的第30届中国金鸡百花电影节获得金鸡奖最佳影片奖。

9月20日（当地时间） 由北京市新闻出版广电局主办、西京文化传媒（北京）股份有限公司承办的"中国优秀影视剧英国展播季"系列活动在英国伦敦举行。系列活动由中国影视剧展播、中英影视剧企业交流会、新片播映会等内容组成。其中，由中国影视剧制作企业选送的《亲爱的》《催眠大师》等20余部影视剧在英国普罗派乐卫视的黄金时间段进行集中展播，同时英国观众也可通过该台的网站进行网络点映。活动期间，中英影视界的专业人士就中英影视的合作合拍、交流发展、影视新媒体发展等议题进行讨论与交流。正在英国出席中英第三次人文高级别交流会议的中共中央政治局委员、国务院副总理刘延东出席开幕式并致辞，随后与英国文化、媒体和体育部国务部长爱德·维泽共同为展播季揭幕。

9月22日（当地时间） 由北京市新闻出版广电局主办、四达时代集团承办的"南非中国年——北京周"活动之一，"2015北京影视剧非洲展播季"活动在南非约翰内斯堡隆重举行。2015年展播季是2014年的延续和发展，在五个方面进行丰富、完善和创新：一是展播种类更加丰富，除电视剧外增加电影，活动更名为"北京影视剧非洲展播季"；二是展播剧目优中选优，包括《青年医生》《小儿难养》《老米家的婚事》《平凡的世界》等4部电视剧和《失恋33天》《重返20岁》《分手合约》《左耳》等4部电影，均为反映当代中国生活的优秀作品；三是展播实现常态化，时间从2015年9月到2016年9月，从原来的半年延长到一年，展播的影视剧总量接近30部；四是展播剧目译制语种大幅增加，从英语扩大到英、法、斯瓦西里、豪萨、约鲁巴、依波和乌干达等7个语种；五是推介交流活动更加丰富，在举行启动仪式前，主办方还在肯尼亚、坦桑尼亚、南非三国，举办新闻发布会、主创见面会、北京影视剧非洲展播季图片展、与国外影视机构交流洽商等活动。北京市副市长林克庆、中国驻南非大使田学军及南非相关官员出席启动仪式。

9月22日 北京市新闻出版广电局主办的"北京市优秀网络视听节目征集评选总结表

彰大会”举行，71部作品获奖，其中包括优秀原创网络剧6部、优秀原创网络电影长片5部、优秀原创网络电影短片15部、优秀原创网台联动视听节目10部、优秀原创网络视听公益节目15部、优秀原创专业类视听节目20部。10家网站获优秀组织推荐单位。

9月22日 北京市委常委、宣传部部长李伟到中国电影博物馆调研，并参观“《冒着敌人的炮火，前进！》——纪念中国人民抗日战争暨世界反法西斯战争胜利70周年中国电影专题展览”。

9月22日至24日 北京市新闻出版广电局在国家新闻出版广电总局研修学院举办全市广播电视广告管理培训班。培训班围绕2015年修订新广告法解析、广播电视广告播出管理规定（61号令）修订情况、广告播出内容监管情况、公益广告评审及作品赏析等内容展开，来自各区县广播电视管理和播出机构的62名广告管理部门负责人参加培训。

9月22日至24日 北京电视台和承德市委、市政府共同举办“聚焦承德”主题采访活动，活动以承德生态建设为主线，以生态环境、旅游资源、特色文化为重点，采访制作特别节目在北京电视台主要频道播出，同时在承德广播电视台展播。

9月22日至25日 在中国广播电影电视社会组织联合会对外宣传工作委员会年会上，北京人民广播电台外语广播制作的《外国记者眼中的芦山地震》《小银针大情怀》、外语广播和新闻广播联合制作的《离埃博拉病毒最近的中国人》、交通广播《行走天下》、新闻广播《神风特工队》《看世界》分获2013-2014年度中国对外新闻和国际新闻奖的广播专题和播音主持奖。

9月23日至10月7日 由北京歌华文化发展集团承办的“2015北京国际设计周”在京举办。设计周围绕“设计之都·智慧城市·产业融合”的主题，通过设计服务、经典设计奖、智慧城市、设计之夜、设计贸易、主宾城市和设计之旅七项主体内容，组织各类设计活动420余项，集中展示、推介京津冀地区文化创意和设计服务与相关产业融合发展的创新成果。

9月26日、27日 北京电视台“明月照人还——2015年BTV中秋晚会”分别在北京卫视和文艺频道播出。晚会以“心升明月·情暖中秋”为主题，歌舞节目主打怀旧，语言节目力推原创，网台融合联动，台上台下、线上线下全程同步互动，还首次在晚会中发起实时公益众筹等活动。

9月28日 北京市委常委、宣传部部长李伟和北京市委常委、组织部部长姜志刚一行到北京歌华有线电视网络股份有限公司调研，并参观歌华有线公司全业务体验厅和总前端机房，了解歌华云平台、中国电视院线、歌华发布、数字文化社区、歌华电视等业务开展情况，对公司工作给予充分肯定，就有关工作提出要求。

9月29日至10月9日 由北京电视台和首都精神文明办发起、八大省级电视频道联合人民网、BRTN北京网络广播电视台、北京北广传媒等媒体共同主办的“文明旅游，带动中国”大型公益活动结束。此次活动，各媒体从北京鸟巢到青海坎布拉，连续发出“号召人们文明出游，不乱扔垃圾，汇聚社会微力量，共建社会大文明”的系列报道。

9月 北京广播传媒城市电视有限公司“北京楼宇电视联播网”和“LED户外大屏联播网”两大媒体平台获由亚洲品牌协会颁发的“最具影响力户外综合媒体”大奖。

9月底 北京人民广播电台文艺广播联合河北交通广播共同推出“乐行京津冀—2015最受听众喜爱的旅游地”评选活动。活动分为听众推荐、听众体验、多方评选、景区授牌四个阶段，以北京、天津、河北三地的4A、5A级景区及城市周边适合周末度假、亲子娱乐的旅游景区为主要参选目标，最终评出50家“最受听众喜爱的旅游地”。

9月至11月 北京市新闻出版广电局与北京网络视听节目服务协会联合举办“我的互联网+梦想”征文活动，面向123家北京市属持证视听网站从业人员进行征文，共征集作品150篇。经评审，24篇文章获奖。

9月至12月 北京市新闻出版广电局集中开展北京市境外电视网络接收设备专项整治行动，制定专项整治行动方案，召开两次专项整治行动领导小组会议、四次联席会议，协调查办有关案件。

10 月

10月初 北京电视台推出系列经济报道《新常态新亮点》。报道紧扣“以科技创新实现转型升级”和“京津冀协同发展”两个宣传热点，选择北京市在全国具有示范引领作用的创新创业生态系统、脑科学、5G通信、基金小镇、云服务等，展示北京加快推进自主创新、推动战略新兴产业发展、推动万众创新“双创”等取得的丰硕成果。

10月12日至14日 由北京人民广播电台承办的“2015北京·台湾广播发展与合作交流会”在京举行，来自台湾中华广播商业同业工会和台北市广播节目制作业职业工会的50多位电台负责人和广播从业者，与大陆广播界围绕媒介变革、内容创新、产业发展以及京台两地合作模式等进行交流研讨。京台广播发展与合作交流活动自2013年起已连续举办三年。北京广播电视台常务副台长兼北京电台台长席伟航致辞。

10月13日 由北京广播电视报社承办的第四届“忆之声”音乐会在国家大剧院成功举办。原全国人大副委员长王汉斌、彭佩云，北京市委宣传部常务副部长王海平，以及原中央、北京市政府的部级、司局级、处级领导近500人出席音乐会。

10月16日至18日 在中国广播剧学会专家奖和第三届全国微剧大赛颁奖典礼上，北京人民广播电台文艺广播《水洗过的星星》获中国广播剧学会专家奖儿童剧金奖，微剧作品《多说了一句话》获微剧大赛金奖，《姐，你真美》微剧获提名奖。

10月17日 北京电视台创拍的大型系列纪录片《长征》启动仪式在江西省于都县举行。该片以红军长征的时间和地理进程为主线，采取双讲述人行进式的讲述和多时空的叙事结构，展现长征过程中鲜为人知、震撼人心的故事。

10月17日、18日 北京人民广播电台动听调频再次与英文生活娱乐杂志《Beijinger》合作，作为独家广播合作媒体参与报道2015 Pizza Cup启动派对，京城近30家特色披萨店和西餐厅参与活动。本次活动是动听调频面向外籍人士的一次推广活动，宣传北京国际都市频率的品牌。

10月18日 著名电影导演吴天明铜像捐赠暨揭幕仪式在中国电影博物馆举行。

10月19日至30日 北京电视台纪实频道推出中国首部大型4K高清人文历史纪录片《长城：中国的故事》。该片由北京电视台纪实频道、央视纪录片频道、上海纪实频道、中国教育台四家上星频道及爱奇艺视频“四台一网”联合播出。

10月20日 中国电影博物馆国际影展首个电影展映周——法国电影周开幕，历时六天，共展映6部影片20场次，开幕影片为《月球旅行记》和《非凡旅程》。

10月20日至22日 由北京市新闻出版广电局、北京市怀柔区人民政府、首都广播电视节目制作业协会联合主办，首都广播电视节目制作业协会承办的2015秋季北京电视节目交易会在北京会议中心举行。交易会共吸引国内外电视节目制作机构及相关产业机构340余家，电视节目播出机构130余家，参会人员突破2500人，创历史新高。交易会共集结664部26782集电视剧、18部862集动画片，以及44部12849集纪录片、电视栏目，创下历届之最。成为中国最活跃的节目交流、合作平台，也是中国电视节目规模最大、效率最高的交易市场之一。期间，来自国内外电视节目制作和播出机构、产业链机构的嘉宾、专业人士和众多媒体，围绕电视剧、动画片、纪录片、电视栏目等多元电视节目形态，进行专业的研讨和交易。《金水桥边》《赎罪门》《黎明决战》等一批充满正能量的主旋律精品剧目得到市场和专家的高度认可。

10月21日 中共中央政治局委员、中央书记处书记、中央宣传部部长刘奇葆到北京紫禁城影业有限责任公司考察调研。中宣部副部长、国家新闻出版广电总局局长蔡赴朝，中宣部副部长景俊海，文化部副部长杨志今，北京市委常委、宣传部部长李伟，北京市新闻出版广电局局长李春良，以及中央文明办、首都文明办、北京市文化局等单位有关负责人参加调研。北京广播电视台台长兼北京电视台台长、北京紫禁城影业有限责任公司董事长赵多佳和北京紫禁城影业有限责任公司总经理许建海汇报相关工作。

10月22日 北京市新闻出版广电局在北京市新闻干部学院举办“2015年新闻单位驻京机构法规培训班”，70余家驻京新闻机构参加。北京市新闻出版广电局副巡视员张苏在培训班开班动员讲话。

10月22日 北京人民广播电台新媒体平台“听听FM”拓展电影领域的宣传合作：一是在“听听FM”中播放电影有声小说；二是推出更适合有声传播的内容，吸引听众通过“听听FM”了解电影讯息；三是在《滚蛋吧！肿瘤君》的电影片尾直接播放“听听FM”的品牌形象，提升品牌影响力；四是与各大网站合作宣传代表中国冲击奥斯卡奖项的信息，取得良好效果。

10月23日 北京歌华有线电视网络股份有限公司与中国广播电视网络有限公司在北京共同发起成立“中国广电大数据联盟”。该联盟以全国4000多万双向数字电视用户的收视数据为基础，搭建全国广电大数据平台，打造全媒体节目收视综合评价体系。

10月23日 北京人民广播电台“听听Radio”移动客户端正式上线，该客户端有用户自主“简约”设计功能，用户可对内容进行定制、自主选择收听节目、自定义节目单，方便节目快速切换。

10月24日 中国电影博物馆举办2015年学术活动，主题为“电影的历史与未来——纪念中国电影诞生110周年”。活动特邀17位老艺术家出席活动，中国电影博物馆党委书记陈志强、北京市新闻出版广电局副巡视员卞建国等发表致辞。约400人参会，数十家媒体参与报道。

10月24日至25日 北京市新闻出版广电局承办的“2015年全国广播电视编辑记者、播音员主持人资格考试（北京地区考区）”开考。北京考区共有2907人报名参考，其中，编辑记者考试人员1558名，考试合格的1170名；播音员主持人考试人员1349名，考试合格的1024名。国家新闻出版广电总局人事司司长王向文等到北京考点巡考，北京市新闻出版广电局领导李春良、戴维、韩昱等参加巡考。

10月24日至26日 北京人民广播电台受邀参加在西安举行的第22届中国国际广告节，同时作为发起台之一，在广告节上举办《中国广播广告——风景这边独好》大型展览推介会及媒企交易恳谈会。会上，北京电台获得“特别价值奖”。

10月24日至11月1日 由北京歌华文化发展集团承办的“北京国际摄影周2015”在京举办。期间共组织五大板块130余项摄影活动，6万余人现场参与，实现网络曝光量超过3亿，覆盖专业摄影师超过百万。

10月29日至11月1日 北京北广传媒城市电视有限公司首次将楼宇电视联播网和大屏电视联播网实体终端设备在文博会展会展出。

10月30日至11月1日（当地时间） 由北京歌华文化发展集团承办的北京国际体育电影周“北京展映”活动在第33届米兰国际体育电影电视节上成功举办，提升了北京奥促会和体育电影周的国际形象。特别是“北京——冰雪千年的奥林匹克之城多媒体影像展”，作为北京、张家口联合申办冬奥会成功后首次国际亮相，对申办工作起到积极的作用。

10月底 在西藏自治区成立50周年之际，由北京市委宣传部、西藏自治区委宣传部联合策划、北京电视台承制的6集大型系列纪录片《西藏》在北京卫视和西藏卫视同步播出。节目播出后，其中所蕴含的历史价值、时代意义和全新电视语汇，得到社会各界高度关注和赞誉。

11　月

11月1日 北京人民广播电台“广播新声代”第五届主持人大赛启动。大赛共有初赛、复赛、半决赛和决赛四个阶段，分为“综艺组”和“新闻组”。与往届不同的是，本届大赛更加注重对选手个人特点、主持能力、专业素养、知识广度与深度等方面的综合考核，首次将“新闻组”细分为“新闻播报”和“新闻评论”两个方向，为参赛选手提供更加精准的主持方向与个性定位。

11月1日至9日（当地时间） 北京北广传媒影视有限公司组团赴美国参加2015年中美电影节，在电影节上参展的电视剧《我的二哥二嫂》获“评委会金天使奖”，并举行观众见面会。

11月2日 由北京北广传媒移动电视有限公司力推的“爱心点亮归途——全国移动电视儿童寻亲大型公益活动”，在北京、重庆、安徽、长沙、广州、杭州、南京、四川、厦门、济南10地上线。

11月3日至10日（当地时间） 北京国际电影节组委会组团赴美国参加电影交易市场和考察墨西哥城影院经营管理情况。4日，在洛杉矶圣莫尼卡美国电影交易市场举行“北京之夜”北京国际电影节暨北京电影推介会，宣传推广北京电影和北京国际电影节，与国际电影业进行交流沟通。推介会上展映《狼图腾》《失恋33天》《我是女王》《煎饼侠》《钟馗伏魔》等7部影片。北京电影股份、北京紫禁城影业、万达影视、大盛国际、君舍文化、华美时空及港澳台地区电影机构和电影人出席推介会。7日，参观墨西哥国立自治大学电影资料馆馆藏影片资料、影片修复及设施，与该国国立自治大学电影资料馆馆长交流，并实地考察墨西哥城影院经营管理情况。北京市新闻出版广电局副局长韩昱率团参加。

11月5日 北京电视台京视传媒有限公司与坤鼎集团签署合作协议，在北京市通州区联合打造“京视文化产业双创基地”和“京视文化产业人才培训基地”。

11月8日 北京紫禁城影业有限责任公司、中国电影股份有限公司联合出品的电影《狼图腾》，在第二届加拿大电影电视节获最佳影片“金美洲豹”大奖。

11月10日 北京电视台举办81集大型历史传奇剧《芈月传》全国首播新闻发布会。发布会上，该剧主创人员与全国媒体及观众代表进行现场互动，讲述剧里剧外有关故事。

11月11日 北京北广传媒移动电视有限公司最新投入的32英寸显示屏系统投入使用。本批次安装32英寸显示屏新车共199辆，系首次由外省市客车厂在车辆生产环节进行安装，在整车兼容性、美观度、安全性等方面比以往有巨大提升，并节约大量安装成本。

11月11日 波兰新闻代表团到北京人民广播电台参观访问。交流洽谈中，北京电台着重介绍在推进媒体融合转型方面的转变和尝试、以及下一步工作的目标和方向。波兰代表团介绍波兰广播业的发展现状，包括国家和私人电台的变迁及特点以及应对新媒体挑战的一些举措。

11月11日 2015年度北京广播电视台节（栏）目创新奖颁奖仪式举行。全台85件作品参加评选，51件作品入围终评，20件作品获奖。中华全国新闻工作者协会党组书记翟惠生，国家新闻出版广电总局宣传管理司司长高长力，中宣部新闻局副巡视员殷汝涛，中国广播电影电视社会组织联合会秘书长张莉，北京市委宣传部副部长严力强，北京市新闻工作者协会主席梅宁华，北京广播电视台刘志远、席伟航、苏仁先、王秋、陈晓红等领导出席。

11月13日至15日 北京电视台以现场直播和连线报道的方式，对市重点工程——三元桥大修改造工程施工的全过程及重要节点进行全方位、多角度的报道。报道分别在《都市晚高峰》《北京新闻》《直播北京》《锐观察》《红绿灯》《晚间新闻报道》等栏目播发，以配合工程进展，为市民出行提供便利。

11月15日 北京电视台第三届“观众喜爱的主持人”大型评选活动揭晓。评选活动收到有效选票近40万票。栗坤、春妮、阿龙、聂一菁、曹一楠、悦悦、高燕、李向显、桑朝晖、王业获“观众喜爱的十佳主持人”称号，顾阳、晨阳等22人获“观众喜爱的优秀主持人”称号，龚宁、天旭等5人获“公益之星”称号。

11月18日 北京市广播影视协会科技委召开北京地区广播影视技术研发与设备制造研讨会，近50家企业参加。

11月20日至22日 由北京北广传媒移动电视有限公司承办的中国电视大会移动电视高峰论坛暨2015年移动电视年会在北京国际会议中心成功举行。

11月22日至26日（当地时间） 由北京市新闻出版广电局组织，北京雷禾文化传媒有限公司、北京三多堂传媒股份有限公司、东方良友影视传媒（北京）有限公司等近20家首都纪录片发展协会成员单位组成北京纪录片代表团参加阿姆斯特丹国际纪录片节。纪录片节上，首都纪录片发展协会的《第三极》《宋之韵》《缪斯之旅》《河西走廊》《宫殿之城》《三十二》等多部优秀国产纪录片在节展所有业内放映之前滚动播映。期间，还举办“北京与你同行”主题推介活动，参加“决策人晚宴”特别活动，先后与阿姆斯特丹纪录片节组委会主席、荷兰国家电影基金会和荷兰公共广播电视台等机构负责人会晤，与德国纪录片协会签署战略合作协议。

11月22日 北京市迎来入冬以来最大降雪。北京人民广播电台新闻广播积极做好相关宣传报道，截至下午5点，《整点快报》播发有关降雪的连线、录音、消息共50条，还特别联系市政府热线12345汇总介绍全天有关降雪的来电情况。18点播出的《新闻2015》启动应急预案、打破原有节目架构，推出一小时特别节目“聚焦北京入冬首场大面积暴雪”，全方位关注降雪对于北京的影响，尤其对市民生活的方方面面做出周到提醒。

11月29日 北京人民广播电台第七届

“听众喜爱的主持人”评选表彰典礼在中国传媒大学举行。李莉、杨洋、顾峰、园园、郭炜、白杰、刘思伽、李洋、嘉佳、韩力获“听众喜爱的最佳主持人”称号；王东、彦旭、顾一菲、刘甜甜、春晓、大鹏、楚函、孟洋、麦麦、林贺、牛力、朱红、志梅、米夏、罗兵、刘啸、戴艺、盛博、熊丽、李锐获“听众喜爱的优秀主持人”称号。典礼现场还集中展示“热心助公益，环保我先行”公益新闻行动成果。

11月30日 北京广播电视台召开全台领导干部大会，宣布：北京市新闻出版广电局党组书记、局长李春良任北京广播电视台党委书记、台长兼北京电视台党委书记、台长；原北京广播电视台党委书记刘志远任北京歌华传媒集团有限责任公司党委书记、董事长；原北京广播电视台台长、北京电视台台长赵多佳退休。北京市委常委、宣传部部长李伟和常务副部长王海平，北京市委组织部副部长李世新出席。

11月 北京电视台纪录片《窗口·海外中国文化中心》广受好评。该片由北京电视台摄制组在法国、德国、西班牙、俄罗斯等11个国家的海外中国文化中心进行拍摄，采访所在国政要、海内外文化学者和学员、中国驻外使领馆大使、文化参赞等数百人。《人民日报》23日海外版、文艺版，在头条以“讲述外国人热爱中国的故事”为题报道并点评。

11月 国家新闻出版广电总局2015年度网络视听节目内容建设专项资金扶持项目评审结果公布：北京市新闻出版广电局推送的《最好吃的饭》等13部作品在“2015‘中国梦’原创网络视听节目推选活动”中获奖；《匆匆那年》等12个项目在“2015年度优秀原创网络视听作品推选活动”中获奖；《搜狐视听节目内容审核管理》被评为2015年度优秀案例；同时，北京市新闻出版广电局还获得“优秀组织奖”。

12　月

12月1日至5日（当地时间） 北京市新闻出版广电局组织20多家影视制作机构组成北京影视代表团，赴新加坡参加第20届亚洲电视论坛。论坛举办“京华风韵·圆梦东方”北京日主题活动，并在现场举行签约仪式。与菲律宾、泰国、老挝达成11部电视剧共计495小时的节目购买协议。

12月2日至5日 北京北广传媒影视有限公司在中国广播影视社会组织联合会举办的2015年电视剧电视节目版权交易会上，选送的电视剧《罗龙镇女人》获优秀奖，《姥爷的抗战》获三等奖。

12月3日 北京人民广播电台与澳大利亚首都双语频道签署合作备忘录，双方决定自2016年1月1日起建立中文广播节目交流合作关系。外语广播制作的新闻综合节目《今日北京》、音乐广播制作的《中国歌曲排行榜海外播出版》定于1月1日起每周在堪培拉首都双语频道（AM1323）播出。外语广播《环球三十分》每周播出来自堪培拉双语台的新闻连线和报道专题，内容以中澳文化经贸往来为重点，介绍当地的新闻事件和民生趣闻。

12月3日 北京人民广播电台联合中央人民广播电台、中国国际广播电台等20多家广播媒体在成都召开全国广播音频版权联盟筹备会，研讨联盟成立及运营相关事宜，北京广播电视台常务副台长兼北京电台台长席伟航及各台主要负责人参加。

12月4日（当地时间）中共中央宣传部副部长、国务院新闻办公室主任蒋建国到北京民营企业——四达时代南非子公司参观座谈。四达时代集团总裁庞新星，副总裁郭子琪等陪同参观四达时代南非子公司的呼叫中心、播控中心等部门，随后召开座谈会。蒋建国对四达南非公司取得的成绩表示赞赏，肯定四达时代在非洲的运营理念，希望四达时代继续做中非文化交流的使者，为国家的发展和中非友谊作出更大的贡献。

12月8日至10日 北京市首次启动空气重污染红色预警后，北京电视台及时开展报道，累计播发相关报道150多条次，时长超过330分钟；滚动播出提示字幕900多字、播发相关信息 6800余次。

12月10日 由北京电视台与济南电视台、长春电视台、石家庄电视台联合举办的第五届“北京喜剧幽默大赛”颁奖典礼在BTV大剧院举行。

12月13日 由北京人民广播电台故事广播主办、优听Radio协办、启德教育独家冠名的全国大学生讲故事选拔活动“大声赛”举行全国总决赛。“大声赛”历时两个多月，覆盖全国23个城市、200多所高校、5259人报名参赛、300万余人次点击收听。大连医科大学杨晓露获冠军，四川传媒学院的路玉婷获亚军，成都理工大学的邢占文获季军，启德梦想奖由北京工商大学吕霏获得。

12月13日 尹光中造型艺术作品展在中国电影博物馆开幕，尹光中先生与电影大师伊文思的故事，以及尹光中的油画、逆向绘画、土画和亚麻布造型等作品，与广大观众见面。致公党中央宣传部副部长范承玲、尹光中、陈志强及电影界、书法美术界艺术家和学者一同出席活动。

12月14日（当地时间） 由乌干达贸易与产业合作部认可的第三方独立机构——Uganda Consumers Preference Awards（CPA）向北京民营企业——四达数字电视（乌干达）有限公司颁发2015年度“最佳数字和付费电视公司”奖，以表彰四达时代乌干达公司在提供优质数字电视服务上作出的贡献。

12月14日至17日 北京北广传媒数字电视有限公司在中国广播电视社会组织联合会数字付费频道工作委员会主办的“2015年度数字电视付费频道行业年会”上，选送的《四海钓鱼》频道被评为“2014年度行业最受目标观众欢迎频道”，《优优宝贝》频道节目《爹妈有话说》被评为“2014年度全国播出频道三等优秀栏目”，《四海钓鱼》频道节目合作方北京山水视窗文化传播有限公司总经理朱文生被评为“2014年度全国播出频道行业优异带头人”。

12月17日 北京市副市长王宁到北京电视台调研。北京市新闻出版广电局局长兼北京广播电视台台长李春良汇报北京电视台新闻直播和安全播出等工作情况。北京电视台常务副台长韦小玉等参加。

12月18日 中央纪委驻国家新闻出版广电总局纪检组组长、国家新闻出版广电总局党组成员李秋芳出席北京市新闻出版广电系统贯彻落实“一规一约”动员部署会并讲话。

12月21日 由北京卫视联合上海千足传媒共同打造的《二胎时代》节目首播新闻发布会在北京电视台举行。北京卫视节目中心、京视卫星传媒负责人及上海千足文化传播有限公司、节目总导演、节目独家冠名商代表等参加。

12月22日 北京电视台主办的“同在蓝天下——2015年第七届北京影响力颁奖晚会”在BTV大剧院举行。北京市委宣传部副部长严力强等相关领导出席。

12月22日 首届北京广播电视报社全民健身公益活动表彰大会举行。

12月22日 北京市新闻出版广电局组织召开2015年度广播电视节目制作经营机构管理工作会议。1200余家北京市属广播电视节目制作经营机构、137家中央在京机构和全国持《电视剧制作许可证（甲种）》的133家节目制作机构负责人参会。

12月23日 北京市委宣传部常务副部长王海平、副部长严力强到北京电视台听取2016年春节联欢晚会筹备情况汇报。北京市新闻出版广电局局长兼北京广播电视台台长李春良等领导及春晚导演组作汇报，北京市委宣传部文化处、精品办及北京市新闻出版广电局有关领导参加。

12月28日 由北京市委宣传部、首都文明办主办，北京广播电视台、北京人民广播电台、北京电视台承办的“2015北京榜样”颁奖典礼在北京电视台举行。任士荣、王亚静、肖英、张涛、谢良志、任全来、周红、郑福来、王福昌、夏虹当选2015年度十大“北京榜样”；高宝来获得“北京榜样”特别奖；欧阳自远等51人获得“北京榜样”提名奖。北京市委常委、宣传部部长李伟和主承办单位及参与单位相关领导和首都各界群众代表400多人观看颁奖典礼。

12月 北京电视台的传统文化展示节目《传承者》观众反响热烈，首期节目全国34城收视率1.55%，同时段排名第三。节目播出后，《传承者》主话题位居新浪微博热门话题榜总榜、疯狂综艺榜单第二名，两个子话题分别在相关话题榜排名第一、第四；《传承者》官方微博粉丝数开播当日增长30倍。

12月 北京市新闻出版广电局制定《北京市网络视听节目服务管理办法（试行）》。该“试行办法”共20条，分别对管理对象范围、从事网络视听节目服务必备条件、传播网络视听节目基本要求、网络视听节目服务单位内部审核制度、教育培训制度以及网络视听节目服务单位重大事项变更等做出明确规定。

12月 北京人民广播电台陈彦旭被中国教科文卫体工会全国委员会授予2015年“全国艺德标兵”和“全国艺德楷模”称号。

2015年北京市区县广播影视大事记

1 月

1月1日 顺义广电中心《顺义时讯》报由对开4版变成4开8版，顺广传媒微信公众平台自2015年1月1日投入运行。

1月7日 河南省栾川县宣传系统领导一行11人到昌平区广播电视中心参观交流。区委宣传部常务副部长孙士军陪同参观。

1月8日 海淀网对海淀人大、政协“两会”开幕式进行首次网络视频直播，快速通过文字、图片、语音、视频的同步传输开幕式情况。

1月9日 丰台区广播电视中心社教类栏目《全景荟萃》开播，时长15分钟，每周五20:10首播。该栏目以汇集丰台风光、典型人物为主线，展示“丰台美”。

1月10日、16日 通州区广播电视中心采用转播车电视直播区人大、政协“两会”开幕、闭幕会。

1月15日至2月10日 密云县文化委员会深入全县18个乡镇，对344个农村数字影厅、22个流动放映队的480多名放映员，进行电影放映数据回传监管工作专题巡回培训。

1月22日 门头沟区广播电视中心举办全区新闻记者业务培训班。

1月23日 石景山区副区长杨东起、区委常委、宣传部长王文光、副部长王铁峰到区广播电视中心调研。

1月28日 北京市新闻出版广电局副局长杨培丽一行到丰台区广播电视中心进行安全生产工作检查。

1月30日 门头沟区工会主席任继明一行到区广播电视中心慰问全体职工。

1月 怀柔人民广播电台从每天播出时长13个小时，延长至14小时38分钟，增加《消费生活新主张》《山水怀柔》《美丽女人》《工商之声》《文学草堂》等生活服务类节目，改版推出《水煮娱乐》《音乐红森林》《欢乐群英会》《电台情歌》等综艺节目。

1月 昌平人民广播电台消息《麻峪房村成为全市首家实现"三网融合"的民俗旅游村》，获第二十三届"北京新闻奖"二等奖。

1月 昌平区广播电视中心报送的学术论文《浅议全媒体时代区县广播媒体的发展》，被中国广播电视协会评为一等奖。

2　月

2月1日 石景山区广播电视中心录制2014年度"感动石景山年度人物"颁奖典礼节目并播出。

2月4日 平谷区广播电视中心新闻节目《2014横渡金海湖全民挑战赛在平谷开赛》和《平谷鲜桃季迎来第二季》，在"北京电台·十六区县新闻报道合作交流会"上获三等奖。

2月8日 房山电视台《我行我秀》栏目开播，时长10分钟，每周日播出。栏目以惊、奇、新、特、美为特点，展示房山人风采。

2月9日 中央电视台副总编黄传芳带队到朝阳区广播电视中心调研。

2月10日 北京市新闻出版广电局副局长王霞，带队到门头沟区广播电视中心进行安全检查。

2月13日 门头沟区广播电视中心播出"图说我们的价值观"动画公益广告，每天播出12条次。

2月15日 密云县委书记汪先永，县委常委、宣传部部长刘名义，县委常委、统战部部长王宇陪到县广播电视中心检查指导工作。

2月16日 通州区文明办向通州区广播电视中心赠送"金波银线织文明锦绣，彩屏之花绘创城华章"锦旗。

2月17日（春节前夕）房山区委书记刘伟，区人大常委会主任孙强，区委常委、常务副区长李江，区委常委、宣传部部长赵佳琛，区委常委、区委办主任赵军，副区长卢国懿、曹蕾，区政协副主席任振秋到区广播电视中心看望慰问节日期间坚守工作岗位的新闻工作者。

2月25日 丰台区委常委、宣传部部长孙军民带队到区广播电视中心走访慰问。

2月27日 密云县政协主席钱福生到县广播电视中心调研。

2月 昌平区广播电视中心学术论文《电视栏目与本土文化的深度契合浅思考》，被中国广播电视协会评为全国县级广播电视系统论文评析二等奖。

3　月

3月5日（元宵节）大兴区委书记、北京经济技术开发区工委书记李长友到区广播电视中心进行慰问。

3月14日 昌平区广播电视中心组织记者全方位报道"第三届北京农业嘉年华"。

3月16日 昌平人民广播电台自办栏目《我们是艺家人》开播，栏目邀请全区文化事业上有突出贡献的嘉宾，与主持人一起谈论文化艺术对个人工作、生活的改变。

3月18日 顺义区委常委、宣传部部长霍光锋到顺义区广播电视中心调研。

3月19日 平谷区委常委、宣传部部长王红艳到区广播电视中心调研。

3月19日 怀柔区广播电视中心召开2015年度新闻宣传工作研讨会。

3月27日 延庆县广播电视中心一行到门头沟区广播电视中心交流学习。

3月31日 房山区广播电视中心被首都精

神文明建设委员会评为2012—2014年度首都精神文明单位标兵。

3月　大兴区广播电视中心综艺栏目《瞧这一家子》开播，栏目以家庭参与性互动性为特点，展示大兴居民的精神风貌。

3月　海淀区新闻中心开展“敬业八小时 做好今日事”实践活动。

3月　石景山区广播电视中心在北京军区联勤部礼堂录制拍摄《情系英烈 春暖清明》第八届北京清明诗会并播出。

3月　房山人民广播电台推出《汇生活》《新城故事》《音乐加甜点》三档全新直播节目。

4　月

4月13日　石景山区委常委、宣传部部长王文光和副区长田利跃到石景山区广电中心调研。

4月14日　丰台区广播电视中心派出多路记者对义务植树活动进行采访报道，报道全国人大常委会副委员长沈跃跃等在北宫国家森林公园义务植树，以及700多名社会各届人士到长辛店镇太子峪村义务植树。

4月17日　平谷区部分政协委员到区广播电视中心和北京歌华有线电视网络股份有限公司平谷分公司调研，调研组在肯定广电工作的同时，对广电行业发展提出建议。

4月20日　丰台区广播电视中心制作完成纪念中国人民抗日战争暨世界反法西斯战争胜利70周年频道宣传片《铭记历史 警示未来》并播出。

4月20日　门头沟区广播电视中心新闻评论类专题栏目《一周话题》开播，时长13至15分钟，每周一期。

4月21日　石景山区广播电视中心新闻部获“北京市模范集体”称号。

4月25日　昌平广播电视台在第十届中国传媒大会上，获“金长城传媒奖2014中国十大影响力城市电视台”称号。

4月　湖北卫视携手朝阳区广播电视新闻中心·朝阳传媒录制的全新综艺脱口秀节目《纲到你身边》开机。

4月　延庆县广播电视中心推出《行走妫川大地·共建美丽延庆》主题系列活动，通过记者驻村采访，发现妫川美，展示妫川文化。

5　月

5月　延庆县广播电视中心着力打造《生态文明大家拍》品牌栏目，推出“生态文明大家拍”新闻作品大赛活动。

5月6日　平谷区委书记张吉福到区广播电视中心调研并参观摄影作品展。

5月8日　平谷区广播电视中心新闻专栏《社会广角》开播，专栏以报道群众关心的新闻事件为特点，讲述市民身边的突发事、新鲜事和感人事。

5月13日　密云县文化委员会和密云县地震局联合启动2015年平安中国防灾减灾电影季放映活动，当天在季庄小学放映科教片《乐乐熊安全手册》和《地震应急避险与自救》。

5月20日　怀柔区广播电视中心高清电视播控机房改造工程竣工。

5月23日　通州区广播电视中心主办的通州区首届“运河娃杯”少儿才艺电视大赛取得成功，大赛历时四个月，参与人数近1200余名。

5月23日　密云县委宣传部、密云县广播电视中心、密云县文委等共同主办的“2015电视歌手大赛初赛”举行。

6　月

6月3日　房山区文化委员会与房山区公安分局在长阳镇开展联合执法专项行动，查处一处“非法电台”藏匿点，查处“非法电台”传输设备一套。

6月10日　海淀区委办、区政府办决定“政民直通车”网络视频访谈栏目，由海淀区新闻中心海淀网统一负责采访、制作和播出。

6月10日 为纪念中国人民抗日战争暨世界反法西斯战争胜利70周年，昌平电视台策划30集《古今昌平——抗战烟云》主题系列专题片开播，每集10分钟。

6月11日 顺义区广播电视中心全新打造一档生活服务类栏目——“生活帮”制作完成并播出。

6月15日 密云县文化委员会开展“百场电影进工地”放映活动，活动以“加强安全法治、保障安全生产”为主题，结合施工工地实际，重点采购《火海逃生》《用电安全警示录》等多部安全生产题材科教片和《智取威虎山》等故事片。该活动已连续开展11年，通过电影放映这一平台，宣传普及安全生产知识。

6月18日 通州区广播电视中心召开多屏融合移动资讯采集课题研讨会。

6月中旬 房山区广播电视中心制作播出一批端午节特别节目：在《房山新闻》播出市场蔬菜、水果和日常用品供销状况；在《今日关注》播出弘扬尊老、爱老、敬老、助老典型；在《文化纪事》播出端午节文化习俗；在《都市生活》播出市民过端午情况。

6月 昌平区广播电视中心在北京市新闻出版广电局举办的“防非法信号插播演练比赛”中，取得电视第一名、广播第二名的成绩。

7　月

7月5日 延庆县广播电视中心为纪念中国人民抗日战争暨世界反法西斯战争胜利70周年，特别推出《我们的抗战》6集大型专题节目：《妫川浴血》《惨案铁骨》《血色青春》《我上战场》《英雄儿女》《铭记历史》，全面、真实地再现延庆抗战历史。

7月10日 朝阳区广播电视新闻中心录制区艺术家文化志愿者服务队成立仪式节目。

7月15日 通州电视台主办的“通州不会忘记——纪念中国人民抗日战争暨世界反法西斯战争胜利70周年10集专题系列报道”启动。

7月17日 密云县委常委、纪委书记张岩到区广播电视中心调研。

7月18日 平谷区广播电视中心首档儿童展示节目《快乐宝贝》播出，时长15分钟，每月1期，节目分为“宝贝档案”“才艺展示”“真情流露”“快乐游戏”四个板块。

7月21日 朝阳区委常委、宣传部部长刘军胜等一行到区广播电视新闻中心调研。

7月25日 石景山区广播电视中心承办中央人民广播电台第四届“夏青杯”朗诵大赛暨第三届“放飞梦想”北京诗歌朗诵大赛取得成功。

7月31日 延庆县广播电视中心记者组在八达岭长城脚下参与报道“申办冬季奥运会庆祝活动”。

7月 朝阳区广播电视新闻中心推出官方微信公众号“朝闻道”，届时与“朝阳微讯”“朝阳‘三严三实’专题教育”等微信公众号形成互动和整合。

8　月

8月3日 昌平人民广播电台开播全部以歌颂昌平为主题的原创歌曲专栏《音乐快递》。

8月6日 延庆县广播电视中心推出行走妫川系列报道“爸爸去哪儿暑期版”播出。

8月11日 为纪念中国人民抗日战争暨世界反法西斯战争胜利70周年，昌平广播电视网联合区政协和区党史办共同制作的专题《致敬老兵》上线，主要包括“老兵记忆”“老兵回首”等板块，采用多种形式讲述昌平革命史以及全区42名健在的抗战老兵的故事，上载信息约300篇。

8月中旬 石景山区广播电视中心从四方面展开纪念中国人民抗日战争暨世界反法

西斯战争胜利70周年宣传工作：一是对全区健在的近40名抗战老战士入户采访，汇编成《口述历史——我与抗战》节目在《石景山新闻》中陆续播出；二是《百姓诵读》栏目汇集几十首抗战诗歌，以特别节目的形式展播；三是播映一批主题鲜明、制作精良的公益广告和抗战歌曲；四是打造两部红色电视纪录片——《自古英雄出少年》和《阅兵村的故事》。

8月10日至16日 丰台区广播电视中心配合中央电视台完成卢沟桥地区纪念中国人民抗日战争暨世界反法西斯战争胜利70周年专题片拍摄工作，为其提供一批视频资料。

8月17日 为纪念中国人民抗日战争暨世界反法西斯战争胜利70周年，昌平电视台策划的大型主题新闻系列——《让历史告诉未来》开播，报道中包括《共同的历史，永远的记忆》等板块，持续到10月底结束。

8月下旬 丰台区广播电视中心从四方面纪念中国人民抗日战争暨世界反法西斯战争胜利70周年主题宣传：一是《丰台新闻》制作系列专题《铭记》，通过抗战亲历者讲述，警醒人们铭记历史；二是完成宣传片《铭记历史，警示未来》《万众一心·奋发图强》的制作和播出，以此弘扬抗战精神；三是做好“我读”活动，通过发动全区群众诵读抗战文学作品、丰台原创文学作品和国学经典作品，用群众的声音纪念伟大的抗战。

8月30日至9月2日 由房山区教育委员会、房山区广播电视中心、房山区文化委员会、房山区文联和北京国际微电影节组委会共同策划、录制的系列微电影《爷爷的演讲》《不朽的歌》《等不到的婚约》《战火中的诗篇》播出，并在全网展播。

8月 石景山区广播电视中心组织记者组赴山西拍摄《自古英雄出少年》专题片。

8月 房山区广播电视中心《法制与生活》栏目获“2015年全国城市台十大品牌栏目”奖。

8月 门头沟区编委会下发《关于组建北京市门头沟区广播电视新闻中心的通知》，要求在整合区新闻中心、区互联网宣传管理工作办公室和区广播电视中心的主要职责、机构编制和人员基础上，组建“北京市门头沟区广播电视新闻中心”，为区政府直属相当正处级财政补助（全额拨款）事业单位。

8月 顺义电视台开播“顺义抗战故事”专栏，推出了八一特别节目《我的抗战故事》。

9　月

9月1日 北京市新闻出版广电局副局长韩昱到石景山区广播电视中心调研。

9月3日 海淀区新闻中心记者开展走基层“哪里有新闻，哪里就有我”采访活动。

9月3日 丰台区广播电视中心“9·3”期间编排播出“老兵怀念战友”“抗战馆小讲解员”等纪念抗战主题的宣传片，集中播出《川军团血战到底》《中国远征军》等三部抗战题材电视剧。

9月3日 大兴区广播电视中心为配合大阅兵，录制并播出纪念中国人民抗日战争暨世界反法西斯抗战胜利70周年系列报道。

9月3日 顺义人民广播电台推出纪念抗战胜利专题节目《沈西宁讲顺义地区抗战史》。

9月8日 昌平广播电视台获“北京市第十二届思想政治工作优秀单位”称号。

9月22日 昌平区广播电视中心获“北京市第九届和谐杯乒乓球总决赛优秀报道奖”。

9月26日 顺义人民广播电台第三届听众节晚会在顺义区工人文化宫举办。

9月 房山区广播电视中心网络视听节目《拐杖医生石志利》获优秀原创网台联动视听节目奖。

9月 房山区广播电视中心电视节目《大山深处的养蜂人》《老书记的绿色大山梦》，

获第七届新农村电视艺术节年度“优秀对农电视作品”三等奖。

10　月

10月12日　顺义人民广播电台策划推出十集系列专题节目《中华孝道》。

10月15日　怀柔区广播电视中心与中国传媒大学南广学院举行教学基地签约仪式，尝试 “校台合作”业务培训新模式。

10月18日　房山区广播电视中心《以“零缺陷管理”为核心构建安全播出保障体系》项目，获第三十届北京市企业管理现代化创新成果二等奖。

10月20日　平谷区广播电视中心实现高清化编辑制作播出。该高清化改造工程3月进行，第一期完成制播存一体网、新闻演播室、虚拟演播室改造；第二期完成高清摄像机购置和搭建高清审片室。

10月28日　光明日报北京记者站站长张景华等一行到区广播电视新闻中心调研。

10月31日　大兴人民广播电台、香港一带一路国际文化传媒集团、台湾正声电台联合举办的公益行活动启动。

10月　房山区广播电视中心《融合媒体技术的发展与思考——微信电视台与云平台应用研究》论文获2015年学术年会新闻科技优秀论文三等奖。

11　月

11月13日　丰台区广播电视中心新媒体项目竣工，项目包括融合传统电视采编播控系统、自有新媒体和公共微媒体（微信、微博、微视）等七个平台。

11月15日　为充实延庆电视台业余主持人队伍，延庆县广播电视中心和延庆县工会、延庆县教委共同主办“首届主持人大赛”举行。大赛从200多报名的选手中选出30名进入复赛，评出学生组和青年组的冠亚季军。

11月24日　昌平广播电视台自2014年获“2014—2015中国品牌媒体百强——城市电视台品牌10强”称号后，2015年再次获此殊荣。

11月　昌平广播电视网在2015年北京市优秀网络视听节目征集评选活动中获“优秀组织推荐单位”；《真情故事》栏目获“优秀原创网台联动视听节目奖”；《无烟生活·你我共享》获“优秀原创网络视听公益节目奖”。

11月　昌平区广播电视中心获由北京市安全生产委员会办公室颁发的“2015年北京市安全生产月优秀新闻报道奖”。

11月　大兴区广播电视中心与河北省廊坊市广播电视台签署联盟合作意向书。

11月　大兴区红领巾通讯社小记者团（站）实践基地揭牌仪式在区广播电视中心举行，并增设小记者们参与采编播栏目板块，在广播新闻节目《这里是大兴》播出。

11月　房山区广播电视中心微电影《等不到的婚约》获“第三届亚洲微电影艺术节金海棠奖”好作品奖。

12　月

12月1日　昌平人民广播电台首档直播节目《乐享时光》试播，该节目为一档时尚轻松的聊天类节目，涵盖气象服务信息、本地最新资讯等。

12月8日　房山区广播电视中心《今日关注》栏目入围2015年度大中华地区城市品牌华语民生栏目。

12月11日　新疆和田地区广播电影电视局一行14人到昌平区广播电视中心进行业务交流。

12月14日　房山区广播电视中心被中共中央宣传部、文化部、国家新闻出版广电总局评为第六届全国服务农民、服务基层文化建设先进集体。

12月20日　房山区广播电视中心微电影《不朽的歌》获第五届北京国际微电影节最

佳城市微电影奖。

12月28日　按照撤县改区要求，密云县广播电视中心更名为密云区广播电视中心；延庆县广播电视中心更名为延庆区广播电视中心。

12月　房山区广播电视中心纪录片《难以忘却的记忆》和《守望金陵》入选北京市重大主题节目政府采购项目，并在北京电视台和14个区县广播电视机构轮播。

12月　怀柔区广播电视中心被评为北京市第十届全民健身节优秀报道奖。

12月　延庆区广播电视中心投入470万元建设的高清新闻前期摄像设备和高清新闻后期制作网系统，以及投入330万元的高清播出系统硬件搭建、软件调试工作基本完工。

年内　房山区广播电视中心高清节目制作系统建成并投入使用。

年内　昌平区广播电视播控中心全面建成，拥有现代化的广播电视直播间和600平方米演播厅、260平方米访谈演播厅以及60平方米新闻演播厅。

索引

索　引
INDEX

汉语拼音索引

A

B

C

T

Z

数字索引

英文字母索引